대제사장
예수 그리스도

대제사장 예수 그리스도

초판 발행	2021년 12월 7일
2쇄 발행	2024년 10월 24일
지은이	한양훈
발행인	한뿌리
총괄	이소진
자료 및 교정	황가영
펴낸곳	有하
등록	2014년 4월 24일 제 2016-000004호
주소	서울 강서구 공항대로 334(내발산동)
전화	02-2663-5258
팩스	02-2064-0777
저자 연락처	010-3394-5257, 010-8357-5257
	이메일 hyh530205@naver.com
인쇄	인스 P&B

값 25,000원

ISBN 979-11-85927-40-4

한양훈 강해 시리즈

히브리서 강설

대제사장 예수 그리스도

한양훈 지음

有하

HEBREWS

머리말

히브리서에는 하늘에 대한 이야기 그리고 신비스러운 이야기가 자주 등장합니다. 신·구약을 통틀어도 이만한 내용을 만나기는 쉽지 않습니다. 히브리서를 읽어본 성도라면 예수 그리스도가 우리의 진정한 대제사장이신 것을 알게 될 것입니다. 또한 진정한 믿음의 사람들에게 주님은 하늘에 보좌를 예비해주시며 큰 상을 내려주신다는 것을 믿게 될 것입니다. 그리고 히브리서에는 그리스도에 대한 명쾌한 지식과 감수성이 있음을 알게 될 것입니다(필립 샤프). 이러한 주님의 은혜를 깨닫는 성도는 겸손한 마음으로 주님의 몸 된 교회를 섬기고, 이 땅에서 주님을 위해 고난을 겪는 다른 성도들을 돌아보며 살아갈 것이라는 사실을 짐작할 수 있습니다.

저는 이 책을 통해 히브리서에 담긴 크고 놀라운 은혜를 독자들과 나누고 싶습니다. 특별히 하늘에 관한 관심이 많은 저는 이 강설집을 깊은 애정의 마음으로 출간합니다. 책을 써 내려갈 때 은사인 박윤선 박사님에게서 영적인 부분에 도움을 받았고, 거스리는 학문적으로 큰 힘이 되었습니다. 그 밖에 많은 분들의 도움을 받았는데, 기독교 안에는 훌륭한 인물들이 시대를 초월하여 즐비하다는 것을 깨닫고 감사하게 되었습니다.

이 책은 저의 스물두 번째 책으로서, 영역본 세 권과 중국어 역본 다섯 권을 더하여 서른 번째 책을 펴내게 되었습니다. 지금까지 인도해주신 하나님께 감사드립니다. 그리고 이 책이 나오기까지 수고한 저의 비서 이소진 간사와 출판 담당 황가영 간사에게 큰 감사를 드립니다. 이들의 수고가 아니었다면 이 책은 세상의 빛을 보지 못했을 것입니다. 책이 나오도록 격려해주신 많은 기도 동역자들에게도 감사드립니다.

하늘에 계실 내 아버지 고(故) 한병월 목사와
어머니 고(故) 이정애 사모를 그리며.

2021. 12. 1
서울 방화동에서
한양훈 목사

서론

히브리서의 저자가 누구인지는 확언할 수 없습니다. 이에 대한 학자들의 의견은 각각 다르지만, 우리가 짐작할 수 있는 것은 히브리서 저자가 영적인 사실에 관해 해박한 지식과 경험이 있고, 구약성경을 잘 아는 사람이라는 것입니다. 히브리서는 '신약의 구약'이라고 말할 정도로 구약에 대한 이야기를 많이 하고 있습니다. 특히 히브리서 11장은 믿음 장으로 불리는데, 구약에 나오는 믿음의 선조들에 대해 총정리와 같은 기록을 제공합니다. 구약 시대에 활동했던 유력한 사람들의 삶을 직시하고 평가한 것입니다. 신앙적으로 무게가 없는 사람이 이런 이야기를 했다면 우리는 그 판단을 신뢰할 수 없습니다.

히브리서의 저자는 탁월한 사람으로 어떤 인물에 대해서도 편협하지 않습니다. 정확하고 예리하게 분별하여 말하고 있습니다. 그는 '믿음의 조상'으로 불리는 아브라함을 비롯해 여러 위대한 선조에 대해 평가하는데, 그 평가가 바르지 않았다면 성경이 기록된 시대에 살았던 유대인들에게도 많이 비판받았을 것입니다. 그런데 날카롭고 정확하게 영적으로 판단했으므로 그의 말이 권위가 있고, 또 성경으로 인정받을 수 있었던 것입니다. 자신들의 조상들을 판단하는 것이므로 조심스럽게 접근해야 했는데 서슴없이 말하는 것을 보면 히브리서 저자가 영적, 지식적인 부분을 비롯해 모든 면에서 공정을 유지했음을 알 수 있습니다.

아무리 보아도 초대교회에 이런 글을 쓸 수 있는 사람은 사도 바울 외에는 없는 것으로 보입니다. 그만큼 히브리서는 모든 면에서 탁월한 실력을 갖추지 않고서는 쓸 수 없는 책입니다. 히브리서 저자는 구약에 대해 정통한 사람이며, 예수 그리스도에 대해서도 분명한 지식을 갖고 있는 사람입니다. 베드로는 베드로후서 3장 15-16절에서 바울이 히브리인에게 편지를 보냈다고 했는데 그 편지가 히브리서일 것입니다.

히브리서의 주인공은 두말할 필요 없이 예수 그리스도입니다. 처음부터 끝까지 예수 그리스도가 어떤 분이신지 증언하고 있고, 여러 사건을 예로 들어 예수님에 대해 설명합니다. 이 세상의 주인공도, 성경의 주인공도, 우리가 가장 잘 알아야 하는 분도 예수 그리스도밖에 없습니다. 그래서 저자는 이 편지를 시작하면서 예수님이 얼마나 위대한 분인지, 그 분이 우리의 구원과 얼마나 밀접한 관련이 있는지를 증언합니다.

먼저 예수님을 천사와 비교하면서 예수님에 대해 설명합니다. 구약성경을 보면 유대인들은 천사를 상당히 수준 높은 존재로 생각했기 때문입니다. 그러나 예수님은 감히 천사와 비교할 수 없는 하나님이십니다.

저자는 특히 예수님이 대제사장이신 것을 강조합니다. 예수 그리스도는 지금도 하늘에서 대제사장으로 계시고, 이 땅에 오셨을 때도 대제사장으로 오신 사실을 말합니다. 이 땅에 있던 예루살렘 성전도 모형이고, 대제사장도 모형입니다. 오직 실체는 예수 그리스도입니다. 예수 그리스도야말로 이 땅의 어떤 대제사장과 비교할 수 없는 대제사장이십니다. 이스라엘 나라에 있던 유대인 출신 대제사장은 자신의 죄도 해결하지 못하여 매년 지성소에 들어가 속죄제를 드렸지만 그것도 온전하지 못했습니다. 그러나 예수 그리스도는 십자가에서 자신을 드리신 단번의 제사로 인간의 모든 죄가 용서받는 길을 여셨습니다. 이제 누구나 예수 그리스도를 믿고 자신의 죄를 진심으로 회개한다면 죄를 용서받고 하늘나라에 들어갈 수 있게 되었습니다. 지금 예수님은 하늘에 계시고 우리도 죽으면 하늘에 갈 것입니다. 구원받은 거룩한 성도는 하늘에서 대제사장이신 예수님과 함께 제사장으로서 섬기게 될 것입니다. 우리가 제사장인 것은 예배를 드릴 수 있기 때문입니다. 성도는 하늘에 계신 대제사장을 의지하고 하나님의 사람으로서 이 땅의 삶을 살아야 합니다.

우리는 히브리서를 통해 하늘 성전에서 대제사장으로 계시는 예수님의 모습을 볼 수 있습니다. 이러한 내용은 눈으로 보지 않고는 이렇게 명쾌하게 쓸 수 없기에 삼 층천에 갔다 온 바울이 쓴 것이 확실해 보입니다. 바울은 자신이 자신의 몸 안에 있었는지, 몸 밖에 있었는지 모르지만, 하늘에 올라가 말할 수 없는 비밀스러운 것들을 보고 왔다고 하였습니다(고후 12:1-4). 사도 바울은 영적으로 최고 경지에 이른 사람이므로 성경을 깊이 아는 것에 더해 천국을 보고 주님과 깊이 대화를 나눈 사람만이 쓸 수 있는 내용을 기록한 것입니다.

히브리서는 신·구약을 넘나들고 하늘과 이 땅의 비밀들을 꿰뚫는 폭넓은 안목으로 쓰인 성경입니다. 아무도 알지 못한 비밀을 기록하여 성경의 깊은 진리를 이야기하였습니다.

히브리서는 유대인을 대상으로 쓰인 성경입니다. "우리 조상들의 하나님"이라고 한 사도 바울의 말이 그것을 증명합니다. 히브리서의 1차 독자는 유대인이고, 2차 독자는 자신이 구원받았다고 생각하는 모든 그리스도인입니다. 사도 바울은 히브리서 안에서 자칭 아브라함의 후손이고, 하나님께 택함받은 백성이며, 하나님이 자신들만 사랑하신다는 착각 속에 살아가는 유대인을 향하여 그들의 고정관념을 깨는 말씀을 거침없이 전개해나갑니다.

구약 시대는 성령이 역사하시기는 했지만 일반적이라고는 볼 수 없고, 예수 그리스도에 대한 이해도 부족한 시대였습니다. 구약 교회나 초대교회의 사람들도 삼위일체 하나님에 대해 알기는 했겠지만, 하나님에 대해서 말할 때는 대체로 성부 하나님을 떠올렸습니다. 그런데 그 하나님조차 직접 보면 죽는 것이 당연하고, 대선지자 같은 특별한 사람만 뵐 수 있다고 생각했습니다. 그래서 하나님이 사람의 모습으로 이 땅에 오실 수 없다고 생각했고, 성자이신 예수님이 하나님이신 것을 부정하였습니다. 보좌에 계신 하나님이 인간의 모습으로 오실 수 없다고 생각하므로 예수님을 죽이는 데 앞장섰습니다. 지금도 유대인 대부분은 아직 메시아가 오지 않았다고 생각합니다.

히브리서 저자는 구약에 해박한 유대인으로서 구약 시대에서 신약 시대로 넘어가는 과도기에, 아직은 구약적 사고와 사상에 젖어 있는 동족인 유대인에게 이 편지를 썼습니다. 히브리서는 비록 이방인을 위한 글은 아니지만, 이 글을 읽는 누구라도 예수 그리스도의 위대성을 발견할 수 있습니다.

1장

아들은 천사보다 뛰어나다

HEBREWS

히브리서 1장과 2장은 예수 그리스도가 어떤 분이신지에 대해 천사와 비교하며 설명하고 있습니다. 모든 말과 사상은 주님을 향한 것입니다.

하나님의 아들을 통하여

저자는 하나님과 아들에 관한 이야기로 히브리서를 시작합니다. 이것은 기독교의 가장 중요한 진리라고 할 수 있습니다. 하나님의 아들은 예수 그리스도를 가리키는데, 그 아들이 어떤 분인지에 대해 첫 절부터 말씀합니다.

1절 "옛적에." 구약성경에 기록된 전 시대에 걸쳐 유대인에게 말하고 있습니다. 성경은 첫 사람인 아담부터 시작하여 말합니다. 저자는 단순히 "옛적에"라고 말하면서 조상들을 언급합니다. 저자가 유대주의에 매여 있다면 조상 중에서 아브라함을 강조하여 말했을 것이고, 그렇게 했다면 유대인을 강조하려는 민족주의적 발언이라고 생각할 수 있습니다. 그러나 히브리서의 저자는 그렇게 말하지 않았으므로 폭이 넓은 사람이라고 할 수 있습니다. 성경을 연구할 때 어떤 지역이나 어떤 사상에 매여 있는 것은 좋지 않습니다.

"선지자들을 통하여." "선지자"는 하나님의 음성을 듣는 사람입니다. 선견자라고도 하는데, 이는 '미리 본다'는 의미이고 선지자는 '미리 안다'는 의미입니다. 선지자는 하나님이 명령하시는 것을 직접 듣고 전해주는 사람입니다.

아브라함도 하나님의 음성을 듣고 고향을 떠나 지시하신 곳으로 갔으므로 선지자라고 할 수 있습니다. 또 아브라함은 하나님 앞에서 제단을 쌓아 제사를 드렸으므로 제사장이라고도 할 수 있습니다. 그리고 그는 조카 롯이 사로잡혀갔을 때 군대를 이끌고 가서 타국 왕들의 군대와 싸워 포로들을 되찾아왔으므로 왕이라고 할 수 있습니다. 아브라함은 이렇게 삼직을 다 가진 사람입니다. 학자들은 대개 삼직을 나누어서 가질 수 있는 것으로 생각하지만, 한 사람이 다 가질 수도 있습니다.

다윗도 마찬가지로 삼직을 다 가진 사람입니다. 그는 왕이면서도 하나님의 음성을 듣고 성경도 기록했으며, 제사장만 먹을 수 있는 진설병을 먹었는데도 하나님이 징계하지 않으셨으므로 제사장으로 인정받았음을 알 수 있습니다. 그래서 마태복음 1장 1절이 "아브라함과 다윗의 자손 예수 그리스도의 계보라"로 시작하는 것입니다. 이렇게 세 사람을 함께 언급한 것은 이유가 있습니다. 바로 이 세 인물은 모두 예외 없이 삼직을 가졌기 때문입니다.

모세도 "나와 같은 선지자 하나를 일으키시리니"(신 18:15)라고 말하였으므로 그도 선지자입니다. 하나님은 그 밖에 여러 선지자를 택하셔서 그들을 통하여 말씀을 전하셨습니다. 그래서 "선지자들을 통하여"라고 말한 것입니다.

"여러 부분과 여러 모양으로." 하나님이 계시하시는 방법은 한정된 범위 안에서 행하시는 것이고, 어떤 때에는 직접 나타나시거나 선지자를 통하시거나 여호와의 사자를 보내셔서, 또 어떤 때는 환상을 통해서나 우림과 둠밈을 통해서도 일하십니다. 하나님은 지식을 주시고, 어떤 때에는 병을 고쳐주시며, 양식도 주십니다. 어떤 때에는 저주를 내리셔서 심판하기도 하십니다. 또 이적을 베푸십니다. 성령이 역사하실 때 자신이 가지고 있던 선입견을 버리고 겸손히 기다리면 주님이 생각지도 않았던 환상을 보여주십니다. 선지자는 여러 경로를 통해 하나님의 뜻을 알게 됩니다. 하나님의 역사하심을 잘 알고 그것을 기록한 저자의 영적 통찰력은 매우 놀랍습니다. 구약에 대한 탁월한 이해가 없거나 사건 하나하나를 깊이 분석하지 않고는 말할 수 없는 높은 수준입니다. 아담 이후로 수천 년 역사를 꿰뚫어 보고 하나님이 이렇게 하셨다고 말하고 있기 때문입니다. 하나님이 가장 흔히 사용하신 방법은 선지자를 통하여 말씀을 전하신 것입니다.

"우리 조상들에게 말씀하신 하나님이." 저자가 히브리 사람인 것이 이 말에서 드러납니다. 하나님이 우리 조상들, 즉 히브리 민족에게 말씀하셨다는 것입니다. 하나님은 아브라함 이후 택하신 유대인에게 지속적으로 말씀을 주셨습니다. 유대인들이 들은 말씀은 그들을 택하신 하나님이 하신 말씀입니다. 그러나 이 방법은 완전하지 않았으며 하나님은 새로운 길을 모색하셨습니다.

2절 "이 모든 날 마지막에는 아들을 통하여 우리에게 말씀하셨으니."

여기서 "아들"은 예수 그리스도입니다. 히브리서는 예수님이 탄생하신 후 그분이 모든 구속의 역사를 이루신 것을 알고 있는 사람이 쓴 글이라는 것을 알 수 있습니다. "이 모든 날 마지막에는." 예수님이 이 땅에 오신 때부터 재림하실 때까지의 전 기간을 의미합니다(브루스). 저자는 또한 유대인의 마지막을 생각했을 것입니다. 유대가 망해가는 시점인 것을 알고 그것을 말한 것으로 보입니다.

예수 그리스도가 구속 사역을 완성하신 것이 중요하고 예수 그리스도가 우리에게 오셔서 수많은 말씀을 하신 것이 중요합니다. 예수님이 입으로 하신 말씀도 말씀이지만 행동을 통해 보여주신 것도 말씀이 됩니다. 또 예수님은 그 자체로 말씀이신 분으로 태초에 계시던 말씀이십니다(요 1:1).

"이 아들을 만유의 상속자로 세우시고." 하나님이 아들을 상속자로 세우십니다. 상속자는 아버지의 모든 것을 이어받는 아들을 말합니다. 예수 그리스도가 하늘에 계시면서 하나님의 권위를 모두 물려받으셨다는 것입니다. 그러나 유대인들은 이를 잘 인식하지 못하고 있으므로 강조하여 말하는 것입니다. 하나님의 아들로서 예수님이 받으신 가장 큰 상속은 심판권과 생명책을 주관하시는 것입니다. 성부 하나님이 성자에게 생명책을 넘겨주셨고 그 책대로 심판하도록 권한을 위임하셨습니다.

하나님이 예수님을 만유의 상속자로 세우셨다는 영적 비밀을 저자가 알고 있다는 것이 놀랍습니다. 저자가 사도 바울인 것이 확실해지는 문장입니다. 성경 저자 가운데 생명책을 거론한 이는 많지 않습니다. 모세, 사도 바울, 다윗, 사도 요한 등 소수의 사람만이 생명책과 심판에 대해 언급하였습니다. 그래서 이 서신의 저자는 사도 바울일 것입니다. 같은 맥락에서 저자를 사도 요한이라고 보기 어려운 것은 요한계시록은 환상을 본 그대로 적으면 되고 요한복음도 주님이 하신 일들을 다 지켜보았기에 그대로 기록할 수 있지만, 히브리서는 성경을 깊이 연구하고 성경지식이 밑받침되지 않으면 쓸 수 없는 책이기 때문입니다. 히브리서는 학문의 깊이가 있어야 가능한 내용이므로 요한이 썼다고 보기는 어렵습니다.

"또 그로 말미암아 모든 세계를 지으셨느니라." 상속자인 예수 그리스도를 통하여 만물을 지으셨다는 것입니다. 성부, 성자, 성령 삼위의 하나님이 천지를 지으셨습니다. 성부 하나님은 보좌에 항상 계시고 항상 자리를 지키고 계십니다. 그리고 말씀으로 세상을 창조하셨는데 이 말씀은 하나님의 입에서 나온 말씀입니다. 그러나 "태초에 말씀이 계시니라 이 말씀이 하나님과 함께 계셨으니 이 말씀은 곧 하나님이시니라 그가 태초에 하나님과 함께 계셨고 만물이 그로 말미암아 지은 바 되었으니 지은 것이 하나도 그가 없이는 된 것이 없느니라"(요 1:1-3)라고 하였습니다. 이는 하나님의 말씀이 독자적으로 살아 있는 인격체라는 뜻이고, 말씀이 곧 예수 그리스도이심을 밝혀줍니다. 하나님이 세상을 창조하실 때 그분이 직접 하신 말씀과 함께, 말씀이신 예수님이 역사하셔서 창조하셨다는 뜻입니다. 또 세상을 창조하실 때 "하나님의 영은 수면 위에 운행하시니라"(창 1:2)라고 하셨으므로 하나님의 영, 즉 성령도 역사하셨다는 것입니다. 그런데 신약성경을 통틀어 살펴보면 예수님이 일하실 때 성령이 함께하시고, 성령이 일하실 때 예수님이 함께하신다는 것을 알 수 있습니다. 창조 때 성령만 운행하신 것이 아니라 예수님도 함께하셨습니다. 그러므로 창조 때 실제 일하신 것은 성자라고 이해해야 합니다. 예수님으로 말미암아 모든 세계가 지어졌다는 이 말씀은 정말 정확한 표현입니다.

성부 하나님은 빛이시고 형체가 없으시며, 성령 하나님도 바람과 같은 분이시므로 형체를 가지신 분은 예수님뿐입니다. 하나님이 사람을 만드시면서 "우리의 형상을 따라 우리의 모양대로 우리가 사람을 만들고"(창 1:26)라고 하셨는데, 하나님의 형상은 예수님이시므로 사람은 예수님의 모습을 본떠서 만들어졌다고 보아야 합니다. 예수 그리스도의 형상은 사람이 만들어지기 전부터 사람과 같은 모습인 것입니다. 예수님은 이 땅에 오시기 전부터 하늘에서 사람의 형상으로 계셨고, 이 땅에도 사람으로 오셨으며, 다시 하늘에 가셔서도 사람의 형상으로 계시는 것입니다. 예수님이 모든 세계, 즉 사람을 포함한 모든 것을 지으셨습니다.

3절 "이는 하나님의 영광의 광채시요 그 본체의 형상이시라." 아들이신 예수 그리스도에 대해 계속 증언하고 있습니다. 사도 바울은 아주 깊은 내용을 서슴없이 꺼내고 있습니다. 예수 그리스도는 성부 하나님의 영광의 광채시라는 것입니다. 성부는 빛의 본체이시고 거기서 나오는 광채가 바로 예수 그리스도시라는 것입니다. 그래서 예수님이 빛으로 오셨다고 말씀하신 것입니다(요 12:46). 그리고 "본체의 형상"이시라고 했는데, 이것은 하나님의 본체는 형상이 없으므로 예수님이 하나님의 형상이시라는 것입니다. 그래서 예수님을 보았으면 성부 하나님을 본 것과 마찬가지라고 하신 것이 바로 이 뜻입니다(요 14:9). 그리스도는 그분 안에 하나님의 완전함과 본성을 지니고 계십니다(매튜 헨리).

"그의 능력의 말씀으로 만물을 붙드시며." 여기서 "능력의 말씀"은 예수님의 말씀을 가리킵니다. 앞에서는 영광스러운 인격을, 여기서는 그분의 역사를 나타냅니다. 예수님은 말씀이시므로 말씀이 말씀하신다고 할 수 있습니다. 예수님이 말씀을 하시는데 그 말씀으로 만물을 붙드시고 세상을 통치하신다는 것입니다. 예수님은 구원을 완성하신 분이고 생명책을 가지고 심판하시는 만왕의 왕이시므로 못하실 것이 없습니다. 성부 하나님이 성자 예수님께 모든 것을 상속하셨기에 모든 권한은 예수님께 있습니다. 권한을 수여받으신 주님은 이 세상을 통치하십니다. 그분은 세상이 오염되었다고 내팽개치시는 분이 아닙니다.

"죄를 정결하게 하는 일을 하시고." 주님이 행하시는 일 중 중요한 것이 바로 사람들의 죄를 정결하게 하는 일입니다. 그것이 바로 구속 사역입니다. 사람이 자신과 선조들의 죄를 회개하게 하여 깨끗하게 하는 것입니다. 죄 중에서 가장 큰 죄는 우상숭배입니다. 주님은 아담의 죄를 용서하신 그때부터 죄 사함의 일을 하고 계십니다. 지금도 역사하셔서 우리가 회개할 때 죄를 생각나게 하시고, 죄가 떠나가게 하시며, 용서와 회복의 은혜를 주십니다.

"높은 곳에 계신 지극히 크신 이의 우편에 앉으셨느니라." 8장 1절에도 같은 표현이 나옵니다. 이는 놀라울 정도로 정확한 표현입니다. "높은 곳에 계신 지극히 크신 이"는 성부 하나님이시고, 성부 하나님의 우편에 앉으셨다는 것은 성부 하나님의 보좌가 있고 그 옆에 있는 또 다른 보좌에 나란히 앉으셨다는 의미가 아닙니다. 그렇게 되면 하늘 보좌가 두 개라는 의미가 되기 때문입니다. 아버지의 오른쪽에 앉으셨다는 것은 아버지와 아들이 존엄성에서 차이가 나지 않고 같다는 뜻입니다(요한 크리소스토무스). 우편이라고 한 것은 유대인의 개념에서 우편이 우월한 의미이기 때문입니다.

천사보다 뛰어나신 주

4절 "그가 천사보다 훨씬 뛰어남은." 저자는 아들에 대해 아직도 할 말이 많습니다. 그래서 덧붙이는 말이 아들이 천사보다 훨씬 뛰어나시다는 것입니다. 이는 천사의 능력이 30이면 예수님의 능력이 100이라는 식의 비교가 아닙니다. 여기서 "훨씬"의 의미는 비교조차 할 수 없는 근본적으로 다른 수준이라는 것입니다. 요점은 새 시대의 대표가 구시대의 대표인 천사와 모세보다 우월하다는 것을 보이려는 것입니다(이상근). 현대인은 천사에 대해 확신이 작지만 어느 시대나 천사는 활동합니다.

"그들보다 더욱 아름다운 이름을 기업으로 얻으심이니." 아들인 예수님이 천사와 비교할 수 없을 정도로 뛰어나신 이유에 대해서 예수님의 "아름다운 이름"을 이야기하고 있습니다. 천사들도 저마다 모두 이름이 있습니다. 미가엘, 가브리엘 등 천사장급들의 이름이 성경에 나오지만, 그 밖의 천사들도 다 이름이 있습니다. 이 땅에 살다간 대부분 사람에게 이름이 있듯이 천사도 마찬가지입니다. 그리고 그들은 모두 충성된 신분으로 인정받습니다. 예수님은 이름이 있으신 것뿐 아니라 수많은 이름을 가지셨습니다. "하나님의 아들"이라는 이름도 가지셨고, "구세주", "심판주" 또는 "만왕의 왕"이라고도 불리십니다. 예수님께는 수를 셀 수 없이 많은 이름이 있으시고, 사람에게도 영적으로 하나님이 주신 이름이 있습니다.

그런데 예수님은 천사보다 더욱 아름다운 이름을 기업으로 얻으셨습니다. 성부 하나님이 그 이름을 예수님께 주신 것입니다. 예수님은 그 아름다운 이름을 소유하셨으므로 천사들과는 비교할 수 없는 것입니다. 천사들은 "거룩의 천사"나 "그리스도의 종" 등의 이름을 가졌는데 이는 예수님의 이름과는 격이 다른 것입니다. 하나님의 아들이자 하나님 자신이신 예수님과 하나님을 수종 드는 천사들은 감히 비교할 수 없습니다.

사실 예수님도 그 이름을 얻으신 것입니다. 자칭하신 것이 아니라 성부 하나님이 수여하신 것입니다. 엄위하신 예수님도 성부 하나님께 은혜를 입었습니다. 성부 하나님의 본체와 아들이신 예수님과도 격의 차이가 있다는 것을 알 수 있습니다. 골로새 사람들은 천사를 숭배했고(골 2:18), 쿰란의 영향 아래 있던 사람들은 천사를 아주 높게 평가했습니다(거스리).

5절 "하나님께서 어느 때에 천사 중 누구에게 너는 내 아들이라." 사도 바울은 창세기부터 성경을 깊이 연구하여 해박한 지식을 소유했을 것입니다. 구약성경뿐 아니라 예수님의 제자들과도 예루살렘에서 교제하였으므로 신약성경에 기록된 주님의 가르치심이나 사역도 다 들어서 알았을 것입니다. 또 예수님을 직접 만나 말씀도 받았습니다. 그래서 예수님의 탄생부터 모든 행적에 대해 다 알고 있는 상황에서 이 말씀을 기록한 것입니다. 바울이 아무리 성경을 찾아보고 창세기부터 자신이 사는 시대까지 살펴보아도 하나님이 천사 중 누구에게도 아들이라고 하신 적이 없다는 것입니다. 하나님이 아들이라고 부르신 분은 오직 예수님뿐입니다(시 2:7).

"오늘 내가 너를 낳았다 하셨으며." 삼위일체에 대한 이야기에서 예수 그리스도가 어떻게 생성되셨는지 그 근본을 탐구할 때 이 본문은 중요한 근거를 제공합니다. 예수 그리스도는 성부 하나님께로부터 나왔다는 것입니다. 성부, 성자, 성령이 하나의 하나님이시지만 성자는 성부가 낳으신 분이라는 것입니다.

"또 다시 나는 그에게 아버지가 되고 그는 내게 아들이 되리라 하셨느냐." 같은 말씀을 반복해서 하십니다. 시편 89편 26절에도 하나님을 아버지라고 부르는 내용이 나옵니다. 본체이신 하나님이 예수님에 대해 너는 나의 아들이라고 하시고, 나는 너의 아버지라고 하셨다는 것이며, 천사에게는 이런 말을 하신 적이 없다는 것입니다. 하나님은 성경의 여러 곳에서 이 말씀을 하셨습니다(삼하 7:14, 대상 17:13).

성경을 보면 어떤 사람에게 주님이 오시거나 천사가 방문하는 경우, 누가 예수님이고 천사인지를 구분합니다. 예수님도 천사도 사람의 모습이시고, 복장도 예수님과 천사 모두 긴 세마포 옷을 입으셨습니다. 환상을 보면 주님은 대개 보통 사람의 크기로 보이지만, 어떤 때는 아주 큰 모습으로 보이기도 합니다. 천사도 사람의 얼굴을 하고 있지만, 주님과 차이점은 천사는 날개를 달고 있습니다. 주님은 날개가 없습니다. 천사 중에서 최고위급은 날개가 세 쌍입니다. 두 쌍이나 한 쌍을 가진 천사도 있습니다. 천사마다 날개의 크기도 차이가 납니다. 또 날개가 새의 날개 모양처럼 깃털이 달린 모습으로 보일 때도 있습니다.

6절 "또 그가 맏아들을 이끌어 세상에 다시 들어오게 하실 때에." "맏아들"은 예수 그리스도이십니다. 여기에서 "세상에 다시 들어오게 하실 때"라고 하였는데 이는 예수님의 재림을 말합니다. 예수님이 이 세상에 처음 오셨을 때 바울이 보지는 못했지만, 복음서의 저자들에게서 이야기를 들어 알게 되었을 것입니다. 예수님의 초림은 예수님이 하늘로 올라가심으로 인해 끝난 사건입니다. 그러므로 이후에 다시 오실 것을 말하는 것입니다. 이 부분에 대해 초림이라고 주장하는 학자들도 있고, 초림과 재림을 다 가리킨다고 말하는 학자들도 있지만, "다시"라는 말을 썼으므로 이는 재림을 말한 것이 확실합니다. 사도 바울은 제자들을 통해서 예수님이 다시 오실 것이라는 이야기를 들어서 알고 있었을 것이고 이를 믿었을 것입니다. 그래서 여러 성경을 통해 예수님의 재림을 증거하였습니다. 또 바울은 주님을 만나 대화하면서 예수님이 이 땅에 오신 것과 이 땅에서 행한 일들과 하늘로 올라가신 것과 지금 하늘에 계시지만 장차 다시 오실 것에 대해 더 정확하게 들어서 알았을 것입니다.

또 바울이 단순히 예수님이 오신다고 하지 않고 "그가 맏아들을 이끌어"라고 표현한 것을 생각해보아야 합니다. 앞에서는 예수님에 대해 "아들"이라고 표현하였는데 여기서는 "맏아들"이라고 하기 때문입니다. 맏아들이라고 언급하신 것은 맏아들 다음으로 다른 아들들이 존재한다는 의미입니다. 예수님은 재림하시기 전까지 천국에 계시면서 먼저 간 성도들과 함께 예배하며 또한 천국의 삶을 누릴 것입니다. 천국에 간 성도들인 그들도 하나님의 아들입니다. 예수님과 성도의 관계는 신랑과 신부의 관계이지만, 성부 하나님과 성도의 관계는 아버지와 아들의 관계입니다.

그러므로 천국에는 맏아들이신 예수님과 다른 아들들인 먼저 간 성도들이 있습니다. 그중에서 재림의 주인공으로 오실 분은 오직 맏아들이신 예수님이라는 것을 말하고 있습니다. 그래서 재림과 관련해서는 맏아들과 다른 아들이 구분되어야 한다는 것입니다. 지금 이 땅에 있는 구원받은 성도들도 아들이므로 더욱 구분이 필요합니다.

"하나님의 모든 천사들은 그에게 경배할지어다 말씀하시며." 이 글은 칠십인경 중 시편 97편 7절과 신명기 32장 43절을 인용한 것입니다. 예수님이 재림하실 때 천사들은 예수님께 경배할 수밖에 없습니다. 지금도 예수님은 만왕의 왕이시지만, 재림하시면 명실상부한 만왕의 왕이 되시고, 심판주가 되시며, 모든 만물을 통치하는 권세를 가지실 것이기 때문입니다. 그리고 새 하늘과 새 땅의 주인공이 되십니다. 온 우주에 그분과 같이 높은 자는 없습니다.

7절 "또 천사들에 관하여는 그는 그의 천사들을 바람으로, 그의 사역자들을 불꽃으로 삼으시느니라 하셨으되." 이는 시편 104편 4절을 인용한 것입니다. 이 말씀을 통해 알게 되는 것은 천사들은 하나님의 명령에 따라 움직이는 하나님의 종들이고 사자라는 것입니다(브루스). 그리고 천사들이 움직일 때 바람과 불꽃을 일으킨다는 것입니다. 주님이 어떤 일을 하실 때 직접 말씀하시고 행하실 수 있지만, 보통은 천사들을 사용하셔서 일하게 하십니다. 또 성령이 일하실 때도 있습니다. 영적으로 어떤 사역을 할 때 구체적으로 누가 일하는지를 알 수 있습니다. 그래서 영적으로 깨어 있는 사람은 하나님이 천사들을 사용하셔서 일하게 하시는 것에 대해 잘 이해할 수 있습니다.

8절 "아들에 관하여는 하나님이여 주의 보좌는 영영하며." 이 말씀은 시편 45편 6-7절을 인용한 것으로, 어떤 이스라엘 왕의 혼인 잔치에 대한 내용입니다. 아들에 관한 이야기를 하다가 하나님의 보좌에 대해 말합니다. 이것은 하늘에 있는 보좌와 아들의 관계가 밀접하다는 것을 알려줍니다. 아들에 관하여 말한다고 하면서 성부를 부르듯 "하나님이여"라고 한 다음 주의 보좌에 대해 말하고 있습니다. 이는 예수님이 하늘 보좌에 성부와 함께 앉아 계시고, 보좌의 모든 것을 주관하시는 분은 성부이시므로 그리스도와 성부 하나님을 함께 부른 것이라고 할 수 있습니다.

"주의 보좌는 영영하며"라고 한 것은 세상이 어떻게 요동치더라도 주의 보좌는 변함없이 영원하다는 것입니다. 이는 그리스도와 성부 하나님 외에는 그 보좌에 앉을 수 없고, 특히 그리스도만이 보좌의 주인공이시라는 것입니다.

루시엘이라고도 하는 사탄 루시퍼가 타락하여 이 보좌를 탐내고 하나님과 함께 앉고 싶어 했기 때문에 하늘에서 쫓겨난 것입니다. 하늘의 보좌는 하나이고 그 보좌에는 예수 그리스도가 앉아 계십니다. 그런데 주님을 가장 가까이서 모시던 천사인 루시엘이 그 자리를 탐하여 하나님처럼 높아지려고 하다가 천사 중 삼분의 일을 이끌고 천국에서 쫓겨났습니다. 그래서 사탄이 아무리 주의 보좌를 노릴지라도 주의 보좌는 영원하다는 의미라고 볼 수도 있습니다.

또 루시퍼가 천사였으므로 결국 이 말은 어떤 천사에게도 이 보좌를 빼앗기지 않겠다는 의미도 숨어 있습니다. 천사의 타락이라는 이 사건은 하늘나라에서 큰 이슈였을 것입니다. 루시퍼가 떨어져나간 후에도 강력한 일곱 천사장이 천국 보좌 옆에서 수종 들고 있으므로 어쩌면 그들도 루시퍼처럼 주의 보좌를 노릴지도 모릅니다. 그러므로 천사들에게 루시퍼의 일을 상기시키면서 경고하는 의미도 포함된 것이 아닐까 생각해봅니다. 그래서 그리스도와 천사를 비교하면서 하늘의 보좌는 주의 보좌이고 이 보좌는 영원하다고 모든 사람과 영적 존재까지 다 듣도록 선포하는 것입니다.

"주의 나라의 규는 공평한 규이니이다." 이번에는 "규"가 나오는데 개역성경은 이를 "홀"로 번역했습니다. 규는 왕이 들고 있는 지팡이로 재판할 때 두드리거나 명령하고 지휘하는 데 사용하는 권위의 상징입니다. 옛날 왕정 시대를 살펴보면 이해하기 쉽습니다. 왕은 규를 잡고 벼슬아치는 홀을 잡습니다.

그런데 "주의 나라의 규는 공평한 규"라고 하셨습니다. 공평하다는 것은 정의롭고 의롭다는 것입니다. 성경은 "의"를 중요시 여깁니다. 하나님은 저울에 달아서 정확하게 측량하는 것을 좋아하십니다. 하나님이 당신의 나라를 운영하실 때 그 나라가 이 세상이든 하늘나라이든 상관없이 가장 중요하게 생각하시는 원칙이 바로 공평함입니다.

9절 "주께서 의를 사랑하시고 불법을 미워하셨으니." 하나님은 정확하게 달아보시고 조금이라도 불법한 것은 싫어하십니다. 의로움과 바름의 출처, 사랑의 출처는 다 하나님이시고, 하나님이 그 근원이십니다. 이 세상은 사람마다 의로움이 다르고 세대에 따라서 다를 수 있습니다. 법도 시대에 따라 바뀌는 것을 역사를 보면 알 수 있습니다. 영원히 지속하는 원칙은 지금까지 없습니다. 그러나 하나님은 변함이 없으시고, 예수 그리스도는 확실한 분입니다. 의를 사랑하시고 불법을 미워하십니다. 주님은 법을 제정하시고 운영하시며 집행하시는 권한을 가지신 분입니다. 주님의 통치에서 벗어날 수 있는 존재는 이 세상에 아무도 없습니다. 이 세상에서 주님만이 보좌에 앉으신 유일무이한 통치자이십니다. 그러므로 주님을 따른다면 의를 좇고 불법을 미워해야 합니다.

주님이 이 땅에 오셔서 활동하셨을 때 사도 바울은 이 사실을 몰랐습니다. 그는 성경에 대한 지식이 깊었고, 직책과 권세가 높았는데도 예수님이 그리스도이신 것을 알지 못했고, 주님이 승천하신 뒤 수많은 그리스도인을 죽이고 핍박했습니다. 그러나 다메섹에서 예수님을 만난 이후 진정한 지식을 알게 되었고, 목숨을 걸고 주님을 전했습니다. 누구든지 예수님을 만나면 예수님 중심으로 삶이 변화되므로 사람이 주님을 만난다는 것은 일생일대의 중요한 일입니다. 예수님을 만나지 못한 사람은 불행하게도 주님을 증거하는 열정이 부족하여 단순히 지식적 신학에 머물고, 다른 사람의 경험담과 주장만 소개하는 데 그치고 맙니다.

"그러므로 하나님 곧 주의 하나님이." 여기서 주는 예수 그리스도를 가리킵니다. 하나님은 예수님의 아버지인 성부 하나님을 말합니다. 아버지가 아들을 축복합니다.

"즐거움의 기름을 주께 부어." 여기서 "즐거움의 기름"은 성령을 가리킵니다. 과거에 젊은 왕이 혼인식에서 받는 영광을 묘사하는 것이기도 합니다(알포드). 구약 시대에도 왕이나 선지자를 세울 때 머리에 기름을 부었습니다. 기름을 부으면 능력을 힘입게 됩니다. 온 우주의 창조주이신 하나님이 아들에게 즐거움의 기름을 부어주시면 즐거워지고 강한 능력을 힘입게 되는 것이 당연합니다. 즐거움의 기름은 즐겁게 해주는 기름으로 생각할 수도 있고, 즐거움과 기름을 나누어서 두 가지를 주신 것으로 생각할 수도 있습니다. 창조주가 아들이신 예수님에게 기름, 즉 성령을 부으셨으니 얼마나 즐거우시겠습니까? 강한 성령을 부어 충만하게 하셔서 보좌에 앉히시고 온 세상의 통치자로 세우시는 것은 기쁜 일입니다.

"주를 동류들보다 뛰어나게 하셨도다 하였고." 하나님이 당신의 아들 예수 그리스도께 기름을 부으셨더니 동류들보다 뛰어나게 되었다는 것입니다. 시편 45편에서는 왕의 친구인 다른 왕이었을 것입니다. 이 동류를 천사라고 하는 신학자도 많은데(빈센트, 알포드), 앞에서 천사들과 예수님을 비교했을 때 주님은 비교할 수 없이 위대하신 분이라고 했습니다. 그런데 여기서는 천사가 아니라 동류라고 하였습니다. 앞에서는 천사를 천사라고 표현했는데 여기에서 굳이 그렇게 쓰지 않은 것은 천사라고 규정할 수 없기 때문일 것입니다. 그렇다면 하나님의 아들이신 영적 존재하고 누가 동류가 되겠습니까?

사도 바울이 생각한 예수님의 동류는 영적 존재일 것이며, 특히 천국 잔치에 초대될 성도들을 말하는 것으로 보입니다. 하늘나라에 천사가 있고 동류 안에 천사가 포함되는 것으로도 볼 수 있습니다. 사도 바울이 이 글을 쓰기 전에 이미 죽어 천국에 간 구약 시대의 사람들이 천국을 많이 채웠을 것이고, 그들 중에는 유력한 사람도 많을 것이며, 24장로도 하늘나라에 완전체로 존재하고 있었을 것입니다. 아담으로부터 시작해서 유력한 믿음의 선진들이 하나님의 보좌 앞에 자리를 잡고 있을 것인데 그들도 하나님의 아들입니다. 예수님은 하나님의 맏아들로서 하나님의 보좌에 앉아 계시고, 그 앞에 펼쳐져 있는 보좌에 앉은 성도들은 다 아들들로서 예수님의 동류라고 할 수 있습니다. 예수님은 천사와 먼저 간 성도들보다 뛰어나신 분입니다. 또 하나 예수님은 이 땅에 육신을 입고 오셨습니다. 그래서 육신의 부모가 있고 친척도 있으며, 예수님의 선조들의 이름이 성경에 나옵니다. 어쩌면 그들도 그리스도의 동류입니다. 또 많은 왕과 선지자들, 제사장들이 기름 부음을 받았습니다. 기름 부음을 받았다는 면에서 주와 동류이지만, 그들보다도 예수님의 기름 부음이 더 뛰어나다는 뜻으로도 생각할 수 있습니다. 예수님은 어떤 존재보다도 뛰어나신 분입니다.

10절 "또 주여 태초에 주께서 땅의 기초를 두셨으며." 이는 시편 102편 25-27절을 인용한 것입니다. 앞에서 아들에 대해 말했는데 계속해서 이야기하겠다는 뜻입니다. "태초"라고 한 것은 세상이 처음 만들어질 때를 가리키는 것이고, 그 처음에는 하늘의 해, 달, 별 그리고 지구와 모든 것이 존재하지 않았다는 것입니다. 우리가 지금 우주 속에 살고 있는데 광활한 우주에 비하면 이 지구는 먼지만큼 작은 곳이라서, 아무리 과학자들이 연구한다고 해도 우주를 다 이해하지 못합니다. 우주를 잘 알려면 가까이 가서 연구해야 하는데 사람이 직접 가서 연구한 천체는 지구에서 가장 가까운 달을 비롯해 행성 몇 개가 전부입니다. 게다가 과학자들이 발견했다는 이론들도 모두 진리라고 말할 수 없습니다. 하나님은 워낙 크신 분이시기에 그분이 행하신 일을 사람이 연구하는 과학으로 설명할 수 없습니다.

하나님은 이 세상에 아무것도 없었을 때 이 세상을 창조하셨습니다. 하나님은 세상을 지으실 때 직접 땅의 기초를 두셨습니다. 그러므로 우주의 작은 일부도 제대로 알지 못하는 사람들이 하나님을 이해하고 상상한다는 것은 불가능한 일입니다. 하나님이 이 땅을 창조하신 것을 모세에게 알려주셔서 모세가 창세기를 기록하였습니다. 그러나 이 글을 쓴 바울이 그것을 그대로 인용하여 쓴 것이 아니므로, 하나님이 바울에게도 이 사실을 직접 알려주셔서 기록한 것이 분명합니다. 이는 너무나 중요한 사실이기 때문에 다시 알려주셨을 것입니다.

"하늘도 주의 손으로 지으신 바라." 이 "하늘"은 어디가 끝인지 알 수 없을 만큼 광활한데 그 하늘도 하나님이 손수 지으셨습니다. 바울은 삼층천에 다녀온 사람이므로 하나님이 이런 엄청난 내용의 말씀을 해주셔도 잘 이해했을 것입니다. 천국에서 온 세상을 내려다본다면 어떻게 보일지 궁금합니다. 멀리 있는 천국에서 까마득한 아래의 세상을 내려다본다면 별들이 무리 지어 있는 은하와 성운의 모습이 꽃밭처럼 보이지 않을까 생각해봅니다. 하나님이 바울에게 이런 모습을 실제로 보여주시면서 가르쳐주시니 하나님이 그 모든 것을 만드셨다는 것이 의심 없이 믿어졌을 것입니다.

성경 말씀에는 짝이 있다고 합니다. 비슷한 내용이 각기 다른 성경 기자에 의해 쓰인 경우가 많아서 그렇게 말합니다. 이는 하나님이 시간이 흐른 뒤에 같은 말씀을 또 해주시거나 가르쳐주셨기 때문이라고 생각합니다. 중요한 말씀이므로 5백 년이나 천 년 뒤에 다시 가르쳐주셔서 잘 알게 하시려는 하나님의 의도라고 볼 수 있습니다.

11절 "그것들은 멸망할 것이나." 하나님이 지으신 모든 세계가 마지막 때에 멸망할 것을 예언을 통해 알고 있습니다. 이 세상은 7년 대환란이 끝난 뒤 어느 시점에 멸망하게 될 것입니다. 이는 요한계시록에 주로 예언되어 있고, 성경 몇몇 곳에 기록되어 있으며, 지금 여기서도 말씀하고 있습니다. 앞에서는 하나님이 이 세상을 지으셨다면서 하나님의 주권을 인정하고 하나님께 영광을 돌렸는데, 바로 다음 구절에서 그것들이 멸망할 것이라고 하는 것은 조심스러운 말입니다. 하나님이 지으신 하나님의 것이 멸망할 것이라고 사람이 감히 말할 수 있겠습니까? 이는 하나님이 바울에게 그렇게 될 것을 말씀해주셨으므로 말할 수 있는 내용입니다. 이 땅에 수없이 많은 아름다운 창조물은 모두 다 하나님이 애쓰시고 수고하셔서 만드신 것입니다. 그것들이 없어진다고 함부로 말하는 것은 큰 무례일 것입니다. 그러나 하나님은 스스로 행하신 창조에 반대되는 멸망도 스스로 이루실 것입니다.

"오직 주는 영존할 것이요." 하나님이 창조하신 온 세계와 주를 비교하고 있습니다. 모든 아름다운 피조물은 언젠가는 소멸될 것이지만, 오직 주님은 남아 계실 것이라는 말입니다. 성부, 성자, 성령은 영원히 존재하십니다.

"그것들은 다 옷과 같이 낡아지리니." 옷은 세월이 지나가면 낡습니다. 낡아질 "그것들"이란 특히 이 지구를 가리킵니다. 이 지구도 세월이 갈수록 낡아지고 있습니다. 지금 이 땅은 많은 세월이 지나면서 공기도 오염되었고 여러 자원도 고갈되고 있습니다. 심지어 사람도 낡아지고 있습니다. 지금 사람들의 모습은 처음 하나님이 창조하셨을 때의 사람과는 큰 차이가 있습니다. 하나님의 형상을 입은 인간의 품성이 많이 깨지고 어그러졌습니다. 하나님이 기대하시고 창조하셨던 모습보다는 동물 중의 한 부류에 더 가까워지고 있는 것이 아닌가 하는 생각이 듭니다. 성경을 보면 사람이 처음 창조되었을 때는 천 년 가까이 장수했던 것을 알 수 있습니다. 그러나 현대인은 대부분 백 년도 살지 못하고 죽습니다. 아담은 에덴동산에서 선악과를 먹고 쫓겨나서도 900세 이상을 살았습니다. 만약 그가 쫓겨나지 않고 계속 거기서 생명나무 과실을 먹으면서 살았다면 영원히 살 수 있었을 것입니다. 사람은 나이가 들수록 낡아지는 모습이 드러납니다. 주름도 생기고 병도 걸리는 등 온 몸이 약해집니다. 그러나 하나님이 처음에 사람을 만드셨을 때는 낡아지도록 하시지 않은 것이 분명합니다.

12절 "의복처럼 갈아입을 것이요." 이 세상이 아무리 낡아져도 갈아입을 수 있다는 것이니 이 말씀은 중요합니다. 이것이 바로 요한계시록에서 말하는 새 하늘과 새 땅입니다(계 21:1). 7년 대환란이 끝난 뒤 이 세상은 블랙홀에 빨려 들어가듯 사라지고 새 하늘과 새 땅이 임할 것입니다.

과학자들은 물체가 블랙홀에 빨려 들어갈 때는 지구처럼 질량과 부피가 큰 것도 입자가 작아지면서 완전히 빨려 들어가 사라지게 된다고 합니다. 학자들의 연구 결과를 빌리지 않더라도 결국 과거의 것은 다 없어지고 새 하늘과 새 땅이 도래할 것입니다. 새 하늘과 새 땅은 지구에서 건설되는 것이 아닙니다.

"그것들은 옷과 같이 변할 것이나 주는 여전하여 연대가 다함이 없으리라 하였으나." 이 세상은 사라져서 온 우주의 환경이 다 변할 것이지만 오직 주님만 여전하실 것입니다. 지금 우리 눈에 보이는 세계는 사라질 것입니다. 주님은 온 땅과 온 우주를 섭리에 따라 다스리십니다. 주님은 모든 것의 주인이시기 때문입니다.

13절 "어느 때에 천사 중 누구에게 내가 네 원수로 네 발등상이 되게 하기까지." 여기에서 "내가"는 성부 하나님입니다. 이 말씀은 성부 하나님이 아들에게 하시는 것입니다(시 110:1). "네 원수"는 예수 그리스도의 원수, 즉 마귀입니다. "네 원수로 네 발등상이 되게" 하신다는 것은 성부가 예수님이 원수인 마귀를 발로 밟아버리시도록 하신다는 말입니다. 하나님은 이런 내용을 어떤 천사에게도 말씀하신 적이 없습니다.

"너는 내 우편에 앉아 있으라 하셨느냐." 3절에도 언급되어 있는데, 성부 하나님은 지금 천국에 계시는 예수님께 마귀를 밟을 때까지는 하나님의 보좌 우편에 앉아 있으라고 하시는 것입니다. 지금은 원수를 완전히 밟을 때가 아니기 때문입니다. 이 말씀은 요한계시록과 일치합니다. 예수님은 히브리서가 기록될 때에도, 지금도 하늘 보좌에 앉아 계십니다. 세상 마지막 때까지 앉아 계시다가 마귀를 완전히 멸하시는 날이 올 때 그들을 발로 밟으실 것입니다(계 20:10).

그런데 하나님은 어떤 천사에게도 "내 우편에 앉아 있으라"고 말씀하신 적이 없고 예수 그리스도에게만 말씀하셨으므로 예수님은 누구와도 비교할 수 없이 높으신 분인 것을 나타냅니다. 아무리 수많은 천사가 있고, 그중에 아무리 고귀한 신분의 천사가 있을지라도 예수님과 비교할 수 있는 존재는 없다는 것입니다. 이 말은 10장 12-13절에서도 반복됩니다.

구약 교회나 초대교회까지만 해도 유대인들이 천사에 대해 환상을 품고 숭배하거나 높이는 일이 있었습니다. 천사를 하나님이라고 생각하지는 않았지만 높이고 숭배했습니다. 유대인은 하나님이 택하신 백성이지만 하나님을 섬기는 일에 대해 잘못 알고 있는 것이 많았습니다. 그런 옳지 않은 풍조에 대하여 바른 가르침을 주는 말씀이라고 할 수 있습니다. 예수님이 사역하실 때 천사가 수종 들었고, 베드로가 감옥에 갇혀 있을 때 천사가 와서 구해주었으며, 성경에 나오는 여러 기록을 통해 천사에 대해 소중한 마음을 가질 수 있습니다. 그러나 하나님은 천사에게 예수님만큼의 권한을 주신 적이 없다는 것입니다. 천사가 독자적인 힘으로 마귀의 권세와 싸워 이기는 것이 아닙니다. 예수님이 마귀를 밟으시는 것이고, 천사는 주님의 명령을 받들고 순종할 뿐입니다.

14절 "모든 천사들은 섬기는 영으로서." 천사들은 섬기는 영이라는 이 말씀은 천사라면 한 명도 예외가 없다는 것입니다. 천사들을 가리켜 "섬기는 영"이라고 한 것은 천사들이 독자적으로 행동하지 못하고 오직 섬김을 받는 분의 명령에 따라 섬긴다는 것입니다. 천사들은 그분을 끊임없이 섬깁니다.

"구원 받을 상속자들을 위하여 섬기라고 보내심이 아니냐." 이것은 중요한 말씀입니다. 천사들이 섬기는 영으로서 누구를 섬기는지가 중요한데 그 해답을 주기 때문입니다. 하나님이 "구원 받을 상속자들"을 섬기라고 천사를 보내셨다는 것이고, 구원받을 상속자들은 성도를 가리킵니다. 천사는 성도를 돕기 위해 하나님의 보내심을 받아 일하는 사명자입니다. 성도는 천국을 상속받을 사람들입니다. 이것이 이 세상에서 받을 가장 큰 상속입니다. 그리고 그리스도와 함께한 후사입니다(롬 8:17). 그러므로 천국을 상속받을 자에게는 섬기는 천사들이 있다는 것입니다. 이 말을 반대로 생각하면 천국을 상속받지 못할 사람에게는 천사가 섬기려고 옆에 있지 않는다는 말도 됩니다. 어떤 가정에서 남편은 예수님을 믿지 않고 아내가 예수님을 믿는다면, 그 가정에서 움직이고 있는 천사는 그 숫자가 몇 명이든 아내를 돕는 천사라는 것입니다. 천국 보좌에 앉을 성도들을 위해 큰 천사나 작은 천사, 혹은 여러 명의 천사가 돕는 활동을 합니다. 사람마다 다르겠지만, 다 돕는 천사가 있다는 말입니다.

지금 시대에는 천사가 이 땅에서 활동하지 않는다고 생각하는 신학자들이 있습니다. 그들은 천사가 다 하늘에만 있다고 생각하는지 모릅니다. 그러나 성경은 확실하게 천사가 성도를 위해 보내심을 받았다고 말하고 있음을 인정해야 합니다. 그러므로 이 시대에도 천사들이 성도를 돕기 위해 역사합니다. 한시적으로 잠깐만 도와주는 것이 아니라 필요할 때마다 협력할 수 있습니다. 하지만 영적이지 못한 사람들이 이렇게 성경에 기록된 내용을 거부하면서도 자신이 이성적으로 성경을 잘 해석하고 있다고 믿는다면 그의 믿음이야말로 성경적이지 않습니다. 성경을 보면 사두개인이 천사를 믿지 않았다고 하는데 그들도 사두개인과 같은 자들이 아닐까 싶습니다. 영적 체험을 조금만 한다면 이 말씀이 지금도 이루어지고 있음을 확실하게 알 수 있습니다. 성도는 성경에 기록된 내용 그대로 다 믿어야 합니다. 하나님은 예나 지금이나 변함이 없으십니다.

한편 성도가 천사의 섬김을 받기는 하지만 모든 천사의 주인은 하나님이시고, 그들은 하나님의 보내심을 받아 일하는 존재이므로 성도가 천사에 대해 함부로 말하는 것은 옳지 않습니다. 우리가 알든지 모르든지 지금도 수많은 영적 군대와 같은 천사가 구원받을 성도들을 위하여 역사하고 있습니다. 그러므로 영적 전쟁을 할 때 천사의 도움을 받는 경우가 없다고 할 수 없습니다. 영적으로 깊은 사도 바울이 영적 세계의 비밀을 확실하게 드러내어 증거하고 있으므로 우리는 이 말씀을 믿고 따라야 합니다.

2장

아들은 사람을 위하여 일하신다

HEBREWS

1장에서는 천사와 하나님의 아들이신 예수님을 비교하면서 예수님의 위대성을 증거하였는데, 2장에서도 계속 이어지고 있습니다. 천사와 성부 하나님의 아들이신 예수님은 비교조차 할 수 없는 상대이고 또한 주님은 이 세상 누구와도 비견할 수 없는 위대한 존재이신 것을 말합니다.

큰 구원

1절 "그러므로 우리는 들은 것에 더욱 유념함으로." 여기서 "들은 것"은 예수 그리스도 자신이 말씀하시고, 그분의 사도들이 증거한 예수 그리스도에 대한 복음을 의미합니다(브라운). 1장 마지막에서 천사의 신분은 섬기는 영이라고 하였습니다. 예수님이 어떤 존재이신지를 드러낸 것입니다. 그러면서 하나님이 하신 말씀과 예수님에 대한 말씀을 유념하라고 말하고 있습니다. 이는 제자들이 전해준 예수님이 하신 말씀까지 포함한 것입니다. 이런 중요한 내용을 전하는 말씀은 들은 것에서 끝내지 말고 유념해서 삶으로 그 말씀을 살아나가야 합니다. 즉, 본문은 예수님만이 우리의 유일한 구원자이심을 강조합니다.

"우리가 흘러 떠내려가지 않도록 함이 마땅하니라." 성도들이 복음의 진리를 마음에 받아들이고 나면 그것을 잃어버릴 위험이 늘 따릅니다(매튜 헨리). 이 말씀을 통해 우리는 성도가 예수님을 믿기로 다짐하고 교회에 출석한다고 해서, 또 하나님의 은혜를 한 번 받았다고 구원이 완성되는 것이 아님을 알 수 있습니다. 성도가 아무리 예수님을 알고 믿고 일시적으로 은혜를 받아도 "흘러 떠내려갈 수 있다"는 것을 염두에 두어야 합니다. 그것은 인간이 부패했고, 사탄이 인간을 공격하기 때문입니다.

한국교회가 가장 성장했을 때 우리나라 인구 5천만 명 중 1,200만여 명이 교회에 출석했었습니다. 그러나 정부가 발표한 통계에 따르면 지금은 8백만 명에서 850만 명이 교회에 출석하고 있다고 합니다. 나머지 3백만 명이 교회에 출석하지 않고 있는 것입니다. 그들도 세례를 받았을 것이고, 그들 중에는 직분자도 많을 것이며, 성경공부도 하고 제자훈련도 받았을 것입니다. 즉, 은혜를 많이 받았어도 지금은 교회에 나가지 않는 불신자와 같이 된 것입니다. 아마도 그들 중에는 교회에는 나가지 않아도 하나님을 믿는다고 자부하는 자들도 많을 것입니다. 그러나 그들이 계속 그렇게 세월을 보낸다면 그들이 구원받았음이 확실한 것이라고 주장해도 저는 동의할 수 없습니다. 교회 공동체에서 떠나 기도와 예배와 찬양에 힘쓰지 않는데 어떻게 하나님을 믿는다고 인정할 수 있고 구원받을 사람이라고 말할 수 있습니까? 그들은 이미 구원에서 파선한 것으로 보아야 합니다.

"흘러 떠내려 가버렸다"는 것은 배가 강을 거슬러 올라가거나 건너편으로 가야 하는데 목적지에 도달하지 못하고 중간에 물이 흐르는 대로 떠내려갔다는 것입니다. 그것은 배가 고장났거나 파선했기 때문입니다. 아무리 대형 선박이라도 파선할 수 있습니다. 배가 파선하면 그 배에 승선한 사람들은 사고를 당하고 수장됩니다. 성도란 각자가 준비한 배를 타고 하늘나라를 향하여 항해하는 사람들입니다. 그 배가 파선하지 않고 끝까지 갔을 때 영적인 열매를 맺습니다. 그러나 우리 주변을 살펴보면 안타깝게도 중간에 떠내려가는 사람들이 있습니다. 기독교 국가였던 유럽의 교회가 참혹할 정도로 침체하였습니다. 그렇게 열심히 신앙생활을 하던 성도들이 지금은 다 어디로 갔을까요? 그들 자신과 그들의 아들과 딸들이 다 급류에 휘말려 떠내려간 것입니다. 세속에 물들거나 영적으로 게을러지고, 또한 마귀의 유혹에 넘어가 구원에서 멀어진 것입니다. 천국을 향한 여정에서 끝까지 도달하지 못하면 구원에 이를 수 없습니다. 주님을 알고 난 후 생명이 다하는 순간까지 달려가야 합니다.

칼뱅은 구원에서 성도의 견인을 중요하게 생각합니다. 실제 하나님은 성도들이 구원에 이르도록 붙잡아주십니다. 그러나 그만큼 인간의 노력도 요구됩니다. 믿음에서 떨어져나간 사람은 하나님이 붙잡아주지 않으셔서 떨어진 것이 아닙니다. 하나님이 붙잡아주셨지만, 자신이 끝까지 믿음을 지키지 못한 까닭입니다. 성도는 주님이 하신 말씀을 기억해야 합니다. 주님이 하라고 하신 대로 살아야 우리는 믿음을 지킬 수 있습니다. 설혹 구원이 예정된 자라도 탈락할 자들이 있습니다.

2절 "천사들을 통하여 하신 말씀이." 이 말씀이 무슨 의미인지 생각해 보아야 합니다. 하나님이 이 땅에 천사를 보내셔서 당신의 말씀을 대신 전하게 하신 경우가 많았습니다. 민수기 20장 16절을 보면 이스라엘 백성이 홍해를 건널 때에도 하나님이 천사를 보내셔서 애굽에서 인도하여 나오게 하셨습니다. 사무엘하 24장 17절을 보면 아라우나의 타작마당에서 다윗이 천사를 보았습니다. 구약 시대에는 성부 하나님이 여러 차례 천사를 통해 일하신 것을 알 수 있습니다. 어떤 때는 구약의 그리스도가 활동하시기도 하셨지만, 그보다는 천사를 많이 보내셨습니다. 하나님이 징계하실 때도 천사들이 내려와 그분의 명령에 따라 사람들을 살해했습니다. 성경에는 '천사'라는 단어가 220번 정도 나옵니다. 유대인은 성부 하나님에 대한 믿음이 더 깊은데, 그 하나님이 직접 일하지 않으시고 대부분 천사를 통해 일하신다는 것을 그들은 알고 있었습니다.

구약 교회에서 신약 교회로 넘어오는 과도기에 사역한 인물 중 스데반이 있습니다. 사도행전 7장 53절에 스데반은 "너희는 천사가 전한 율법을 받고도 지키지 아니하였도다 하니라"고 말했습니다. 사도 바울이 이 본문을 쓰면서 "천사를 통하여 하신 말씀"이라고 하였는데 스데반도 천사가 율법을 전해주었다고 한 것입니다. 구약 시대를 산 사람들과 신약 교회에 들어왔지만 아직도 구약의 율법에 매여 있던 유대인들은 율법이 천사를 통해 전해졌다고 생각한다는 것입니다. 이는 유대인들이 하나님을 보아야 그분의 말씀을 들을 수 있는데, 사람이 하나님을 보면 죽기 때문에 그분의 말씀을 직접 듣는 것은 불가능하다고 생각했고, 대신 하나님은 천사를 통해서 말씀하시고 일하신다고 생각했기 때문에 이렇게 표현했을 것입니다.

"견고하게 되어 모든 범죄함과 순종하지 아니함이 공정한 보응을 받았거든." 천사가 전해준 율법을 지키지 않은 사람은 하나님 앞에 공정한 보응을 받았다는 것입니다. 이는 광야에서 수많은 사람이 죽은 뒤로 성경에 거듭 나오는 일입니다. 겨우 천사가 전한 율법을 지키지 않았는데도 그들은 징계를 받아 다 죽었다는 것입니다. "보응"(헬, 미스타포도시아)은 히브리서 10장 35절과 11절 26절에서 '상'으로 번역됩니다.

3절 "우리가 이같이 큰 구원을 등한히 여기면 어찌 그 보응을 피하리요." 천사가 전한 말을 듣지 않아서 수많은 사람이 죽었습니다. 그런데 이 "큰 구원", 즉 예수님이 십자가를 통하여 이루신 구원은 구약 시대에 일어난 그 어떤 구원과 비교할 수 없는 것인데 이를 등한히 여기면 더 큰 보응이 있을 것이라는 말입니다. "등한히" 여긴다는 것은 예수님이 우리 죄를 위해 죽으시고 부활하시고 은혜를 주신 것을 믿지 않는다는 것이고, 그 일에 관심이 없는 태도를 취한다는 것입니다. 이런 사람은 확실한 보응을 받을 것이라는 경고입니다. 초대교회 안에 심각한 문제가 있었다는 것을 알 수 있습니다.

"이 구원은 처음에 주로 말씀하신 바요 들은 자들이 우리에게 확증한 바니." 주님은 제자들에게 구원에 대해 자주 말씀하셨습니다. 즉, 주님이 이 땅에 오신 목적이 십자가에서 죽으셔서 모든 사람의 죄를 해결하신 후 부활하셔서 그들의 구원을 완성하시는 것이라는 말씀이셨습니다. 그래서 주님은 사람들이 자신의 죄를 회개하고 주님께 나아오기를 기다리셨습니다. 구원에 대해서는 주님이 처음에 말씀하셨습니다. 보좌에 계시던 아들이 이 땅에 오셔서 직접 가르치신 것입니다. 주님이 승천하신 이후에는 주님의 말씀을 들은 제자들이 주님의 말씀을 증언했습니다. 주님이 처음에 이 말씀을 하셨을 때 제자들이나 백성은 받아들이지 못했습니다. 그래서 의심하고 종종 불순종했지만, 결국 제자들이 성령의 충만함을 받고 온 세상에 주님께 들은 말씀을 퍼뜨렸습니다. 사도 바울도 이것을 전해 듣고 이렇게 말하고 있는 것입니다.

4절 "하나님도 표적들과 기사들과 여러 가지 능력과 및 자기의 뜻을 따라 성령이 나누어 주신 것으로써." 여기서 "하나님"은 성부 하나님을 가리킵니다. 그 하나님이 표적과 기사와 여러 가지 능력을 나누어주셨습니다. 복음서에 나오는 대로 병이 낫고 귀신이 쫓겨 나가는 등 여러 이적과 표적이 나타나게 하신 것입니다. 표적은 영적인 면을, 기사는 사람들의 이목을 끄는 것을 의미합니다. 또한 표적은 인간계에 나타나고, 기사는 자연계에 나타납니다(이상근). 성령의 선물은 사도행전과 고린도전서에도 나타납니다. 그런데 이런 것을 실제로 나누어주신 분은 성부 하나님이 아니라 성령님이시라는 것입니다. 성부 하나님이 성령 하나님을 통해 일하셨다는 의미입니다.

"그들과 함께 증언하셨느니라." 즉, 예수님이 위대한 구원의 역사를 완성하셨는데 이를 성부 하나님과 성령 하나님도 확증하셨다는 것입니다. 이렇게 성부, 성자, 성령, 천사까지 영적인 존재가 다 등장하고 있습니다. 예수님에 관하여 천사와 비교하여 말하였고, 그다음 예수님에 대해 확증하기 위하여 성부와 성령까지 등장하고 있습니다.

성경을 보면 하나님의 역사가 크다는 것을 깨달을 수 있고, 무엇보다도 그 역사의 중심은 예수님이시라는 것을 깨닫게 됩니다. 그 정도로 예수 그리스도는 위대하신 분이고 그 무엇과도 비교할 수 없는 분이셔서,

세상의 그 누구도 예수님 앞에서는 낮은 신분이라는 것입니다. 천사가 그렇게 능력이 있고 그가 전한 말씀을 듣지 않았다고 수많은 사람이 죽었음에도 그 천사도 예수님을 섬기는 존재에 불과합니다.

신앙생활에서 중요한 것은 예수 그리스도가 나의 죄를 용서해주시려고 죽으셨고, 나는 내 죄를 주님 앞에 회개하여 깨끗이 씻어 용서받았으니 믿음에서 파선해서는 안 된다는 것입니다. 예수님을 믿는 성도는 믿음에서 흘러 떠내려가지 않기 위해 끝까지 예수님을 의지하고 믿음을 지켜나가야 합니다.

무당 노릇을 하다가 몸에 있는 신 때문에 너무 괴로워 그것을 떼어내려고 교회에 출석한 사람이 있었습니다. 그는 열심히 예배에 참석하고 목사님께 기도도 받고 백방으로 노력을 했지만, 신이 떨어지지 않았습니다. 무당 출신인 그 성도가 밤에 잘 때 귀신이 나타나서 "너는 내 종이니 내 신을 더 많이 받아서 나의 일을 하라"고 말했습니다. 그는 무당으로 돌아가고 싶지 않았지만 아무리 노력해도 해결되지 않아서 다시 무당을 했다고 합니다. 성도의 견인 교리를 생각하면 도저히 이해할 수 없는 일입니다. 하지만 어쩔 수 없습니다. 그녀는 믿음에서 파선한 것입니다. 한 신문기사에 따르면 무당의 30퍼센트가 교회에 다녔던 사람이라고 합니다. 이렇게 믿음에서 파선하는 사람이 있다는 것을 냉철하게 받아들이고 날마다 회개하고 기도하면서 주님과 친해지기 위해 힘써야 합니다.

예수를 보니

5절 "하나님이 우리가 말하는 바 장차 올 세상을." 여기서 "장차 올 세상"은 예수 그리스도가 승천하신 이후의 세상이고, 천국까지도 바라보고 말한 영적인 세계로 생각됩니다. 사도 바울은 예수님을 만나서 깊이 교제를 나누었는데, 아마도 예수님이 직접 비밀스러운 내용을 많이 가르쳐주셨을 것입니다. 또 그는 직접 하늘나라를 보았기 때문에 장차 하나님이 이 세상 나라를 어떻게 운영하실지, 새 하늘과 새 땅이 어떤 형식으로 오는지도 알고 있었기 때문에 이를 언급한 것입니다. 요한계시록에서 사도 요한이 새 하늘과 새 땅에 대해 기록하였지만, 사도 바울도 이에 대해 상당 부분 알고 있었던 것이 분명합니다.

"천사들에게 복종하게 하심이 아니니라." 예수 그리스도가 부활하시고 승천하셨습니다. 이 글은 그 이후에 쓰인 것이기 때문에 앞으로의 세상과 새 하늘과 새 땅이 임한 후 가장 주도적으로 일할 분은 천사가 아니라 예수 그리스도라는 것입니다. 유대인은 천사를 소중히 여기는데 이것은 잘못이 아닙니다. 그들은 하나님을 직접 만나지 못하기 때문에 그분의 말씀을 대신 전해주는 천사를 높인 것입니다. 다만, 그것이 도를 넘어서 천사를 추종하는 것으로 변질된 것이 문제입니다. 그러나 이제는 예수님이 주도하셔서 세상을 움직이실 것이기 때문에 더는 천사를 높이고 천사가 나타나기를 사모하면서 살 필요가 없습니다. 이 본문을 통해 성도는 왕이신 예수님께 복종하는 것이지 천사에게 복종하는 것이 아님을 명확히 했기 때문입니다.

6절 "그러나 누구인가가 어디에서 증언하여 이르되." 이는 다윗이 쓴 시편 8편 4-6절을 인용한 것입니다. 그런데 다윗의 시편을 인용했다고 정확하게 말하지 않고 누구인가가 어디에서 증언했다고 말합니다. 그것은 유대인 출신 성도들이 본문에 인용된 구약성경을 잘 알고 있었기 때문일 것입니다(모리스).

"사람이 무엇이기에 주께서 그를 생각하시며 인자가 무엇이기에 주께서 그를 돌보시나이까." 시편의 내용을 그대로 인용하고 있습니다. 여기서 "주"는 성부 하나님이시고, "그"는 예수 그리스도를 가리킵니다. 예수 그리스도가 어떤 분인지에 대해 다음 구절에서 더 설명합니다. "사람이 무엇이기에." 사람은 원래 존귀한 존재로 창조하셨습니다. 여기서는 예수님이 이 땅에 오셔서 활동하실 때 하나님이 계속 돌보신 것을 말합니다. 또한 "인자"가 무엇이기에 그를 돌보시느냐고 하였는데 인자는 예수 그리스도이며 여기서는 사람과 인자를 다 주님께 적용시키고 있습니다.

7절 "그를 잠시 동안 천사보다 못하게 하시며." 성부가 예수 그리스도를 "잠시 동안", 즉 순간적으로 천사보다 못하게 하셨다는 것입니다. 많은 주석가는 이에 대해 예수 그리스도가 십자가에 달려 돌아가시고 무덤에 묻히신 것을 말한다고 설명합니다. 예수님은 하늘에 계실 때에도 그렇고, 이 땅에 내려오셔서 살아계실 때도 항상 천사들이 그분 앞에서 수종을 들었습니다. 모든 것을 이기시고 승리하신 예수님이 지금 하늘에 계시는데, 천사들이 그분께 수종드는 것은 당연합니다. 즉, 예수님이 이 땅에 오시기 전에도, 이 땅에 오셔서 사역한 때에도, 다시 하늘에 가신 후에도 천사들은 계속 예수님을 높이고 그분 말씀에 순복하였습니다. 그런데 이 땅에서 아주 잠시 육신이 무덤에 계실 때에는 천사들이 수종들지 않았다는 것입니다. 사도 바울은 이 사건을 염두에 두고 말한 것입니다. 주님이 사망의 자리에 들어가시고 그분의 육체가 땅에 묻혔을 때를 가리키면서 그때는 예수님의 신분이 아주 잠시 누구에게 명령할 수 있는 위치에 있지 않으신 것을 말해주는 것입니다. 그러나 그런 낮아지심은 아주 짧은 시간이었습니다.

"영광과 존귀로 관을 씌우시며." 영광과 존귀로 관을 쓰실 수 있는 분은 예수 그리스도 외에는 없습니다. 주님은 부활하시고 승천하셨고, 성부 하나님은 주님을 존귀하게 대하셨습니다. 주님은 승리자 중에 승리자이십니다. 이것은 왕의 모습입니다.

8절 "만물을 그 발 아래에 복종하게 하셨느니라 하였으니." 사도 바울은 성부 하나님이 만물을 하나님의 아들 예수 그리스도의 발아래에 복종하게 하셨다는 것을 분명하게 알고 말합니다. 지금 하늘나라의 왕으로서 예수 그리스도가 보좌에 앉으셨고 모든 만물은 예수님께 엎드려 복종하고 있는 상태입니다. 모든 만물은 주님의 통치권 안에 있다는 사실을 받아들여야 합니다.

"만물로 그에게 복종하게 하셨은즉 복종하지 않은 것이 하나도 없어야 하겠으나." 왕이신 예수 그리스도 앞에 만물이 복종하는 것은 당연하고 옳은 일입니다. 그래서 복종하지 않는 것이 하나도 없어야 마땅합니다. 새 하늘과 새 땅이 오는 미래에는 물론이고, 2천 년 교회 역사에서도 모든 것은 복종해야 합니다. 그러나 복종하지 않는 것이 있다는 것입니다. 이제 세계는 그리스도에게 위임되었으며, 오직 그분께만 모든 것이 영원하며, 영적인 것에 관하여 절대적인 권능이 그분께 부여된 것입니다.

"지금 우리가 만물이 아직 그에게 복종하고 있는 것을 보지 못하고." 그러나 바울은 만물이 예수님께 아직 복종하지 않고 있다고 증언합니다. 예수님은 보좌에 앉아 세상을 통치하고 계시는데 그런 예수님께 만물이 복종하는 모습을 보이지 않고 있다는 것입니다. 이는 바로 이 땅에 퍼져 살아가는 사람 중 예수님을 믿지 않고 그분 앞에 복종하지 않는 사람들이 있기 때문입니다. 또 마귀들은 이 땅에 여전히 역사하고 있습니다. 그러므로 만물이 복종하고 있지 않은 형국입니다. 만물이 완전히 복종하게 되는 때는 새 하늘과 새 땅이 도래하는 때입니다.

9절 "오직 우리가 천사들보다 잠시 동안 못하게 하심을 입은 자 곧 죽음의 고난 받으심으로 말미암아 영광과 존귀로 관을 쓰신 예수를 보니." 7절에서 말한 예수님에 대한 설명을 반복하면서 "곧 죽음의 고난 받으심으로 말미암아"라는 말을 덧붙이고 있습니다. 이는 시편 말씀에 대해 사도 바울이 재해석하고 추가하여 설명한 것입니다. 즉, 예수님이 "잠시 동안" 낮아지신 것이 무엇인지를 설명한 것입니다. 그것이 바로 "죽음의 고난 받으심"이라는 것입니다. 주님이 고난을 받으시고 부활하시기 전 3일 동안 천사보다 못하게 하심을 입은 것이라고 사도 바울이 증언하고 있습니다.

또 앞에서는 "영광과 존귀로 관"을 씌우셨다(7절)고 하면서 그 대상은 언급하지 않았지만, 여기서 사도 바울은 그분이 예수 그리스도이심을 증언합니다.

다윗은 하늘을 보고 주님이 세상에서 복음을 전하시고 십자가에 달려 죽으신 뒤 부활하셔서 다시 하늘에 올라가 왕이 되실 것을 알고 시편을 썼습니다. 그리고 주님이 이 땅에서 승리하시고 하늘에서 영광과 존귀로 관을 쓰실 것도 알았습니다. 그러나 그분이 아직 이 땅에 오시기 전이어서 다윗은 그 이름을 기록하지 않았었는데, 바울은 예수님이 오신 후의 사람이므로 주님의 이름을 확실히 거론한 것입니다. 바울이 "예수를 보니"라고 말한 것은 죽음의 고난을 당하시고 하늘에 오르셔서 영광과 존귀로 관을 쓰시고 하늘 보좌에 앉으신 예수님을 직접 보고 말한 것입니다. 천 년 전 다윗이 본 것을 바울도 똑같이 보았다는 것이 놀랍습니다.

"이를 행하심은 하나님의 은혜로 말미암아 모든 사람을 위하여 죽음을 맛보려 하심이라." 주님이 이 땅에 오셔서 복음을 위하여 일하시고 죽으신 뒤 다시 살아나셔서 하늘에 올라가신 것을 비롯해 행하신 모든 일이 "모든 사람을 위하여 죽음을 맛보려 하심"입니다. 우리 주님이 인간의 죄를 용서해주시려고 대신 죄를 뒤집어쓰시고 죽으시고 부활하셨음을 바울이 설명하고 있습니다.

이렇게 예수님은 천사와 비교조차 할 수 없는 존재이십니다. 예수님은 성부, 성자, 성령의 삼위일체 하나님 중 한 분이신 성자 하나님이시므로 어떤 존재와도 비교할 수 없습니다. 오늘날 성도가 천사의 존재를 인정하고, 지금도 천사는 이 땅에서 활동하고 있으며, 그 수가 셀 수 없이 많을지라도 천사는 한 분이신 주님과 비교할 수 없습니다. 주님은 모든 천사를 지도하시고 가르치시며 명령하십니다. 예수님이 얼마나 귀하신 분인지를 알 수 있습니다. 이 땅에는 모든 사람을 죄짓게 하는, 헤아릴 수 없이 많은 마귀가 있는데, 그들도 결국 주님의 통치를 받습니다. 모든 세상 만물이든 영적 존재든 주님의 발아래에 있습니다. 그리스도가 십자가 위에서 겪으신 더할 수 없는 굴욕은 최종적인 승리로 이어졌습니다(포티우스).

거룩한 형제들

10절 "그러므로 만물이 그를 위하고." 이 세상을 구성하는 만물이 있습니다. 생물도 있고 무생물도 있습니다. 액체, 고체, 기체의 형태로 존재하고, 그 종류도 다양하며 분류 가능한 것도 있습니다. 그런데 모든 만물이 그를 위하여, 즉 예수 그리스도를 위하여 존재한다는 것입니다.

예수님을 믿는 성도라면 그분이 어떤 분인지를 아는 것은 마땅한 일입니다. 우리가 어떤 신을 믿는다면 많은 분석과 연구를 통해 알아가는 것은 지극히 정상입니다. 히브리서는 예수 그리스도에 대해 끊임없이 말하고 있습니다. 그만큼 예수님을 아는 것이 중요하기 때문입니다.

히브리인과 관계가 깊은 유대인들은 성부 하나님에 대해서는 알았지만, 성자 예수님에 대해서는 거의 알지 못했습니다. 바울도 그중 한 사람이었습니다. 그런데 그는 어느 날 부활의 주님을 만난 뒤 예수님을 믿지 않을 수 없었습니다. 바울은 과거의 자신처럼 예수님을 온전히 알지 못하는 아브라함의 후손이자 동족인 히브리 사람들(창 14:13)에게 자신이 어떻게 예수님을 만나게 되었고, 예수님이 어떤 분이기에 그분을 믿어야 하는지를 알려주고 있습니다. 그래서 자신이 주님을 만난 이후 성경을 연구해본 결과 알게 된 예수님에 대한 진리를 전하는 것입니다. 히브리서가 없었다면 우리가 직접 예수님이 어떤 분인지 연구하고 찾아보아야 하는데, 믿음의 선배가 기록을 남겨주었습니다. 바울이 이렇게 열정을 품고 연구한 이유는 예수님이 진정한 하나님이시기 때문입니다.

"만물이 그를 위한다"는 바울의 말은 세상을 뒤집을 만한 놀라운 발언입니다. 모든 사상과 이론과 철학과 신학까지도 밟아버리는 논리입니다. 모든 만물이 예수님을 위한다는 말은 유대인들에게는 생각조차 할 수 없는 말입니다. 이 말은 오직 예수님이 세상의 중심이시라는 것인데, 지금까지도 유대인들은 오직 성부 하나님만 주시라고 생각하고 있기 때문입니다. 설혹 성자에 대해 알았다 하더라도 예수님이 성자이심을 상상도 못했기 때문에 더욱 놀라운 말입니다. 구약 시대에 성자이신 여호와의 사자가 많이 등장하시고 역사하셨지만, 유대인들은 그것을 제대로 깨닫지 못했습니다. 그러나 눈에 보이지 않는 영적 존재를 포함해서 온 세계 만물이 예수님을 위해 있다고 하니, 유대인들의 모든 사상을 무너뜨리는 발언인 것입니다. 유대인들은 자신들이 미워하여 죽인 예수가 만물의 주인이시라는 말을 듣고 큰 충격을 받았을 것입니다. 그래서 바울은 그동안 유대인들에게 많은 핍박을 받았습니다. 그러나 바울은 자신이 믿는 바를 끝까지 지켰습니다. 우리가 예수 그리스도를 믿는다면 예수님이 아닌 다른 어떤 사상과 신학과 철학을 버려야 마땅합니다. 누가 반대하고 핍박한다고 해도 예수 그리스도만 붙잡고 나아가야 합니다.

"또한 그로 말미암은 이가 많은 아들들을 이끌어." 예수 그리스도는 성부 하나님의 맏아들이시라고 앞에서 이야기하였습니다. 그러므로 "많은 아들들"은 구원받은 성도들을 말합니다. 굳이 남녀의 성별에 따라 아들과 딸로 말하지 않고 아들로 지칭한 것은 육체와 상관없이 영적으로 하나님의 아들이기 때문입니다. 예수님과 우리의 관계를 이야기할 때는 예수님은 신랑이시고 우리는 성별과 관계없이 신부입니다. 그런데 성부 하나님과의 관계에서는 하나님은 아버지시고, 예수님은 맏아들이시며, 우리는 예수님의 형제이자 성부 하나님의 아들들이 되는 것입니다. "많은 아들들", 즉 하나님 아버지가 구원받은 성도들을 이끄십니다(참조. 롬 11:36).

"영광에 들어가게 하시는 일에." 영광에 들어간다는 것은 천국에 들어가는 것을 말합니다. 하나님 아버지가 주도하십니다. 하늘 보좌보다 더 영광스러운 자리는 없기 때문입니다. 살아계신 하나님과 예수님이 하늘 보좌에 계시고 수많은 천사와 먼저 간 성도들이 있는 그 자리는 성전으로서, 모든 존재가 하나님을 찬양하는 거룩하고 영광스러운 곳입니다. 이 땅에도 기억에 남을 만한, 역사에 남을 만한 영광스러운 자리가 있을 수 있습니다. 그런 영광을 얻지 말아야 한다는 것이 아닙니다. 되도록 영광스러운 자리에 서는 것이 좋습니다. 그러나 그 모든 영광스러움을 합하여도 하늘에서 받는 영광과는 비교할 수 없습니다. 이 영광에 들어가게 하시는 것은 정말 위대한 일입니다. 만일 우리가 누군가를 죽음에서 구한다면 생명의 은인으로 칭송받고 귀하게 여겨지는데, 하물며 한 영혼을 구원하여 천국에 이르게 한다면 그 영광은 비교할 수 없을 것입니다. 우리 주님은 수많은 영혼을 하늘로 인도하신 분이시므로 이 땅의 어떤 사람과도 비교할 수 없는 위대한 분입니다.

"그들의 구원의 창시자를 고난을 통하여 온전하게 하심이 합당하도다." 바울의 한 마디 한 마디는 모두 깊이를 가늠할 수 없는 놀라운 말입니다. 예수님이 구원의 창시자라는 증언입니다. 이 말은 정말 가슴 벅찬 말입니다. 그분이 길을 내시지 않았다면 어떤 구원도 없을 것이라는 암시를 줍니다(거스리). 그런데 구원의 창시자는 고난을 통하여 이루어진다는 것입니다. 그리스도는 구원의 창시자로서 죄가 없으시면서도 죄 많은 인생이 당하는 고난을 함께 당하셨습니다. 그러므로 온전하신 분입니다. 그러므로 성도들은 완전한 구원의 즐거움을 위하여 낙심하지 말고 주님의 뒤를 따라야 합니다.

11절 "거룩하게 하시는 이와 거룩하게 함을 입은 자들이 다 한 근원에서 난지라." 우리를 "거룩하게 하시는 이"는 하나님의 아들이신 예수 그리스도십니다(참조. 9:13, 10:10, 29, 13:12). 그분은 먼저 자신을 거룩하게 하셨습니다. 그리고 "거룩하게 함을 입은 자들"은 하늘 영광에 참여한 자들을 말합니다. 이 말씀에서 천국과 구원이 연결되고 있습니다. 즉, 어떤 사람이 구원을 받았다면 하나님의 아들이신 예수 그리스도와 그 사람이 한 근원에서 나왔다는 것입니다. 그 근원은 바로 성부 하나님이십니다. 하나님의 맏아들과 그 뒤에 태어난 하나님의 아들들은 다 한 분이신 하나님께로부터 나왔습니다. 같은 아버지의 아들들이라는 깊고 깊은 증언입니다.

"그러므로 형제라 부르시기를 부끄러워하지 아니하시고." 즉, 예수 그리스도는 한 아버지를 둔 성도들을 형제라고 부르신다는 것입니다. 그리고 그렇게 부르는 것을 부끄러워하지 않으신다는 것입니다. 공동상속자로 받아들이신 것입니다(롬 8:17). 예수 그리스도는 원래 창시자이시고, 거룩하게 하시는 분이며, 만물을 이끌어가시는 분이고, 영광의 자리로 이끌어가시는 분으로서 보통 인간과 비교할 수 없는 자격과 권세를 가진 분인데, 그러한 분이 구원받은 성도들과 형제 관계를 맺으신다는 것은 동기라는 것이고 함께 거하신다는 것입니다. 지금까지 그렇게 아들을 높였는데 사람과 동급으로 대우하는 것은 성부 하나님이라는 한 근원에서 나왔기 때문입니다. 어느 집안에서 대통령이 나왔더라도 그 집안 식구가 모였을 때 대통령의 형제들이 그를 형이고 동생이라고 부르는 것과 마찬가지입니다. 예수님은 온 땅의 주인공이시지만 아버지 앞에서는 맏아들이시고 구원받은 성도들은 그분의 동생이 되는 것입니다. 예수님은 이것이 너무나 당연한 일이므로 부끄럽게 여기시지 않는다는 것입니다.

12절 "이르시되 내가 주의 이름을 내 형제들에게 선포하고 내가 주를 교회 중에서 찬송하리라 하셨으며." 이 말씀은 다윗이 쓴 시편에 나오는 구절입니다(시 22:22). 다윗은 미래의 예수 그리스도가 이 땅에서 십자가 위에서 고난받으실 것을 환상으로 보고 이 시를 지었습니다. 당장 내일 어떤 일이 벌어질지 모르는 것이 인간인데 다윗은 천 년 후에 오실 예수님에 대해 말하였습니다. 그래서 다윗은 높임을 받아서 "아브라함과 다윗의 자손 예수 그리스도의 계보라"(마 1:1)고 한 것입니다. 시간상으로 아브라함에서 예수님까지 2천 년이라면 다윗은 그 중간에 징검다리와 같은 위치입니다. 다윗은 성자이신 예수님에 대해서도 잘 알 정도로 그의 영적인 능력은 대단했고, 하나님도 그에게 하늘나라에 대해서 보여주셨습니다. 그런 다윗의 말을 바울이 이 편지에 인용하고 있습니다.

주님은 구원받은 백성을 형제라고 선포하셨습니다. 여기서는 "교회 중에서" 찬송한다고 하였지만, 원래 시편에서는 "회중"이라고 하였습니다. 교회와 회중은 같은 의미입니다. 이렇게 아들이신 예수 그리스도가 말씀하시는 상황을 다윗이 환상으로 보면서 기록하였습니다. 그래서 이 말은 다윗의 말이 아니고 예수 그리스도가 하신 말씀입니다. 바울은 10여 년간 외부 출입을 하지 않고 성경 연구와 기도에만 힘쓰면서 성경에 대해 깊이 알게 되었기에 이 말씀의 의미를 깨닫고 깊이 있는 해석을 이 편지에 쓰고 있는 것입니다.

13절 "또 다시 내가 그를 의지하리라 하시고 또 다시 볼지어다 나와 및 하나님께서 내게 주신 자녀라 하셨으니." "내가 그를 의지하리라"고 한 것은 이사야 8장 17절을 인용한 것으로, 이사야가 이스라엘 민족에게 심판의 예언을 한 뒤에 한 말씀입니다. 여기서 메시아가 인성에 있어서 그 백성과 자신이 유동적 관계인 것을 보여줍니다. "나와 및 하나님께서 내게 주신 자녀"는 이사야 8장 18절을 인용한 것으로, 이 또한 그분 자신과 구속받은 자들이 유동적 처지에 있음을 보여줍니다. 예수 그리스도는 고난을 받으신 뒤 그로 말미암아 구원받은 성도들을 "하나님께서 내게 주신 자녀"라고 하였습니다. 이는 예수님이 구원받은 성도들을 낳으셨다는 것입니다. 이 점에 있어서 예수님의 모형인 그 선지자는 그와 그 제자들(자녀들)과 일체시한 것입니다(박윤선).

14절 "자녀들은 혈과 육에 속하였으매 그도 또한 같은 모양으로 혈과 육을 함께 지니심은." 여기서 "자녀들"은 이 땅에 속한 구원받을 사람들을 지칭합니다. 성도들도 인간으로서 혈과 육이 있습니다. 그런데 "그", 즉 예수 그리스도도 사람들과 같은 모양으로 혈과 육을 지니셨다는 것입니다. 성자는 이 땅에 내려오시기 전에 하늘에 계셨습니다. 그때에는 인간이 아니셨으므로 혈과 육이 없었습니다. 그러나 이 땅에 내려오셔서 혈과 육을 입으시고 사람이 되셨습니다. 이는 진실로 놀라운 일입니다. 성부, 성자, 성령이 함께 인간을 만드셨는데 창조에 참여하셨던 성자 자신이 인간의 모습으로 오셨습니다. 여기서 사람을 가리켜 "혈과 육"이라고 표현한 것은 사람의 몸을 비하하는 의미입니다. 하나님이신 예수님이 사람의 몸을 입으신 일은 칭송할 사안이 아니라는 말입니다. 피조물이 창조주의 모습을 흠모해야 정상인데 도리어 창조주가 피조물의 모습을 하셨다는 것입니다. 그만큼 예수 그리스도와 성도들은 떼려야 뗄 수 없는 밀접한 관계입니다.

"죽음을 통하여 죽음의 세력을 잡은 자 곧 마귀를 멸하시며." 죽음은 죄의 결과인데(롬 6:23), 죽음의 세력은 마귀가 붙잡고 있다고 말하고 있습니다. 주님이 이 땅에 오셔서 십자가에서 사람들의 죄를 대신 지시고 죽으신 것은 마귀가 죽음과 죄를 잡고 있기 때문이었습니다.

인간에게 이 세상에서 가장 중요한 문제는 죄와 사망입니다. 그래서 죄인인 인간은 다 죽을 수밖에 없습니다. 죄가 없으면 마귀의 훼방 없이 평안하게 영원히 살 수 있습니다. 이는 하나님이 처음에 인간을 지으실 때 섭리하신 것입니다. 그러나 첫 사람 아담의 죄로 인하여 이것이 좌절되었습니다. 죄가 사람에게 들어오고 죄를 지은 사람에게 마귀가 역사하여, 결국 모든 사람은 죽음에 이르게 되었습니다.

하나님의 모든 선하신 계획은 마귀로 인해 좌절되었지만, 주님이 오셔서 그 마귀의 일을 멸하신 것입니다. 주님은 강력한 해답을 제시하셨습니다. 그것은 죄를 지은 성도들을 대신하여 주님이 죽으심으로 그 죄는 용서되고, 주님이 부활하심으로 죄로 죽어야 하는 성도들의 죽음도 이기시는 방법입니다. 이로써 마귀가 죄를 근거로 사람을 죽이고 지옥으로 끌고 가려는 계획은 철저히 실패하였습니다. 예수님은 사람을 영적, 육적인 죽음으로 끌고 가는 마귀의 일을 멸하셨습니다. 그 일을 위해서 하늘에 계시던 아들이 이 땅에 오신 것입니다(요일 3:8).

그러므로 이 세상에서 주님을 가장 잘 믿는 일, 하나님 나라를 위해 가장 충성하는 일은 주님처럼 마귀의 일을 멸하는 것입니다. 그리스도는 결코 타락한 마귀의 구세주가 되려는 계획을 하지 않으셨습니다(매튜 헨리). 마귀는 죄를 근거로 하여 역사하므로 우리는 최대한 죄를 회개하고 죄에서 떠나 마귀가 죄를 근거로 역사할 수 없도록 해야 합니다. 죄를 회개하여 용서받으면 그 죄를 통해 들어온 마귀는 근거를 잃으므로 떠날 수밖에 없습니다. 가족의 죄를 회개해야 하는 것은 그 죄로 인해 마귀가 역사하면 그 악한 영향이 가족 전체에 미치기 때문입니다. 자녀가 지은 죄로 인한 영향은 부모에게 많이 미치지 않지만, 부모의 죄는 자녀에게 영향을 많이 미치므로, 특히 부모의 죄를 회개하는 일에 힘써야 합니다.

성도를 도우시는 주님

15절 "또 죽기를 무서워하므로." 사람은 죽음을 무서워합니다. 하나님이 인생을 처음 창조하셨을 때 영생하도록 계획하셨기 때문에 그것은 당연한 일입니다. 그래서 에덴동산에 생명나무를 두셨던 것이고, 그 생명나무의 과실을 먹고 영생하기를 바라셨습니다. 하나님은 우리가 죽는 것을 원하지 않으셨지만, 인생들이 범죄하므로 그 죗값을 치르기 위해 사망에 이르게 되었습니다. 죄를 지은 아담과 하와가 나무 뒤에 숨어 있었을 때 하나님이 찾아오셔서 왜 거기에 숨어 있는지 물으셨습니다. 그러자 그들은 자신들이 벌거벗은 모습이 부끄러워 숨었다고 대답하였습니다. 하나님의 명령을 어긴 것을 진실하게 회개하지 않았습니다.

하나님은 그들에게 짐승을 잡아 옷을 만들어주셨습니다. 이것이 그들이 본 최초의 죽음이었을 것입니다. 그 짐승은 보통 양이라고 생각하는데, 죽은 짐승의 가죽으로 옷을 만들고 사체는 에덴동산 안에 남았을 것입니다. 아름답고 완벽한 에덴동산에 사체가 남게 된 것인데, 당시는 짐승의 고기를 먹지 않았을 때이므로 아마도 아담과 하와도 그리고 다른 짐승들도 그 짐승의 고기를 먹지 않았을 것입니다. 아담과 하와는 죽음과 사체를 처음 목격했기 때문에 그 짐승을 묻어주지 않았을 수도 있습니다. 지금은 시신을 땅에 묻는 것이 문화가 되었지만, 아마도 아담과 하와는 그렇게 하지 않았을 것이고, 자신들의 죄로 죽은 짐승의 사체를 에덴동산을 떠나기까지 계속 보았을 가능성이 있습니다. 그들은 그것을 보면서 많은 죄책감을 가졌을 것입니다. 아마도 하나님은 그들에게 죄의 결과에 대해 생각하고 반성할 수 있도록 의도적으로 보게 하셨을 것이라 생각됩니다.

그다음으로 성경에 나온 죽음은 가인이 아벨을 죽인 사건입니다. 가인이 아벨을 죽인 후 그의 시신을 땅에 묻었겠습니까? 가인이 떠난 후 아담과 하와가 묻었겠습니까? 성경을 보면서 깊이 생각하고 상상해보고 하나님께 궁금한 점을 여쭈어 답을 알 수 있다면 좋겠습니다. 아담과 하와와 가인이 아벨의 시신을 보면서 어떤 마음이 들었을지 생각해봅니다. 하나님이 영생하게 만드셨던 사람이 이제 죽음을 피할 수 없게 되었으니 죽음을 두려워할 수밖에 없는 것은 당연합니다. 또 시신이 되어버린 인간의 초라함을 아담과 하와와 가인이 보고 깨달았을 것입니다. 그 이후 인생은 자연사로, 병으로, 또는 살해라는 형식으로 죽어갔습니다.

"한평생 매여 종 노릇 하는 모든 자들을 놓아 주려 하심이니." 사람이 죽음을 두려워하는 마음에 매여서 평생을 종노릇 한다는 것입니다. 기본적으로 죽음을 겁내는 마음을 갖고 있어야 하는 것이 맞지만, 한편으로 하나님의 사람들은 진리를 위해서라면 죽음을 두려워하지 말아야 합니다. 또한 하나님의 사람들은 죽어도 하늘나라에서 영생할 것이기 때문에 죽음은 두려워할 대상이 아닙니다. 그런데 만일 죽음을 너무 두려워하게 되면 천국에서 영생할 것에 대한 믿음이 사라지고, 이 땅에서 죽음에 대한 두려움에 매여 평생 죽음에게 종노릇 하게 된다는 것입니다.

죽음은 죄로 인해 들어왔고 죄는 마귀가 역사하는 통로입니다. 죽음을 두려워하여 종노릇 한다는 것은 그 사람에게 죄가 있다는 뜻이고, 그 죄를 통해 들어온 마귀에게 매여서 종노릇 한다는 것과 같습니다. 대부분의 사람들이 이 말을 거부하고 있지만, 실제인 것을 알아야 합니다. 하나님의 사람이 마귀를 두려워하여 매여 있다면 불행한 일입니다. 죽는 것 자체는 두려워도 속사람은 하나님의 은혜로 날마다 기뻐하며 천국을 바라보면서 살아야 정상입니다. 그리스도는 죽음에 종노릇 하는 사람들을 해방해주시려고 오셨습니다. 비록 육체는 어쩔 수 없이 죽지만, 이 땅에서 사는 동안 영적인 자유를 주시는 것입니다. 마귀에게 매여 날마다 자신의 죄로 인해 죽을까 두려워 떠는 사람들을 불안과 죽음의 묶임에서 풀어주시는 것입니다. 그들은 죄를 용서하시는 사죄의 은총을 고백하고 믿어야 합니다.

16절 "이는 확실히 천사들을 붙들어 주려 하심이 아니요." 하나님의 아들이신 예수 그리스도가 이 땅에 오신 목적은 천사들을 붙들어주려는 것이 아니라고 분명히 말합니다. 하나님의 아들인 택함받은 백성과 천사의 관계를 정확하게 정립하기 위해서 이렇게 말하는 것입니다. 천사들은 죄를 짓지 않았으므로 죽음을 두려워하여 떨지 않을 것이기 때문에 붙들어줄 필요가 없습니다.

"오직 아브라함의 자손을 붙들어 주려 하심이라." 하나님의 아들이 오신 것은 오직 아브라함의 자손을 붙들어주시려는 것입니다. 여기서 "아브라함의 자손"은 실제 아브라함의 자손인 유대인들이라고 생각할 수도 있고, 아니면 영적으로 아브라함의 자손인 예수님을 믿는 모든 성도를 말하는 것으로 받아들일 수도 있습니다(박윤선). 사실 예수님도 아브라함의 후손이십니다. 그러나 히브리서 1장 1절에서 "옛적에 선지자들을 통하여 여러 부분과 여러 모양으로 우리 조상들에게 말씀하신 하나님이" 라고 하였으므로 저자는 히브리서를 쓸 때 이 글을 읽을 유대인을 의식했다고 할 수 있습니다. 그러므로 여기서 가리키는 아브라함의 자손은 영적인 아브라함의 자손을 포함하기도 하지만 육적 아브라함의 자손일 가능성이 커 보입니다. 사실 유대인들이 예수님을 십자가에 못 박아 죽였으므로 그들에게 이 말을 하는 것은 상당히 부담스러울 수 있습니다. 이 글을 읽은 유대인들은 예수님을 죽이는 데 앞장선 자신들을 위해 그 분이 오셨다는 사실을 받아들이기가 얼마나 힘들었겠습니까? 그러나 바울은 유대인들의 반발을 각오하고 이 글을 쓴 것입니다.

17절 "그러므로 그가 범사에 형제들과 같이 되심이 마땅하도다." 12절에도 언급하였고 여기에서 다시 증언합니다. 하나님이신 예수님이 이 땅에 오셔서 택하신 성도들과 한 형제같이 되셨다는 것입니다. 여기서 예수 그리스도를 믿지 않는 자는 형제라고 볼 수 없습니다. 구원받은 자라야 예수 그리스도를 형님이라고 부를 수 있습니다.

"이는 하나님의 일에 자비하고 신실한 대제사장이 되어 백성의 죄를 속량하려 하심이라." 바울은 예수님이 사람과 똑같은 모습으로 오셔서 이 땅에서 대제사장 역할을 하셨다고 말합니다. 그분은 "자비하고 신실한" 하나님의 성품을 가지셨습니다. 이것도 유대인들을 대상으로 한 말인 것을 알 수 있습니다. 초대교회에는 이방인 출신 성도들이 많았고, 신약 교회에서는 대제사장이 필요가 없습니다. 구약 교회에서 드리던 제사를 드리지 않기 때문입니다. 예수님 이후에 제자들은 함께 모여 제사를 드리지 않았고, 교회에 새로 들어온 이방인들은 제사 제도에 대해 아는 것이 없었을 것입니다. 그러므로 대제사장에 대해서도 알지 못할 것입니다. 그런데 여기서 대제사장에 대해 언급하고 있으므로 이는 유대인들을 향한 말임을 알 수 있습니다. 아마도 유대인들은 대제사장에 대해 관심과 지식이 많았을 텐데 그 계보에 포함되어 있지 않은 예수님이 대제사장이시라고 말하고 있으므로 그들은 이 말을 받아들이기 어려웠을 것입니다.

예수님이 대제사장이시라고 말한 것은 대제사장의 역할이 제사를 통해 백성의 죄를 용서받을 수 있도록 돕는 것이기 때문입니다. 예수님이 오신 것은 자신의 죽음으로 백성의 죄를 속량하시기 위함이었습니다.

대제사장은 제사를 총괄하는 사람이고 일 년에 한 번 대속죄일에 지성소에 들어갈 수 있는 유일한 사람입니다. 성소와 지성소 사이에는 휘장이 쳐져 있어서 아무나 들어갈 수 없고, 지성소는 하나님의 임재가 강한 곳이라 대제사장일지라도 정결하지 못하면 들어갔다가 죽는 곳입니다. 이렇게 대제사장은 죽을 각오를 하고 지성소에 들어갔는데, 이는 백성의 죄를 사하기 위함이었습니다. 대제사장이 지성소에 들어가는 것은 언약궤 위 속죄소에 백성의 속죄를 위해 피를 붓기 위함입니다.

언약궤의 뚜껑인 속죄소는 그릇처럼 되어 있어서 그 위에 피를 부어서 채웠습니다. 피를 붓는 이유는 언약궤 안에 있는 백성의 죄를 상징하는 것들을 하나님이 보시지 못하게 가리기 위함입니다. 언약궤 안에는 아론의 싹난 지팡이와 만나 항아리 그리고 십계명 돌판이 있는데, 그것은 백성의 죄로 인해 깨져서 다시 만든 돌판입니다. 이 세 가지는 이스라엘이 하나님께 불순종한 죄를 상징합니다. 날마다 하나님이 언약궤 위에 자리 잡은 그룹들 사이에 임재하셔서 그 죄를 보고 계시므로 이를 가리기 위해서 피를 붓는 것입니다. 그래서 황소의 피와 양의 피를 부었는데 그 역할을 대제사장이 합니다. 대제사장이 백성의 대표로 그곳에 피를 부음으로써 백성의 죄가 감추어지는 것입니다. 이것은 넓은 의미에서 속죄 행위입니다.

예수님이 십자가에 달려 돌아가신 것은 대속죄일에 행하는 대제사장의 역할을 감당하신 것입니다. 이스라엘에서 대제사장이 대속죄일에 죄를 해결하더라도 각자가 지은 죄는 또 짐승을 드려서 제사를 드려야 했던 것처럼 예수님의 십자가 사건을 믿는 우리도 각자가 지은 죄는 회개하여 죄 용서를 받는 것이 필요합니다. 백성이 자신의 죄를 위해 열심히 제사를 드려도 미처 회개하지 못한 죄와 민족의 죄 등 중요한 문제에 대해 대제사장이 대속죄일에 용서를 구하는 것이 필요하기에 하나님이 그 제도를 주신 것입니다. 그래서 개인이 행하는 죄의 회개와 대제사장이 구하는 죄 용서는 다 필요합니다.

그래서 "대제사장이 되어 백성의 죄를 속량하려 하심이라"는 말씀에서 "백성의 죄"는 "백성이 미처 회개하지 못한 죄"라고 의미를 부여해야 더 좋을 것입니다. 여기서는 처음부터 대속죄일에 이루어지는 죄 용서만을 언급하였고, 백성의 개인적인 죄에 대한 용서는 생략하여 언급조차 하지 않았음을 기억해야 합니다. 생략한 것을 아예 처음부터 없는 것으로 생각한다면 바르게 해석할 수 없습니다. 대제사장이 모든 개인의 죄까지 다 한 번에 사하는 것이 아님을 알아야 합니다. 제사는 이렇게 두 가지가 있다는 것을 기억해야 합니다. 오늘날 우리는 예수님의 십자가로 다 해결되는 것이 아니라 개인이 계속해서 회개해야 하는 이유를 확실히 알아야 합니다.

18절 "그가 시험을 받아 고난을 당하셨은즉." 여기에서 시험은 하나님이 주시는 시험(test)이 아니라 사탄의 유혹을 가리킵니다(약 1:12-13). 예수님도 시험을 받으셨습니다. 예수님이 40일의 금식을 마치시자 마귀가 찾아와서 세 번 시험했습니다. 마귀의 시험에 대해 예수님은 말씀으로 이기셨습니다(마 4장). 여기서 놀라운 점은 마귀가 겁 없이 예수님도 시험하기 위해 찾아왔다는 것입니다. 그러므로 성도는 그 누구도 마귀의 시험을 받을 수밖에 없다는 것을 알아야 하고, 거기에 넘어가지 않도록 경성하고 겸손해야 합니다. 어떤 성도라도 자신은 시험에서 넘어지지 않는다고 자신할 수 없습니다. 또 예수님은 가장 큰 시험인 십자가에 달리시는 시험도 당하셨지만, 참고 견디시고 끝내 십자가를 지심으로 승리하셨습니다.

"시험 받는 자들을 능히 도우실 수 있느니라." 주님은 시험을 당하셨습니다(4:15). 그리고 그 시험들을 다 승리로 마무리하셨기 때문에 시험받는 자들을 실질적으로 도우실 수 있습니다. 시험을 이겨보지 못했으면서 이기도록 도와준다고 한다면 믿고 따르기가 어렵습니다. 성공한 사람이 성공하는 비결을 알고, 다른 사람도 성공하는 길로 인도해줄 수 있습니다. 그래서 무언가를 하고 싶으면 그 분야를 성공적으로 걸어간 사람의 지도를 받아야 합니다. 지도자는 여러 경험을 해보아야 실수 없이 직무를 감당할 수 있습니다. 특히 영적 경험이 없는 사람은 영적인 일에 대해 지도해줄 수 없습니다. 고난도 이겨보고 어려움도 극복하고 영적인 체험도 해보아야 신앙 안에서 바르게 지도해줄 수 있는 지도자가 됩니다.

예수님은 이 땅에 아기로 태어나셔서 인간의 삶을 다 경험하시고 모든 고난을 다 겪으신 뒤 하늘로 승천하셨습니다. 주님은 유복한 가정에 태어나지 않으셨으므로 가난한 사람의 마음도 아십니다. 나사렛이라는 유대의 변방 취급을 받는 지역 출신이시므로 출신이 좋지 못한 사람의 사정도 다 아십니다. 예수님은 이렇게 우리 인생의 모든 문제를 다 경험하셨기 때문에 모든 사람을 진심으로 도울 수 있는 준비가 되셨습니다. 고난을 겪는 우리를 가엾게 여기시며 고통당하는 우리와 함께해주십니다(요한 크리소스토무스, 포티우스).

3장

아들은 모세보다 뛰어나시다

HEBREWS

히브리서 1-2장을 통해서 아들이신 예수 그리스도가 어떤 분인지에 대해 다각도로 증거한 내용을 살펴보았습니다. 특히 아들과 천사를 비교하면서 천사와는 감히 비교할 수 없는 존재이심을 밝히고 있습니다. 그리고 예수님이 대속죄일에 행하는 대제사장의 역할을 감당하기 위해 오셨다는 것도 말하였습니다. 3장에서는 모세와 아들을 비교하면서 모세는 사환으로서 하나님의 집에 충성하였고, 예수 그리스도는 집을 지으신 주인이시고 또 아들로서 하나님의 집을 맡으셨다고 하였습니다. 예수 그리스도는 유대인들이 높이는 천사이든 모세이든 비교가 될 수 없는 하나님의 아들이심을 강조했습니다. 유대인 출신 성도나 이방인 출신 성도에게 모두 도움이 되는 중요한 내용입니다.

아들과 사환

1절 "그러므로 함께 하늘의 부르심을 받은 거룩한 형제들아." 히브리서의 수신자가 "하늘의 부르심을 받은 거룩한 형제들"인 것을 알게 됩니다. 이스라엘 백성, 특히 유대인 중에서 예수님을 믿음으로 핍박을 받고 여기저기 흩어져 살아가는 사람들을 위해 쓰인 서신입니다. 그들은 비록 핍박 때문에 흩어져서 살고 있었지만, 결코 믿음을 버리지 않은 흩어진 나그네와 같은 사람들이었고, 그들에게 들려주고 싶은 내용을 적은 것입니다. 다시 말하면 예수님을 철저하게 믿는 사람이 이 글을 읽을 수 있는 대상인 것입니다. 그러므로 "함께 하늘의 부르심을 받은 거룩한 형제"가 아닌 신앙생활을 시작한 지 얼마 되지 않은 사람이나, 예수님을 믿는 믿음에 확신이 없는 사람이 이 글을 보며 자신에게 한 말씀이라고 생각하면 안 된다는 것입니다. 성경을 해석할 때 누가 누구에게 한 말인지 살펴보는 것은 중요합니다. 이 글에 나오는 모든 신비한 진리의 말씀은 함께 하늘의 부르심을 받은 거룩한 사람만 동참할 수 있습니다. "하늘의"는 영적인 것을 가리킵니다. 거룩하지 않은 사람은 포함되지 않는다는 뜻입니다. 그러므로 예수님을 믿다가 중간에 돌아선 사람은 거룩한 형제라고 할 수 없습니다. 만약 우리가 하나님의 부르심을 받고 거룩하게 산다면 이 말씀을 우리에게도 하신 말씀으로 적용할 수 있으며, 2차 수신자가 되는 것입니다.

"우리가 믿는 도리의 사도이시며." 우리가 믿는 "도리"가 있습니다. 이것은 일치된 의견을 의미합니다. 즉, 교회 공동체의 신앙고백을 가리킵니다. 지금까지 알고 배운 도리, 원칙, 근본이 있습니다. 여기서 "사도"는 예수님이 세우신 열두 사도를 말하는 것이 아닙니다. 사도는 보냄을 받은 사람을 말하는데, 예수 그리스도는 성부 하나님이 보내신 분이므로(요 17:18) 성부 하나님의 사도가 되십니다. 즉, 여기서 말하는 "사도"는 예수 그리스도를 가리킵니다. 대제사장과 사도는 긴밀한 관계입니다. 둘 다 임명된 것이지 스스로 택한 것이 아닙니다. 둘 다 대리적인 직무였고 다른 사람을 위해 활동합니다(거스리).

"대제사장이신 예수를 깊이 생각하라." 이방 출신 성도들은 대제사장에 대해 알지도 못하고 보지도 못했기 때문에 이런 말을 해도 감동이 되지 않습니다. 그러나 히브리서는 유대인을 대상으로 하였기 때문에 유대인은 대제사장에 대해 익히 알고 있어 이해가 가능합니다. 백성의 속죄를 위해 일 년에 한 번 지성소로 들어가 피를 붓는 대제사장의 역할을 예수님이 십자가에서 피를 흘리심으로 하셨다는 것입니다. 그런 예수님을 깊이 생각해야 합니다.

바울은 다메섹에서 예수님을 만난 이후 고향으로 돌아가서 10여 년을 두문불출하였습니다. 그전에도 성경을 많이 읽고 배우고 연구했을 테지만, 예수님을 더욱 깊이 알기 위해 다시 새롭게 그 일들을 했을 것입니다. 그러는 중에 영적인 깊은 체험도 하였을 것입니다. 예수님을 알기 위한 성도의 노력이 수박 겉핥기식이면 안 됩니다. 자신이 믿는 예수님을 진심으로 깊이 생각해야 합니다. 기독교인이 실수하는 부분은 예수님을 몇 년 믿고 성경을 몇 번 보고 나면 하나님에 대해, 더 나아가 주님에 대해 잘 안다고 생각한다는 것입니다. 주님을 알기 위해 성경을 본다면 한 두 절을 온종일 깊이 생각하는 시간도 필요합니다. 기도도 깊이 그리고 오랫동안 자리를 지키며 해야 합니다. 주님을 아는 데에는 절대적인 시간이 필요합니다.

2절 "그는 자기를 세우신 이에게 신실하시기를." "자기를 세우신 이"에서 '세우신'은 '임명하다, 직무에 앉히다'는 의미입니다(웨스트코트). 예수 그리스도는 자기를 세우신 성부 하나님께 신실하게 충성하였다는 것입니다. 하나님의 뜻과 섭리에 따르셨고, 어느 것 하나 거스르신 것이 없습니다.

"모세가 하나님의 온 집에서 한 것과 같이 하셨으니." 모세는 히브리 민족을 애굽에서부터 인도하여 40여 년의 광야 생활 동안 지도했습니다. 수많은 시련과 고난이 있었지만, 하나님의 뜻에 따라 신실히 행했습니다(민 12:7). 히브리 민족을 위한 충성은 하나님의 집에 충성한 것과 같습니다. 하나님의 집이 의미하는 바는 여러 가지입니다. 하나님을 제사하는 성전만이 하나님의 집이 아닙니다. 하나님의 나라를 위하여 하나님의 명령으로 일하는 모든 곳이 하나님의 집입니다. 그리스도를 높이기에 앞서 모세를 높여줍니다. 그리고 주님을 증언합니다. 하나님의 집에서, 즉 이 땅에서 모세가 하나님의 명령을 받들어 열심히 일한 것과 같이 예수 그리스도도 이 땅에서 택하신 자들을 구원하시기 위하여 열심히 일하셨다는 것입니다. 예수님과 모세가 열심히 일하신 것은 같지만, 신분과 일의 성격에 있어서는 차이가 있습니다.

3절 "그는 모세보다 더욱 영광을 받을 만한 것이." 모세는 성경에 나오는 인물 가운데 최고 수준의 지도자 중 한 명입니다. 이스라엘 백성을 애굽에서부터 이끌었고, 시내산에서 하나님께 십계명을 받았으며, 성막을 지었습니다. 이스라엘 사람들은 아브라함을 위시하여 모세와 다윗을 자랑합니다. 이스라엘 백성은 모세가 준 십계명을 소중하게 생각하고 모세 오경을 귀하게 여기는데, 여기서 예수 그리스도가 모세보다 더욱 영광을 받으실 만하다고 평가하고 있는 것입니다. 그만큼 예수 그리스도는 모세와 비교할 수 없는 분입니다. 유대인들이 모세를 귀하게 여기므로 바울은 그를 빗대어 말하는 것입니다. 예수 그리스도가 모세보다 더 큰 분이라는 말에 대해 이방인들은 별로 반응하지 않겠지만, 유대인들은 큰 충격을 받을 만한 말입니다.

"마치 집 지은 자가 그 집보다 더욱 존귀함 같으니라." 모세보다 예수 그리스도가 더욱 영광을 받아야 하는 이유를 말합니다. 예수님이 집을 지은 집의 주인이시라는 것입니다. 2절에서 "하나님의 온 집"이라고 했는데 그 집은 바로 하나님의 나라를 말한다고 하였습니다. 이는 좁게는 이스라엘 나라를 가리킵니다. 이스라엘이 생각하는 유대인 공동체를 들어서 설명하는 것입니다. 바로 그 집을 설계하고 세우신 분이 예수 그리스도시라는 것입니다. 주님은 그 집을 단장하시고 통합하시고, 그 집에 질서를 세우시고 손수 자신이 함께하시며, 그 안에 있는 모든 사람을 영광스럽게 하셨습니다(매튜 헨리). 그 집에서 사는 사람은 진정 행복할 것입니다. 그러나 모든 사람은 그 집에 사는 사람일 뿐 그 집을 지은 분은 예수 그리스도이십니다. 히브리 민족이 소중하고 귀하지만 그리고 그 민족을 이끈 모세도 귀하지만, 주인이신 예수 그리스도가 가장 존귀하십니다. 모세는 사도나 대제사장이란 말을 듣지 못했습니다.

4절 "집마다 지은 이가 있으니 만물을 지으신 이는 하나님이시라." 이 세상의 어느 집이든 그 집을 지은 주인공이 있습니다. 또 만물, 즉 눈에 보이거나, 눈에 보이지 않아도 존재하는 모든 만물은 하나님이 지으셨습니다. 하나님이 지으셨다는 말 속에는 성부, 성자, 성령이 계시지만, 특히 성자를 말하고 싶어 합니다.

5절 "또한 모세는 장래에 말할 것을 증언하기 위하여 하나님의 온 집에서 종으로서 신실하였고." "신실"하다는 것은 충성한다는 것과 비슷한 말입니다. 모세는 장래에 말할 것을 증언하기 위하여 하나님의 온 집에서 종으로 충성하였다는 것입니다. 종에는 어떤 집에서 기거하면서 온전히 순종하는 노예가 있고, 출퇴근하면서 일하는 하인이 있습니다. 여기서 말하는 종은 청지기로서 자유롭게 일하는 집사의 개념입니다. 요셉이 보디발의 집에서 충성스럽게 집안 운영을 도맡았던 것과 같은 것입니다. 그것은 집의 대소사를 총괄하는 역할이기 때문에 상당한 권한이라고 할 수 있습니다. 소소한 잡무를 맡은 매인 자가 아닌 것입니다. 주인집의 재정과 자녀 문제까지도 관여할 수 있는 직책입니다. 모세가 바로 하나님의 집에서 그런 역할을 하였다는 것입니다. 중요한 것은 모세가 종이었을 뿐 주인은 따로 계신다는 말입니다. 종의 직책이 아무리 중대해도 종은 주인이 되지 못합니다.

"장래에 말할 것을 증언하기 위하여"라고 하였는데, 모세는 장래에 말할 것이 있고, 그것은 그가 하고 싶은 말을 한 것이 아닙니다. 증언은 자신이 보고 들은 것을 말하는 것입니다. 그러므로 하나님이 가르쳐주신 것을 대신 전해주는 것입니다. 진리가 무엇인지, 하나님이 어떤 분인지에 대해서, 특별히 장차 이 땅에 메시아이신 그리스도가 오신다는 것까지 증언하기 위해서 종으로 일했다는 것입니다. 주인이 시킨 일을 충성스럽게 감당하지 않는 종은 주인에게 큰 책망을 받을 것입니다. 특히 원수와 싸우는 전쟁터에서 명령 불복종이란 있을 수 없습니다. 그래서 하나님이 무슨 말씀을 하시는지 귀를 기울여야 합니다. 모세조차도 종으로 충성했기에 유대인 가운데 그 누구도 모세보다 훌륭하다고 자부할 수 없습니다.

6절 "그리스도는 하나님의 집을 맡은 아들로서." 모세와 예수 그리스도는 충성하신다고 해도 신분이 다릅니다. 모세는 종으로 충성했지만, 그리스도의 역할은 하나님의 집을 맡은 아들로서 다스리시는 것입니다. 집을 지으실 때, 즉 이 땅을 창조하실 때 성부, 성자, 성령의 삼위일체는 함께 일하셨습니다. 그런데 집을 다 짓고 나자 성자에게 그 집을 맡기신 것입니다. 그러므로 모세는 종으로서 주인이신 성자 그리스도께 충성하는 것이 당연합니다. 예수님은 대제사장보다 더 위엄 있는, 집을 맡으신 아들입니다.

"그와 같이 하셨으니 우리가 소망의 확신과 자랑을 끝까지 굳게 잡고 있으면 우리는 그의 집이라." 설명한 것처럼 예수 그리스도가 집주인이시고 성도는 예수님의 집이 됩니다. 그런데 예수님의 집이 되는 조건이 있습니다. 바로 "소망의 확신과 자랑을 끝까지 굳게 잡고 있으면" 집이 된다는 것입니다. 먼저 "소망의 확신"이 있어야 합니다. 지금은 예수님을 믿는 것 때문에 핍박당할지라도 주님이 우리와 함께하시고 우리가 죽은 후에는 하늘나라에서 주님과 함께 영원히 살 것이라는 소망을 확실하게 붙잡아야 합니다.

또 "자랑을 끝까지 굳게 잡고" 있어야 합니다. 여기서 "자랑"은 집과 집주인을 자랑하는 것을 말합니다. 그 자랑을 한두 번 하고 끝내는 것이 아니라 끝까지 굳게 잡고 있어야 합니다. 지금 초대교회 성도들은 예수님을 믿는 것 때문에 핍박을 받고 흩어져서 도망을 다니고 있습니다. 말할 수 없는 고통 중에 처해 있습니다. 그렇다고 바로 하나님의 집이 되는 것이 아니라 끝까지 붙잡고 있어야 한다는 것입니다. 그것을 놓치면 주님과의 관계는 끝이 납니다. 끝까지 잡고 있으면 그의 집이 되고 또 그 집의 거주자가 됩니다. 그렇게 할 때 최종적 구원을 이루어주실 것입니다(칼뱅).

바울 서신을 보면 바울을 버리고 떠나간 사람이 여러 명 등장합니다. 그들 중에는 구원에서 완전히 떠나 지옥에 간 사람도 있을 것입니다. 유대인들에게 하신 말씀이지만 지금 우리에게 적용해보면 우리가 받는 고난을 핍박이라고 말하기는 어렵습니다. 그것은 무엇보다 자유롭게 교회를 다닐 수 있기 때문입니다.

우리가 하나님의 집이 된다고 할 때 하나님의 집에서 어떤 역할을 하는지도 중요합니다. 영적으로 보면 어떤 사람은 지붕 역할을 하여 교회에 온 사람들을 보호해주는 역할을 할 수 있습니다. 또 어떤 사람은 안내판의 역할을 하여 사람들에게 교회를 자랑하고 교회에 나오도록 이끌어주는 역할을 합니다. 어떤 사람은 창문 역할을 할 수 있는데, 같은 창문이라도 맑고 깨끗해서 빛이 잘 들어오는 창문일 수 있고, 반대로 깨지고 어두워진 창문 역할을 하는 사람도 있습니다. 또 어떤 사람은 의자 역할을 하여 교회에 온 사람들에게 평안함을 줄 수 있습니다. 그러나 푹 꺼진 의자로 불편함을 주는 사람도 있습니다. 이렇게 모든 사람은 하나님의 집에 살면서 집을 구성하는 재료라고 할 수 있습니다. 또 사람마다 역할이 다르고 질도 다릅니다. 물론 품격도 다릅니다. 집의 주인은 오직 예수님입니다. 그 집에서 거주하는 성도는 각자 자신의 자리에서 신실하게 맡은 역할을 다해야 합니다.

시험하던 때에

7절 “그러므로.” 앞의 구절들과는 흐름이 달라졌습니다. 앞에서 이야기하던 아들이 어떤 분인지에 대해서 계속 이야기하는 것이 아닌 듯 보입니다. 그러나 히브리서의 주제는 아들에 관해 설명하는 것이기 때문에 여기에서도 이를 염두에 두고 보아야 합니다.

“성령이 이르신 바와 같이 오늘 너희가 그의 음성을 듣거든.” 여기서 바울은 시편 95편 7-11절을 인용하고 있습니다. “성령이 이르신 바와 같이”는 바울이 인용한 구약성경의 내용이 성령이 이르셔서 기록되었다는 의미입니다(참조. 10:15). 유대인들은 모세나 다윗처럼 성경을 기록한 사람을 더 드러내려고 애를 쓰지만, 바울은 인물보다는 성경을 기록하게 하신 성령을 더 높이고 있습니다. 사람이 그의 손으로 성경을 썼지만 실제로는 성령이 쓰게 하셨다는 것을 강조합니다.

8절 “광야에서 시험하던 날에 거역하던 것 같이 너희 마음을 완고하게 하지 말라.” 그들은 마음이 완악해졌습니다. 사람이 마음이 굳어지면 뜻한 바나 감정이 어두워지고 사상도 흐려져서 선악을 깨닫지 못하게 됩니다(이상근). 히브리 민족이 애굽에서 나온 후에 광야에서 여호와를 여러 번 시험했습니다. 특히 므리바에서 마실 물이 없을 때 그들은 마음을 완고하게 하고 하나님을 시험하였습니다. "완고"하다는 것은 굳어진 것을 말합니다.

하나님이 당신의 섭리에 따라 모세를 통하여 가나안 땅으로 인도하고 계시는데 성경에는 "하나님의 사자"가 앞서갔다고 하였습니다(출 14:19). 겉으로 보기에는 모세가 인도한 것으로 보이지만, 실제적으로는 그의 앞에서 하나님의 사자가 인도하였습니다. 구약에서 여호와의 사자는 대부분 성자이신 그리스도이십니다. 천사가 인도할 수도 있습니다. 그런데 만일 그 천사가 가브리엘이나 미가엘이라면 이름을 그대로 쓰면 되는데 그렇지 않고 여호와의 사자라고 한 것은 천사가 아니기 때문입니다. 하나님이 택하신 민족을 인도하는 중대한 일을 예사 천사들이 할 수는 없습니다. 또 예수님이 이 땅에 오셨을 때 예수라는 이름을 받으셨으므로 구약에서 역사하신 주님을 예수라고 할 수 없었을 것입니다.

지금까지 히브리서의 전체 흐름을 볼 때 예수 그리스도에 대해 말씀하고 있으므로 이 말씀도 예수님에 대한 것으로 생각해야 합니다. 광야에서 구약의 하나님이 앞서가며 인도하시고 하늘에는 구름 기둥과 불기둥이 인도하고 있었습니다. 출애굽기를 보면 여호와가 구름 기둥과 불기둥 사이에서 히브리 민족을 보고 계셨다고 나옵니다(출 14:24). 성부 하나님이 하늘에서 함께 계셨고, 땅에서는 성자 하나님이 함께하신 것입니다. 출애굽은 성부와 성자가 함께 인도하신 대사건입니다. 모세가 하나님이 개입하신 내용을 낱낱이 기록함으로 자신이 히브리 민족을 인도한 것이 아니라고 고백한 것입니다. 그리고 히브리 민족이 가야 할 최종 목적지에 대해서 본문은 하나님의 집이라고 말합니다. 그것을 위해 모세가 종으로 일했다고 했기 때문입니다.

앞에서 언급했듯이 하나님의 집으로 가는 길에서 히브리 민족은 하나님 앞에서 물이 없고 먹을 것이 없고 길이 험하다고 불평하고 원망하였습니다. 그렇게 행동한 것이 바로 하나님을 시험한 것이었습니다. 하나님을 믿지 못했기 때문에 나타난 불의한 행동입니다. 이것이 잘못된 행위인 것을 모세도 말했고 바울도 말합니다. 하나님이 홍해를 건너게 하시고 애굽 군대를 멸하시며 가나안 땅을 향해 가는데 불평하고 원망한 일을 두고 불평한다고 하지 않으시고 시험한다고 좀 더 강하게 말하신 것은 의미가 있습니다. 그들의 불평은 하나님이 정말 자신들과 함께하시고 자신들을 가나안으로 인도할 능력이 있는 분인지를 의심하는 말이었기 때문입니다. 그래서 그들의 언행은 단순한 불평이나 원망이 아니었습니다.

하나님은 그런 한심한 행동을 한 그들에게 너희가 나를 거역했다고 하셨습니다. 그들이 거역한 행위는 여러 곳에 나타납니다(출 15:22-25, 17:1-7, 32:1). 하나님이 물을 주시지 않고 먹을 것을 주시지 않으니 앞을 향하여 가지 않겠다고 거부하였습니다. 하나님의 아들이 직접 오셔서 그 아들의 집으로 인도하시는데, 그 집에 들어가서 살아야 할 사람들이 집주인에게 잘 보여도 모자란 판에 거역을 한 것입니다. 그런 불량한 사람은 집에 들어가지 못하고 쫓겨나는 것이 당연합니다.

거기에 더하여 그들은 하나님이 잘 지어놓으신 새집으로 인도하시는데 그것을 버리고 과거에 살던 오막살이, 돼지우리 같은 애굽으로 돌아가겠다고 떠들어댔습니다. 애굽은 이방신을 섬기는 곳이므로 더럽고 추한 돼지우리와도 같습니다. 그런데 그것을 그립다고 하자 하나님이 진노하시는 것입니다. 결국 '하나님의 말씀을 믿지 않는 불신'의 죄로 히브리 사람들은 모세의 인도를 따라 약속의 땅으로 들어가지 못했습니다(에프렘). 사실 하나님이 가라고 하신 가나안 땅은 성도가 가야 할 최종 목적지가 아닙니다. 하나님이 히브리인에게 인도하고자 하시는 곳은 바로 하늘나라입니다. 하늘에 있는 하나님의 집으로 들이기를 원하십니다. 예수님도 우리에게 거처를 예비하러 가신다고 하셨습니다(요 14:2). 성부 하나님과 성자 예수님은 일차적으로는 히브리 민족을 가나안 땅의 집으로 인도하셔서 값없이 그 집에 살게 하시는 것입니다. 그리고 그 안에 살면서 하늘 집을 사모하도록 하셨고, 이로써 실제 하늘에 들어가도록 계획하셨습니다. 그런데 길을 가다 말고 중도에 돌아가서는 안 될 옛집을 그리워하므로 하나님은 배신감과 모욕감을 느끼셨습니다. 그래서 바울이 이 말을 인용하고 있습니다.

9절 "거기서 너희 열조가 나를 시험하여 증험하고." 여기서 "증험하다"는 말은 여러 의미가 있는데, '경험하다'라는 의미도 있지만 '조사하다'라고도 해석할 수 있습니다. 또한 제련소에서 순금을 가려내는 과정을 뜻하기도 합니다. 히브리 민족은 하나님을 섬기면서 하나님의 말씀을 따르고 하나님을 경외해야 하는데 도리어 하나님을 시험하면서 어떻게 해결하시는지 의심의 눈초리로 지켜보았던 것입니다.

"사십 년 동안 나의 행사를 보았느니라." 히브리 민족이 의심의 눈으로 40년을 살펴보았지만 아무 흠잡을 곳이 없을 정도로 능력의 하나님은 항상 온전하시고 약속을 지키셨습니다. 그러므로 하나님은 자기 백성 앞에서 당당하십니다.

10절 "그러므로 내가 이 세대에게 노하여 이르기를 그들이 항상 마음이 미혹되어 내 길을 알지 못하는도다 하였고." 10-11절의 내용은 다윗이 민수기 14장 20-25절의 말씀을 시편 95편에 인용한 것입니다. 하나님이 노하시는 것은 사람들과 달리 정당하신 진노입니다. 세상에서 가장 미련한 사람은 하나님의 뜻을 알지 못하는 사람입니다. 특히 자신이 가야 할 길을 알지 못하여 헤매는 사람입니다. 길을 잘 모르고 가면 고생을 많이 합니다. 그런데 보통 스스로 똑똑하다고 생각하는 사람들은 생각이 많아서 바로 결단을 내리지 못합니다. 그래서 수많은 세월을 생각만 하다가 허무하게 시간을 낭비하는 경우가 많습니다. 보통 우직하게 보이는 사람이 한길만 정하고 가는데, 주변 사람은 답답하다고 하지만 시간이 오래 지나고 보면 그런 사람이 자신의 길을 끝까지 성공적으로 살아간 경우가 많습니다.

하나님은 광야 길을 걷는 이 세대에게 노하셨다고 하셨습니다. 하나님도 자기 백성에게 좋은 모습, 인자한 모습을 보여주고 싶으셨을 텐데 도리어 진노한 모습을 보이실 수밖에 없었습니다. 하나님을 시험하고 의심하고 조사하는 백성에게 하나님은 노하셨던 것입니다. 그들의 마음이 중심을 잃고 항상 미혹되어 있어 하나님의 길을 알지 못하므로 분노하신 것입니다. 미련하기 짝이 없는 백성입니다. 하나님의 진노하심으로 회개하지 않는 자를 멸망시키시는 것은 정당한 일입니다(매튜 헨리).

11절 "내가 노하여 맹세한 바와 같이 그들은 내 안식에 들어오지 못하리라 하였다 하였느니라." 또 하나님은 노하셨다고 반복하여 말씀합니다. 하나님이 진노하신 결과로 그들이 하나님의 안식에 들어오지 못한다고 하십니다. 이 안식이 중요합니다. 지금까지 하나님이 당신의 집에 대해 말씀하신 의도가 바로 안식에 있기 때문입니다. 즉, 앞에서 아들이신 예수님이 하나님의 집을 지으시고 다스리시는 주인이고 모세가 그 집의 종으로서 일하였다고 말한 이유가 있습니다. 그것은 하나님의 집이 소중하다는 것과 그 집에는 안식이 있기 때문이라는 것입니다. 안식, 진정한 쉼에는 육신의 쉼도 있고 영혼의 쉼도 있습니다. 하나님은 우리가 이 땅에서 안식할 수 있도록 안식일을 제정해주셨지만, 우리가 더욱 얻기를 원하시는 것은 영혼의 안식과 장차 저 하늘에서 누릴 영원한 안식입니다. 그래서 하나님은 이 땅에서 우리가 살 수 있도록 먹을 것과 입을 것과 그 밖에 필요한 모든 것을 공급해주시지만 이는 모형이고, 실제는 하늘에 있는 원형인 우리의 처소에 더 좋은 것을 예비해두셨습니다. 이를 위하여 하나님의 사자인 성자가 오시고 모세를 통하여 일하게 하여서 가나안 땅으로 인도하셨고 가나안 땅에서 안식을 얻도록 하셨습니다. 이는 궁극적으로 하늘나라에서 진정한 안식을 얻을 것을 예표하는 것입니다. 그런데 믿음 없는 행동을 한다면 영원한 안식처에 들어가지 못한다는 것입니다.

떨어질까 조심하라

12절 "형제들아 너희는 삼가 혹 너희 중에 누가 믿지 아니하는 악한 마음을 품고." 성경은 하나님을 믿는 사람들을 대상으로 쓴 것입니다. 하나님을 믿지 않는 사람들에게 전도용으로 쓴 적이 없습니다. 그런데 이 말씀을 보면 하나님을 믿는 성도 중에서 믿지 않는 악한 마음을 품은 사람이 있을 수 있다는 경계의 말을 합니다. 구약 시대에 이스라엘이 범했던 거역의 죄가 신약 교회에서도 반복되고 있는 것입니다(거스리). 초대교회에도 이런 사람들이 많았기에 이런 말을 쓴 것으로 보입니다. 선한 마음으로 하나님을 믿었다가 악한 마음이 스며들어와 하나님에게서 떠나게 됩니다. 불신앙은 악한 결과를 가져옵니다.

"살아 계신 하나님에게서 떨어질까 조심할 것이요." 하나님에게서 떨어진 것은 하나님을 믿었다가 믿음을 잃어버려서 믿지 않게 된 것을 가리킵니다. 즉, 아무리 세례를 받고 믿음을 가졌다고 해도 믿지 않는 악한 마음을 품어 하나님에게서 떨어질 수 있다는 말씀입니다. 하나님이 우리를 붙잡고 계시지만 당사자가 조심하지 못하여 손을 놓아버리면 떨어질 수 있는 것입니다. 당시에도 이미 떨어진 사람이 많았고, 계속 떨어지는 사람이 나올 수도 있었기에 조심하도록 경고하고 있는 것입니다. 바울은 그의 서신 여러 곳에서 성도 중에 바울을 버리고 믿음에서 떠난 사람들이 있다고 기록합니다. 무엇보다 "살아 계신 하나님에게서" 떨어지는 것은 큰 불행의 시초가 됩니다. 이는 지금도 마찬가지입니다. 모든 사람이 한 번 예수를 믿었다고 죽을 때까지 믿는 것이 아닙니다. 한 번에 급속히 나락으로 떨어지는 사람이 있고, 조금씩 떨어지다가 시간이 지나서 완전히 배교에 이르는 사람도 있습니다.

사도 바울은 성도들에게 "달려갈 길을 다 가라"(딤후 4:7)고 하였습니다. 그것이 성도들이 할 일입니다. 자신이 지금 십자가를 향하여, 주님을 향하여 잘 달려가고 있는지, 지금까지 얼마나 많이 달려왔는지, 혹 출발선에서 준비운동을 하면서 이제 예수님을 믿을 것이라고 말하지만 정작 출발선 안으로 한 발자국도 들여놓지 않은 상태는 아닌지, 아니면 가는 척하다가 뒷걸음질하면서 제자리인 상태는 아닌지 돌아보아야 합니다. 또 자신은 믿는다고 하지만 주님이 보실 때 진정한 믿음이 아닐 수도 있음을 생각해보아야 합니다. 최선을 다해 하나님께 달려가고 충성하지 않으면 믿음에서 떨어지고 십자가에서 멀어질 수밖에 없습니다. 교회에 나가고, 세례를 받고, 직분도 받았다고 구원이 보장된 것은 아님을 확실히 알아야 합니다.

13절 "오직 오늘이라 일컫는 동안에 매일 피차 권면하여." 시편에 나오는 내용을 말하다가 오늘로 시점을 옮깁니다. 믿음의 진보는 중요한 문제이므로 연약한 성도를 돕는 일을 내일로 미룰 수 없습니다. 성도들은 당장 오늘부터 시작하여 매일 피차 권면해야 합니다. 무엇보다 "오늘이라 일컫는 동안"은 회개의 기간이므로 얼마나 길지는 모릅니다(박윤선).

"너희 중에 누구든지 죄의 유혹으로 완고하게 되지 않도록 하라." "완고"함은 단단하게 굳어버렸다는 것입니다. 즉, 마음이 굳어서 영적으로 무감각해지지 않도록 권면해야 합니다. 완고하지 않도록 항상 조심해야 합니다. 완고함의 결론은 지옥이고 망하는 것입니다. 하나님의 사람은 주님 앞에서 마음이 부드러워져서 하나님의 작은 만지심도 바로 느낄 수 있어야 합니다. 그러나 완고한 사람은 아무리 이야기해도 쇠귀에 경 읽기처럼 조금의 반응도 없습니다. 설교를 들어도, 성경공부를 해도 마음에 감동이 없다면 문제가 큽니다. 그렇게 되지 않도록 권면해야 하는데, 권면은 피차 하는 것입니다. 믿음의 공동체이므로 서로 도와야 합니다. 죄는 점점 강하게 조여옵니다. 죄의 유혹은 강력한 눈가리개가 되고 시커먼 장막이 됩니다.

14절 "우리가 시작할 때에 확신한 것을 끝까지 견고히 잡고 있으면 그리스도와 함께 참여한 자가 되리라." "시작할 때에"란 성도가 처음 믿음을 가진 것을 말합니다. 유혹받는 자와 견고한 성도를 비교합니다. 믿음을 가지고 끝까지 견고히 잡고 있어야 그리스도와 함께 참여한 자가 되는 것이지, 그렇게 하지 않으면 참여하지 못하게 된다는 것입니다. 믿음의 여정을 시작했다고 해서 무조건 그리스도의 품 안에 참여할 수 있는 것은 아닙니다. 환경이 요동치더라도 믿음을 끝까지 잡고 있어야 합니다. "확신"은 11장 1절에도 나오는데 현재 문맥에서 이것은 재산의 소유자가 권리증을 가지고 있기 때문에 가지는 확신과 연관되는 것으로 보입니다(거스리).

그리스도와 함께 참여한 자가 된다는 것은 우리가 천국에서 그리스도와 함께 잔치 자리에 들어가게 되는 것을 말합니다. 마음이 완악해지면 끝까지 믿음을 견고히 잡고 있지 못한 것이므로 중도에 탈락하게 된다는 말씀입니다. 그들은 소중한 것을 잃게 됩니다. 물론 천국에 입성할 사람이라면 이 땅에서도 주님 나라를 위해 성심을 다해 충성할 것입니다.

15절 "성경에 일렀으되." 7절에서 인용한 시편 95편으로 다시 돌아가서 말합니다. 바울의 말을 들은 사람 중에는 그 말에 동의하지 못하고 예수님을 믿으면 구원받는다고 했는데 끝까지 잡고 있어야 한다니 그게 무슨 소리냐며 반박할 사람도 있을 것입니다. 지금도 그렇지만 초대교회에도 그런 사람이 있었을 것입니다. 그러므로 사도 바울은 성경을 인용하여 정확하게 설명하려고 하는 것입니다.

"오늘 너희가 그의 음성을 듣거든 격노하시게 하던 것 같이 너희 마음을 완고하게 하지 말라 하였으니." 여기에서도 "완고하게 하지 말라"고 합니다. 그만큼 성도는 마음과 태도를 완고하게 하면 안 된다는 것입니다. "오늘 너희가 그의 음성을 듣거든"이라는 말은 모세를 통해 전해진 하나님의 말씀을 가리킵니다. 모세는 광야에서 하나님의 계명을 받아서 이스라엘 백성에게 전해주었습니다. 그런데 "격노하시게 하던 것 같이", 즉 이스라엘 백성이 하나님을 격노하시게 하였다는 것입니다. 그것은 그들의 마음이 완악했기 때문이었다는 말입니다. 이스라엘 백성은 하나님의 말씀을 듣고서도 하나님께 불순종하여 많은 징계를 당하였습니다. 그것을 기억하고 너희도 그같이 행하지 말라고 당부하는 것입니다.

16절 "듣고 격노하시게 하던 자가 누구냐 모세를 따라 애굽에서 나온 모든 사람이 아니냐." 바울은 이스라엘 백성이 광야에서 어떻게 하나님을 격노하시게 하였는지 설명합니다. 하나님은 기쁘실 때는 웃으시면서 성도에게 사랑과 은혜를 내려주십니다. 하지만 하나님도 격노하십니다. 우리를 긴장하게 하는 말은 하나님이 격노하신 것은 모세를 따라 애굽에서 나온 모든 사람 때문이라는 것입니다. 이스라엘 백성이 홍해를 건너서 가나안 땅 앞에 왔는데 불순종하여 바로 들어가지 못하고 40년을 광야에서 헤맸고, 그 와중에 1세대는 다 죽어 모래에 묻히고 2세대가 가나안에 들어갔습니다. 축복의 땅을 눈앞에 두었지만 1세대들은 들어가지 못하고 주변만 빙빙 돌았다는 것이 정말 안타깝습니다. 지금도 하나님이 주신 축복의 길을 눈앞에 두고도 보지 못하고 주변을 도느라 그 길로 들어서지 못하는 사람이 많습니다. 이스라엘 백성처럼 40년을 헤맨다면 세월이 너무 흘러서 노년이 될 것이므로 하나님의 축복을 누려보지도 못하고 죽을 날이 가까워질 것이므로 정말 안타까운 일입니다. 모세도 그런 이스라엘 백성을 보면서 정말 안타까웠을 것입니다.

이스라엘 백성은 모세를 따라 애굽에서 나오면서 홍해를 건넜는데, 홍해를 건넌 것은 세례를 받은 것입니다(고전 10:2). 그런데 세례받은 모든 이스라엘 백성이 하나님을 격노하시게 하였다는 것입니다. 성부, 성자, 성령이 역사하셔서 세례를 받았고, 시내산에서 율법도 받았으며, 하나님이 그들의 하나님이 되시고 그들은 하나님의 백성이 되기로 언약까지 맺었습니다. 이제 이스라엘 사람들은 가나안에 들어가 안식을 누리면 됩니다. 그러나 이스라엘이 홍해를 건넌 이후부터 문제가 생겼습니다.

먹는 것과 마시는 것뿐만 아니라 여러 가지로 불평하고 원망하여 하나님을 진노하시게 했습니다. 결정적인 것은 가데스바네아에서 마음이 약해져 가나안에 들어가 원주민들과 결전을 벌이는 것을 두려워한 것입니다. 결국 하나님은 그들을 40년 동안 가나안 땅에 들어가지 못하고 광야에서 죽어 묻히도록 하셨습니다. 그들은 자신들의 연약함과 원주민들의 강력함을 보면서 두려워하느라 하나님의 더 크신 능력을 믿고 의지하지 못했습니다. 우리도 하나님을 진노하시게 할 수 있다는 것을 명심해야 합니다.

17절 "또 하나님이 사십 년 동안 누구에게 노하셨느냐 그들의 시체가 광야에 엎드러진 범죄한 자들에게가 아니냐." 하나님은 진노하셔서 20세 이상의 사람들을 40년에 걸쳐 광야 이곳저곳에 다 묻어버리셨습니다. 불신앙은 반역으로 이어지고, 결국 그 시체는 모래에 묻힙니다. 하나님은 너희가 비록 세례를 받았고, 약속을 받았으며, 하나님의 말씀대로 순종하겠다고 하면서 출발했지만 완수하지 못했으므로 눈에 보이는 가나안 땅에 들어가 안식을 얻지 못한다고 말씀하십니다. 하나님은 범죄한 자, 불평하고 원망한 자들을 도저히 약속의 땅에 들여보내실 수 없었습니다. 그러므로 그들이 광야의 뜨거운 태양 아래에서 풍족하게 먹지도 마시지도 못한 채 40년을 헤매다가 죽은 것은 당연합니다. 죄의 값은 사망입니다(롬 6:23). 광야에서 너무 많은 사람이 죽어서 장례식도 제대로 치르지 못하였을 것이고, 대신 모래사막이므로 시신을 쉽게 묻을 수 있었을 것입니다. 하나님은 범죄한 사람이 다 죽을 때까지 기다리셨습니다.

18절 "또 하나님이 누구에게 맹세하사 그의 안식에 들어오지 못하리라 하셨느냐 곧 순종하지 아니하던 자들에게가 아니냐." 하나님은 애굽에서 나와 홍해를 건너면서 세례를 받았지만 불순종하여 당신을 격노하게 한 자들에게 맹세하시며 당신의 안식에 들어오지 못하리라 확언하셨습니다. 그리고 말씀하신 그대로 실천하셔서 그들이 광야에서 다 죽기까지 40년을 헤매도록 하셨다는 것입니다. 범죄한 자와 불순종한 자는 하나님 앞에서 똑같은 취급을 받았습니다. 믿음의 순종이 아니고서는 누구도 승리의 길을 가지 못합니다.

19절 "이로 보건대 그들이 믿지 아니하므로 능히 들어가지 못한 것이라." 바울은 이스라엘 백성의 역사를 들추면서 유대인 출신의 초대교회 성도들에게 설명하고 있습니다. 하나님은 범죄한 것과 불순종한 것 모두를 불신앙과 같은 것이라고 말씀하십니다(참조. 12절). 믿음이 없기 때문에 하나님을 향해 불평하고 원망하는 것이라는 말씀입니다.

그들은 모세를 통해 40년 동안 하나님에 대해 배우고, 성막을 만들어 속죄를 위하여 제사하며, 여러 기적과 이적을 체험했지만, 믿음이 없어서 가나안에 들어가지 못했습니다. 가나안 땅에 들어가지 못한 것은 결국 그들이 영적인 의미에서는 구원받지 못했다는 말과 같습니다. 물론 구원받아 천국에 있는 사람도 있을 것입니다. 오늘날에도 이렇게 기준을 잡는다면 교회 안에서 믿음이 없는 사람이 허다하고, 또 달려갈 길을 열심히 달려가지 않는 사람은 더욱 많을 것입니다. 즉, 이스라엘 백성이 구원받지 못한 것을 이야기한 것은 지금도 그런 사람이 많다는 것을 경고하기 위함입니다.

박윤선은 본문 내용에 대해서 이스라엘 백성이 회개를 열심히 하지 않았다고 하였습니다. 그러면서 구원에는 회개가 중요하다고 강조하였습니다. 그래서 앞에서 말한 성도들이 피차 권면해야 할 내용이 바로 회개를 권하는 것이라고 하였습니다.

어떤 사람은 구원을 설명하면서 우리는 가만히 있는데 하나님이 오셔서 우리를 놓치지 않으시려고 우리의 손목을 잡고 이끌어주시는 것이라고 말합니다. 우리는 구원을 이룰 힘이 없기 때문이라는 것입니다. 또 어떤 사람은 하나님은 가만히 계시는데 우리가 하나님을 굳게 붙잡아야 구원받을 수 있다고 합니다. 그래서 우리가 하나님을 놓으면 우리는 죽는다고 합니다. 또 어떤 사람은 하나님과 우리가 함께 손을 잡는 것이라고 합니다. 우리가 하나님이 싫다고 손을 놓으면 하나님도 우리를 놓으실 수밖에 없다고 합니다. 하나님은 우리에게 구원을 주시려고 사정하시거나 싫다는 사람 억지로 붙잡아서 구원으로 밀어 넣는 분이 아닙니다. 이 세상에는 수많은 사람이 있으므로 하나님은 불순종하는 사람의 구원에 집착하시지 않습니다.

그 길을 다 달려간 후에는 하나님이 예비하신 상도 받을 것입니다.

4장

아들은 여호수아보다 뛰어나시다

HEBREWS

지금까지 예수 그리스도가 어떤 분인지에 대해 이야기하였습니다. 1장과 2장은 천사와 비교하였고, 3장은 모세와 비교하였습니다. 4장에 들어와서는 여호수아와 비교하고 있습니다. 그러면서 그도 역시 백성을 위해 참된 안식을 확보하지 못했음을 설명합니다. 여호수아나 모세는 똑같은 이유로 실패했습니다(거스리). 그리고 안식에 관하여 이야기합니다. 안식을 단순히 쉬는 것으로 생각할 수 있지만, 더 깊은 의미가 있다고 말합니다.

안식에 들어가는 자

1절 "그러므로." 여기서 "그러므로"로 시작한 것은 이 앞에 중요한 내용을 말하였고 그 말이 옳다는 전제 아래 결론적으로 하는 말입니다. 앞의 중요한 말이라는 것은 3장 전체를 가리키는 것으로, 특히 3장 후반절에 나온 내용을 가리키는 것이라 볼 수 있습니다. 거기서 언급한 내용은 이스라엘이 모세의 인도 아래 애굽에서 나왔는데 홍해를 건너면서 세례를 받았고 하나님의 백성으로서 약속도 받았지만, 그들이 다 가나안 땅에 들어가지 못했다는 것입니다. 하나님은 당신의 백성을 약속의 땅에 들어가 안식하도록 인도하셨는데 그들이 하나님의 능력을 믿지 못하고 불순종하여 그런 결과를 맞이한 것입니다. 그들은 불신앙으로 그런 충격적인 결말을 맞았습니다. 믿음이 없이는 하늘 안식에 들어갈 수 없습니다. 바로 이어서 4장이 시작되고 있습니다.

"우리는 두려워할지니." 사도 바울이 예수님을 믿는 히브리 사람들에게 이 글을 쓰고 있습니다. 바울은 히브리인이면서 예수님을 믿으니 영적 바탕이 아주 좋은 사람들임에도 두려워해야 하는 것은 불신앙으로 안식을 무시하다가 거기에 들어가지 못할까 두려워하라는 것입니다(박윤선).

"그의 안식에 들어갈 약속이 남아 있을지라도." 히브리인들은 광야 생활을 끝내고 여호수아의 인도로 안식에 들어갈 수 있었습니다. 그러나 상당수가 들어가지 못하는 일이 벌어졌습니다.

"너희 중에는 혹 이르지 못할 자가 있을까 함이라." 여호수아의 시대와 같이 안식에 들어가지 못할 사람이 지금도 있을지 모른다는 것입니다. 이 말씀은 아무리 히브리인이면서 부름받아 예수님을 믿고 있더라도 하늘의 안식, 즉 구원받지 못할 사람이 있을 수 있다는 뜻이라고 볼 수 있습니다. 히브리인들은 애굽에서 나오기 전에도 마지막 재앙인 장자의 죽음에서 어린 양의 피를 문설주와 인방에 바름으로 인해 죽음에서 구원받았습니다. 이후 여호와의 사자가 인도하심으로 홍해도 건너고 광야에서 만나도 먹으며 여러 기적을 체험했지만, 하나님께 진노를 받았고 안식에 들어가지 못했습니다. 바울은 그 말씀을 적용하여 믿는 자라도 안식에 들어가지 못할 것을 두려워하는 것이 마땅하다고 했습니다.

이 말씀을 받은 히브리 출신 그리스도인들도 자신들은 아브라함의 후손이므로 무조건 하늘 안식에 참여할 줄로 믿고 있었을 것이기에 큰 충격을 받았을 것입니다. 어느 누구도 자신이 천국에 들어갈 것이라 장담

하면서 안심하면 안 됩니다. 두렵고 떨림으로 구원을 이루기 위해 노력해야 합니다. 구원은 믿는 즉시 완성되는 것이 아니라 두렵고 떨림으로 이루어가는 것입니다(빌 2:12). 두려워함이 없으면 사람은 방자해질 수 있습니다. 구원을 이미 얻은 것처럼 신앙생활에 열심을 내지 않고 순종하지 않으며 자기 마음대로 방자하게 행동하는 사람이 많습니다. 그래서 구원에서 떨어지는 것입니다. 설혹 구원을 받는다고 해도 천국의 한쪽 구석으로 밀려날 것입니다.

2절 "그들과 같이 우리도 복음 전함을 받은 자이나 들은 바 그 말씀이 그들에게 유익하지 못한 것은 듣는 자가 믿음과 결부시키지 아니함이라." 복음이 그들에게 전해졌던 것처럼 우리에게도 선포되었다는 뜻입니다. 여호수아 시대에 사람들이 복음을 들었으나 유익이 되지 않은 것은 믿음과 들은 것을 결부하지 못했기 때문이라는 것입니다. 바울 당시에도 믿는 자들은 성경을 배우면서 히브리 민족이 홍해를 건너고 여러 기적과 이적을 체험하고도 가나안 땅에 들어가지 못하고 죽었다는 사실을 들었습니다. 하지만 그러한 사건이 자신의 구원과 관계가 있다는 것을 인식해야 하는데 그것을 결부하지 못하여 두려움 없이 산다는 말입니다. 말씀과 실제 자신의 삶을 결부하지 못하는 것입니다. 그러면서 당연히 자신은 구원을 받을 것이라 자부하면서 삽니다. 누가 안식에 들어갈 수 있는지를 깨닫지 못하여 바른 복음 안으로 들어가지 못한 채 헤매고 있는 상태가 된 것입니다.

3절 "이미 믿는 우리들은 저 안식에 들어가는도다 그가 말씀하신 바와 같으니." 이는 시편에 있는 말씀입니다(시 95:11). 이스라엘 백성이 가나안 땅에 들어가지 못한 것을 말씀하시는 것입니다. 여기서 "이미 믿는 우리들"은 바울 당시에 복음을 믿음과 결부한 사람들을 말합니다. 실생활에서 이것이 제대로 이루어진 사람들은 구원에 들어간다는 것입니다.

"내가 노하여 맹세한 바와 같이 그들이 내 안식에 들어오지 못하리라 하셨다 하였으나." 여호수아의 인도를 받았어도 안식에 들어올 수 없는 사람이 있었습니다. 믿음의 씨앗이 뿌려져도 키우지 못하는 사람이 있습니다.

"세상을 창조할 때부터 그 일이 이루어졌느니라." 하나님은 세상을 창조하실 때 6일 동안 창조하시고 7일째 되는 날 쉬셨습니다. 창조의 마지막 날이 안식의 날입니다. 그래서 구원에 대한 계획은 창조 때부터 이미 결정된 사항이라는 것입니다. 모세나 여호수아 시대뿐 아니라 사도 바울이 살아가는 시대에도 전혀 새로운 것이 없다는 것입니다. 즉, 구원 계획이 변경되지 않고 창조 때부터 지금까지 계속 이어져온 것입니다.

안식에 대하여

4절 "제칠일에 관하여는." 3절에 이어 안식에 대한 주제를 이어갑니다. 제칠 일은 안식일입니다. 하나님이 엿새 동안 일하시고 칠 일째 되는 날 쉬셨기 때문입니다. 엿새 동안 하나님의 뜻에 따라 일하지 않은 사람은 일곱째 날에 이 안식에 참여할 수 없습니다. 안식은 충실한 생의 목적이고 절정이며 완성이고 기쁨입니다(최낙재).

"어딘가에 이렇게 일렀으되 하나님은 제칠일에 그의 모든 일을 쉬셨다 하였으며." 바울은 성경에 대해 잘 알면서도 정확한 출처를 밝히지 않고 어딘가라고 했습니다. 이 말씀은 창세기 2장 2절에 나옵니다. 바울은 지금 안식일을 이야기하다가 천지창조에 대해 말합니다. 안식일이 천지창조와 관계가 깊다는 의미입니다. 바울은 안식에 대한 대전제로 하나님이 세상을 6일 동안 지으시고 7일째에 쉬셨다고 말하고 있습니다. 성도들이 안식일에 쉬는 것은 하나님이 천지를 창조하신 뒤 쉬신 것과 동일한 의미라는 것입니다. 하나님은 쉬시므로 안식하셨는데 이 안식의 장소는 하나님의 나라라고 할 수 있습니다. 하나님의 나라만이 진정한 쉼이 있기 때문입니다.

5절 "또 다시 거기에 그들이 내 안식에 들어오지 못하리라 하였으니."

“또 다시 거기에”는 시편 95편 11절을 인용한 것인데, 다윗이 민수기 14장 23절의 뜻을 가지고 자기 시대의 사람들에게 경고한 내용입니다. 여기서 “또 다시”라고 하였으므로 앞에서 말한 안식과는 다른 안식에 대하여 설명하려고 한다는 것을 알 수 있습니다. 3장 11절과 18절에서 이미 인용한 적이 있습니다. 안식일, 즉 하나님이 천지를 창조하신 후 칠 일에 쉬신 안식이 있고 또 다른 “내 안식”이 있는 것입니다. 이 새로운 안식일에 대해서는 6절에 나옵니다. 그런데 두 번째 언급하고 있는 안식에 “그들”은 들어가지 못한다고 하셨습니다. 그들은 하나님이 아니고 인간입니다.

6절 “그러면 거기에 들어갈 자들이 남아 있거니와.” 하나님은 “내 안식”에 들어갈 자들이 남아 있다고 하셨습니다. 그러므로 안식이란 하나님이 안식하시는 천국에 대한 말씀입니다.

“복음 전함을 먼저 받은 자들은 순종하지 아니함으로 말미암아 들어가지 못하였으므로.” 복음을 먼저 받은 자들이 있다는 것입니다. 그런데 그들은 복음을 듣고 순종하지 않아서 “내 안식”에 들어가지 못했다는 것입니다(민 14장). 그래서 자리가 남아 이후 사람들에게도 안식에 들어갈 수 있는 기회가 온 것입니다. 만약 복음을 먼저 받은 자들이 순종해서 다 천국에 들어갔다면 빈자리가 없어서 다른 사람들이 더는 들어가지 못하게 되었을 수도 있습니다. 즉, 본문 말씀은 천국 안식에 들어가는 자가 있고 들어가지 못하는 자가 있는데, 들어가지 못하는 자는 복음을 들었으면서도 순종하지 않았기 때문입니다. 불순종을 다시 한번 강조합니다.

7절 "오랜 후에 다윗의 글에 다시 어느 날을 정하여 오늘이라고 미리 이같이 일렀으되 오늘 너희가 그의 음성을 듣거든 너희 마음을 완고하게 하지 말라 하였나니." 모세 이후 다윗 시대를 이야기하고 있습니다. 다윗의 시대는 모세 이후 약 400여 년 후의 시대입니다. 그 다윗이 시편 95편 8절에 기록하였는데 여기서 다윗은 광야 시대로 거슬러 올라가 르비딤에서 이스라엘 백성이 하나님 앞에서 완악하게 행했을 때의 일을 상고하며 말하고 있습니다. 다윗이 그 일을 백성에게 상기시키면서 시를 써서는 하나님께 순종하지 않으면 약속의 땅, 하나님 나라에 들어갈 수 없다고 말하였습니다. 지금 바울도 히브리서를 통해 유대인이면서 그리스도인인 사람들에게 너희도 불순종하여 하나님 나라에 들어가지 못하는 불상사가 발생하지 않도록 주의하라고 말하는 것입니다.

8절 "만일 여호수아가 그들에게 안식을 주었더라면 그 후에 다른 날을 말씀하지 아니하셨으리라." 하나님은 모세 이후에 여호수아를 통해 안식을 약속하시면서 가나안 땅에 들어가게 하셨습니다. 그러나 가나안 땅에 들어가는 것으로 하나님이 약속하신 안식이 완성된 것은 아니었습니다. "다른 날." 사도 바울은 이스라엘 백성이 가나안 땅에 들어갔다고 해서 안식이 종결된 것이 아니었기 때문에 하나님이 다른 날을 말씀하셨다고 말하는 것입니다. 가나안 땅에 들어갔다 하더라도 아직 새로운 안식이 남아 있다는 것입니다. 여호수아가 그들에게 안식을 다 준 게 아니라는 말씀은 영적으로 볼 때 '진정한 안식'의 자리가 아직 남아 있다는 것으로도 생각할 수 있습니다.

9절 "그런즉 안식할 때가 하나님의 백성에게 남아 있도다." 이 구절에서 시대 상황은 바울이 기록했으므로 신약 시대입니다. 그러므로 여기서 "안식할 때"는 하나님이 천지창조 후에 쉬신 안식을 말하는 것도 아니고, 이스라엘 백성이 6일 동안 일하고 7일째에 쉬었던 안식일을 말함도 아니며, 가나안 땅에 들어가는 것을 말하는 것도 아니고, 바로 천국에서 이루어지고 있는 안식을 의미하는 것입니다.

창세기 2장 2절에 "하나님이 그가 하시던 일을 일곱째 날에 마치시니"라고 하였습니다. 분명 하나님은 천지창조를 6일 동안 하시고 일곱째 날에 쉬신 것으로 1장에서 이야기하였는데, 2장에서는 서두부터 "하나님이 그가 하시던 일을 일곱째 날에 마치시니"라고 하였습니다. 즉, 일곱째 날도 일하시고 창조 사역을 마치셨다고 하는 것입니다. 창조 이후 일곱째 날에도 하신 일이 있다는 것입니다. 하나님은 이 땅을 6일 동안 만드시고 칠 일째 되는 날 쉬신 것이 아니라, 천국을 만드시고 거기서 안식하신 것입니다. 진정으로 안식일에 안식하신 것입니다. 하나님은 6일 동안 이 땅과 사람을 창조하시는 일을 완성하셨습니다. 하나님은 사람을 당신과 함께 영생하도록 창조하셨습니다. 그러나 하나님은 당신이 만드신 사람이 타락하여 당신이 만드신 이 세상에서 영생하지 못할 것을 아셨습니다. 사람이 이 땅에서 영생하지 못하게 되었으므로 새롭게 영원히 살 수 있는 특정한 장소가 필요하게 된 것입니다. 만일 인간이 범죄하지 않고 영생했다면 하늘나라에 안식할 장소가 구태여 있어야 하는지 의문이 남습니다. 결국 인간이 타락하여 이 땅에서는 영생하지 못하고, 죄를 용서받고 천국에 들어가서 안식할 수 있게 하신 것입니다. 그러므로 천지창조 이후 칠 일째 되는 날 구원받은 백성과 함께하실 안식의 장소를 만드신 것이 분명합니다. 물론 하나님이 스스로 거하시는 장소를 만드신 것입니다. 그곳은 아마도 하나님이 처음부터 계신 장소였을 것입니다. 그리고 후에는 인간도 들어가서 진정한 안식을 누리게 될 것입니다.

안식의 상태는 어떠한지도 살펴보겠습니다. 하나님은 이스라엘 백성에게 6일 동안 일하고 7일째에는 안식일로 쉬라고 하셨습니다. 그러나 그들은 실제로 안식일에 손 놓고 쉰 것은 아니었습니다. 안식일에 예배를 드렸습니다. 안식일은 쉬는 날이 아니라 하나님께 영광을 돌리는 날인 것입니다. 또 성경공부도 하고, 짐승들에게 먹을 것과 마실 것도 챙겨주어야 합니다. 그리고 자신과 가족도 양식을 먹어야 합니다. 이렇게 안식이란 단순히 놀고먹는다는 의미가 아니라 영적으로나 육적으로 생명이 살아가는 날입니다. 그래서 생명을 살리는 일은 안식일에 꼭 해야 하는 일입니다. 이렇게 안식은 휴식과 비교할 수 없는 다른 차원의 단계라고 할 수 있습니다.

현재도 하나님은 그곳에서 안식하시면서 하늘에 올라간 구원받은 성도들이 드리는 예배를 받으십니다. 우리가 하늘나라에 간다면 하나님께 영광을 올려드리는 예배 시간이 있을 것입니다. 그리고 자신들은 생명나무 열매를 먹고 생수를 마시면서 영원히 사는 것입니다. 안식은 가만히 쉬는 것이 아니라 하나님께 영광 돌리는 일, 생수를 마시는 일, 성도들과 교제를 나누는 일을 하는 것이라는 말입니다.

이 땅에 오신 예수님이 안식일에 하신 일들을 살펴보면 더욱 확실하게 안식일의 의미를 알 수 있습니다. 예수님도 이 땅에 오셨을 때 안식일에 성전에도 가셨지만, 여러 회당을 다니시며 가르치시고 병을 고치시고 귀신 들린 자의 귀신을 쫓아주시고 이적과 기적을 행하셨습니다. 주님은 안식일에 일하는 모습을 비판하는 사람들을 향해서 “내 아버지께서 이제까지 일하시니 나도 일한다”(요 5:17)고 하셨습니다. 안식일에 대한 유대인들의 기준이 주님과는 너무나 달랐던 것입니다. 그래서 우리는 안식에 대해 다시 개념 정리를 할 필요가 있습니다. 유대인들에게 안식일을 지키라고 하신 말씀과 주님이 안식일에 하신 일을 살펴보면 안식일의 의미는 결국 단순한 쉼이 아닌 것을 알 수 있습니다. 천국은 안식하며 일하는 곳이고, 지옥은 일하지 않고 벌을 받는 곳입니다. 지옥에서는 가만히 있으면 마귀들이 알아서 벌을 주기 때문입니다.

천국에서는 모든 날이 안식일입니다. 안식에 들어가서 사는 것이기 때문입니다. 그래서 성도는 천국에서 예배만 드리는 것이 아니라 각자 맡은 일도 해야 합니다. 사람이 이 땅에서 살 때도 안식일에 예배하는 일과 생명을 살리는 일을 해야 하고, 또 천국에서 살 때도 예배하는 일과 천국의 맡은 일을 하면서 살게 될 것이라는 말입니다. 그리고 쉬기도 하는데 이는 영적인 쉼입니다.

천국의 안식일이나, 이스라엘의 안식일이나, 우리가 천국에서 안식할 때에도 다 동일하게 일을 하는 것입니다. 이러한 제도는 천국의 주인이신 예수 그리스도가 만드셨고, 이 땅의 사람들이 천국에서 안식을 누리려면 예수님의 지도를 받고 그것을 따라야 한다는 것입니다.

10절 “이미 그의 안식에 들어간 자는 하나님이 자기의 일을 쉬심과 같이 그도 자기의 일을 쉬느니라." 창세기 2장 2절의 말씀을 가지고 안식의 의미를 밝혀줍니다. 하나님이 이미 안식에 들어가셨고 믿는 자는 이 하나님의 안식에 들어간다고 가르칩니다(최낙재). 그러므로 이미 천국에 들어간 사람은 안식하고 있는 사람입니다. 여기서 자기의 일을 쉰다는 것은 이 세상에서 생활을 위해 하는 경제활동이나 주의 나라를 위해 봉사했던 일들을 말합니다. 세상에서의 모든 수고는 마무리됩니다.

11절 "그러므로 우리가 저 안식에 들어가기를 힘쓸지니 이는 누구든지 저 순종하지 아니하는 본에 빠지지 않게 하려 함이라." 비록 구원은 절대적으로 하나님의 주권에 속해 있지만 성도는 안식의 나라에 들어가기 위해 힘써야 합니다. 그 안식에 들어가지 못한다면 인생은 완전히 실패한 것입니다. 그곳에 진정한 안식이 있기 때문입니다. 천국은 예수님을 믿는다는 것을 무기로 삼아 쉽게 들어갈 수 있다고 생각하면 오산입니다. 이 땅에서 하나님을 온전히 섬겨야 하고, 범죄를 조장하는 마귀와도 영적 전투를 벌여 승리자가 되어야 합니다. 말씀에 불순종하는 사람들은 어느 시대나 있습니다. 그들에게 진정한 안식이 주어질 리가 없으며 당연히 구원에 이르지 못합니다. 진정한 구원의 성도가 되어야 진정한 안식이 주어집니다. 인간의 마음은 오직 하나님 안에서만 안식을 찾을 수 있습니다(아우구스티누스).

큰 대제사장

12절 "하나님의 말씀은." 이 구절은 많이 들었던 말씀입니다. 성경 말씀을 중요하게 여기는 사람들은 이 구절을 하나님의 말씀이 그만큼 강력한 힘을 가지고 있다는 의미로 해석합니다. 말씀을 듣고 그대로 살면 이렇게 된다는 것입니다. 그런데 여기서 말씀은 설교가 아니고 하나님이 계시하신 말씀을 뜻한다고 합니다(빈센트, 알포드). 히브리서의 전체 맥락이 하나님의 아들이신 예수 그리스도에 관해 설명하기 때문입니다.

즉, 하나님의 말씀이 살아 있다고 한 것과 함께 14절에서 "그러므로 우리에게 큰 대제사장이 계시니"라고 말씀하시는 것을 볼 때 "하나님의 말씀"이 어떤 의미인지에 대한 결론으로 "큰 대제사장"이시라고 말하고 있음을 알 수 있습니다. 오리겐의 말처럼 이 하나님의 말씀이 큰 대제사장이시고 예수 그리스도이심을 유추할 수 있습니다. 그래서 이 구절에서 사용된 하나님의 '말씀'은 헬라어로 '레마'가 아닌 '로고스'로 기록되어 있습니다. 전체 문맥을 보거나 헬라어 원문을 보는 등 여러 가지로 살펴보았을 때 이 말씀은 하나님이 계시하신 말씀이라기보다 예수님의 본체를 가리키는 말로 받아들일 때 더 힘이 있습니다.

"살아 있고 활력이 있어." 그렇다면 이제는 하나님의 말씀이시면서 대제사장이신 예수 그리스도가 어떤 분인지를 살펴보아야 합니다. 예수 그리스도는 살아계신 분이고 활력이 있는 분입니다. 예수님은 이 땅에 계실 때에도 그러하셨고 하늘에 계셨을 때도 그런 성품을 소유한 분입니다. 예수 그리스도는 힘이 넘치시고 누가 보더라도 운동력이 있다는 것을 알 수 있습니다. 태양에서 끊임없이 에너지가 발산되는 것처럼 태양을 창조하신 예수님도 원래부터 그런 분입니다. 생동감이 있으시고 활동성이 있으시며 뜻을 이루실 수 있는 힘이 넘치는 분입니다. 우리가 믿는 예수님은 이렇게 능력 있고 권세가 있는 분입니다. 그런 예수님을 믿는 사람은 예수님의 영이 그 속에 계시므로 예수님처럼 활동성이 있고 에너지가 있습니다. 그러므로 게으르거나 나태하거나 무기력하거나 의지가 약하지 않습니다. 예수님의 영이 충만할수록 더욱 강력한 삶을 살게 됩니다. 진정한 성도라면 하나님이 자신과 함께하시는 것을 모든 사람이 알도록 보여주어야 합니다. 성도는 그분을 마음속에 모시기 위해 애쓰고 기도하며, 그분을 닮아가려고 노력하는 것입니다. 예수님을 믿는다는 것은 예수님을 닮아간다는 것입니다.

"좌우에 날선 어떤 검보다도 예리하여 혼과 영과 및 관절과 골수를 찔러 쪼개기까지 하며." 예수 그리스도는 좌우에 날이 선 어떤 검보다도 예리하다는 것입니다. 에베소서 6장 17절에서는 이 검이 영적 무장과 마귀의 세력을 공격하는 데 쓰입니다. 여기서는 꿰뚫는 쪽입니다(거스리). 한쪽 날만 있는 검도 있지만, 이 구절에 나오는 검은 양날이 다 예리한 검이므로 아주 날카로운 칼입니다. 어디를 찔러도 예리하게 찌를 수 있는 도구입니다. 예수님이 검으로 비유되신 것은 검처럼 찌르는 역할을 하신다는 것을 보여주기 위함입니다.

그런데 "혼과 영과 및 관절과 골수를 찔러" 쪼갠다고 하였습니다. 예수님이 왜 우리를 찔러 쪼갠다고 하시는지 궁금합니다. 예수님은 우리를 강건하게 하시고 병든 자는 치료하시는 분이므로 종합해보면 우리를 찌르고 쪼개시는 이유는 치유하시려는 것입니다. 우리의 영혼과 육신에 병이 없다면 굳이 찌르고 쪼갤 이유가 없습니다. 우리의 영혼은 속사람인데 그것을 주님이 쪼개서 병든 데가 있는지, 관절과 골수도 찔러서 병든 곳이 있는지를 열어서 살펴보시겠다는 것입니다. 우리는 영과 육에서 그만큼 깊이 병들었다는 것입니다. 바울이 글을 쓰면서 "영"(헬, 프뉴마)을 사용할 때는 특히 영적 측면, 즉 하나님과 관련된 그의 생명에 초점을 맞춥니다. "혼"(헬, 프쉬케)은 그의 영적 경험과 상관없는 사람의 생명, 즉 그 자신, 그의 감정 및 생각과 관련한 그의 생명을 가리킵니다. 바울 신학에서는 이 둘이 강하게 대조됩니다(거스리).

영혼과 육신에 생기는 병의 원인은 대부분 죄의 문제입니다. 그래서 영혼과 육신을 찔러 쪼개고 가르는 것은 죄가 있는 곳을 찔러 쪼개고 갈라서 제거하려는 것입니다. 예수님은 대제사장이시므로 사람들의 상태를 진단하시고 죄를 드러내셔서 회개하게 하고 속죄하시려고 이렇게 하시는 것입니다. 구약 시대에 제사장들은 제사드리기 위해서 짐승의 배를 가르고 각을 뜨는 일을 했습니다. 이렇게 짐승을 해부하는 것도 예표인데 인간의 죄를 도려내어 제거하는 것과 관계가 있습니다. 제사드릴 때 양과 소를 통째로 드릴 수 없는데 이는 더러운 것을 제거하고 깨끗하게 씻어야 하기 때문입니다. 대제사장이신 예수님이 성도들의 영혼과 육신을 찔러 쪼개어 부정한 것은 제하고 하나님께 정상적인 영혼을 드리게 하시려고 역사하시는 것입니다. 그렇게 할 때 성도들은 정결한 예배를 드릴 수 있고 하늘나라의 안식에 들어가 하나님께 영광을 돌리며 예수님과 영원히 살 수 있기 때문입니다.

"또 마음의 생각과 뜻을 판단하나니." 여기서 판단한다는 것은 분별하고 재판한다는 의미입니다. 영혼과 육체와 마음과 생각과 뜻까지 다 헤아려서 온전한 것과 그렇지 못한 것을 구분하고, 마귀의 역사로 인해 죄가 들어와 있는지를 분별합니다. 그리고 오직 온전하고 깨끗한 것을 소유한 자만이 안식에 들어가게 하시려는 것입니다.

13절 "지으신 것이 하나도 그 앞에 나타나지 않음이 없고 우리의 결산을 받으실 이의 눈 앞에 만물이 벌거벗은 것 같이 드러나느니라." 하나님이 창조하신 모든 것은 그 앞에서 어떤 것도 감추어지지 않습니다. 주님은 인생을 살아간 사람을 때가 되면 결산하십니다(빈센트). 여기서 벌거벗는다고 말한 것은 예수님 앞에서 사람들의 정체가 드러난다는 것입니다. 가죽을 벗기고 내장을 가르고 그 안에 들어 있는 모든 것을 끄집어내서 살펴보고 머릿속까지 갈라서 살펴보는 것입니다. 결국에는 벌거벗은 것 같이 완전히 노출됩니다. 생각이든, 뜻이든, 육체든, 영혼이든 다 주님 앞에서 드러날 것입니다. 하나님이 그를 살펴보실 수 있도록 그의 머리가 뒤로 젖혔다는 뜻입니다(거스리). 주님이 예리한 칼처럼 세세하게 살피시고 낱낱이 밝혀서 드러내실 것입니다.

14절 "그러므로 우리에게 큰 대제사장이 계시니." "그러므로"는 바울이 대제사장에 대해 여러 번 말했음을 뜻합니다. 2장 17-18절에서 예수 그리스도의 대제사장 되심을 설명했고, 3장에서는 모세, 4장에서는 여호수아와 각각 비교했습니다. 이제 드디어 본격적으로 설명을 시작합니다. 히브리서는 신약 중에서 유일하게 그리스도를 대제사장이라고 부릅니다. 대제사장의 역할은 일 년에 한 번, 지성소에 들어가 백성의 죄를 회개하고 짐승의 피를 언약궤 위에 붓는 것입니다. 또 대제사장은 제사의 총책임자입니다. 성전에서 드려지는 제물이 하나님이 받으실 만한 정상적인 제물인가를 살피면서 모든 제사 과정을 총괄합니다. 예수님은 성도들을 하늘나라로 올려 보내시면서 어떤 제물이 올라가는지 살피듯 성도를 살피시면서 모든 것을 총괄하십니다. 안식에 들어갈 영혼들의 모든 부분을 세밀하게 분해하여 더러운 것은 제거하고 깨끗한 것만 올리는 역할을 하시는 것입니다. 바로 그분이 성도들 곁에 계신다는 것입니다. 주님은 어떤 대제사장보다 큰 대제사장이십니다.

"승천하신 이 곧 하나님의 아들 예수시라 우리가 믿는 도리를 굳게 잡을지어다." "승천하신 이" 예수 그리스도는 이 땅에 계시다가 부활하시고 승천하신 분입니다. 이 땅의 어느 대제사장도 죽음을 이기고 하늘로 간 자가 없습니다. "하나님의 아들" 예수 그리스도는 하늘의 안식처를 준비하는 하나님의 아들이 되십니다. "도리"는 3장 1절에서처럼 신앙고백입니다.

15절 "우리에게 있는 대제사장은 우리의 연약함을 동정하지 못하실 이가 아니요." "우리에게 있는" 하나님의 아들이시며 대제사장이신 예수 그리스도는 멀리 계신 분이 아니라 우리 가까이 계시는 분입니다. "우리의 연약함." 인생은 죄로 인하여 육체와 영혼과 생각과 뜻에 병이 들었고 온전히 자라지 못한 부분이 많습니다. 주변을 다 살펴보아도 온전한 사람이 없고 다 어딘가 부족한 사람들뿐입니다. 그런 상태로는 하나님의 안식에 들어갈 사람이 없지만, 주님은 그런 우리의 연약함을 동정하시는 분입니다. 부모에게서 죄를 물려받았고 또 각 개인이 수많은 죄를 지었으므로 문제가 없는 사람이 없는데도 주님은 그것을 책망만 하시는 것이 아니라 도리어 동정하신다는 것입니다.

"모든 일에 우리와 똑같이 시험을 받으신 이로되 죄는 없으시니라." 2장 18절에서 주님이 시험을 받으신 이야기가 나오는데 그 구절과 연결된다고 볼 수 있습니다. 주님도 성도들도 모두 똑같이 유혹을 당합니다. 여기서 또 죄를 말하고 있습니다. 주님은 유혹을 받으셨지만 이기셨습니다. 유혹을 받는 것 자체가 죄는 아니므로 이기면 죄가 없습니다. 여기서 주님이 죄가 없다고 한 것은 인생은 죄가 있다는 것이고 앞에서는 우리에게 있는 것이 연약함이라고 하였으니, 곧 연약함이 유혹을 끌어들이는 것입니다. 유혹을 이겨내신 주님은 동정받을 필요가 없고 인간은 유혹을 이겨내지 못해 죄가 있으므로 동정을 받아야 한다는 것입니다.

16절 "그러므로 우리는 긍휼하심을 받고 때를 따라 돕는 은혜를 얻기 위하여." 우리는 연약하고 죄가 있으므로 죄가 없고 연약함이 없으신 주님을 의지해야 합니다. 실패한 사람을 따라가면 똑같이 실패하고, 성공한 사람을 따라가면 똑같이 성공할 수 있습니다. 주님은 항상 은혜를 베푸시는 분입니다. 은혜를 베푸시는 데에는 제한이 없습니다.

"은혜의 보좌 앞에 담대히 나아갈 것이니라." "은혜의 보좌"는 왕권을 상징하며 대제사장이신 예수님이 계신 곳을 말합니다(8:1, 12:2). 은혜의 보좌 앞에 나아가는 것은 주님 앞에 나아가는 것입니다. 그분은 자비로우십니다(2:17). 하나님은 보좌 앞에서 영광스럽게도 죄인들을 만나주십니다(매튜 헨리). 성도는 승리하신 주님, 죄가 없으신 주님 앞으로 나아가야 합니다. 주님이 바로 큰 대제사장이시고 대제사장의 원조이십니다.

우리는 보좌 앞으로 나아가야 하는데 하늘나라 안식을 누리는 곳에 보좌가 있고 그 보좌의 주인은 예수 그리스도이십니다. 그 안식에 들어가려면 주님의 은혜, 즉 보좌 앞으로 갈 수 있는 영적인 힘을 받아야 합니다. 그러므로 하늘나라에 들어가기 원하고 안식을 얻기 원하면 대제사장이시고 안식일의 주인이신 주님이 계셔야 합니다. 안식일의 근본은 천국이고 안식일의 주인은 천국의 주인입니다. 그곳에 들어가려면 주인 되시는 주님의 돕는 은혜가 필요합니다. 기독교 신앙은 보좌를 향하여 날마다 달려가는 것입니다.

5장

아들을 아론과 비교하다

HEBREWS

1장부터 4장까지 예수 그리스도의 위대성을 이야기해왔습니다. 1장과 2장은 예수님과 천사를 비교하였으며, 3장은 모세와, 4장은 여호수아와 비교했습니다. 그러면서 예수 그리스도는 하나님의 아들이시고 하늘과 이 땅을 통치하시는 위대한 신분인 것을 말하였습니다. 5장에서는 계속해서 예수 그리스도가 대제사장이시면서 얼마나 위대한 분인지를 이야기하고 있습니다. 일 년에 한 번 지성소에 들어가 백성의 죄를 속하는 제사를 담당하는 역할을 하는 사람이면서 하나님이 택하시고, 자격을 갖춘 사람이 대제사장인데 바로 예수 그리스도가 대제사장의 원형이 되시는 분인 것을 증언합니다.

택함받은 대제사장

1절 "대제사장마다 사람 가운데서 택한 자이므로." 대제사장은 먼저 인간이어야 합니다. 천사가 사람을 대신하여 제사장이 되지 못하는 것은 인성을 취하지 못하기 때문입니다. 또한 사람이 당하는 시험을 겪지 못하기 때문에 제사장이 될 수 없습니다(아더 핑크). 유대 나라에서 대제사장의 직책을 감당했던 사람이 많았으므로 "대제사장마다"라고 표현하였습니다. 그리고 대제사장은 사람이어야 하고, 그 가운데 "택한 자"라고 하였습니다. 아론에서 출발한 대제사장직과 관련해 역사적인 사실을 설명합니다. 대제사장은 하나님이 직접 택하여 세우신 사람입니다. '택하다'는 말은 정말 중요한 의미가 있습니다. 이는 민주적 절차를 따라 선출된 직책이 아닙니다. 그가 하는 일은 사람들에게는 하나님을 대신하고 하나님 앞에서는 사람을 대신하여 움직이는 중보자의 사역입니다. 그러므로 아무나 대제사장이 되는 것이 아니라 하나님의 예정과 뜻 가운데에서 세워졌다는 것입니다. 대제사장직이 세습된다고 해도 한 사람, 한 사람이 소중합니다.

"하나님께 속한 일에 사람을 위하여 예물과 속죄하는 제사를 드리게 하나니." "하나님께 속한 일에." 즉, 하나님이 대제사장을 택하신 이유와 대제사장이 해야 할 일을 알려주십니다. 그가 먼저 중점을 두고 해야 할 사역은 하나님께 속한 일입니다. 넓은 의미로 온 세계 모든 일이 하나님께 속한 일이지만, 그런 일은 하나님이 왕을 택하셔서 세우시므로 그들이 다스리면 됩니다. 그러므로 협소한 의미로 하나님께 속한 일을 생각한다면 성전과 관계된 일, 성도의 신앙과 관련된 일입니다.

그렇다면 대제사장이 하나님께 속한 일인 성전과 관계된 일을 한다는 것은 바로 "사람을 위하여" 일하는 것입니다. 하나님이 사람을 택하셔서 그에게 능력을 주시고 자격을 주시고 일하게 하신 것이 이 때문입니다. 사람이 이 땅에서 살면서 어떤 도움이 필요할 때 하나님이 직접 간섭하시기보다 대부분 사람을 세워서 돕게 하십니다. 왕과 지도자를 세워 다스리게 하시면서 도움을 주게 하시고, 경제적으로도 지도자들을 세워서 도움을 주게 하시며, 가르치는 사람들을 세워서 도움을 주게 하시고, 교회에도 일꾼을 세워서 영적으로 도움을 주게 하시는 것입니다. 그러므로 하나님의 사람들에게 은사를 주신 것은 바로 사람들을 돕기 위해서입니다.

"예물과 속죄하는 제사"에서 예물은 곡물 제사를 가리키고 희생 제물은 피의 제물을 가리킵니다. 아론 계열의 대제사장에게 가장 중요한 사명은 백성들의 죄 문제로 하나님께 예물을 드리고 속죄를 위해 제사하도록 돕는 것입니다. 어느 시대나 지도자의 가장 중요한 사역은 온전한 예배와 성도의 죄 문제를 해결해주는 것입니다. 그것이 성도들이 하나님께 가까이 나아갈 수 있도록 길을 열어주는 거룩한 업무입니다. 이 일에 열심을 내지 않는다면 목회자가 자기 사명을 제대로 하지 않는 것이며, 교회의 존재 자체에 의문을 품게 됩니다.

2절 "그가 무식하고 미혹된 자를 능히 용납할 수 있는 것은." 일반적인 직책을 말한 뒤 개인적인 측면에 들어갑니다. 즉, 대제사장은 무식하고 미혹된 백성을 용납하고 있다는 것입니다. "용납"은 하나님과 사람 사이에서 중보자의 품성과 처지에서 인간을 포용하는 것입니다(박윤선). 골칫거리인 사람들을 무시하거나 내칠 수 없는 것이 신정국가의 할 일입니다. 대제사장은 좋은 일이든 나쁜 일이든 앞장서서 관여하게 됩니다. 바울의 이런 논조는 자신들의 우월성을 내세우는 히브리 민족의 자존심을 건드릴 만한 내용입니다.

"자기도 연약에 휩싸여 있음이라." 대제사장이 그렇게 용납할 수 있는 것은 그 자신도 연약에 휩싸여 있기 때문이라는 것입니다. 즉, 대제사장도 백성과 똑같이 무식하고 연약해서 미혹된 자들을 탓할 수 없다는 것입니다. 이것이 이스라엘의 상태입니다. 이스라엘 백성은 자기들 스스로 하나님이 택하신 백성이고 아브라함의 후손이라는 것을 자랑하지만, 실제 모습은 무식하고 미혹되기 일쑤입니다.

이 세상에는 하나님을 깊이 아는 사람이 존재하고 그들을 만나고 따르면 기쁨과 감사가 넘칩니다. 반대로 영적으로 무지한 사람도 있고 미혹된 자들도 있는데, 아무 생각 없이 그들을 용납하고 따라가는 사람이 있습니다. 미혹된 자는 진리에서 떠난 사람인데 분별력이 떨어져서 그것을 옳은 줄 알고 따라가는 사람이 있으니 참으로 안타까운 일입니다. 대제사장조차도 이렇게 영적으로 무지한 것이 이스라엘이 처한 상황입니다. 유대 나라의 대제사장 중에는 훌륭한 사람도 있었지만, 자격 미달인 사람도 수두룩했습니다. 그들이 이렇게 자신의 부족함을 알므로 다른 사람의 부족함도 용납해준 것입니다. 이는 양심 있는 모습이며, 대제사장도 어쩔 수 없는 인간임을 기억해야 합니다.

3절 "그러므로 백성을 위하여 속죄제를 드림과 같이 또한 자신을 위하여도 드리는 것이 마땅하니라." 아론 계열의 대제사장이 먼저 자신의 죄를 속죄하기 위해 희생 제물을 드리는 것은 속죄일의 전체 제사 과정 중에서 우선되는 일입니다. 대제사장도 연약하여 죄를 지으므로 자신을 위한 속죄제도 드려야 마땅하다는 것입니다. 연약함은 결국 죄로 이어지게 됩니다. 그러므로 하나님 앞에 죄인이 됩니다. 이 일을 위해 대제사장은 동물의 피를 드렸고 그리스도는 자신을 드리셨습니다.

4절 "이 존귀는 아무도 스스로 취하지 못하고." 대제사장은 비록 허물과 죄가 많을지라도 하나님이 특별히 부르셔서 세우신 직위이므로 존귀한 신분입니다. 그는 하나님께 속한 일을 해야 하고 모든 백성을 위해 그것을 행하므로 하나님이 그를 부르셔야 합니다. 하나님만이 그의 제사장적 기능을 받아들여줄 수 있다고 말할 수 있습니다(렌스키). 그래서 아무도 대제사장이라는 직위를 스스로 취할 수 없습니다. 돈을 주고 살 수도 없고, 제아무리 왕이라도 좌지우지할 수 없는 위치입니다.

"오직 아론과 같이 하나님의 부르심을 받은 자라야 할 것이니라." 아론은 모세의 형으로 최초의 대제사장입니다. 이후 아론의 아들에게로 대제사장 직분이 세습되었습니다. 간혹 대제사장의 직무를 수행하던 아버지가 일찍 죽어서 그의 아들이 30세가 되어 대제사장이 되는 일이 일어날 수 있습니다. 아무리 나이가 많은 장로와 서기관들이 있다 하더라도 그들은 대제사장이 될 수 없습니다. 대제사장 직분은 오직 하나님이 정하신 법대로 이루어질 뿐입니다. 그만큼 중요한 직책인 것입니다.

그렇다면 우리는 중요한 사실을 유추할 수 있습니다. 예수님이 우리의 대제사장이십니다. 예수님이 대제사장이 되신 것은 예수님의 하늘 아버지이신 성부 하나님이 대제사장 제도를 제정하신 분이기 때문입니다. 성부 하나님이 원래부터 제사 제도의 원형이시고 그 하나님이 예수님을 대제사장으로 인정하시고 택하셨기 때문에 예수님이 대제사장이 되실 수 있었다는 것입니다. 그래서 예수님이 이 땅의 모든 사람의 죄 문제를 담당하셨고, 이 세상에서 하나님께 드리는 모든 제사는 예수님의 이름으로 성부 하나님께 올려지는 것입니다. 아무리 훌륭한 사람이 예배를 드리더라도 예수님의 이름으로 드리는 것이고, 기도도 예수님의 이름으로 드리며, 찬양도 마찬가지입니다.

중요한 것은 예수님조차 스스로 대제사장이 되신 것이 아니라는 것입니다. 주님도 하나님이 자신을 이 땅에 보내셔서 할 일을 주셨다고 했습니다(참조. 요 17:4). 그러므로 사람은 더욱이 스스로 대제사장이 될 수 없습니다. 아론과 같이 부르심을 받아야 합니다. 그런데 아론 이후에는 대제사장직이 세습되었는데 어떻게 부르심을 받았겠습니까? 겉으로는 단순히 대제사장의 아들로 태어났기에 아버지의 직분을 이어가는 것 같지만, 하나님이 대제사장이 될 만한 사람을 미리 택하시고 그 영혼을 대제사장의 아들로 태어나도록 보내시기 때문에 이것이 가능합니다. 하나님은 모든 영혼을 다 아시므로 하나님의 섭리로 대제사장 가문에 아들이 끊어지지 않게 하시고, 대제사장이 될 만한 수준 있는 영혼을 보내셔서 이어지게 하셨으므로 결국 제사 제도는 하나님이 이끌어가시는 것이라 할 수 있습니다.

대제사장은 아무리 하나님의 택함을 받은 사람이라도 연약하여 허물과 죄가 있으므로 회개가 필요합니다. 그러므로 자신을 깨끗하게 하여 백성의 죄 문제를 해결하는 자신의 직무를 다해야 합니다.

우리가 인생을 살면서 겪는 대부분의 고통과 고난과 역경은 죄가 해결되지 않아서 찾아오는 것이 많습니다. 우리가 죄를 회개하여 깨끗해지는 만큼 우리가 겪고 있는 문제는 사라집니다. 그렇게 되었을 때 하나님이 우리를 영적, 물질적, 육체적으로 형통하고 충만하며 풍성하게 해주실 것입니다.

멜기세덱의 반차

5절 "또한 이와 같이 그리스도께서 대제사장 되심도 스스로 영광을 취하심이 아니요." 5절부터 10절까지는 그리스도와 아론 계열과의 관계를 설명합니다. 대제사장은 모든 백성을 대신해서 자신의 죄를 회개하며 속죄제를 드리고 백성의 죄도 속하기 위해서 하나님께 나아가는 가장 일선에 서 있는 사람입니다. 예수 그리스도가 그 사명을 감당할 바로 그 대제사장이십니다.

사람은 하나님과 좋은 관계는 고사하고 자기의 죄 문제를 해결하기도 급급한 것이 현실입니다. 죄 문제가 아니라 경제적인 문제만이라도 가정이나 가문을 구원한다면 대단한 인물입니다. 만약 영적인 문제를 해결해준다면 감격할 일입니다. 영적인 문제가 해결되어 하나님과의 관계가 회복되면 물질적인 문제도 해결됩니다. 이런 영적인 문제의 해결을 대제사장이 했다는 것입니다. 예수 그리스도는 온 인류의 대제사장이므로 주님의 위대하심은 그 누구와도 비교할 수 없다는 것을 확실히 알 수 있습니다. 그러므로 대제사장은 영광스러운 직책입니다. 그러나 그 영광을 예수 그리스도가 직접 취하신 것이 아니라 주신 이가 있다는 것입니다. '그리스도'라는 말은 '기름 부음을 받았다'는 의미이기 때문입니다.

"오직 말씀하신 이가 그에게 이르시되 너는 내 아들이니 내가 오늘 너를 낳았다 하셨고." 이는 시편 2편의 내용으로 앞서 히브리서 1장 5절에도 인용됩니다. 예수 그리스도를 대제사장으로 세우신 분은 바로 "오직 말씀하신 이"입니다. "말씀하신 이"는 예수님께 "너는 내 아들이니 내가 오늘 너를 낳았다"고 하셨으므로 성부 하나님을 가리킵니다. 하나님은 삼위가 계시는데 예수님은 성자 하나님이시고 성부 하나님이 "말씀하신 이"입니다. "그에게 이르시되"라고 하였으니 이는 아버지와 아들의 대화입니다. "너는 내 아들이니 내가 오늘 너를 낳았다"고 하셨습니다.

아론이 대제사장이 된 것도 사람 가운데 택함을 받았기 때문이라고 하였습니다. 대제사장은 천사 같은 영적인 존재라도 자격이 없고 오직 사람이어야 합니다. 대제사장의 자격 조건이 예수님에게도 그대로 적용됩니다. 예수님도 하나님이 낳았다고 말씀하시면서 하나님의 택함을 받으셨다는 증거를 보이셨고 또 예수님이 사람이라는 것을 전제한 말씀이라는 것입니다.

6절 "또한 이와 같이 다른 데서 말씀하시되." 이는 시편 110편 4절에 나오는 구절입니다(참조. 7:17). 성경을 인용하여 설명할 때 다른 한 곳의 구절만 가져와서 설명하여도 믿을 수 있지만, 또 다른 구절을 통해 설명할 수 있다면 더욱 신뢰할 수 있게 되기 때문에 바울은 또 다른 성경을 인용하고 있습니다. 증인이 두 명일 때 그 증언이 참으로 인정받을 수 있기 때문입니다. "말씀하시되"는 성부 하나님의 말씀입니다.

"네가 영원히 멜기세덱의 반차를 따르는 제사장이라 하셨으니." 이는 멜기세덱의 지위와 유사한 대제사장이라는 의미입니다(박윤선). 즉, 예수님이 대제사장이신데 레위 지파인 아론의 반차를 따르지 않고 멜기세덱의 반차를 따른다고 하였습니다. 그리고 "영원히"라고 하셨습니다. 일시적이거나 어느 시점에 끝나는 것이 아니라는 것입니다. 예수 그리스도는 영원한 대제사장으로 부르심을 받은 것입니다. 제사장 제도는 아론을 통해서 처음 세워져 이어져 내려왔습니다. 아론이 활동할 때에는 이스라엘이 애굽에서 나와 가나안을 향해 갈 때였으므로 BC 1400년경으로 보입니다. 멜기세덱은 아브라함 시대의 사람이고 아론보다 무려 600여 년 전에 살았던 사람이라고 볼 수 있습니다. 멜기세덱은 제사장이었지만 그를 승계한 자가 성경에 나타나지 않았습니다. 그는 신비에 싸여 있는 인물로서 창세기 14장 18-20절에 언급됩니다. 그런데 하나님이 멜기세덱의 반차를 예수님이 따른다고 말씀하시는 것입니다. 그래서 예수 그리스도는 레위인이 아니시면서도 대제사장이 되실 수 있는 것입니다. 주님은 혈통적으로는 유다 지파이십니다. 그래서 법적으로 정해진 제사장이라고 할 수 없지만, 그보다 원조인 멜기세덱을 이어가신다고 설명하고 있는 것입니다.

7절 "그는 육체에 계실 때에." 이는 예수님이 이 땅에 육신을 입고 오셔서 사셨던 약 33년의 기간을 가리키지만, 특히 사역하신 3년 반의 공생애 기간을 말하는 것입니다. 바울은 그리스도의 생애에 대해 2장 14절, 17절에서도 언급했습니다.

"자기를 죽음에서 능히 구원하실 이에게." 예수님은 자신이 죽으셔야 함을 알았고, 또 그 죽음에서 구원하실 능력 있는 이가 계시는 것도 아셨습니다. 예수님을 죽음에서 구원하실 이는 성부 하나님이십니다. 앞에서도 아버지와 아들의 이야기를 하였는데 이를 계속하고 있습니다. 아버지가 아들을 낳았고 아들을 죽음에서 다시 살리실 이도 아버지밖에 없다는 것을 이야기하는 것입니다.

"심한 통곡과 눈물로 간구와 소원을 올렸고." 아들이 아버지에게 심한 통곡과 눈물로 간구와 소원을 올렸다는 것입니다. "간구"는 기도를 가리키고, "소원"은 더 강한 요청의 의미가 있습니다. "심한 통곡과 눈물"은 십자가 고난을 앞두시고 주님이 겟세마네 동산에서 보이신 모습뿐만 아니라, 그리스도가 낮아지신 전체 기간 동안 간구와 소원을 하나님께 올려드린 것을 보여줍니다(아더 핑크). 주님이 내적으로 고통당하시고 눈물을 흘리셨음을 보여줍니다. 예수님은 하나님의 아들이시면서도 사람과 똑같은 고난을 겪으셨습니다.

"그의 경건하심으로 말미암아 들으심을 얻었느니라." 예수님의 간구와 소원이 하나님께 상달되었고 바로 응답되었다는 것입니다. 성부 하나님이 응답하신 이유가 예수 그리스도의 "경건하심으로 말미암아" 되었다는 것이 중요합니다. 아무리 아들의 소원이라도 아들의 경건함을 보시고 들어주신 것이지 단순히 아들의 간구와 소원이므로 들어주신 것이 아니라는 말입니다. "경건"이란 여기에서는 주님이 겟세마네 동산에서 기도하실 때의 모습입니다(거스리). 주님이 보이신 "내 뜻대로 마옵시고 아버지의 원대로 되기를 원한다"는 그 모습이 진정한 경건으로, 하늘 아버지가 이것을 인정하셨다는 뜻으로 보입니다. 진정한 경건이란 하나님 아버지 앞에 서 있는 삶입니다(12:28).

8절 "그가 아들이시면서도." 예수님은 온 우주를 창조하시고 통치하시는 성부 하나님의 아들이십니다. 그리고 예수님도 온 세상을 창조하실 때 동참하셨습니다. "우리가 우리의 형상을 따라 우리의 모양대로 우리가 사람을 만들고"(창 1:26)라고 하셨는데 성부, 성자, 성령 삼위의 하나님이 창조에 동참하셨기에 "우리"라고 말씀하신 것입니다.

"받으신 고난으로 순종함을 배워서." 예수님은 하나님의 아들이시면서도 이 땅에 오셔서 여러 고난을 당하셨습니다. 이 땅에서 겪으신 수많은 고난은 하나님의 말씀에 순종하심으로 인한 것이었습니다. 여기에서 "순종"이란 체험하였다는 의미입니다(모펫). 주님의 지상 경험은 대제사장으로서 자격을 얻는 데 큰 기여를 합니다. 순종함을 배운다는 의미는 알기에 쉽지 않지만, 주님은 이 땅에서 육신의 아버지에게도 순종하였고, 이 땅에 떨어져 계시면서도 하늘 아버지에게도 순종하신 것입니다. 순종의 열매로 대제사장의 직무를 감당하게 됩니다.

9절 "온전하게 되셨은즉." "온전"은 2장 10절에도 나옵니다. 예수님이 온전하게 되신 것은 고난 속에서도 순종하셨기 때문입니다. 이렇게 순종은 소중한 덕목입니다. 이 땅의 다른 대제사장들은 온전하지 못합니다. 주님은 유혹을 받든 고난이 있든 다 이기시고 온전한 자가 되셨습니다. 이것을 볼 때 성도들이 예수님을 믿는다고 다 온전하게 되는 것이 아닙니다. 아들이신 예수님도 순종하여 온전하게 되셨다고 하셨으니 성도 자신이 온전하다고 말할 수 있으려면 순종의 삶을 살아야 합니다. 교회도 하나님의 말씀을 지킨 것만큼 온전하게 됩니다. 90퍼센트 순종하면 90

퍼센트 온전하고, 50퍼센트 순종하면 50퍼센트 온전한 것입니다.

"자기에게 순종하는 모든 자에게 영원한 구원의 근원이 되시고." 예수님이 하나님 아버지께 순종하여 온전하게 되셨기 때문에 예수님의 말씀에 순종하는 사람에게는 예수님이 그의 영원한 구원의 근원이 되신다는 것입니다. 만약 예수님이 순종하지 않아서 온전하게 되지 않으셨다면 아무리 우리가 예수님의 말씀에 순종한다고 하여도 예수님이 우리를 구원하실 자격이 없으셨을 것이라는 말입니다. 드디어 주님은 대제사장의 자격을 얻으시고 직무를 감당하시게 되었습니다. 구원은 오직 예수 그리스도에게서 옵니다. 구원받을 자격은 "그에게 순종하는 모든 자"이므로 유대인이든 이방인이든, 부자든 가난한 자이든, 배운 자이든 배우지 못한 자이든, 자유인이든 노예이든 간에 순종하는 모든 자를 가리킵니다(거스리).

10절 "하나님께 멜기세덱의 반차를 따른 대제사장이라 칭하심을 받으셨느니라." 예수님이 스스로 멜기세덱의 반차를 따른 대제사장이 되신 것이 아니라, 하나님이 예수님을 멜기세덱의 반차를 따른 대제사장이라고 칭하셨다는 것입니다(참조. 5-6절). 하나님의 아들로 십자가를 지신 예수님조차도 스스로 대제사장이 되지 못하시고 하나님이 인정하셔서 대제사장이 되셨습니다.

예수님은 하나님의 인정을 받으실 만큼 자격이 있는 분입니다. 예수님은 하나님께 그분 자신의 죄와 백성의 죄를 아뢰는 대제사장의 역할을 감당하시고 자신은 죄가 없으시면서도 백성의 죄를 대신 짊어지시고 십자가에서 하나님의 진노를 받으셨습니다. 이로 인해 하나님께 온전하다는 칭호를 받으시고 온전한 대제사장으로 칭함을 받으셨습니다. 지금 예수님은 하늘 보좌에 계시면서 하늘에서 이루어지는 모든 예배와 이 땅의 예배를 다 받고 계십니다. 사도 바울이 이러한 비밀을 알려주고 있습니다. 유대인이 이 글을 읽었을 때 동의하지 못하고 믿지 못하는 사람이 많았겠지만, 이런 비밀은 성령이 역사하지 않으시면 알 수 없는 내용입니다.

선생이 초보다

11절 "멜기세덱에 관하여는 우리가 할 말이 많으나." 멜기세덱은 아브라함이 전쟁에서 이기고 롯의 일행과 전리품들을 되찾아 돌아오는 길에서 영접해준 제사장으로, 의의 왕이자 살렘 왕으로 성경에 기록되어 있습니다. 그는 아브라함에게 떡과 포도주를 대접하였고 아브라함은 그에게 전리품 중 십분의 일을 주었습니다. 이는 창세기에 기록된 내용이기 때문에 모든 유대인이 다 알 것입니다. 그러나 그들은 영적으로 깨어 있지 않아서 그 사건의 영적인 의미를 깨닫지 못하였을 것으로 생각됩니다.

"우리가 할 말이 많으나." 바울은 유대인들이 이미 알고 있는 멜기세덱에 대해 더 깊은 내용을 이야기할 것이 있지만 머뭇거리는 모습을 보입니다. 유대인들이 잘못 알고 있는 내용이 있든지 아니면 지나치게 깊은 내용이기에 대화를 꺼립니다. 바울은 영적인 대제사장인 멜기세덱에 대해 누구보다도 아는 것이 많았습니다. 바울이나 유대인이나 같이 성경을 배우고 연구했으므로 성경을 연구하여 알 수 있었다면 바울이 아는 것은 유대인들도 모를 수 없었을 것입니다. 그러나 바울은 나중에 알게 되었으나 유대인들은 모른 채로 지낸 것입니다. 그러므로 단순히 성경을 연구하는 것으로는 알 수 없는 내용이기에 유대인들은 모른 것입니다. 영적으로 어두우면 성경을 읽을지라도 그 의미를 분명하게 깨닫지 못하게 됩니다. 그런데 사도 바울은 하나님과의 관계 속에서 멜기세덱에 대해 깊이 알고 있어서 할 말이 많다고 한 것입니다. 멜기세덱에 대해 잘 안다면 예수 그리스도에 대해서도 깊은 지식을 얻을 수 있습니다. 바울은 아마도 아론 계열 대제사장이 열등하다는 것과 예수 그리스도가 멜기세덱 계열의 대제사장이라는 평가에 대해 유대인들이 반발할까 하여 걱정한 것으로 볼 수 있습니다.

"너희가 듣는 것이 둔하므로 설명하기 어려우니라." 여기서 "듣는 것이 둔하다"는 말의 원어적 의미는 '지식이 부족하다'는 것으로, 결국 유대인들의 영적 지식이 부족하여 조금만 깊이 이야기해도 알아듣지 못한다는 것입니다. 그것은 유대인들이 영적으로 깊은 사실에 대해 받아들일 준비가 되어 있지 않아서입니다. 유대인들은 자신들이 하나님의 선민이고 아브라함의 후손이라는 자부심이 있었는데, 바울은 그들이 실상 영적으로 수준이 낮다고 하면서 그들의 자부심에 커다란 손상을 입힌 것입니다. 유대인들은 영적인 일에 대해 단편적인 지식만 알고 있었습니다. 어찌 보면 유대인으로서 신약 교회 성도가 된 그들에게는 모독적인 이야기입니다. 그러나 이는 사실입니다. 듣는 것이 둔한 사람에게는 수준 있는 내용을 말하기가 어렵습니다. 영적으로 수준 높은 성도들은 바울을 향하여 귀를 크게 열었을 것입니다.

12절 "때가 오래 되었으므로 너희가 마땅히 선생이 되었을 터인데 너희가 다시 하나님의 말씀의 초보에 대하여 누구에게서 가르침을 받아야 할 처지이니." 바울은 더욱 모욕적인 이야기를 하고 있습니다. 그들이 하나님을 믿은 기간은 아브라함 때부터 계산한다면 상당히 긴 시간입니다. 그들이 그동안 하나님의 말씀도 많이 배우고 연구하였기에 이제는 진리에 대해 가르치는 선생이 되어야 할 때가 되었다는 것입니다. 하지만 도리어 하나님의 말씀에 대한 초보 지식을 배워야 하는 수준이라는 것입니다. 유대인 중에는 성경을 많이 보고 외우기까지 하는 등 총명한 인재가 즐비한데도 선생 자격이 없다고 하므로 그들의 자존심에 상처를 입힌 것입니다. “누구에게 가르침을 받아야 할 처지이니.” 그런데 그들이 단순히 선생의 자격이 없는 것만 아니라 초보를 다시 배워야 한다고까지 말하고 있으므로 더욱 모욕적입니다. ‘초보’는 ‘처음으로 다시 돌아간다’는 뜻으로, 이런 상황에 부딪힌다면 누구도 지식적으로나 감정적으로 감당하지 못할 것입니다.

“단단한 음식은 못 먹고 젖이나 먹어야 할 자가 되었도다.” 성도는 어린아이의 믿음에서 장성한 분량에 이르도록 점점 성숙해나가야 합니다(참조. 고전 13:11). 젖을 먹다가 차츰 단단한 음식도 먹으면서 성장해가는 것과 같습니다. 여기에서 “젖”은 성경의 초보적 원리를 가리키고, “단단한 음식”을 먹을 준비가 된 사람은 하나님이 정의의 말씀에 능숙한 사람, 경험과 실천으로 다져진 영적, 지적, 정서적 능력을 지니고 선악을 분별하는 사람입니다(톰 라이트). 이 말에 비추어보면 바울의 말은 상대가 듣기가 민망할 정도로 무시하는 말입니다. 그들은 조금만 깊이 있고 영적인 이야기를 해도 받아들일 수 없는, 그래서 젖을 먹어야 할 수준의 사람들이라는 것입니다. 성인은 고사하고 이제 막 태어난 유아기에 해당한다는 말씀입니다. 이방인 출신 성도들이 교회에 출석하는 상황에서 이는 모욕적인 판단입니다. 고린도전서 14장 20절에서 "형제들아 지혜에는 아이가 되지 말고 악에는 어린 아이가 되라 지혜에는 장성한 사람이 되라"고 하였습니다.

어느 시대나 성도는 자신의 영적 수준이 어느 정도인지를 돌아보아야 합니다. 교회를 오래 다녔다고 선생으로 가르치고 있지만, 실제 영적 수준이 초보는 아닌지, 아니면 진정으로 가르칠 정도로 수준을 갖추었는지 따져보아야 합니다. 성경에서는 되도록 교회에서 선생이 되지 말라고 하는데 이는 잘못 가르칠 수도 있기 때문입니다. 의외로 교회에 그런 불합리한 경우가 많습니다.

13절 "이는 젖을 먹는 자마다 어린 아이니." 앞에서 바울이 너희는 젖을 먹어야 하는 수준이라고 하였고 여기서 젖을 먹는 자는 어린아이라고 하였으므로, 너희는 어린아이라고 말하는 것과 같습니다. 제사장이고 서기관이고 장로라고 하지만, 그들의 실상은 다 어린아이와 같아서 아는 것이 적다고 하는 것입니다. 정말 충격적인 말입니다. 허구한 날 젖만 먹고 있는 지도자와 백성의 모습입니다. 어린아이의 상태에 머무르고 싶은 사람은 아무도 없습니다.

"의의 말씀을 경험하지 못한 자요." "의의 말씀"은 하나님에게서 오는 말씀입니다. 의의 근본은 하나님입니다. 특히 여기에서는 예수 그리스도를 강조한다고 보아야 합니다. 예수님을 통하지 않고는 의에 대해서 올바른 개념을 가질 수 없습니다(거스리). 아브라함을 영접한 멜기세덱이 의의 왕이지만 그 의의 근본은 하나님에게서 온 것입니다. 그런데 유대인은 의의 말씀을 갈고 닦지 못한 처지에 있었습니다.

사도 바울이 중요하게 생각하는 부분은 성도는 "의의 말씀을 경험"해야 한다는 것입니다. 기독교는 경험의 종교이므로 경험적 신앙이 중요합니다. 하나님을 믿으면 하나님의 살아계심과 역사하심을 어떤 경로로든 경험해야 합니다. 하나님의 나라는 이론이 아니고 상상도 아니며 실제입니다. 기도도 실제이고, 병 고침도 실제이며, 은사도 실제이고, 마귀와의 싸움도 실제이며, 말씀도 실제입니다. 무엇보다 천국도 실제입니다. 마음으로, 머리로, 손과 발로 이적과 기적을 경험하는 삶을 통해 하나님을 경험하고 알아가야 합니다. 단순히 성경을 지식으로 배우는 것은 진정한 지식이 아니고 그런 상태로는 진실된 믿음이 생겨나지 않습니다.

유대인들은 자신이 직접 경험하지 못한 것을 책을 보고 이야기하고, 다른 사람의 말을 인용하면서 가르친다고 하니 문제입니다.

14절 "단단한 음식은 장성한 자의 것이니." 여기서 "단단한 음식"은 영적으로 깊은 내용을 말합니다. 특히 대제사장이신 예수 그리스도와 멜기세덱에 대한 지식을 가리키는 비유입니다. 영적으로 깊은 이야기는 장성한 자를 위한 것이라고 하였습니다. 하나님에 대한 깊은 이야기를 알아들을 수 있는 사람은 속사람이 장성한 사람입니다. "장성한 자"는 모든 부분에서 갖춰진 자를 말합니다. 완전하게 성숙한 사람이라는 것입니다. 지적, 감정적, 영적으로 높은 수준에 이른 것입니다. 단단한 음식은 어른이 되어야 먹을 수 있습니다. 이는 영적으로도 마찬가지입니다. 젖병을 들고 있는 어린아이는 단단한 음식을 먹지 못할 것이고, 먹는다고 해도 소화를 시키지 못하여 배탈이 날 것입니다. 아예 처음부터 입에 넣지도 못합니다. 또한 어른이 된다면 더는 젖병에 관심이 없습니다.

"그들은 지각을 사용함으로 연단을 받아 선악을 분별하는 자들이니라." "지각"(헬, 타 아이스테테리아)은 이곳에서만 나오는 단어입니다. 이것은 이해와 판단에 사용되는 특별한 정신 능력을 가리킵니다(거스리). 지각은 감각 기관을 가리키며, 여기서는 영적 감각을 가리킨다고 봅니다. 영적으로 성숙하려면 영적으로 꾸준히 훈련해야 합니다. "연단"받는다는 것은 고통받는 것을 뜻하는 것이 아닙니다. 어떤 주석은 계속해서 노력하고 애쓰는 것이라고 하였습니다. 하나님을 알기 위해서 지각을 사용해 노력한다는 것입니다. 성경을 보고 금식하며 기도하고, 산에서 기도한다거나 말씀대로 실천하는 등 여러 가지로 노력하는 것을 가리킵니다.

바울은 아브라함의 후손인 것을 자랑스럽게 여기며 구원에 대한 확신에 빠져 있는 어리석은 유대인들을 애처롭게 생각합니다. 그들은 스스로 만들어놓은 신학적 오류에 빠져 하나님을 제대로 믿지 못하고 있습니다. 그로 인해 유다 나라가 망했고 앞으로도 더 망할 것인데 여전히 깨닫지 못하고 있으므로 깨우쳐주려고 이렇게 이야기하고 있는 것입니다. 그들은 그들의 죄로 나라가 망하여 백성이 전 세계로 흩어져서 살게 되었고 역사적으로 수많은 고통을 당했습니다. 그것은 그들의 지식이 많은 것 같지만 영적인 세계에 무지하고, 특히 예수 그리스도에 대해 무지하기 때문입니다. 영적으로 무지한 자들이 기독교 신앙을 망가뜨립니다.

6장

성도가
살아가는 길

HEBREWS

사도 바울은 1장과 2장에서는 예수 그리스도와 천사를, 3장에서는 그리스도와 모세를, 4장에서는 여호수아와 비교하였습니다. 5장에서는 아론과 비교하였고, 후반부에서는 영적으로 어린아이인 유대인의 모습을 지적하였습니다. 젖 먹는 자, 장성하지 못한 자, 경험하지 못한 자들이 교회 안에 많다고 지적하였습니다. 진정으로 구원받을 성도에 대해 6장에서 이야기합니다.

타락한 자들

1절 "그러므로 우리가 그리스도의 도의 초보를 버리고." "그러므로"는 지금까지 말한 내용을 종합해 앞으로 이야기하기 위함입니다. 특별히 유대인들이 자신들의 민족적, 신앙적 우월성을 아무리 자랑해도, 실제로는 영적 초보이고 어린아이라고 판단했습니다. 그러므로 그들은 진리를 가르칠 만한 선생이 아니라고 하면서 앞으로 어떤 길을 가야 할지 가르쳐 줍니다.

그러면서 바울은 "우리가"라고 말했습니다. 이는 사도 바울도 포함하여 유대인 출신의 그리스도인을 가리키는 것입니다. 그리고 "우리가" 속히 실행해야 할 일은 바로 "그리스도의 도의 초보"를 버리는 일입니다.

그리고 완전한 데로 나아가라는 것입니다(2절). 버리지 않으면 새로운 출발을 하지 못하고 결국은 미성숙한 채로 남아 있게 됩니다. 그들에게 필요한 요소를 여섯 가지로 설명합니다. 회개와 믿음, 씻음과 안수, 부활과 심판입니다.

"죽은 행실을 회개함과." 이는 기독교 신앙에서 가장 기본적인 것입니다. "죽은 행실"은 살아 있는 것 같으나 실천이 없다는 것입니다. 행실이 있기는 하지만 효과가 없으므로 죽은 행실입니다. 유대인들은 행위를 통해 하나님께 의롭다고 인정을 받는다고 생각하고 어떤 행동을 하지만, 그 밑바탕에는 진정한 믿음이 없으므로 죽은 행실입니다.

"회개"는 정상적인 믿음의 첫 출발을 위해 하는 것입니다. 세례 요한도, 주님도, 초대교회의 지도자들도 첫 외침이 회개였습니다. 그래서 바울은 그들의 의미 없는 행실을 회개하라고 말합니다. 회개는 예수님을 믿는 순간에만 하는 것이 아니라 하늘나라에 갈 때까지 날마다 해야 합니다. 또 능력 있게 충성하려면 성령의 충만을 훼방하는 죄를 회개해야 합니다. 회개는 죄로 인해 죽은 생활에서 죄에 대해 죽는(롬 6:11) 생활로 옮기는 것입니다(이상근). 회개할 때 성령이 거침없이 성도에게 임합니다. 또 죄가 있을 때 비정상적인 사상과 행동이 나타나므로 인생이 성화되는 전 과정에 지속적으로 필요합니다. 자신이 정상적인 믿음인지, 교만하지 않은지, 하나님 앞에서 바로 살고 있는지 날마다 돌아보면서 잘못된 자신의 행실을 회개해야 합니다. 이런 믿음의 수고와 노력이 없다면 믿음을 지켜나갈 수 없을 뿐더러 다른 사람을 지도하는 사역을 감당할 수 없습니다.

"하나님께 대한 신앙과." 바울은 유대인이 가지고 있는 하나님께 대한 신앙이 초보라고 이미 말했습니다. 그들이 하나님께 율법을 받고 선조 때부터 하나님을 믿어오면서 대단한 믿음을 가진 것처럼 스스로 생각했지만, 영적으로 깊이 아는 바울이 살펴보니 그들의 믿음은 차원이 낮았던 것입니다. 훌륭한 믿음에 대해서는 '믿음장'이라고 일컬어지는 11장에서 이야기합니다.

2절 "세례들과 안수와 죽은 자의 부활과 영원한 심판에 관한 교훈의 터를 다시 닦지 말고 완전한 데로 나아갈지니라." "세례들과 안수"는 유대교에도 있으나 신약 교회에서는 다른 의미를 갖습니다. "세례들"은 제사와 관계된 여러 씻음과 관련이 있습니다. 쿰란 공동체도 여러 종류의 씻음이 존재했습니다. 바울은 이제 구약적인 방법의 세례는 필요 없다고 하는 것입니다. "안수"는 구약 시대에도 행하였고, 이제 새 시대에도 행해질 것입니다. 특히 안수할 때 성령이 임하시고 병이 치료됩니다(행 8:17, 19:6).

"부활"은 주님이 죽으셨다가 다시 살아나신 것을 가리킵니다. 설교자들의 핵심이라고 할 수 있습니다. 예수님을 믿는 성도는 장차 죽음이 온다고 해도 주님처럼 우리의 몸이 부활하여 천국에 갈 것을 믿는 것입니다. "영원한 심판"은 하나님이 우리가 행한 대로 이 땅에 살 때도 심판하시지만, 저 하늘나라에서도 심판하실 것을 가리킵니다. 유대인 출신 그리스도인들은 과거의 신앙과 새로운 시대의 신앙 사이에서 고민했을 것입니다.

"터를 다시 닦지 말고." 바울은 여러 부분에 대해서 교훈한 것은 다시 터를 닦을 필요가 없다고 말합니다. 바울이 이미 기독교 핵심 원리에 대해 그들에게 충분히 가르쳐주었기 때문에 다른 것을 추가할 필요가 없는 것입니다.

"완전한 데." 지금 그들에게 필요한 것은 이미 가르쳐준 것을 잘 실천해서 완전한 데로 나아가는 것입니다. 성도가 신앙생활을 하면서 나아가야 할 방향은 정해져 있습니다. 진정한 성도라면 성령이 그의 속에 계시고 그 성령이 그를 완전한 데로 나아가도록 이끄시기 때문에 완전한 데로 나아가지 않는 사람은 성도라고 볼 수 없습니다. 성령이 역사하시는 사람은 모든 면에서 완전해지기를 바라는 마음이 그 속에서 우러나올 수밖에 없습니다. 하나님이 원하시는 최고 수준까지 나아가기 위해 노력하고 하나님의 은혜를 받기 위해 노력하게 될 것입니다. 또 부활을 체험하고, 기도의 능력을 체험하며, 하나님의 임재를 체험하고, 하나님의 역사하심이 나를 통해서 나타나기를 위해서 부단히 애쓸 것입니다. 유대인 출신 그리스도인들은 낡은 과거의 것을 잘 찾아내 버려야 합니다.

3절 "하나님께서 허락하시면 우리가 이것을 하리라." 완전한 데로 나아가는 것은 인간의 노력으로 성취되는 것이 아니라 하나님의 은혜로만 이루어집니다. 그렇다고 하나님의 은혜에만 전적으로 맡기고 우리가 아무 노력도 하지 않는 것이 아닙니다. 성도는 하나님의 은혜를 받기 위해 노력하는 과정이 필요합니다. 하나님이 우리의 간절함을 보시고 우리에게 은혜를 주시는 것이기 때문입니다. 날마다 회개하고 기도하면서 완전한 데로 나아가기를 소망할 때 하나님의 은혜가 임합니다. 하나님이 허락하시면 우리가 완전한 데 이르는 것이 실현됩니다. 이것이 영적 원리입니다.

4절 "한 번 빛을 받고 하늘의 은사를 맛보고 성령에 참여한 바 되고." 바울은 배교하는 자들에 대해 네 가지를 말합니다. "빛을 받고"에서 "빛"의 근본은 하나님입니다. 그러므로 한 번 빛을 받았다는 말은 빛 되신 예수 그리스도의 은혜를 받은 것입니다. 주님은 세상의 빛이십니다(요 8:12). 천지를 창조하실 때도 처음 빛이 있으라 하신 것처럼 신앙의 첫 단계에도 하나님의 빛을 받는 것입니다(이상근).

"하늘의 은사", 즉 은사는 기본적으로 하늘에서 오는 것이 원리입니다. 특별히 영적 은사는 하나님이 특별한 영적인 사람에게 주십니다. 이것은 기독교의 진리를 지식으로 아는 차원 그 이상입니다. 여기서 "하늘의 은사"는 고린도전서 12장에 나오는 아홉 가지 은사만 가리키는 것이 아닙니다. 하나님은 다양한 은사를 주십니다. "성령에 참여한 바 되고"라는 말에는 폭넓은 의미가 있습니다. 성령이 역사하시는 은혜에 참여하였다는 것이 큰 사건입니다. '참여자들'(헬, 메토코스)은 "동무"(눅 5:7), "동류"(히 1:9), "형제"(히 3:1), "함께 참여한 자"(히 3:14), "받는 것"(히 12:8) 등에 등장합니다. 이 단어의 뜻은 '공유하다'입니다. 그러나 여기서는 성령의 인도를 받는 삶을 가리킵니다. 성령은 성도의 삶 전 영역에서 역사하십니다.

5절 "하나님의 선한 말씀과 내세의 능력을 맛보고도." 맛보기가 또 나옵니다. "하나님의 선한 말씀", 즉 성경은 다 선한 말씀이며 특별히 각 개인에게 주신 깊은 영적인 말씀을 가리킵니다. 여기서 "내세의 능력"은 하나님 나라의 여러 가지 능력을 말합니다. 특히 재림 때 나타날 그리스도의 은혜를 가리키는데, 이런 소중한 기독교의 자산을 맛보고 경험했다는 뜻입니다. 성령은 각 사람에게 다양하게 역사하시므로 여기서도 다양한 표현으로 영적인 체험들을 나열하고 있습니다. 기독교 안에는 신비한 능력이 있습니다. 이렇게 이방에서 맛볼 수 없는, 오직 하나님의 은혜로만 맛볼 수 있는 신비한 영적 체험과 하나님의 능력을 맛본 사람들이 있습니다. 이 정도 되면 평생 하나님 나라를 위해서만 살아갈 것 같지만, 그렇지 않은 사람도 있을 수 있습니다.

6절 "타락한 자들은 다시 새롭게 하여 회개하게 할 수 없나니." 여기에서 말하는 타락은 아주 넘어지는 것입니다. 곧 기독교 신앙을 포기하는 것을 의미합니다(아더 핑크). "타락한 자들은." 이는 그토록 다양한 영적 체험을 하고도 타락할 수 있다는 것입니다. "회개하게 할 수 없나니." 이는 절대 불가능한 것을 말합니다. 즉, 진리에서 떨어져 나간 것을 가리킵니다. 여기서 "타락"했다는 것은 귀신에게 사로잡혀 믿음에서 상당 부분 떠난 것을 가리킵니다. 성령의 은혜를 맛본 사람이 마귀의 공격에 넘어져서 믿음을 잃고 초라하게 된 상태를 가리킵니다. 이것은 실수하거나 허물이 드러난 정도가 아니라 신앙이 뿌리 채 흔들린 상태입니다. 그런데 성령의 능력 중에는 귀신을 쫓는 은사도 있는데, 그렇다면 귀신을 쫓는 은사를 받아 사역하던 사람도 귀신에게 잡혀서 타락할 수 있다는 의미도 포함됩니다. 물론 이것은 쉽게 볼 수 없는 일이지만 가능합니다. 또 남들이 따라올 수 없을 정도로 환상도 보고 하나님의 음성도 듣는 등 여러 능력과 은사를 가진 사람도 어느 순간에 타락할 수 있는 여지가 있다는 것입니다.

만일 어떤 사람에게 성령이 강하게 역사하셨고 그래서 다양한 은사도 나타났었는데 믿음을 잃고 타락할 정도로 마귀가 잡았다면 그는 세력이 큰 마귀에게 붙잡혀 있다는 뜻입니다. 수치로 따지자면 다른 사람이 10의 성령을 받았다면 이 사람은 100의 성령을 받아 여러 능력과 은사를 나타냈던 것인데, 성령이 그에게서 조금씩 떠나시고 영적인 침체를 겪어서 0이 되고 거기에 더하여 마이너스 수치가 되면 타락하는 것입니다. 보통 사람은 10의 성령이 계시므로 시험도 잘 들 수도 있으나 큰 세력의 공격이 아니라면 곧 회복되기도 합니다. 그러나 100의 성령을 받은 사람이 타락하는 것은 일반적인 죄를 지어서는 일어날 가능성이 없습니다. 그러므로 그가 믿음을 아예 잃을 만큼 큰 죄를 지은 것이고, 그 죄가 있는 만큼 강한 마귀가 역사하고 있다는 뜻이므로 그가 처한 현재 믿음의 상태는 마이너스 50이나 100까지도 내려갈 수 있는 것입니다. 실로 엄청난 함정에 빠진 상태라고 할 수 있습니다. 그렇다면 옛날의 믿음으로 다시 회복하는 것은 요원한 일입니다. "회개하게 할 수 없나니." 그런 사람은 이미 성령이 떠나셨으므로 회개하기도 힘듭니다. 마귀에게 완전히 싸여 있기 때문에 영성이 사라지고 믿음도 약해져서 도리어 더 죄를 지을 가능성이 큽니다. 영적으로 만신창이가 되었다고 할 수 있습니다. 그래서 은사를 많이 받았다가 타락한 사람보다 보통 사람이 타락했을 때 회개하여 회복되기가 쉽습니다.

"이는 그들이 하나님의 아들을 다시 십자가에 못 박아 드러내 놓고 욕되게 함이라." 하나님의 은혜를 맛보고 타락해서 다시 멸망의 길로 빠진다면 이는 하나님을 욕되게 하는 일입니다. 성령의 은사를 받고 하나님을 만나고 체험하고도 마귀에게 간 것이므로 십자가에 못 박히신 주님을 만천하에 공개적으로 욕되게 하는 것입니다. 이 모든 불상사는 당사자의 책임입니다. 이들은 아마도 예수 그리스도를 욕할 것입니다. 만일 어떤 성도에게든 이런 일이 발생한다면 성도의 믿음의 견고성이란 없는 것인가 하고 회의에 빠질 수 있습니다. 아마도 이렇게 배교한 사람은 그 동안 얕은 은혜를 맛보았지만 교만했거나, 성령을 훼방하는 큰 죄를 지었을 것입니다. 이런 경우는 그렇게 흔하지 않으며 본문에서도 어떤 사례를 말하기보다는 경고의 의미가 더 큽니다.

7절 "땅이 그 위에 자주 내리는 비를 흡수하여 밭 가는 자들이 쓰기에 합당한 채소를 내면 하나님께 복을 받고." "채소를 내면." 여기서는 자연 상태와 비교합니다. 농부는 경작한 땅에서 채소를 내는 것을 기대합니다. 결실이 없는 땅은 불모지와 같습니다. "하나님께 복을 받고." 채소를 내면 하나님께 복을 받는다고 했습니다.

"비를 흡수하여." 땅에는 때에 따라 비가 내립니다. 그런데 땅은 받은 비를 그대로 흘려보내지 않고 흡수합니다. 그럴 때 땅은 옥토로 준비됩니다. 그러면 밭을 가는 자들이 그 땅을 갈아서 밭으로 만들어 씨를 뿌릴 것이고, 씨는 땅이 흡수한 빗물을 빨아들여 채소가 나게 되는 것입니다. 땅은 사람이고 자주 내리는 비는 하나님의 은혜로, 하나님은 사람에게 은혜를 자주 내려주십니다. 특히 성도에게 때에 따라 은혜를 내려주시는데 성도는 받은 은혜를 흡수해야 합니다. 하나님이 주신 은혜를 소중히 여기지 않고 거절하거나 의미 없이 밖으로 흘려보낸다면 열매를 맺을 수 없습니다. 하나님의 은혜를 잘 흡수한 사람은 영적인 열매를 맺는 것이 당연합니다. 그 열매는 교회를 유익하게 하고 하나님을 기쁘시게 하며 다른 성도들에게도 유익을 줍니다. 하나님은 이런 사람에게 계속해서 은혜를 내려주십니다. 한 해, 두 해 농사를 잘 짓는 것도 귀하지만, 수십 년 또는 그 이상 농사를 잘 짓는다면 이는 옥토 중의 옥토 같은 성도입니다.

8절 "만일 가시와 엉겅퀴를 내면." 바울은 이전에 이런 밭을 가진 유대인들이었던 사람들에게 유대 민족이 가시와 엉겅퀴와 같은 백성이었음을 상기시켜줍니다(렌스키). 가시나무와 엉겅퀴는 사람에게 유익을 주지 못하고 도리어 찌릅니다. 크게 성장한다고 해도 열매를 기대할 수 없는 무용지물입니다. 그러므로 인간에게 미치는 저주의 결과입니다(창 3:17-18). 문제는 이런 종류의 사람이 예수를 믿는 유대인이고 교회 안에 있습니다. 성도들에게 유익을 주지 못하고 도리어 찌르는 가시와 엉겅퀴의 역할을 하는 사람이 엄연히 성도 중에 서성거리고 있다는 것입니다. 성도는 자신이 다른 사람에게 해를 끼치고 불편하게 하며, 다른 성도들을 괴롭히는 가시나 엉겅퀴와 같은 삶을 살지 않았는지 스스로 돌아보아야 합니다.

"버림을 당하고 저주함에 가까워 그 마지막은 불사름이 되리라." 잡초는 언제든지 뽑히고 불사름을 당합니다. 이 말씀의 대상은 예수님을 믿는 유대인인데 버림당할 사람이 있을 수 있다고 경고하고 있습니다. 은사를 맛보고 빛 가운데 거하며 성령이 함께하신 사람이라도 타락하여 열매를 맺지 못하고 도리어 가시와 엉겅퀴만 무성한 땅처럼 된다면 하나님께 버림을 당합니다. 이것은 저주받음과 가까운 상태가 됩니다. 결국 버림받아 마지막에 불살라지게 된다면 이는 지옥에 간다는 말인 것이 확실합니다. 성도가 날마다 회개하고 완전한 데 이르기 위해 노력하지 않으면 어느 날 귀신이 달려들어 묶고는 사망의 골짜기로 끌고 갈지도 모릅니다. 하나님을 오래 믿고 교회에서 직분도 받았으며, 은사도 받아 주의 일을 열심히 했지만, 그 마지막은 지옥일 수도 있다는 것은 정말 무서운 말입니다.

동일한 부지런함

9절 "사랑하는 자들아 우리가 이같이 말하나." 1절부터 8절까지는 섬뜩할 정도의 경고였고, 이제는 격려의 말씀으로 전환합니다. "사랑하는 자들아." 이는 친밀감 있는 어투입니다. 바울은 이 말을 여러 곳에서 사용합니다. "이같이 말하나"라는 것은 앞에서 말한 것을 가리킵니다. 앞에서 바울은 성령의 은사와 능력을 받고도 타락하여 버림받은 사람의 이야기를 했습니다.

"너희에게는 이보다 더 좋은 것 곧 구원에 속한 것이 있음을 확신하노라." "너희에게는 이보다 더 좋은 것"에서 "더 좋은 것"은 구원에 속한 것이라고 했습니다. 배교자는 나쁜 쪽이고 진정한 성도는 좋은 쪽입니다. 배교자는 좋은 것이 없을 뿐더러 설혹 좋은 것이 있더라도 "너희"가 소유하고 있는 좋은 것보다 못하다는 뜻입니다. 앞에서 언급된 사람들은 하나님이 보실 때 구원받을 만한 구석이 없어 보이는 것입니다. 그래서 그들의 행실에 대해 회개하라고 촉구하셨습니다. 또 빛을 받아 은사와 능력을 받은 후에도 타락하고 지옥에 갈 수 있다는 것도 이야기하였습니다. 이 모든 것과 비교하여 너희는 하나님의 은혜와 긍휼을 받고 있다는 뜻입니다.

10절 "하나님은 불의하지 아니하사 너희 행위와 그의 이름을 위하여 나타낸 사랑으로 이미 성도를 섬긴 것과 이제도 섬기고 있는 것을 잊어버리지 아니하시느니라." "하나님은 불의하지 아니하사." 바울은 단언코 하나님이 정의로우신 분이라고 증언합니다. 그러므로 하나님은 사람이 행한 선악 간의 행동을 절대 잊지 않으십니다. 하나님이 잊지 않으시는 것은 그분이 불의하시지 않기 때문입니다. 당시 지도자 중에는 불의한 자들이 많았기 때문에 사도 바울은 하나님이 불의하시지 않다고 말하는 것입니다. 불의한 지도자들로 인해 고통받았던 백성에게 그들과 차원이 다른 하나님의 의로우심에 대해 말하는 것입니다.

"너희 행위와." 보수적인 경향의 신학에서는 믿음을 강조하느라 행위의 중요성을 간과하지만 사실 믿음에는 행위가 포함되어 있다는 것을 기억해야 합니다. 믿음은 머리로 인식하는 데서 그치는 것이 아니라 행위로 나타나야 합니다. 구원은 믿음으로 받지만 믿음 안에 행위가 포함되어 있는 것입니다. 하나님은 우리의 행위, 즉 모든 신앙생활에 드러나는 기도, 봉사, 헌금, 충성, 순종 등을 보십니다.

"그의 이름을 위하여 나타낸 사랑." 하나님은 성도들이 행한 사랑을 잊지 않으시는데 그 사랑은 하나님의 이름을 위해 나타낸 사랑이라는 것입니다. 구원을 획득한 성도라고 한다면 하나님 중심적으로, 하나님의 영광을 위하는 사랑이어야 합니다.

"이미 성도를 섬긴 것"을 하나님이 기억하신다고 말씀합니다. 유대교는 자선에 대해 많이 강조하지만, 기독교는 하나님 중심의 사랑입니다. 초대교회의 유대인 출신 그리스도인 중에 이미 많은 사람이 다른 성도들을 섬기고 있었으므로 하나님이 그것을 기억하신다고 말씀하시는 것입니다. 또 "이제도 섬기고 있는 것을 잊어버리지 아니하시느니라"고 한 것은 그들이 과거에만 섬기고 끝난 것이 아니라 지금까지도 섬김을 이어오고 있음을 말합니다. 하나님은 바로 앞에서 은사를 받고도 타락한 사람들의 이야기를 하셨습니다. 그렇게 되지 않기 위해서라도 성도는 단순히 은사를 받고 성령받은 것으로 할 일을 다 했다는 생각을 넘어서, 선한 행위와 하나님의 이름을 위한 사랑과 성도들을 섬기는 것을 행동으로 실천해야 한다는 뜻입니다.

11절 "우리가 간절히 원하는 것은 너희 각 사람이 동일한 부지런함을 나타내어." 사도 바울과 그와 함께하는 동역자들이 성도들을 생각하면서 간절히 원하는 것이 있다는 말입니다. 그것은 "너희 각 사람이 동일한 부지런함을 나타내"길 바라는 것입니다. 당시 성도 중에는 열정을 가지고 주님과 교회를 섬기는 이들이 있었습니다. 이것을 부지런함이라고 표현할 수 있습니다. 그러므로 모든 성도는 동일한 부지런함으로 주의 말씀을 실천하라는 말입니다. 성도는 매사에 부지런해야 합니다. 집안일이나 학문 연구나 직장의 일 등 맡은 모든 일에 부지런해야 합니다. 인생은 짧고 시간이 정말 귀하기 때문입니다. 무엇보다 하나님의 사람으로 사는 일에 부지런해야 합니다. 성도가 주를 향하여 끝까지 가는 것은 쉬운 일이 아닙니다. 그만큼 깊은 신앙과 하나님의 은혜가 필요합니다. 처음 믿음을 가졌을 때의 열정을 지키고, 과거에 겪은 어떤 체험을 계산하지 말고 그리스도를 위해 사는 삶을 계속 견지해야 합니다(아더 핑크).

“끝까지 소망의 풍성함에 이르러.” 그 부지런함으로 해야 할 일은 끝까지 열정을 다하여 나아가는 것입니다. 당시 유대교 출신 성도들과 이방인 출신 성도들 사이에 갈등이 일어나 기쁨이 사라지고 열정이 식었을 가능성이 많습니다. 그러므로 중간에 힘들고 어려운 일을 만나도 포기하지 말고 끝까지 소망을 풍성하게 가져야 합니다. 작은 소망은 쉽게 사라질 수 있지만 소망이 차고 넘친다면 마지막까지 달려갈 수 있는 힘이 됩니다.

12절 “게으르지 아니하고 믿음과 오래 참음으로 말미암아 약속들을 기업으로 받는 자들을 본받는 자 되게 하려는 것이니라.” “게으르지 아니하고.” 성도는 자신의 부지런함을 나타내야 하는데 그것이 어느 정도여야 하는지 기준이 되는 대상이 존재하는 것입니다. “약속들을 기업으로 받는 자들을 본받는 자”가 되라는 것이므로 본받을 만한 사람이 있다는 것입니다. 편지를 수신하고 있는 사람들이 믿음과 오래 참음을 가지고 그 사람들을 본받으라는 것입니다.

“믿음과 오래 참음.” 믿음은 충성을 포함한 말입니다. 진정으로 믿음이 있는 사람은 하나님께 충성합니다. 오래 참는다는 것은 하늘나라를 바라보면서 이 땅에서 환란과 핍박을 당하고 어려움이 있어도 하늘나라에서 받을 상을 기다리며 참는 것입니다. 성도가 핍박을 당해도 하나님이 다 갚아주실 것을 믿기 때문에 오래 참을 수 있습니다. 그래서 믿음과 오래 참음은 뿌리가 같은 것입니다. 믿음이 있기에 오래 참을 수 있고, 오래 참으면서 믿음이 더 성장합니다.

"약속들을 기업으로 받는 자들." 여기서 약속들을 기업으로 받는 자들이 누구인지는 다음 구절에 나오는 아브라함을 비롯해 11장에 많은 인물이 등장합니다. 이 땅에서도 하늘나라에서도 하나님이 약속하신 복을 받아야 합니다. 하나님은 당신을 진실로 믿는 모든 사람에게 은혜를 주십니다. 그것을 믿으므로 신앙생활을 하는 것입니다.

사도 바울은 중간에 타락한 사람 이야기를 하다가 끝까지 믿음을 지켜서 하나님의 복을 받는 사람을 대비하고 있습니다. 타락하지 말고 이렇게 복을 받는 사람이 되라고 말하는 것입니다. 결국 신앙이란 종적으로는 오직 하나님만 상대하는 일대일의 행위이지만, 횡적으로는 여러 성도와 격려하고 격려받으며 서로 본이 되고 본받으면서 나아가는 것입니다(이상근).

하나님의 약속

13절 "하나님이 아브라함에게 약속하실 때에 가리켜 맹세할 자가 자기보다 더 큰 이가 없으므로 자기를 가리켜 맹세하여." 바울은 2장 16절에서 언급한 "오직 아브라함의 자손을 붙들어주려 하심이라"를 다시 한 번 기억나게 하면서 믿음의 길을 걸어간 아브라함을 다시 꺼내듭니다. 그리고 6장을 마무리합니다. "아브라함에게 약속하실 때에." 여기에서 하나님의 약속에 깃든 엄숙함, 그분의 변함없는 성격 그리고 그분 말씀의 절대적인 확실성을 드러냅니다(거스리). 하나님은 아브라함에게 약속하셨습니다. 그 내용은 14절에 나옵니다.

"자기를 가리켜 맹세하여." 그 약속을 반드시 지키신다고 맹세하시면서 자신의 존재와 복되신 위치를 가리켜 맹세하셨습니다. 맹세하는 방법에는 여러 가지가 있지만, 보통 제삼자를 증인으로 세우는 경우가 많습니다. 이때 맹세하는 당사자들보다 더 권위 있고 훌륭한 사람이 증인이 되어야 증인의 역할을 훌륭히 감당할 수 있습니다. 만일 누군가 맹세를 지키지 않는 사람이 나타나 피해가 발생한다면 해결할 수 있기 때문입니다. 권위 있는 증인이 없다면 사람의 맹세는 쉽게 깨질 수 있으므로 많은 문제가 생길 것입니다. 그런데 하나님과 아브라함과의 관계에서는 하나님보다 더 권위 있고 훌륭한 분이 존재하지 않으므로 다른 증인을 세울 수 없어서 하나님이 자신을 가리켜 맹세하셨다는 것입니다. 이 세상에 하나님보다 크신 분은 없습니다.

14절 "이르시되 내가 반드시 너에게 복 주고 복 주며 너를 번성하게 하고 번성하게 하리라 하셨더니." "내가 반드시 너에게 복 주고 복 주며." 하나님은 아브라함에게 반드시 주신다고 약속하셨는데 이를 반복해서 말씀하셨습니다. "번성하게 하고 번성하게 하리라." 역시 반복적으로 다짐하셨습니다. 하나님이 약속하신 복과 번성함에는 여러 가지가 포함됩니다. 물질만이 아니라 땅, 자식, 후손, 믿음, 천국 등 수많은 것이 포함됩니다. 아브라함에게 약속하신 복의 내용을 보면 이 복이 정말 인생에 꼭 필요하고 중요한 것임을 알 수 있습니다. 성도는 하나님의 복을 꼭 받아야 합니다. 하나님을 모르는 사람은 복이라고 하면 보이는 것, 특히 물질적 복에만 치중합니다. 물론 하나님의 은혜로 이 땅에서 번성하고 잘 사는 것도 중요하지만 그보다 더 좋은 여러 복이 많다는 것입니다.

어떤 지역이나 나라가 하나님께 크게 범죄하여 하나님이 징계하실 때에는 그 안에 거주하는 믿음이 좋은 사람이라도 함께 고난받을 수밖에 없습니다. 대신 하나님은 그에게 피할 길을 주십니다. 그러나 그런 극한 상황이 아니라면 하나님의 사람은 복을 받는 것이 당연합니다. 복을 받지 못하여 주변 사람들에게 "예수를 믿는데 왜 저러나" 하는 소리를 들으면 힘이 듭니다. 물론 인생에 중요한 것이 물질만이 아니라 다른 중요한 요소가 많으므로 모든 부분에서 하나님의 은혜를 받았음을 보여줄 수 있어야 합니다.

15절 "그가 이같이 오래 참아 약속을 받았느니라." 아브라함은 "오래 참아" 약속을 받았습니다(창 15:12-21, 22:1-19). 하나님이 복을 주신다고 약속하셨지만 그것이 속히 이루어지지는 않았기 때문에 "오래 참아"라고 하였습니다. 그리고 아브라함은 번성의 복을 이 땅에서 받습니다. 약속과 성취 사이에는 시간적으로 간격이 있습니다. 그래서 인내가 필요한 것입니다. 하나님이 성도의 문제를 해결해주시는 때는 하나님께 달려 있습니다. 그것은 우리가 조정할 수 있는 사안이 아닙니다. 하나님은 우리의 사정을 너무나 잘 아시기 때문에 하나님이 정말 적당한 때에 이루어 주실 것을 믿고 나아가는 것입니다.

중요한 것은 약속이 속히 이루어지기를 원한다면 하나님과 나의 관계가 원만해야 한다는 것입니다. 하나님과 나 사이에 막힌 담이 없어야 빨리 응답됩니다. 관계가 서먹서먹하면 아무리 열심히 기도해도 하나님의 마음을 움직일 수 없습니다. 친구에게 부탁을 할 때도 그와 친밀한 사이여야 친구의 마음을 움직일 수 있습니다. 마찬가지로 지금 하나님과의 관계가 친밀하지 않다면 간구할 시간에 회개하여 하나님과 소원해지게 된 원인을 제거하려고 노력하는 것이 더 의미가 있습니다.

믿음의 조상이라고 불리는 아브라함도 약속을 받기까지 오래 참았습니다. 오늘날 성도들이 아브라함보다 믿음이 훌륭할 수는 없을 것입니다. 믿음의 선배들은 목숨을 걸고 주님을 믿었고, 오직 하나님만 바라보고 살았습니다. 아브라함은 75세에 아들을 주신다는 약속을 받았지만 100세에 약속받은 아들을 낳았습니다. 모든 일은 하나님이 주도하십니다. 사람이 때를 정해놓고 그렇게 해달라고 졸라대는 것은 하나님의 권위를 무시하는 행동입니다. 하나님이 응답하실 것을 믿고 기다리면서 회개하고 기도하는 것이 중요합니다. 물론 오래 참을 때에는 아무 노력도 기울이지 않고 시간이 가기를 기다리는 것이 아니라 하나님을 바라보면서 마음을 드리며 기다리는 것입니다.

16절 "사람들은 자기보다 더 큰 자를 가리켜 맹세하나니 맹세는 그들이 다투는 모든 일의 최후 확정이니라." 사람의 말은 신뢰성이 없어서 진술을 뒷받침해주는 맹세가 필요합니다. 그래서 사람은 맹세할 때 자기보다 더 큰 자를 가리켜 맹세합니다. 그러므로 "누구누구에게 맹세합니다"라고 말합니다. 맹세하게 되면 이와 관계된 사람들은 맹세한 그를 믿어줄 수밖에 없습니다. 만일 문제가 생긴다면 맹세한 당사자보다 더 큰 자가 해결할 수 있습니다. 그러므로 맹세하는 이유는 분쟁을 종식시키는 권위가 있기 때문입니다.

17절 "하나님은 약속을 기업으로 받는 자들에게 그 뜻이 변하지 아니함을 충분히 나타내시려고 그 일을 맹세로 보증하셨나니." 하나님은 약속으로 기업을 받은 자들에게 하나님 자신이 결코 변하지 않으시겠다는 의지를 나타내 보이시려고 맹세하셨습니다. 약속을 기업으로 받은 자는 아브라함을 가리키며 그의 후손도 포함됩니다. 즉, 영적인 후손입니다. 약속하는 것도 중요하지만 그 약속이 확실히 지켜질지 모르므로 다음 단계로 확실하게 해두려고 자신을 보증하여 맹세하는 것입니다(뱅겔). 그래서 맹세는 약속보다 더 상위입니다. 하나님이 약속을 더 확실하게 하시려고 맹세까지 하십니다. 하나님은 돌발적인 불행한 일을 시도하지 않으십니다.

그런데 성경에는 맹세하지 말라고 했습니다(마 5:34). 사람은 맹세해도 지킬 능력이 없기 때문입니다. 미래를 알지 못하므로 상황과 환경이 변화되어 지키지 못하게 될 수 있기 때문입니다. 잘못하면 철없는 아이들의 장난처럼 됩니다. 그러나 하나님은 맹세를 지키실 수 있는 권세가 있으십니다. 그러므로 하나님이 보증하시는 맹세는 믿을 수 있습니다. "변하지 아니함을 나타내시려고." 특히 하나님 자신이 변하지 않는 신이라는 것을 나타내십니다. 그리스-로마 신화에 나오는 변덕스러운 신과 대조됩니다.

18절 "이는 하나님이 거짓말을 하실 수 없는 이 두 가지 변하지 못할 사실로 말미암아." 두 가지 변하지 못할 사실은 약속과 맹세입니다. 그러므로 하나님은 거짓말을 하실 수 없으십니다. 사람은 거짓말을 잘합니다. 자신은 진실하게 말한다고 하지만 실제로는 원하지 않아도 거짓이 되는 경우도 많습니다. 다른 면으로 보면, 하나님의 말씀은 진실이지만 사람이 성경을 해석하는 동안 실수하게 되면서 사람이 말하는 하나님의 뜻에도 거짓된 해석이 섞일 가능성이 있습니다. 그만큼 하나님께 가까이 가지 않으면 진실하기가 어렵습니다. 예수 그리스도를 의지하는 성도는 여기에서 힘을 얻습니다.

"앞에 있는 소망을 얻으려고 피난처를 찾은 우리에게 큰 안위를 받게 하려 하심이라." 당시 그리스도인들은 많은 핍박을 받았으므로 도망갈 피난처가 필요했습니다. 하나님이 그들에게 피난처가 되어주시고 안위하신다는 것입니다. 나를 보호해줄 만한 힘이 있어야 하고 또 잘 보호해줄 만큼 친밀한 관계여야 그를 피난처로 의지할 수 있을 것입니다. 그렇지 않다면 피난처라고 생각하여 간 자리가 도리어 죽을 자리가 될 수 있습니다. 바울은 사도행전 14장 6절에서 박해자에게서 도망친 적이 있었는데 그때 이 단어를 사용했습니다. 하나님은 단순히 피난처만 되시는 것이 아니라 놀랍게 회복할 수 있도록 해주십니다. 무엇보다 피난처를 찾는 이유가 단순히 안전을 위해서가 아니라 "앞에 있는 소망을 얻으려"는 목적입니다. 앞에 있는 소망은 무엇보다 주님을 깊이 만나는 것이고, 약속을 받는 것이며, 하늘 보좌를 향하는 것입니다. 성도 앞에는 이러한 소망이 기다립니다(참조. 3:6, 6:11).

19절 "우리가 이 소망을 가지고 있는 것은 영혼의 닻 같아서." 이 "소망"에는 이 땅의 소망도 있고 하늘나라의 소망도 있습니다. 이 소망을 갖고 가는데 그것이 "영혼의 닻"과 같다고 말합니다. "닻"은 바다에 떠 있는 배가 움직이지 않게 하려고 고정하는 역할을 하는 무거운 쇠입니다. 닻이 없다면 바닷물이 출렁거리거나 강한 태풍이 불어올 때 배가 떠내려가거나 파선됩니다. 그런데 영혼의 닻이라고 했으므로 이 소망은 영적인 것이라는 의미입니다. 초대교회 당시 닻과 물고기 형상은 그리스도인 사이에서 기독교의 상징으로 묘사되었습니다(거스리). 진실된 소망은 어떤 환란의 바람이 불어도 흔들리지 않습니다.

"튼튼하고 견고하여 휘장 안에 들어 가나니." "튼튼하고 견고하여."

소망이 요동하지 않는다는 의미입니다. "휘장 안에 들어가나니." 그 소망을 가지고 휘장 안인 지성소로 들어가는 것입니다. 그 안에는 진리와 거룩함과 신비가 있습니다. 성소에는 성소와 지성소를 구분하는 휘장이 있습니다. 대제사장이 휘장 안에 들어가 하나님을 만나듯 성도도 휘장 안 지성소로 들어가야 하나님을 만날 수 있습니다. 그런데 성전 뜰 밖을 서성이면서 성전을 가리키고는 성전이 저기 있다고 말만 하는 사람들이 있습니다. 그들은 멀리서 성전을 구경하는 사람들입니다. 또 성전의 마당까지 가는 사람들이 있습니다. 성전 뜰에 들어온 것으로 만족하면서 제사장이 양과 소를 잡으며 거하듯 성전이라는 말을 입에 달고 살지라도 하나님은 만나지 못한 사람입니다. 어떤 사람들은 성소에서 향을 피우고 떡상을 차리며 촛대에 불을 붙이지만 휘장 안에는 들어가지 못합니다. 휘장 안에 들어가야 하나님의 임재를 체험할 수 있습니다. 휘장을 열고 지성소로 들어가 하나님을 직접 만나는 것이 성도가 신앙생활을 하는 최종 목표입니다.

20절 "그리로 앞서 가신 예수께서 멜기세덱의 반차를 따라 영원히 대제사장이 되어 우리를 위하여 들어 가셨느니라." "앞서 가신" 예수님은 성도보다 먼저 그 길을 가셨습니다. 이것은 선구자라는 의미로 군대에서 선발대를 가리킵니다. 예수님이 우리를 위하여 휘장 안, 즉 지성소로 들어가신 것입니다. 그곳에는 하나님의 임재가 있습니다. 예수님이 십자가에 달려 죽으실 때 성전의 휘장이 찢어진 것은 예수님이 육체를 찢으셨다는 뜻이며, 성소와 지성소의 막힘이 사라져서 대제사장의 자격으로 지성소에 들어가셨다는 표시입니다. "우리를 위하여." 이제는 성도들도 예수 그리스도의 뒤를 따라 들어갈 수 있게 되었다는 의미입니다. 주님이 회개한 자들의 죄를 용서해주셔서 온전하게 된 성도들은 대제사장이 지성소에 들어가듯이 다 들어갈 수 있게 되었습니다.

"멜기세덱의 반차를 따라 영원히 대제사장이 되어"라는 뜻은 다음 구절부터 더 자세하게 설명할 것이기 때문에 간단하게 살펴보겠습니다. 5장 10절까지 멜기세덱에 대해 이야기하였는데 여기에서 다시 이어집니다. 유대인들은 레위 족속 중에서 아론의 반차를 따라 대제사장이 됩니다. 예수님은 육신의 혈통으로는 아브라함의 후손이 됩니다. 하나님이 아브라함과 언약을 맺으시고 그 언약의 보증을 하나님이 하셨습니다. 그 하나님은 성부, 성자, 성령 하나님이십니다. 즉, 예수님도 이전에 계셨지만 아브라함과 언약을 맺은 장본인이십니다. 그런데 아브라함의 후손인 아론의 반차를 따라 주님이 대제사장이 되시면 아브라함의 후손이 되는 것입니다. 다른 그 어떤 대제사장보다 높으신 분으로서 영광을 받으셔야 하는데 아론의 반차를 따른 대제사장들과 똑같아지는 것입니다. 그런데 주님은 아론의 후손으로서 대제사장이 되신 것이 아니라 아브라함에게 축복했던 멜기세덱의 반차를 따라 대제사장이 되셨습니다. 그러므로 예수 그리스도는 본질상 아론의 후손인 레위 지파 대제사장과 성격상 다릅니다. 그리고 주님은 하늘 보좌에 올라가셔서 "영원히 대제사장이 되어" 지금까지도 권위 있게 계시는 것입니다. 대제사장은 결국 믿음의 백성을 하늘 보좌 앞으로 인도하는 것이 사명입니다. 주님이 구원 역사와 계획을 완성하시기까지 중단이나 실패는 없을 것입니다(매튜 헨리).

7장

아들과 멜기세덱

HEBREWS

히브리서 7장은 멜기세덱에 대해 설명한 매우 중요한 기록입니다. 멜기세덱에 대해 많은 이야기를 하고 있지만, 그것도 결국은 예수님이 얼마나 존귀한 신분인지를 설명하기 위한 것입니다. 그래서 멜기세덱에 대해 기록한 분량이 많은 만큼 이 말씀을 중요하게 여기고 살펴보아야 합니다.

성경을 읽는 사람은 누구나 멜기세덱에 대해 궁금해합니다. 그가 이방 사람인지, 어디서 왔는지, 어떻게 살다가 죽었는지 등을 알고 싶어 하지만, 중요한 것은 멜기세덱과 관련한 수많은 이야기에도 불구하고 그는 조연일 뿐 예수 그리스도가 주인공이시라는 것입니다.

멜기세덱

1절 "이 멜기세덱은 살렘 왕이요." 멜기세덱은 살렘의 왕이라고 하였는데 살렘은 예루살렘을 가리킵니다(시 76:2, 브루스). 예루살렘은 다윗이 정복하여 세운 성이고 그전에는 여부스라고 불렸습니다. 아브라함 시대에도 여부스 족속이 살고 있었을 것으로 생각됩니다.

"지극히 높으신 하나님의 제사장이라." 멜기세덱의 신분은 지극히 높으신 하나님의 제사장입니다. 멜기세덱이 믿는 하나님은 유대인들이 믿는 하나님과 동일한 분이고 어떤 차이도 없습니다.

"여러 왕을 쳐서 죽이고 돌아오는 아브라함을 만나 복을 빈 자라." 멜기세덱이 어떤 일을 했는지 이곳에서 나타납니다. 이때는 아브라함이 살았던 때입니다. 당시 북 바벨론 지역의 왕들이 소돔 지역으로 쳐들어와서 그곳에 살던 조카 롯을 포로로 붙잡아갔을 때 아브라함이 그를 구하려고 마므레에서 단까지 좇아갔던 때를 말합니다(창 14:14-16). 아브라함은 이때 북쪽 지역인 단까지 싸우러 나갔습니다. 롯의 가족을 되찾는 과정에서 아브라함이 기습하여 여러 왕을 쳐서 죽였습니다. 거기서 아브라함은 롯의 가족을 비롯해 빼앗겼던 것들과 탈취한 것들을 가지고 돌아오다가 살렘을 지나가게 되었는데 그곳에서 멜기세덱을 만났습니다.

아브라함과 멜기세덱은 서로를 반겼습니다. 성경에는 두 사람이 이전에 만난 적이 있는지에 대해 기록이 없습니다. 창세기에는 아브라함이 멜기세덱을 만난 장소가 사웨 골짜기, 즉 왕의 골짜기라고 하였습니다(창 14:17-18). 사웨 골짜기(왕의 골짜기)는 예루살렘, 즉 여부스에서 동쪽으로 약 500미터 떨어진 기드론 시내 상류로 추정됩니다(카일). 모리아 산 바로 옆의 장소인데 후에 아브라함은 이 근처에서 제단을 쌓고 이삭을 바치려 했던 의미 있는 장소입니다. 아브라함은 그곳에서 뿔이 나무에 걸려 있던 양을 발견하여 이삭을 대신해 그것으로 제사를 드렸습니다.

아브라함이 롯을 구출한 전투를 끝내고 돌아가는 도중에 큰 무리가 걷기 쉬운 평지 대신 굳이 이 높은 산으로 올라간 것은 의도적으로 그 길을 선택한 것이라고 할 수 있습니다. 단 지역에서 남쪽으로 내려올 때 요단 강변을 따라 내려오는 길이 훨씬 편한데 사웨 골짜기는 표고가 700미터나 되기 때문입니다. 후에 이삭을 대신하여 번제를 드렸던 곳과

500미터 정도 떨어진 사웨 골짜기에 머물렀지만, 그곳은 좁은 곳이므로 결국 수많은 무리가 500미터에 걸쳐 넓게 퍼져 있었을 것입니다. 결국 아브라함은 사웨 골짜기에 왔지만, 그것은 후에 이삭을 번제로 드리려 했던 제단이 있는 장소와 동일한 곳에 방문한 것이 됩니다.

아브라함이 굳이 여부스 사람도 별로 살지 않는 산골짜기까지, 밤새 전쟁을 치르고 쉬지도 못한 수많은 무리를 이끌고 온 것은 이유가 있었던 것입니다. 그러므로 이 장소에서 아브라함과 멜기세덱이 만난 것은 아브라함의 뜻이 담겨 있는 것입니다. 아브라함이 살렘으로 가지 않고 요단 강변을 따라 평탄한 길로 집으로 돌아갔다면 산 위에 살던 멜기세덱이 아랫동네까지 내려와 아브라함에게 복을 빌어주지는 않았을 것입니다. 살렘의 왕이며 제사장인 멜기세덱은 그곳에 있는 제단을 지키며 책임을 다할 의무가 있기 때문입니다. 후에 아브라함이 이삭을 바치려 했던 이 자리 그리고 아브라함이 멜기세덱에게 축복을 받은 장소 근처에는 세월이 지나 솔로몬 왕 때 성전이 세워집니다. 아마도 하나님이 아브라함에게 이 자리가 얼마나 소중한 자리인지를 알려주셨기 때문에 아브라함은 전투에서 승리한 뒤 이 자리를 찾았을 것입니다.

2절 "아브라함이 모든 것의 십분의 일을 그에게 나누어 주니라." 아브라함이 전쟁에서 탈취한 모든 것의 십 분의 일을 멜기세덱에게 주었습니다. 멜기세덱은 그것을 받을 우월한 자격이 있기 때문입니다. 성막이 세워진 이후 백성이 드린 십일조는 레위인들이 받았습니다. 그러나 아브라함은 그보다 훨씬 전시대의 사람이므로 그때는 이런 법이 없었습니다.

게다가 멜기세덱은 레위인이 아니기에 그 제도와는 상관이 없습니다.

멜기세덱은 살렘의 왕이면서 제사장이었습니다. 선지자는 십일조를 받을 수 없고 왕도 십일조를 받을 수 없습니다. 십일조라고 명명한 것은 그를 제사장으로 본 것입니다. 즉, 하나님께 바친 것입니다. 십일조 제도가 모세 이후 구약성경에 처음 나온 것이 아니고, 고대 사회에서 이방 신전에서도 제사장에게 십일조를 드리는 풍습이 있었습니다. 아브라함이 드린 것은 이방의 제도를 따른 것이 아니라 하나님께 드린 것이고, 멜기세덱을 하나님의 종이자 제사장으로 생각하여 그의 권위를 인정했기에 그에게 준 것입니다. 멜기세덱은 그 물질을 받아서 제사에도 사용하고 그 밖의 필요한 곳에 사용했을 것입니다.

사도 바울이 왜 유대인 출신의 그리스도인에게 히브리서를 쓰면서 이 이야기를 기록했는지 그 의도를 생각해보아야 합니다. 사도 바울은 분명한 목적을 가지고 이 편지를 썼을 것입니다. 유대인 출신 그리스도인들은 이 사건의 의미를 분명히 알아야 한다고 생각하고 쓴 것입니다. 이 이야기는 아브라함을 떠받들면서 아브라함의 손자인 야곱의 아들 레위 계통의 제사장을 대단하게 생각하는 유대인들이 충격을 받을 만한 내용입니다. 먼저 충격적인 말은 레위 계통이 아닌 아브라함 시대의 인물인 멜기세덱을 하나님의 제사장이라고 한 것입니다. 솔로몬이 세운 성전보다도 수백 년 먼저 아브라함 시대에 바로 그 성전이 세워질 장소에서 멜기세덱이라는 제사장이 존재하였고, 그를 통하여 하나님께 제사가 드려지고 있었다는 것입니다. 멜기세덱은 결국 레위보다도, 야곱보다도, 아론보다도 더 위이고 제사에 관해서는 아브라함보다도 더 권위가 있었던 것입니다. 유대인들은 예수님이 레위 지파가 아닌 유다 지파이므로 우리 죄를 위해 오신 하나님의 대제사장으로서 생각하지 못했습니다. 그래서 예수님이 성전에서 수많은 가르침을 주셨어도 권위를 인정하지 않았습니다. 그렇기에 그들이 대단하게 생각하는 레위인 출신 제사장이 아닌, 아브라함 시대의 제사장이었던 멜기세덱을 거론하며 오히려 멜기세덱과 예수님을 연결하여 권위를 높입니다.

"그 이름을 해석하면 먼저는 의의 왕이요." 멜기세덱의 이름을 해석하면 그의 신분을 알 수 있습니다. 먼저 그는 의의 왕이라고 했습니다. "의"는 바른 것으로, 의의 원형이신 하나님에게서 오는 것입니다. 주님은 의를 사랑하십니다(1:9). 이 세상에는 어디를 가도 누구를 만나도 온전한 의로움이 없습니다. 오직 하나님만이 의로우십니다. 바울 당시의 제사장과 서기관 등이 의롭지 못하여 많은 이스라엘 백성이 고통을 받았습니다. 그러나 하나님의 사람은 하나님에게서 의를 받아서 의를 실천합니다.

"그 다음은 살렘 왕이니 곧 평강의 왕이요." 그는 살렘 왕입니다. 살렘은 예루살렘, 여부스를 말합니다. 살렘은 평강이라는 말이므로 평강의 왕입니다. 멜기세덱은 성경에 기록된 내용이 적고 그가 왕성하게 활동한 것은 아닐지 모르지만 위대한 제사장으로 가나안 땅을 지켰습니다. 아브라함이 살았던 시대에 여부스, 살렘에서는 사람이 많이 살지 않았지만, 그는 그곳에서 왕이자 제사장으로서 일하며 의의 왕이자 평강의 왕이라는 말을 들었습니다. 예수 그리스도는 평강을 위한 사역을 하셨습니다. 주님의 길을 걸어간 멜기세덱은 하늘에서도 왕의 신분일 것입니다.

살렘은 영성이 깊은 장소입니다. 후에 아브라함이 이삭 대신 양을 드려서 이곳에서 첫 제사를 드렸습니다. 그전에는 자신이 살던 지역에서 제사 드렸는데, 이때처럼 하나님이 특정한 장소를 지정하시고 그곳에서 제사하라고 하신 적이 없었습니다. 이 장소가 의미가 있는 것은 장차 그곳에 하나님의 성전이 세워질 것이고, 그곳이 하나님의 나라가 될 것이며, 그곳에 하나님의 아들 예수 그리스도가 오실 것이기 때문입니다. 하나님이 멜기세덱을 처음 부르셔서 이곳에서 계속 제사를 드리도록 하셨을 것이 분명합니다. 즉, 멜기세덱은 하나님이 준비하신 제사장입니다. 하나님은 멜기세덱을 통하여 그곳이 크기가 작은 지역이고 성전이 없을지라도 하나님이 임재하신 거룩한 곳이므로 마당에 돌을 쌓아놓고 계속 제사를 드리며 하나님 나라, 하나님의 성전을 지켜가도록 하셨을 것입니다. 그가 타락한 가나안 지역에서 한 일은 많지 않지만, 하나님의 땅을 지키고 믿음을 지켜나갔습니다. 멜기세덱은 이 지역에 거주민이 많지 않았지만 열심히 진리를 전하고, 하나님의 뜻을 펼쳐나가며, 때마다 하나님께 제사를 드렸을 것입니다.

3절 "아버지도 없고 어머니도 없고 족보도 없고." 멜기세덱의 출신은 불분명합니다. 그러나 이는 알려지지 않은 것뿐이지 하늘에서 성인이 되어 이 땅에 뚝 떨어진 것은 아닙니다. 멜기세덱이 천사라든가 혹시 주님 자신일지도 모른다는 생각은 옳지 않습니다. 그는 보통 사람이었으며 하나님이 아브라함 이후 제사를 맡기실 만한 훌륭한 제사장이자 왕이었습니다. 이 말을 기록한 것은 족보를 유독 따지는 유대인들에게 새겨들으라고 하는 말입니다. 허탄한 족보 이야기를 하면서 아브라함의 후손임을 높이고 자랑하는 유대인들에게, 유대인만 훌륭한 것이 아니고 유대인에게만 구원이 있는 것이 아니라는 사실을 알려주는 것입니다.

"시작한 날도 없고 생명의 끝도 없어." 이는 멜기세덱이 하늘에서 내려왔다가 죽지 않고 승천했다는 말이 아닙니다. 단지 정체가 밝혀지지 않았다는 뜻입니다. 유대인들은 시작과 끝, 태어남과 죽음을 중요하게 여깁니다. 누구의 아들로 언제 태어나서 언제 죽고 어디에 묻혔는지를 항상 이야기하였습니다. 성경에도 그러한 내용이 많이 기록되어 있습니다. 그런데 사도 바울은 그런 것이 중요하지 않다고 말하는 것입니다. 멜기세덱도 사람이므로 그가 탄생한 순간이 있었을 것이고, 그의 부모도 다 있었을 것이지만 그는 유대인이 아니므로 족보를 중요하게 생각하지 않았습니다. 그러므로 멜기세덱은 유대인이 아니지만, 과거 살렘 지역에서 살면서 하나님을 잘 믿었던 사람으로 보입니다. 바울은 그런 사람을 들어서 말함으로써 허탄한 족보에 빠져 있는 유대인들이 각성하고 정신을 차리도록 하려는 의도로 보입니다.

"하나님의 아들과 닮아서 항상 제사장으로 있느니라." 이는 바울이 성경을 기록하는 당시까지 제사장이라는 말이 아니라 멜기세덱이 살았던 그 당시에 그가 사는 동안에는 항상 제사장으로 있었다는 뜻입니다. 아브라함이 그곳에 방문했을 당시에만 일회성으로 제사장이었던 것이 아니라 그가 사는 동안 계속 제사장으로 활동했다는 것입니다.

"하나님의 아들과 닮아서." 멜기세덱은 하나님의 아들 예수님을 닮았습니다. 예수님도 의의 왕이고 평강의 왕이시므로 닮았다는 것입니다. 멜기세덱은 하나님을 만났고 사명을 받았기 때문에 그곳에서 제사장으로 있었던 것입니다. 또 제사하면서 하나님과 교통하였을 것이고, 장차 예루살렘에 사람의 모습을 입고 오실 하나님의 아들에 대해 사전 지식이 있었을 것입니다. 또 장차 오실 메시아를 깊은 체험 가운데서 먼저 만났을 수도 있습니다. 그리스도는 구약에서도 활동하셨기 때문입니다.

멜기세덱은 제사장이라는 측면에서는 아브라함보다 더 훌륭하므로 아브라함에게 축복할 자격이 있는 사람이었습니다. 아브라함은 왕이자 제사장이며 선지자였습니다. 그런데 멜기세덱은 왕이자 제사장이지만 선지자는 아닙니다. 즉, 그는 제사 전문이고 아브라함은 삼직을 다 가지고 있었지만 제사가 전문은 아닙니다. 다윗도 왕이자 제사장이자 선지자였습니다. 그러나 왕이 전문이었습니다. 그래서 나단 선지자에게서 하나님의 가르침을 받았습니다.

다윗이 환상을 보았는데 성부와 성자가 대화하시는 중요한 장면이었습니다. 그때 성부가 성자에게 "너는 멜기세덱의 서열을 따라 영원한 제사장이라"(시 110:4)고 하시는 말씀을 듣고 보았습니다. 이 말씀을 다윗이 시편에 기록하였지만 유대인들은 제대로 해석하지 못했습니다. 그러나 바울은 이 말씀을 정확하게 깨닫고 히브리서를 기록하면서 설명하고 있는 것입니다. 바울보다 천 년이나 먼저 살았던 다윗은 하나님의 아들이 멜기세덱의 반차로 오시는 대제사장인 것을 이미 알고 있었는데, 바울은 다윗이 기록한 성경을 보고는 다윗이 말한 주인공이 예수님이신 것을 깨달은 것입니다. 다윗이 이 말을 한 것은 예수님이 오시기 천 년 전이었습니다. 유대인들이 높이는 다윗이 천 년 전 이 말을 했는데도 날마다 성경을 보고 연구한다는 유대인들이 이를 모르고 있는 것을 바울이 지적한 것입니다. 멜기세덱 당시에, 즉 아브라함 때에 하늘에서는 예수 그리스도가 대제사장으로 계시고 땅에서는 멜기세덱이 제사장으로 있었다는 말입니다. 그 멜기세덱을 그리스도가 인정하신 것입니다. 하늘에서 이 땅에 오신 예수님이 대제사장이 되신 것은 자신이 세우신 멜기세덱의 반차를 따르신 것입니다. 그러므로 예수 그리스도는 레위 지파 계열의 제사장이실 수가 없습니다.

멜기세덱은 레위인이 아니다

4절 "이 사람이 얼마나 높은가를 생각해 보라." 바울은 여기서 멜기세덱에 대해 "사람"이라고 했습니다. 만약 멜기세덱이 사람이 아니라 구약의 그리스도라든가 천사라면 굳이 사람이라고 하지 않았을 것입니다. 사도 바울은 멜기세덱의 정체를 정확하게 알고 있는 사람이고 영적인 것에 대해서 꿰뚫고 있기 때문입니다. 여러 책에서 보면 멜기세덱을 구약의 그리스도라고 하거나 천사, 또는 미가엘 천사장이라고도 합니다. 분명한 것은 그가 사람이기 때문에 여기서 사람이라고 말한 것입니다. 멜기세덱은 히브리인이 아니며 이방인 중의 한 사람입니다. 그런데 바울은 그 사람이 높다고 말합니다. 높은 사람인데 얼마나 높은지를 생각해보라고 했습니다.

"조상 아브라함도 노략물 중 십분의 일을 그에게 주었느니라." 이스라엘의 조상 아브라함이 멜기세덱에게 노략물 중 십 분의 일을 주었다고 하였습니다. 특히 노략물 중에서 가장 좋고 가치 있는 부분을 골라서 바쳤습니다(렌스키). 멜기세덱이 아브라함에게 십일조를 받을 만큼 높다는 것입니다. 여기에서 중요한 것은 멜기세덱이 아브라함보다 권력이 높다거나 아브라함보다 하나님과 더 가까운 사람이기에 높다는 뜻이 아닙니다. 여기서 말하고자 하는 높다는 의미가 무엇인지를 생각해보아야 합니다. 멜기세덱이 예수님이거나 천사이거나 천사장일 수 없는 이유는 그가 아브라함보다 높은 것이 노략물 중에서 십 분의 일을 받은 것 외에는 없기 때문입니다. 여기서는 제사에 관한 부분을 이야기하고 있습니다. 재물의 십 분의 일을 받는 것은 제사 또는 제사장과 관계가 있기 때문입니다. 왕과 관계된 것도, 선지자와 관계된 것도 아니고, 오직 제사와 관계된 부분에 대해서 아브라함보다 멜기세덱이 높은 분이라는 것입니다. 여기에서 왕의 권세나 선지자의 능력 등을 말하는 것은 본질에서 크게 벗어나는 일입니다.

5절 "레위의 아들들 가운데 제사장의 직분을 받은 자들은 율법을 따라 아브라함의 허리에서 난 자라도 자기 형제인 백성에게서 십분의 일을 취하라는 명령을 받았으나." 여기서도 계속 제사와 관계된 이야기를 하고 있습니다. 이스라엘 백성이 드린 십일조를 아론의 후손인 레위의 아들들 가운데 제사장들이 받았기 때문에 레위의 아들들 이야기를 하는 것이 앞 절에서 말하는 바와 흐름이 이어지는 것입니다. 민수기 18장 21절 이하에서 보면 하나님이 모세를 통해서 레위인들은 백성에게 십일조를 받으라고 명령하셨습니다. 또 레위인은 백성에게서 받은 십일조에서 또 십일조를 떼어 거제로 하나님께 드렸습니다. 그런데 거제는 아론의 후손 제사장들의 몫입니다. 이것이 하나님의 명령입니다. 즉, 레위인들은 백성의 십일조를 받고 결국은 그 십일조가 제사장에게까지 간다는 것입니다. 그런데 십일조를 받는 레위의 조부가 아브라함입니다. 그 아브라함이 놀랍게도 멜기세덱에게 십일조를 드렸습니다. 중요한 것은 명령 때문이 아니라 자발적으로 드렸다는 것입니다.

6절 "레위 족보에 들지 아니한 멜기세덱은 아브라함에게서 십분의 일을 취하고 약속을 받은 그를 위하여 복을 빌었나니." 족보는 유대교 제사장 제도에서 꼭 필요한 요소입니다. 멜기세덱은 레위의 할아버지인 아브라함 때의 제사장이므로 레위의 후손이 아니어서 레위 족보에 포함되지 않습니다. 멜기세덱은 아브라함 시대에 살았던 이방인이고, 레위는 아브라함의 손자인 야곱의 아들이기 때문에 당연히 멜기세덱은 시기상 레위의 후손이 될 수 없습니다. 여기서 멜기세덱은 레위의 후손이 아니지만, 그리고 족보에 이름이 없지만(있을 수가 없음), 아브라함에게서 십일조를 받았다는 것이 중요합니다. 즉, 그가 레위 지파는 아니지만 제사장이라는 것입니다.

7절 "논란의 여지 없이." 아브라함보다 그리고 아론보다 멜기세덱이 더 우월하다는 것은 더 말할 것이 없다는 말입니다. 그만큼 확실하다는 것입니다. 무엇이 확실한지 아래에서 말합니다.

"낮은 자가 높은 자에게서 축복을 받느니라." 낮은 자가 높은 자에게 축복을 받습니다. 낮은 자가 감히 높은 자에게 손을 들어 축복한다고 경거망동하게 행동할 수 없습니다. 그런데 중요한 것은 이 말도 제사에 관한 부분에 대해서 높다는 것입니다. 바울은 문장력이 뛰어난 사람입니다. 그래서 문맥의 흐름을 보면 여기서 말하는 낮은 자와 높은 자도, 앞에서 말한 제사에 있어서 높고 낮음을 의미한다는 것입니다. 미국은 대통령이 당선되면 그가 취임할 때 목사가 대통령에게 축복기도를 해줍니다. 그렇다고 해서 국가나 사회에서 그 목사가 대통령보다 더 높은 것은 아닙니다. 종교적 영역, 제사와 예배에 대해서만 목사가 높다는 것입니다. 정치 지도자와 목회자는 서로 영역이 다르므로 나누어서 생각해야 합니다.

아브라함이 멜기세덱에게 십 분의 일을 드렸고 그것을 받은 멜기세덱이 아브라함에게 축복기도를 해준 것은, 아브라함이 하나님께 예물을 드린 것에 대해 제사장의 마음으로 축복한 것입니다. 그래서 제사의 영역에서 멜기세덱이 아브라함보다 높은 자라는 것입니다. 목회자는 하나님과 관계된, 예배와 관계된 부분에 대해서는 성도들에게 충분히 지도할 수 있지만, 그 밖의 부분에 대해서는 권위가 있는 듯이 함부로 좌지우지하면 안 됩니다. 정치나 나라의 행정에 대해서 근거 없이 함부로 개입할 수 없습니다.

8절 "또 여기는 죽을 자들이 십분의 일을 받으나 저기는 산다고 증거를 얻은 자가 받았느니라." "죽을 자들이." 이는 레위 계통의 제사장들을 가리킵니다. 여기서 말하는 "산다고 증거를 얻은 자"는 멜기세덱을 가리킵니다. 특별히 멜기세덱이 맡은 제사장직의 성격이 레위 계통의 그것처럼 계대적, 상속적으로 성립되지 않은 것을 지적한 것뿐입니다(박윤선). 그런데 이 말을 확대해석하는 사람이 많습니다. 그들은 이 구절을 보고 멜기세덱이 죽지 않았다고 주장하기도 합니다. 그래서 죽지 않는 사람은 예수님밖에 없으시므로 멜기세덱을 구약의 그리스도이신 예수님으로 해석하는 것입니다. 그러나 멜기세덱이 죽지 않았다면 아브라함 때뿐 아니라 이삭과 야곱 때에도 등장했어야 합니다. 그러나 그가 죽었기 때문에 이후에는 등장한 기록이 없습니다. 이 구절과 관계해서 “아버지도 없고 어머니도 없고 족보도 없고 시작한 날도 없고 생명의 끝도 없어”(3절)라는 구절을 합해서 정말 그가 죽지 않은 것으로 오해하지만, 이는 그가 죽지 않은 것이 아니라 그의 죽음에 대한 기록이 없고 그의 근원을 알 수가 없다는 의미일 뿐입니다. 사도 바울이 굳이 이 말을 한 것은 이 편지를 유대인 출신 그리스도인들에게 보낸 것이고, 그들이 시도 때도 없이 족보와 신화를 이야기하기 때문입니다.

“여기는 죽을 자들이 십분의 일을 받으나”라고 한 것은 십일조를 받던 레위인들은 족보에 다 이름이 쓰여 있기 때문입니다. 족보에 이름이 쓰인 것은 죽은 자들이고, 또 앞으로도 죽을 자들이기에 이렇게 표현한 것입니다. 죽을 그들이 십일조를 받았습니다. 그러나 멜기세덱은 족보에 없다는 것입니다. 유대인들이 아무리 족보를 중요하게 생각해도, 그들의 조상인 아브라함이 족보에 이름이 없는 멜기세덱을 귀하게 보고 그에게 십일조를 드리고 축복을 받았음을 강조하는 것입니다.

9절 “또한 십분의 일을 받는 레위도 아브라함으로 말미암아 십분의 일을 바쳤다고 할 수 있나니.” 후에 이루어진 일이지만 십일조를 받는 레위 사람들도 아브라함의 후손이므로 멜기세덱에게 십일조를 바친 것이나 마찬가지가 되었다는 것입니다. 그것은 아브라함이 멜기세덱에게 십일조를 드렸기 때문입니다. 아브라함의 자손들이 아브라함과 동일시됩니다. 바울은 이와 비슷한 논리로 이야기한 적이 있습니다. 아담이 범죄하므로 아담의 모든 후손이 다 범죄한 것이 되었다고 하였습니다. 한 사람의 죄로 인해 모두가 죄인이 되었다는 것입니다.

10절 "이는 멜기세덱이 아브라함을 만날 때에 레위는 이미 자기 조상의 허리에 있었음이라." 바울이 9절에서 말한 논리가 어떻게 성립하는지를 설명하는 구절입니다. 여기서 허리에 있었다는 말은 자식을 낳는 생식에 대한 부분을 묘사하는 말입니다. 즉, 아브라함의 몸에 있었다는 말이고 민족의 단일성을 강조하는 히브리 민족에게는 납득할 수 있는 말입니다(빈센트). 그래서 아브라함이 십일조를 드린 것은 레위 후손들이 드린 것과 마찬가지라는 것을 말합니다. 그 논리가 완성됨으로써 레위인의 십일조를 받는 사람은 제사장이므로 멜기세덱이 제사장이라는 논리가 완성되는 것입니다. 게다가 유대인들이 자랑하고 드높이는 제사장과 레위인보다 멜기세덱이 더 높은 위치에 있는 사람인 것을 말하는 것입니다. 그럼으로써 허탄한 족보와 신화 이야기를 더 못하도록 제지하는 것이라고 할 수 있습니다. 족보 이야기는 구원과 관계가 없고 영적 성장에 아무런 도움이 되지 않기 때문입니다.

예수님은 유다 지파로서 레위 지파가 아닌 멜기세덱을 따라서 대제사장이 되셨습니다. 제사장들이 성경에 많이 나오지만, 첫 번째 대제사장인 아론은 하나님이 직접 세우신 대제사장이므로 그는 탁월한 위치에 있다고 하겠습니다. 그러므로 그를 제외하고는 멜기세덱보다 훌륭한 대제사장은 쉽게 찾아볼 수 없습니다. 제사의 영역에서는 아론을 제외하고 멜기세덱이 가장 영적 신분이 높은 제사장일 것입니다.

레위 계통의 제사장

11절 “레위 계통의 제사 직분으로 말미암아 온전함을 얻을 수 있었으면 (백성이 그 아래에서 율법을 받았으니) 어찌하여 아론의 반차를 따르지 않고 멜기세덱의 반차를 따르는 다른 한 제사장을 세울 필요가 있느냐.” 멜기세덱이 아론 계열보다 우월한 것을 설명한 뒤 멜기세덱보다 더 탁월한 존재가 있어야 한다고 말합니다. 레위 계통의 제사장이 아론 이후에 시작하여 사도 바울의 시대까지 이어져 내려왔습니다. 이스라엘 백성이 애굽에서 나와 홍해를 건넌 뒤 아론부터 예수님이 오실 때까지 천 년도 넘게 성전에서 봉사했으므로 대제사장이 많이 배출되었습니다. 그러나 그들이 자신의 역할을 제대로 감당하지 못했다는 것입니다.

하나님께 가까이 나아가는 가장 중요한 방법이 예배입니다. 교회에서 가장 중요하게 생각하는 것이 예배, 전도, 교육, 친교, 봉사인데 그중에서도 예배가 가장 중요합니다. 결국은 예배를 통해서, 하나님께 기도하고 회개하고 찬양하고 하나님의 말씀을 들으면서 하나님과 친밀해질 수 있습니다.

“온전함을 얻을 수 있었으면.” 구약 시대에는 예배가 바로 제사입니다. 그런데 이 제사를 담당하던 레위 계통의 제사장들이 실패했다는 것입니다. 이 본문에서 중요한 것은 제사에서 백성이 잘못한 것이 아니라 제사장들이 잘못했다는 것입니다. 제사장들이 부족하여서 백성이 "온전함"을 얻을 수 없었다는 것입니다. 온전함이란 목표에 도달하는 것을 의미합니다. 즉, 선민 구속의 목적이 완성되는 것을 가리킵니다(박윤선). 제사장들이 부족하여 온전함을 얻을 수 없었으니 당연히 하나님과의 관계가 소원해졌습니다. 그래서 하나님은 레위 지파에게 제사와 관계된 일을 더는 맡길 수 없다고 하시는 것입니다. 천 년 이상 이어져온 전통이지만 실패한 방법이므로 이제는 그것을 버리고 새로운 영적 통로를 만드시는 것입니다. 오래된 길이 있는데 끊어지고 무너지고 심하게 망가져서 도저히 제 역할을 못하면 새 길을 닦는 것과 같은 이치입니다.

하나님과 이스라엘 백성의 관계가 좋다면 하나님의 축복 속에 나라가 성장했을 것입니다. 나라가 망한다는 것은 하나님의 사랑을 받지 못했다는 증거입니다. 그러므로 아론 계열은 폐하고 후계자로 멜기세덱의 반차를 따르는 다른 한 제사장을 세울 수밖에 없다는 뜻입니다. 실패한 제도는 온전한 제도로 교체해야 합니다.

12절 "제사 직분이 바꾸어졌은즉 율법도 반드시 바꾸어지리니." 드디어 제사 직분이 바뀌었습니다. 그렇다면 율법 속에 제사가 있으므로 율법도 바뀔 수밖에 없게 됩니다. 이스라엘 백성은 하나님이 직접 주신 율법을 중요하게 생각했습니다. 그러나 하나님께 그 율법을 받은 것을 자랑하면서도 정작 지키지는 않으므로 하나님과 사이가 멀어지고 이렇게 나라가 망한 것입니다. 바울은 여기에서 제사 직분이 앞으로 바뀔 것이라는 말이 아니고 예수 그리스도를 통하여 이미 바뀌었다고 확실하게 말하고 있습니다. 그래서 이제는 레위인, 제사장과 대제사장이 쓸모없는 직분이 된 것입니다. 또 율법도 바뀌는데 이는 제사와 관련된 율법을 말합니다. 제사 직분이 바뀌니 제사에 관한 율법도 변화되는 것이 당연한데, 이는 제사를 드려야 한다는 원래의 의미는 남고 형식만 바뀌는 것입니다. 그래서 구약 시대의 제사법은 폐지되고 예수님 이후 새로운 제사 방법으로 하나님께 나아가게 된 것입니다. 이제는 소나 양 같은 동물을 잡아 제단에서 태울 필요가 없습니다. 물두멍도 필요 없고 향불도 필요 없습니다. 망한 방법을 더 따를 필요가 없습니다. 사실 율법이란 아브라함 이후 500여 년이 지난 뒤 하나님이 주신 것이지 아브라함 때부터 주신 것은 아닙니다. 그러나 유대인들은 줄기차게 붙잡고 있었습니다. 어쨌든 율법의 변혁, 또는 모세의 체계를 제쳐두는 것은 유대인들이 완강하게 반대하던 일입니다. 그들은 그 자세로 스데반을 돌로 때려 죽였습니다(아더 핑크). 스데반을 죽일 때 거짓 증인을 세워서 한 결정적인 말은 스데반이 예수님의 말을 인용한 것인데, "모세가 우리에게 전하여준 규례를 고치겠다"(행 6:14)고 하였다는 것이었습니다.

13절 "이것은 한 사람도 제단 일을 받들지 않는 다른 지파에 속한 자를 가리켜 말한 것이라." 이는 제사 지내는 일을 한 번도 돕지 않은 다른 지파에 속한 자를 사용하시겠다는 것으로, 11절에 나오는 멜기세덱을 염두에 두고 한 말입니다. 지금까지 제사를 행했던 레위 지파가 자신들의 직분을 제대로 감당하지 못해서 나라가 망했으므로 새로운 지파에서 등용하시겠다는 것입니다. 영적 제도가 바뀌는 순간입니다.

14절 "우리 주께서는 유다로부터 나신 것이 분명하도다 이 지파에는 모세가 제사장들에 관하여 말한 것이 하나도 없고." "분명하도다." 앞에서 말한 다른 지파에 속한 주인공이 누구인지 설명하고 있습니다. 그분은 우리 주시며 유다 지파라는 것입니다. 주님은 신약 성경에서 다윗의 아들로 불렸습니다. 모세가 하나님의 명령을 받아서 제사법에 대해 성경에 자세히 설명을 해두었습니다. 이는 레위 지파에게 해당하는 말이었습니다. 그러나 "이 지파에는", 즉 유다 지파는 모세에게 제사법에 대해 배우지 않았습니다. 그래서 레위 지파가 제사장으로서의 위치에서 폐해지면서 그들이 받았던 모든 제사법도 종료된 것입니다. 그러므로 유다 지파인 예수님은 제사에 대한 율법과는 관계가 없고 또한 그 제사법을 지킬 필요도 없는 것입니다. 따라서 예수님은 새로운 방법으로 백성이 하나님과 친밀해지도록 도우신다는 것입니다.

15절 "멜기세덱과 같은 별다른 한 제사장이 일어난 것을 보니 더욱 분명하도다." "별다른 한 제사장." 아브라함 때의 멜기세덱도 나이나 출신 민족을 전혀 알 수 없는 사람이었지만 의의 왕이자 평강의 왕이자 제사장이었습니다. 어찌 보면 그는 특별히 부름받은 사람입니다. "일어난 것을 보니." 이런 멜기세덱과 닮은 분이 오셨는데 바로 예수님이시고 예수님은 대제사장이시라는 것입니다. 저자인 바울은 확신에 넘쳐 있습니다. 예수님은 원래 하늘나라의 대제사장이셨으므로 그분이 직접 이 땅에 오시자 레위 지파가 기존에 맡았던 역할은 끝난 것입니다. 본체이신 예수님이 오신 이상 레위 지파의 예배 독점권은 종결됩니다. 이 땅의 성전도 오염되고 대제사장도 다 변질되었기에 예수님이 오셔서 자신이 성전의 본체이시고 대제사장이심을 알려주신 것입니다. 이제 진정한 상속자요 대제사장이 오셨으므로 모형은 폐해집니다. 예수님은 멜기세덱과 같이 별다른, 즉 특별히 나타난 대제사장입니다.

16절 "그는 육신에 속한 한 계명의 법을 따르지 아니하고 오직 불멸의 생명의 능력을 따라 되었으니." "되었으니." 앞 절에서는 일어났다고 하였으나 여기서는 되었다고 하였습니다. 즉, 예수 그리스도가 실제적인 대제사장이 되신 것입니다. 이것은 영원 전부터 얻어지기는 하였으나 육신을 입었을 때 확증됩니다. 연약한 백성과 함께했을 때 그들의 제사장이 될 자격이 주어집니다(거스리).

"불멸의 생명의 능력을 따라." 레위인들의 율법은 1,400년 만에 끝났습니다. 그러나 예수님이 세우신 새로운 법은 소멸되지 않는 영원한 법입니다. 그 법은 예수님이 제정하셨습니다. 예수님이 십자가에서 죽으셨다가 부활하심으로 죄를 이기셨으므로 새로운 법이 세워졌습니다. 주님이 세우신 법은 생명을 살리는 능력을 따라 된 것입니다. 이것 하나만 보더라도 아론 계열의 제사장보다 우월합니다. 생명이 없는 사람은 다른 사람에게 생명을 줄 수 없지만, 예수님은 부활하셨고 생명의 본체이시므로 다른 사람에게 생명을 주실 수 있습니다.

17절 "증언하기를 네가 영원히 멜기세덱의 반차를 따르는 제사장이라 하였도다." 이는 시편 110편 4절에 나오는 말씀입니다(참조. 5:6). 성부 하나님이 성자이신 그리스도에게 하신 말씀입니다. 다윗은 이 모습을 환상으로 보았습니다(21절 설명 참조.). 이 말을 다시 꺼낸 이유는 "영원히"를 강조하기 위해서입니다.

18절 "전에 있던 계명은 연약하고 무익하므로 폐하고." "전에 있던 계명"은 시간적으로도 앞서 있지만, 더 좋은 계명을 준비하는 과정을 가리킵니다. 바울은 다시 확실하게 말하고 있습니다. 여기서 폐해진 "전에 있던 계명"은 오직 모세 때부터 시행된 제사에 대한 율법을 말합니다. 다른 율법이나 십계명을 말하는 것이 아닙니다. 제사에 대한 계명은 이제는 끝났습니다. 더는 양과 소를 잡을 필요가 없습니다. 그러므로 예수 그리스도의 출현은 구약의 제사장직에 대한 율법의 규정을 폐기하게 됩니다(렌스키). 연약함과 무익함이 폐기된 결정적 이유입니다.

19절 "(율법은 아무 것도 온전하게 못할지라) 이에 더 좋은 소망이 생기니 이것으로 우리가 하나님께 가까이 가느니라." 바울이 말하고자 하는 핵심이 바로 이 말씀입니다. 이 말씀은 구약 교회가 폐해지고 신약 교회가 새롭게 세워지는 것에 대한 의미를 알려주는 중요한 말씀입니다. 즉, 모세의 율법대로 제사에 힘썼지만, 결국 아무것도 온전하게 하지 못하였고 실패하였다는 것입니다.

"더 좋은 소망." 이제 세상에는 더 좋은 소망이 생겼습니다(1:4, 6:9, 7:7). 바로 예수 그리스도가 오셨기 때문입니다. 그는 모세보다 더욱 위대한 선지자입니다(신 18:15). 대제사장이시고 하나님과 가까워지는 길을 잘 아시며 그 길을 만드신 예수님이 이 땅에 직접 오셨습니다. 하나님과 인간이 서로 교통하고 친하게 지낼 수 있는 원래의 길을 만드신 분이 그 길을 인도하여주심으로 인생은 더 좋은 소망이 있는 것입니다. 그동안 대제사장은 하나님과 친밀하지 않으면서도 대제사장이라고 행세하고, 성경도 모르면서 가르치며, 하나님께 나아가는 길도 모르면서 인도하겠다고 엉뚱한 길로 끌고 갔는데, 이제는 예수님이 오셔서 확실한 길을 인도하시므로 소망이 피어납니다. 그래서 옛것은 율법이고 새것은 소망입니다.

예수님께 나아가야 하나님께 가까이 갈 수 있습니다. 예수님을 믿는 것의 핵심은 하나님께 가까이 가고, 하나님과 친밀해지며, 그리스도와 신랑과 신부의 관계를 맺는 것입니다.

영원한 대제사장

20절 "또 예수께서 제사장이 되신 것은 맹세 없이 된 것이 아니니." 아론 계열의 제사장과 멜기세덱 계열의 차이 중 또 하나는 아론 계열은 누가 제사장직을 수행할 것인가 하는 맹세가 필요 없었다는 것입니다. 그러나 주님은 맹세하셨다는 말입니다. 이것은 성부 하나님이 성자 그리스도에게 제사장이 되라고 말씀하신 것을 말합니다. 성부 하나님과 성자 예수님 사이의 맹세, 즉 두 분이 언약의 관계를 맺으신 것입니다.

21절 "(그들은 맹세 없이 제사장이 되었으되 오직 예수는 자기에게 말씀하신 이로 말미암아 맹세로 되신 것이라.)" 기존의 이스라엘 나라에 있었던 레위 계통의 제사장과, 대제사장이신 예수님은 전혀 다른 성격이라는 것입니다. 레위 지파의 제사장은 아론의 반열을 따른 것이고, 예수님은 멜기세덱의 반차를 따른 것입니다. 레위 지파의 제사장들은 아버지가 제사장이면 아들은 자연스럽게 제사장이 되는데, 25세가 되면 성전에서 봉사하다가 30세에 정식 제사장이 됩니다. 그들에게는 하나님이 나타나셔서 맹세하시거나 임명하신 적이 없습니다. 그래서 훌륭한 제사장도 있었으나 영적으로나 인격적으로나 자격 미달인 제사장도 많았습니다. 그에 더하여 여호와 하나님이 예수님에 대해서 대제사장임을 맹세하시고 보내셨다는 것이 또 다른 특별한 경우입니다. 사도 바울이 이 사실을 어떻게 알았는지는 다음 구절에서 시편 말씀을 인용한 것을 보아서 시편을 통해 깨달았음을 알 수 있습니다.

"(주께서 맹세하시고 뉘우치지 아니하시리니 네가 영원히 제사장이라 하셨도다)." 이것은 시편 110편 4절 말씀입니다. 여기에 보면 "여호와는 맹세하고 변하지 아니하시리라 이르시기를 너는 멜기세덱의 서열을 따라 영원한 제사장이라 하셨도다"라고 하였습니다. 시편 110편은 다윗이 쓴 시로 그는 성부 하나님과 성자 하나님이 서로 대화를 나누시는 장면을 환상으로 보고 이 시를 썼습니다. 다윗은 하나님이 기름 부으신 사람이고, 하나님 마음에 합한 사람이며, 주의 음성을 들은 위대한 사람입니다. 그는 아브라함과 다윗의 자손으로 예수 그리스도가 이 땅에 오셨다는 말씀으로 신약을 시작할 정도의 인물입니다(참조. 마 1:1). 그 정도로 뛰어난 인물이므로 하늘나라에서 성부와 성자가 대화를 나누시는 것을 보고 들을 정도입니다. 사도 바울이 그 내용을 인용한 것입니다.

다윗이 본 성부 하나님과 성자 하나님이 나누신 대화를 살펴보면 성부가 성자께 "너는 멜기세덱의 서열을 따라 영원한 제사장이라"고 하셨습니다. 이런 명령을 하시고 절대 후회하지 않으셨다고 하셨습니다. 성부 하나님과 성자 예수님 사이의 맹세가 무엇인지를 정확하게 가르쳐주는 구절입니다. 하나님이 이 맹세를 하실 때 예수님과 조용히 단둘이서 아무도 모르게 말씀하신 것이 아니라고 생각합니다. 예수님이 하늘의 대제사장이시고 이 땅에는 멜기세덱의 반차로 대제사장으로 오실 것이란 사실은 모든 사람이 알아야 할 중대한 일입니다. 그러므로 천국에 있는 모든 천사와 먼저 간 성도들이 다 듣도록 온 우주에 선포하셨을 것입니다. 이 성경은 성령의 감동으로 쓴 다윗의 시이므로 이 사건이 비밀이라면 그는 감히 기록할 수 없었을 것입니다. 하지만 감추어야 할 비밀이 아니기에 삼위일체 하나님은 다윗이 기록할 수 있도록 허락하신 것입니다.

이런 중대한 사실을 유대인들은 성경을 보면서도 알지 못했습니다. 그래서 신약 교회가 시작되었지만 신약 교회 성도들은 제사장에 대해 정확한 판단이 미흡했을 것입니다. 이때 바울이 진정한 대제사장이신 예수님에 대해 알려주는 것입니다. 제사를 드리지 않고 기도와 예배만으로 속죄받고 구원에 이를 수 있다는 것에 대해 확신하지 못하는 유대인 출신 성도들이 구약 교회에 대한 미련을 갖고 있었을 수 있습니다. 그래서 바울은 시편 말씀을 인용하여 예수님만이 진정한 대제사장으로서 예수님께 나아가는 것이 진정한 제사인 것을 설명하고 있습니다.

22절 "이와 같이 예수는 더 좋은 언약의 보증이 되셨느니라." "이와 같이 예수는." 예수라는 이름은 6장 20절에서 마지막으로 나옵니다. 이제 다시 그를 조명합니다. "보증." 주님은 언약의 보증이 되십니다. 보증이란 법정 용어로 자신의 재산 또는 생명을 바쳐서라도 약속한 것을 책임지는 것을 가리킵니다. 그러므로 예수님이 십자가를 지신 것이 새 언약의 보증입니다(렌스키). 더 좋은 언약은 더 좋은 소망의 근원이 됩니다. 그리스도가 오셔서 십자가를 지시고 죽으신 뒤 부활하셔서 우리가 구원을 얻을 수 있다는 것이 더 좋은 언약입니다. 언약은 16절에 말한 것처럼 하나님이 무궁한 생명의 능력으로 그 백성을 구원하시겠다고 약속하신 계약을 의미합니다. 바울은 구약이나 구약 시대의 제사 제도를 무시하지 않았습니다. 그것도 당시에는 좋은 언약이었지만 어차피 지나간 제도입니다. 예수 그리스도가 진정한 대제사장이 되시는 신약이 더 좋은 언약입니다.

23절 "제사장 된 그들의 수효가 많은 것은 죽음으로 말미암아 항상 있지 못함이로되." 아론 이후 제사장으로 봉사한 사람의 숫자가 많지만, 그것은 그들이 영원히 살지 못하고 때가 되면 죽었기 때문입니다. 그래서 그 아들이 대를 이어 제사장이 되고, 그도 늙어 죽으면 그의 아들이 제사장이 되는 것입니다. 지금까지 레위 출신의 제사장은 자신들의 직책을 오랫동안 감당하지 못하고 늙거나 죽으면 멈추었습니다. 그만큼 개인의 사역은 한계가 있었습니다.

24절 "예수는 영원히 계시므로 그 제사장 직분도 갈리지 아니하느니라." 예수 그리스도가 어떻게 대제사장이 되셨는지 그 자격을 설명합니다. 예수님은 레위 출신의 제사장들과 다르게 한 번 죽으셨지만 부활하셨으므로 다시는 죽지 않으시고 지금도 하늘에서 대제사장으로 계십니다. 그러므로 중도에 포기한다든가 다른 사람으로 바꾼다든가 또는 누군가의 뒤를 이어 대제사장이 될 필요가 없습니다. 아무리 시대가 바뀌어도 대제사장은 오직 예수 그리스도가 직분을 맡으시면 됩니다. 사도 바울은 성경을 깊이 아는 지식인이면서도 하늘을 직접 보고 해석하므로 이렇게 깊고 놀라운 말씀을 할 수 있습니다.

25절 “그러므로 자기를 힘입어 하나님께 나아가는 자들을 온전히 구원하실 수 있으니 이는 그가 항상 살아 계셔서.” 예수님이 항상 살아계시는 것을 다시 한번 강조합니다. 예수님이 항상 살아계시는 것이 우리에게 큰 유익이 되기 때문입니다. 바울은 그 이로움이 무엇인지 설명하고 있습니다.

“자기를 힘입어.” 먼저 우리는 예수님을 힘입어서 하나님께 나아갈 수 있습니다. 대제사장의 역할이 바로 하나님께 나아갈 수 있도록 하는 징검다리, 즉 중보자의 역할입니다. 성도들을 하나님께 접붙여주는 통로입니다. “온전히 구원하실 수 있으니.” 예수님은 자신을 통해 하나님께 나아가는 자를 온전히 구원하실 수 있습니다. 왜냐하면 그분이 진정한 대제사장이시기 때문입니다. 주님은 허물과 실수 없이 온전하게 그 일을 감당하실 수 있습니다. 또한 그분의 직무는 멈춤이 없습니다. 그러므로 우리가 믿을 분은 오직 예수 그리스도밖에 없습니다.

“그들을 위하여 간구하심이라.” 주님은 당신을 의지하는 자를 보호하시고 그들을 위하여 직접 성부 하나님께 간구하십니다. 성도가 하나님께 간구하지만, 그보다 더 중요한 것은 대제사장이신 예수님이 성부 하나님께 성도를 위해 간구하신다는 것입니다. 대제사장이면서 아들이신 그분이 아버지께 간구하시므로 성도의 간구보다 더 효과가 있는 것이 당연합니다. 예수님과 성도의 관계는 신랑과 신부인데, 성부와 성자와 성도의 관계는 아버지와 맏아들과 동생들의 관계라고 할 수 있습니다. 하나님은 예수님이 그 성도를 인정하시고 그를 위해 간구하시므로 들어주지 않으실 수 없을 것입니다.

대제사장이시자 아들이신 예수님이 성부 하나님께 성도를 대신하여 간구해주신다는 것이 성도에게는 큰 복이라고 할 수 있습니다. 성도는 이러한 진리 가운데 서서 예수님이 성부 하나님께 우리를 위해 간구하시도록 해야 합니다. 그렇게 하려면 이 말씀처럼 "자기를 힘입어 하나님께 나아가는 자들"이 되어야 합니다. 즉, 우리가 예수 그리스도를 잘 믿고 의지하여야 예수님도 그런 사람을 위해 일하시는 것입니다. 주님께 집중하고 주님만 붙들면 주님이 하나님께 기도해주셔서 바로 응답이 되는 것입니다. 주님께 기도하여 의탁하지 않으면, 주님도 우리를 위해 아무 일도 하지 않으십니다. 성도는 지속적으로 기도하고 충성하며 말씀에 순종하여서 주님과 신뢰를 쌓는 시간이 필요합니다. 주님과 단시간에 친밀한 관계가 형성되지 않습니다. 사랑은 언제나 열매로 나타나야 하듯이 말로만 하는 사랑은 믿을 수 없습니다. 마찬가지로 우리가 주님을 사랑한다면 그 열매로 주님께 인정받을 만한 행동이 드러나야 합니다.

온전하신 아들

26절 "이러한 대제사장은 우리에게 합당하니." 성경은 계속해서 예수 그리스도가 대제사장이심을 논리적으로 설명하고 있습니다. "이러한 대제사장은." 앞에서 설명한 대로 예수님이 영원하시고 항상 살아계셔서 주님을 힘입어 하나님께 나아가는 자를 위하여 하나님께 간구하시는 중보자로서의 모습을 말합니다. 그런 이상적인 대제사장으로서 예수님은 "우리에게", 즉 그리스도인에게 합당하다는 의미입니다. 주님의 세 가지 특징이 나옵니다.

"거룩하고." 예수님이 대제사장으로서 어떤 부분에서 합당한지 설명합니다. 먼저 예수님이 "거룩"하시기 때문입니다. 대제사장의 중요한 덕목이 바로 거룩입니다. 대제사장의 역할은 영혼을 회개하게 해서 하나님께 깨끗해진 모습으로 올려드리는 중보자인데 그런 대제사장은 하나님의 속성을 닮아야 합니다. 하나님은 거룩하신 분이므로 대제사장은 거룩해야 합니다. 죄인 된 성도를 깨끗하게 씻어주는 것이 대제사장의 역할인데 대제사장이 깨끗하지 않다면 그 일을 할 수 없습니다. 더러운 사람은 깨끗함을 줄 수 없습니다. 맹인은 맹인의 가는 길을 인도할 수 없습니다. 자신의 영적 시력이 약한 사람이 다른 사람의 영적인 눈을 열어줄 수 없는 것은 당연합니다. 또 죄인은 다른 죄인을 거룩한 하나님께 인도할 수 없습니다. 하나님이 너부터 깨끗하게 하라고 책망하실 것입니다.

"악이 없고 더러움이 없고." 또 합당하신 이유는 예수님이 "악이 없고 더러움이 없"기 때문입니다. 악은 선하신 하나님과 반대됩니다. 악은 사탄과 어울립니다. 예수님은 마귀적 요소가 하나도 없으십니다. 더러움은 때가 타고 오염되었다는 것입니다. 오염된 사람은 하나님의 거룩한 일을 온전히 할 수 없습니다. 그러므로 주의 종은 깨끗해야 합니다. 인간은 완전할 수 없으나 최대한 깨끗할수록 좋습니다. 하나님이 조금이라도 더 깨끗한 사람을 사용하실 것이 분명하기 때문입니다. 마찬가지로 하나님의 교회는 영적인 일을 도모하는 곳이므로 더러우면 퇴색하게 됩니다.

"죄인에게서 떠나 계시고 하늘보다 높이 되신 이라." 예수님은 하늘보다 높이 되신 분이고 천사보다도 더 거룩하고 완전한 분입니다. 그러므로 근본적으로 죄인인 인간과는 다른 분입니다(칼뱅). 그것은 민족이나 성별이나 나이 등과 상관이 없습니다. 주님은 회개한 자들을 '형제'처럼 대하셨지만 '죄인들'과는 멀리하십니다. 죄를 지은 사람, 회개하지 않는 사람과 가까이하지 않으십니다. 우리가 주님과 가까이 지내고 주님께 은혜를 받고 복을 누리려면 깨끗하고 거룩해야 합니다. 최대한 회개하고 죄를 짓지 않아서 악과 더러움이 없어져야 합니다. 그래서 성경은 거룩함을 수없이 강조합니다. 죄는 마귀와 가까우므로 죄가 있는 사람은 마귀와 친한 사람이고, 하나님은 그런 사람에게서 멀어지시는 것입니다. 회개하지 않고 하나님과 친해지려고 하는 것은 도둑 심보입니다. 주님이 죄인을 사랑하셔서 그들을 부르러 이 땅에 오셨다는 것은 회개하게 하시려는 것입니다. "하늘보다 높이 되신 이라." 대제사장으로서 그분의 신분을 가리킵니다. 그리고 하늘보다 높이 되신 분입니다. 하늘은 천국을 가리키고, 그곳에는 먼저 간 성도들과 천사들이 거하고 있습니다. 거룩한 무리의 모임입니다. 주님은 그들 가운데에서도 비교할 수 없을 만큼 거룩하시고 높으신 권세를 소유한 분입니다. 레위 계통이 받은 영광은 제한된 것이지만, 주님은 영원한 영광을 소유하십니다.

27절 "그는 저 대제사장들이 먼저 자기 죄를 위하고 다음에 백성의 죄를 위하여 날마다 제사 드리는 것과 같이 할 필요가 없으니." 사도 바울은 유대인들에게 지금까지 이스라엘에 있었던 대제사장들이 행하던 속죄 제사를 상기해주고 있습니다. 대제사장이 되면 저절로 자신의 죄는 해결되고 곧바로 다른 사람의 죄를 속죄해줄 수 있게 되는 것이 아니라, 항상 대제사장인 자신의 죄를 먼저 속죄하기 위한 제사를 드린 후 다른 사람의 죄를 속할 제사를 수행한다는 것을 말합니다. 이것이 올바른 순서입니다. 만일 자신을 위한 속죄 제사를 드리지 않고 남의 죄를 사해주는 제사를 집례한다면 하나님이 받지 않으실 것입니다.

"이는 그가 단번에 자기를 드려 이루셨음이라." 대제사장이 일 년에 한 번 속죄일에 속죄하고 또 평상시에도 백성이 죄를 회개하기 위해 오면 제사를 드려서 깨끗하게 되도록 도와주었습니다. 자신의 죄를 씻는 제사는 매해 반복됩니다. 그러나 예수님은 "단번에" 십자가에서 어린 양이 되셔서 제물이 되시므로 모든 것을 이루셨습니다. 그러므로 십자가를 다시 지시는 일은 없습니다. 대제사장은 자신이 죽지 않고 양과 소를 죽게 하였으므로 완전히 해결되지 않고 죄를 지을 때마다 제사를 지내게 했습니다.

28절 "율법은 약점을 가진 사람들을 제사장으로 세웠거니와." 즉, 대제사장이나 제사장이 다 약점을 가진 죄인이라는 것입니다. 대제사장이지만 인간이기에 근본적인 약점과 죄가 있습니다.

"율법 후에 하신 맹세의 말씀은 영원히 온전하게 되신 아들을 세우셨느니라." 율법과 맹세가 대조를 이룹니다. 하나님은 모세를 통해 율법을 주셨습니다. 그리고 아론을 세우시고 대제사장의 율법을 세우셨습니다. 하지만 그 후 20절의 내용처럼 멜기세덱의 서열을 따라 대제사장을 주시기로 맹세한 것입니다(참조. 시 110:4). 그 맹세를 통해 주신 대제사장이 아들이신 예수 그리스도이십니다. "온전하게 되신." 예수님은 영원히 온전하게 되셨습니다. 아론 계열의 제사장은 온전하지 못하지만 예수님은 온전하신 분이면서 하나님의 아들이시고 또 하나님이십니다. 이렇게 온전하게 된 아들을 하나님이 세우신 것입니다. 멜기세덱의 반차로 대제사장이 되셔서 이 세상의 모든 대제사장을 합한 것보다 더 훌륭하신 대제사장이 되셨습니다. 죄를 용서받고 하나님의 성품을 닮아 하나님의 마음을 얻으면 하나님이 모든 복을 다 주실 수 있습니다. 하나님을 믿는 사람은 복을 받아야 합니다. 그렇게 되는 길은 회개밖에 없습니다. 우리가 죄를 회개하여 하나님을 닮은 만큼 하나님이 은혜를 주십니다. 나와 선조의 죄를 회개함으로 하나님이 주시는 모든 복을 다 받아 누려야 합니다.

8장

아들이 진정한 대제사장이시다

HEBREWS

4장부터 대제사장과 멜기세덱에 대해 계속 설명하고 있습니다. 이에 대한 이야기의 분량이 이토록 많은 것은 그 내용이 그만큼 중요하기 때문입니다. 즉, 예수님이 대제사장이신 근거가 무엇인지, 대제사장으로서 어떤 역할을 하시는지 등이 매우 중요한 이야기이기에 자세히 살펴보고 있습니다. 8장부터 10장 18절까지는 대제사장으로서의 임무를 어떻게 수행하시는지에 관해 이야기합니다.

새 언약의 대제사장

1절 "지금 우리가 하는 말의 요점은 이러한 대제사장이 우리에게 있다는 것이라." 이 말은 앞의 이야기와 뒤의 이야기가 연결된 것임을 알려 줍니다. 앞의 이야기를 요약한 다음 그 뒤로도 계속 같은 주제로 이야기할 것이라는 말입니다. 즉, 징검다리 역할을 하고 있습니다. 사도 바울은 탁월한 문장가이고 철학자이기 때문에 성경의 기록도 이렇게 논리적이고 철학적으로 서술하였습니다. 지금까지 말한 대제사장에 대해, 멜기세덱에 대해 말한 내용의 요점을 말하겠다고 합니다. 지금까지 이야기한 위대한 대제사장이 우리에게 계시다는 것이 요점입니다. 그렇다고 우리 바로 옆에 계신다기보다 현재 그 대제사장이 우리와 관계가 있다는 의미입니다.

“그는 하늘에서 지극히 크신 이의 보좌 우편에 앉으셨으니.” 요점은 1장 3절에서 이미 꺼낸 바 있습니다. “하늘”은 단순히 ‘비물질적’이라는 의미에서 ‘영적’ 차원이 아닙니다. 하늘은 우리의 세계인 ‘땅’과 맞물리는 하나님의 공간, 하나님의 영역입니다(톰 라이트). “보좌 우편에 앉으셨으니.” 그 대제사장은 하늘에 계시는데 이는 천국을 가리킵니다. 보좌 우편에 앉으셨다는 것은 보좌에 앉으셨다는 말과 같습니다(10:12, 12:2). 하나님의 보좌가 있고 그 오른편에 앉으셨다는 뜻이 아닙니다. 오른쪽이란 표현은 영적으로 진리를 가리키고 힘이 있음을 뜻합니다. 성부 하나님의 모습은 우리가 볼 수 없습니다. 성부 하나님은 빛 덩어리와 같으십니다. 이는 태양과 비교할 수 없는 어마어마한 빛 덩어리입니다. 거기서 음성이 들리고 뇌성이 들리며 번개가 번쩍이는 것입니다.

성부 하나님은 사람의 형체와 같지 않으시므로 어디에 계시는지 어떤 모습이신지 우리에게 계시하시는 방법은 예수 그리스도입니다. 그래서 예수님이 보좌 우편에 앉으셨다고 표현하는 것입니다. 성부 하나님의 모든 것을 예수님을 통해 내세우셔서 우리가 하나님을 이해하고 알아볼 수 있도록 보여주십니다. 성부 하나님이 계시는 보좌 가운데에 예수님이 앉아계신다고 하기보다 우편이라고 말해야 이해하기 좋습니다. 하늘에 하나님의 보좌는 하나입니다. 그러나 그 보좌는 성부 하나님의 보좌이고 그 가운데에 주님이 앉아 계신다고 하면 주님이 주인공이 되시는 것이므로 그렇게 표현하지 않은 것입니다.

성부 하나님은 지극히 크신 분입니다. 너무 크신 분이셔서 세상의 어떤 것과도 비교할 수 없습니다. 성부가 지극히 크신 분인 것을 사도 바울이 알았습니다. 누구에게서 배운 것이 아니라 직접 눈으로 보았기 때문에 알 수 있었다고 할 수 있습니다.

2절 "성소와 참 장막에서 섬기는 이시라." 개역성경은 "섬기는"(헬, 레이투르고스)을 "부리는"이라고 번역하였는데, 1장 7절에서는 사역자로 번역하였습니다. 이것은 시편 104편 4절을 인용한 것으로 천사를 가리킵니다. 이 단어들은 사역이나 봉사라고도 표현됩니다. 여기서는 거룩한 일을 섬기는 자라는 의미로 사용되고 있습니다. 예수님은 천국에서 최고 권위자가 아니십니다. 그래서 보좌 우편에 계시고, 생명책을 들고 계시며, 엄청난 권세를 가지셨지만 섬기는 신분입니다. 성부 하나님이 천국의 주인이시고, 예수님이 성부를 위하여 대제사장으로서 섬기시는 것입니다. 사도 바울이 이 모든 것을 다 보았으므로 이 비밀을 드러낼 수 있습니다. 그를 통해 오늘날 우리가 천국과 성부, 성자, 성령에 대해 깊은 통찰을 할 수 있는 것입니다.

"성소와 참 장막에서." 예수 그리스도는 하늘의 성소와 참 장막에서 섬기는 대제사장이십니다. 하늘에는 성소와 참 장막이 있습니다. 성소는 예배를 통해 하나님을 만나는 장소를 말합니다. 이 땅에서 성소를 만들라고 하신 것도 백성과 만나서 복을 주시려고 하신 것이었습니다. 회막을 만든 브살렐과 오홀리압은 그들의 이름 속에 하나님의 장막이라는 뜻이 들어 있습니다. 그의 부모들이 성령의 감동으로 이름을 그렇게 지었을 것입니다. 장막은 하나님의 보호 아래 있다는 의미입니다. 하늘의 참 장막은 하나님의 보호 아래 있는 성소로, 이는 주님이 세우셨고 영광스러운 영적 장소입니다.

"이 장막은 주께서 세우신 것이요 사람이 세운 것이 아니니라." "이 장막은 주께서 세우신 것." 성소는 하나님을 만나는 곳이고 그곳에 만나주실 사람들을 불러오는데 그 명단인 생명책을 주 되시는 예수님이 들고 계셔서 그 안에 이름이 있는 사람만 만나주시는 것입니다. 그래서 하늘의 성소는 예수님이 만드신 것이라고 말할 수 있습니다. 하늘나라 안에는 성도들이 거주하는 지역이 있는데, 그들이 살아갈 집은 각자가 세운 것이라고 말할 수 있습니다. 그것은 각 인생이 이 땅에서 행한 대로 하늘에 재료가 쌓여서 집이 지어지기 때문입니다. 그 재료를 가지고 실제 집을 짓는 것은 천사들과 먼저 간 성도들이 수고합니다. 우리는 죽는 순간까지 충성하여 하늘의 집이 아름답게 지어지도록 일조해야 합니다. 아무리 열심히 충성했을지라도 중간에 타락하거나 주님을 배신하면 그 집을 잃어버리게 됩니다.

3절 "대제사장마다 예물과 제사 드림을 위하여 세운 자니." 대제사장을 세우신 목적이 나옵니다. 성부 하나님이 대제사장을 세우신 이유는 하나님께 예물과 제사를 드리기 위해서인데, 특별히 그 목적은 죄 용서를 위해서입니다. 백성이 죄를 용서받아서 하나님과 좋은 관계를 맺을 수 있도록 하는 것이 대제사장의 역할입니다.

"그러므로 그도 무엇인가 드릴 것이 있어야 할지니라." 하나님이 대제사장을 세우신 목적대로 그가 예물과 제사를 드리지 않는다면 그가 세워진 의미가 없어집니다. 그래서 대제사장은 자신을 위해서도 하나님께 예물과 제사를 드리고, 또 백성을 위해서도 그렇게 해야 합니다.

4절 "예수께서 만일 땅에 계셨더라면 제사장이 되지 아니하셨을 것이니 이는 율법을 따라 예물을 드리는 제사장이 있음이라." "땅"이란 하늘과 반대되는 개념입니다. 이것은 하늘 장막의 모형인 모세의 장막이 있는 곳을 가리킵니다. 예수 그리스도는 유다 지파로 이 땅에 오셨습니다. 그래서 이 땅에서 장기간 거주하셨다 하더라도 율법에 저촉되어서 제사장이 되지 못하셨을 것입니다. 또한 예물을 드리지 않고 자기를 드리기 때문에 율법에 걸립니다(렌스키). 율법은 레위 지파만 제사장으로 인정하며 또한 희생제물로 드려야 하기 때문입니다. 주님은 이 땅에 계실 때 일절 대제사장의 역할을 수종들지 않으셨습니다.

5절 "그들이 섬기는 것은 하늘에 있는 것의 모형과 그림자라." 수십 대를 지나는 동안 이스라엘에 수많은 대제사장이 있었습니다. 그들이 섬기는 행위는 하늘에 있는 것의 모형과 그림자일 뿐입니다. 모형은 본떠 만든 모조품이고, 그림자는 원형을 따라 만들어지는 희미한 윤곽입니다. 하늘의 원형은 예수님이 대제사장이시고 먼저 간 성도들이 하나님께 예배를 드리는 것입니다. 모형은 건물이 다 지어지고 나면 소멸됩니다. 그처럼 하늘나라가 온전해지고 구원받을 성도들이 다 하늘 성전으로 올라가면 모형에 불과한 이 땅의 성전과 제사는 수명을 다한 것입니다. 그러므로 예루살렘을 지나치게 그리워하고 이 땅에서 성전의 회복을 주장하는 것은 이치에 전혀 맞지 않습니다. 모형과 그림자는 목적은 같을지라도 가치는 하늘과 땅 차이입니다.

"모세가 장막을 지으려 할 때에 지시하심을 얻음과 같으니." 모세가 회막을 만들 때 하나님께 지시받은 대로 제작했습니다(출 25:40). 회막도 그림자인데, 바로 모세가 시내산에서 천국을 보고 그 원형을 본떠 만든 것이기 때문입니다. 모세는 홀로 40일간 금식하며 하나님을 대면하여 천국의 모든 곳을 직접 목격했습니다. 그리고 하늘 성전도 봅니다. 그때 보았던 원형을 본뜬 모형으로 회막과 그 안의 성물들을 만들도록 지시받은 것입니다.

"이르시되 삼가 모든 것을 산에서 네게 보이던 본을 따라 지으라 하셨느니라." 모세는 시내산에서 하늘의 원형을 다 보았습니다. 그러나 그것을 그대로 만들지 않고 본을 따라서 만들었습니다. 이 땅에서 하늘의 것과 똑같이 만들 수 없으므로 본을 뜰 수밖에 없었을 것입니다. 원형의 의미를 깨달았다면 그 의미를 살려 본을 떠서 회막을 만들 수 있었을 것입니다.

바울은 모세가 쓴 회막 제작과 관련하여 기록된 내용을 이해했고, 자신도 하늘을 직접 체험하고 깊이 깨달았기 때문에 쓸 수 있습니다. 모세나 바울이나 다 천국을 눈으로 본 사람이기에 서로 이해하고 글이 통하는 것입니다. 이렇게 하나님을 깊이 만나고 체험한 사람들의 글을 통해 우리도 예수님이 어떤 분인지, 얼마나 존귀한 분인지를 조금이나마 알 수 있습니다. 직접 체험하지 않고 성경공부를 통해서만 하늘의 영적 비밀을 아는 것은 어렵습니다. 어느 시대나 성령의 역사하심을 기대해야 합니다.

새 언약

6절 "그러나 이제 그는 더 아름다운 직분을 얻으셨으니." 여기서 "그"는 예수 그리스도를 말합니다. 예수 그리스도가 이제 더 아름다운 직분을 얻으셨다고 합니다. "더 아름다운 직분"이라는 표현을 살펴보면 그것은 예수님이 새로 얻으신 직분이 아름다운데, 그 이전 것은 아름답지 않다는 것이 아니라, 이전 것도 아름답지만 새로운 것이 더 아름답다는 뜻입니다. 예수님이 이 땅에 오시기 전에 하늘나라에서 이미 대제사장이셨습니다. 그러나 십자가의 죽으심과 부활의 과정을 거친 완벽한 대제사장이신 것은 아니셨습니다.

예수님이 오시기 전 이스라엘 백성은 하나님을 제대로 믿지 않았습니다. 믿음이 있는 사람이 적어서 하늘나라에 가는 사람이 많지 않았을 것입니다. 하늘나라를 통치하시는 대제사장이신 주님의 마음이 아프셨을 것입니다. 이스라엘이 온전한 제사를 드리면 죄를 용서해주시지만, 합당한 제사를 드리지 않으므로 죄가 용서되지 않았고, 결국 백성이 구원에 이르지 못한 것입니다. 오죽하면 하나님이 이스라엘 백성에게 양과 소를 바치지 말라고까지 말씀하셨을까요? 그들은 믿음과 정성이 없는 형식적인 제사를 드렸습니다. 이처럼 제사의 실패로 인하여 구원받은 성도로서 하늘 성전에서 예배드릴 숫자가 더디 채워지게 되었습니다. 이때 성부 하나님이 성자 하나님께 이 땅의 대제사장으로 내려가도록 하셨고, 예수님이 순종하여 내려오신 것입니다. 예수님이 이 땅에 오셨을 때는 하늘의 대제사장 자리가 잠깐 형식상 비어 있었을 것입니다.

이후 예수님이 대제사장으로서 완벽하게 속죄제를 이루시고 하늘 성전에서 대제사장으로 계시므로 오늘날 성도들이 양과 소를 바치지 않고, 예수님의 이름으로 회개하기만 하면 용서받고 구원받을 수 있게 된 것입니다. 예수님이 이 구원 계획을 십자가 위에서 죽으시고 부활하시고 승천하심으로써 완성하셨습니다. 이제 구원의 주체가 예수님이 되셨습니다. 아무리 죄인이라도 예수님을 믿으면 예수님처럼 죽었다가 살 수 있다는 소망을 얻게 된 것입니다. 그전에는 원형이 있었어도 예수님이 죽으셨다가 살아나지 않으셨기 때문에 완성된 원형이 아니었는데, 이것을 완성하신 순간 완벽한 원형이 되신 것입니다. 이제는 예수님이 구원의 원형이자 주체로서 생명책을 그 손에 들고 계시는 것입니다.

"그는 더 좋은 약속으로 세우신 더 좋은 언약의 중보자시라." 여기서도 "더"라는 말이 반복되고 있습니다. 예수님이 죽으시고 부활하시고 승천하신 이후 "더 좋은 약속으로 세우신 더 좋은 언약의 중보자"가 되셨다는 것을 확증합니다. 중보라는 말은 계약의 실행을 보증하는 자라는 의미입니다. 하나님과 백성 사이를 맺어주는 사역입니다.

구약의 약속은 예수님이 오시기 전의 제사 제도입니다. 제사의 핵심은 죄 용서이고 이는 회개가 중요합니다. 아담과 하와도 죄를 지어서 에덴동산에서 쫓겨났습니다. 하나님과 우리 사이를 가로막고 있는 것이 바로 죄입니다. 죄만 해결되면 하나님의 은혜를 받을 수 있고, 반대로 죄가 해결되지 못한다면 이 땅에서도 하나님의 복을 받을 수 없고 하늘나라에서도 대우를 받지 못합니다. 죄 문제를 해결받기 위해서 제사를 지냈지만, 정성이 떨어지고 이방인들과 지내면서 함께 우상도 섬기고 믿음이 떨어졌습니다. 제사 지내는 백성뿐 아니라 제사를 집례하는 제사장들도 문제였습니다. 제사장이 온전히 서면 백성이 방자할 수 없습니다.

구약의 제사 제도도 훌륭했지만 실패했고, 이제 더 좋은 약속이 필요해졌습니다. 더 좋은 언약을 만드시기 위해 예수님이 십자가의 죽으심과 부활 그리고 승천의 과정을 지나셨습니다. 이 일에 주님이 앞장서셨습니다. "중보자"라는 표현은 본서에 세 번 나오는데, 모두 그리스도를 가리키며 모두 "언약"과 연결됩니다. 그리고 "언약의 중보자"는 늘 "성소"와 연결되어 있습니다. 그러므로 중보, 언약, 성소는 하나로 연결되어 영원하신 그리스도의 대제사장직을 말하는 것입니다(이상근).

7절 "저 첫 언약이 무흠하였더라면 둘째 것을 요구할 일이 없었으려니와." 여기서 첫 언약은 구약 시대의 제사 제도를 말합니다. 구약의 제사 제도에 흠결이 있었다는 것입니다. 그 흠은 제도에 있는 것이 아니라 사람에게 문제가 있었습니다. 그 제도에 흠이 없었다면 둘째 언약도 애초에 필요가 없었을 것입니다. 그러나 흠이 있어 새로운 언약이 필요해졌다는 것입니다.

8절 "그들의 잘못을 지적하여 말씀하시되." 이 말씀은 예레미야 31장 31-34절을 인용한 것입니다. 성경 말씀에서 그들이 잘못했다는 것입니다

다. 구약 시대의 제사가 잘못되었는데 이는 제사 제도 자체의 문제가 아니라 운영하는 사람의 잘못입니다. 제사장과 백성이 잘못했기에 그것에 대해 지적하면서 말씀하셨다는 것입니다. 잘못한 것을 고치지 않는다면 제사가 엉터리가 될 것이며, 구원받아야 할 성도들의 죄를 정상적으로 사함받을 길이 없습니다. 또한 하나님이 주시는 여러 가지 복을 받을 수가 없습니다.

"주께서 이르시되 볼지어다 날이 이르리니 내가 이스라엘 집과 유다 집과 더불어 새 언약을 맺으리라." 하나님과 백성 사이에 새로운 길을 모색합니다. 예수님을 통해 새 언약을 맺으신다는 하나님의 위대한 계획을 예수님이 오시기 수백 년 전에 이미 예레미야 선지자가 알고 있었던 것입니다. 어떻게 보면 이것은 종교개혁보다 더 강력한 말씀입니다. 예수님의 사역을 기준으로 할 때 1,400년 이상 이어져온 전통을 완전히 무너뜨리는 말이기 때문입니다. 옛 언약을 파기하고 새 언약을 맺으시는 것입니다. 이스라엘 집과 유다 집이라고 특정 지었는데 이 서신의 수신자가 유대인 출신 그리스도인이기 때문에 별 문제는 없습니다.

9절 "또 주께서 이르시기를 이 언약은 내가 그들의 열조의 손을 잡고 애굽 땅에서 인도하여 내던 날에 그들과 맺은 언약과 같지 아니하도다." 옛 언약이 맺어진 시점을 이야기합니다. 지금까지 이스라엘 백성에 대한 말이 나올 때마다 애굽 땅에서 나올 때의 이야기를 반복해서 했습니다. 그것은 이스라엘 민족이 처음 시작된 시점이기 때문입니다. 유월절에 대해서 그리고 십계명을 받고 하나님과 언약을 맺은 것에 대해서 말하고, 자신들은 택함받은 백성이고, 아브라함과 모세라는 위대한 조상이 있었다는 사실에 대해 끊임없이 이야기하였습니다. "열조의 손을 잡고." 이것은 하나님이 이스라엘 백성에 대한 주도권을 가지고 계신다는 선언입니다. 아무 희망이 없던 그들에게 새 희망이 찾아왔습니다. "같지 않도다." 그러나 하나님은 그 모든 것을 버리시고 새로운 것을 주시는데 그것은 전과 같지 않다는, 즉 애굽에서 나올 때 맺은 언약과 다르다는 것입니다. 아마도 이 말을 들은 유대인들은 다 허무맹랑한 소리로 생각했을 수 있습니다. 그래서 예레미야서에 기록되어 있었어도 유대인들이 주의 깊게 보지 않았던 것입니다. 하늘 세계를 아는 사도 바울이기 때문에 예레미야의 글을 보고 정확하게 이해하고 여기서 인용하여 설명하고 있는 것입니다.

"그들은 내 언약 안에 머물러 있지 아니하므로 내가 그들을 돌보지 아니하였노라." "내 언약", 즉 하나님과 이스라엘의 언약은 역시 하나님이 그 주도권을 가지고 계십니다. 그런데 히브리 민족이 하나님의 언약 안에 머물러 있지 않았습니다. 그래서 하나님이 그들을 돌보지 아니하였다고 선언하셨습니다. 이 말은 아예 무시하거나 완전히 관계를 끊어버리겠다는 뜻이 아닙니다. 하나님이 그들을 돌보지 않으신다는 예레미야의 말을 들은 유대인들은 충격을 받았을 것입니다. 그래서 유대인들은 예레미야를 핍박한 것입니다. 그들이 매일, 매월, 매년 제물을 바치면서 열심히 제사를 지낸 노력을 다 무시하는 말이기 때문입니다. 하나님은 예레미야를 통해 이스라엘이 잘못된 제사를 드려서 그로 인해 징계가 임할 것을 말씀하셨지만, 이스라엘 백성은 그것을 수용하지 못하고 자신들은 별 문제가 없다고 생각하면서 예레미야를 거짓 선지자로 취급했습니다. 그들은 이스라엘의 제사장이고 서기관이며 지도자들이면서도 이렇게 무지했습니다.

10절 "또 주께서 이르시되 그 날 후에 내가 이스라엘 집과 맺을 언약은 이것이니 내 법을 그들의 생각에 두고 그들의 마음에 이것을 기록하리라 나는 그들에게 하나님이 되고 그들은 내게 백성이 되리라." 새 언약에 대한 설명입니다. 예레미야는 하나님의 음성을 자주 들었습니다. 그래서 "또 주께서 이르시되"라고 말하는 것입니다. "그 날 후에." 그 날은 신약 시대를 가리킵니다. 그때 이스라엘 집과 맺을 언약이 있다는 것입니다. 그러나 새롭게 주신 말씀은 "내가 나의 법을 그들의 속에 두며 그들의 마음에 기록하여"(렘 31:33)라고 하였습니다. 이것이 첫째 특징입니다. 지금까지 유대인들은 열심히 제사를 드렸고, 율법도 공부하고 성경도 연구했습니다. 그러나 책을 많이 읽고 연구하지 않아도 하나님이 직접 성령의 법을 우리 마음속에 주신다면 알게 되는 것입니다. 이 일은 성령이 우리 속에 오심으로써 일어납니다. 예수님이 죽으신 뒤 살아나시고 승천하시면서 우리에게 성령을 보내주셨는데 성령은 우리 속에 오셔서 예수님의 죽으심과 부활, 구원의 도리를 마음속에 넣어주십니다. 우리가 십계명을 알고 지켜야 하지만 그것을 완벽하게 지키는 것은 불가능한 일이므로, 그보다 더 우리가 알아야 하는 것은 우리의 구원이 예수님에게서 온다는 것입니다. 이것이 성령의 법입니다. 하나님을 내 하나님으로 모시고, 내가 하나님의 백성이 되는 길은 이렇게 단순합니다. 하나님의 진실된 자녀에게는 마음에 새로운 법이 새겨집니다. "나는 그들에게 하나님이 되고." 마음에 새로운 법을 받아들일 때 진정한 하나님의 백성이 됩니다. 이 말씀의 대상이 유대인일지라도 실은 영적인 하나님의 백성 모두에게 하신 말씀입니다. 이 방법이 하나님과 친밀한 관계가 되는 유일한 길입니다.

11절 "또 각각 자기 나라 사람과 각각 자기 형제를 가르쳐 이르기를 주를 알라 하지 아니할 것은 그들이 작은 자로부터 큰 자까지 다 나를 앎이라." 새 언약의 두 번째 특별함은 "다 나를 앎이라"는 것입니다. 즉, 성도는 각자가 하나님과 교제하며 그분을 알게 된다는 것입니다. 이 말씀은 유대인 사이에 편만하였던 보편적인 영적 무지와 대조되는 형국을 그려줍니다(아더 핑크). 일부 특권층이 하나님을 아는 지식을 독점하는 것이 아니라는 말씀입니다. 과거 유대 사회에서는 서기관이 그런 부류였습니다. 그러므로 주님이 어떤 분인지 가르칠 필요가 없는 이유는 성도들이 그분을 이미 알기 때문입니다. 작은 자로부터 큰 자까지 예외가 없습니다. 그것은 성령이 택함받은 자들 속에 계심으로써 가능합니다. 내 속에 성령을 모시는 것이 정말 중요합니다. 이 말씀은 이미 성령을 모셔서 주를 다 아는 사람에게는 주님에 대해 가르칠 필요가 없다는 것이며, 아직 성령을 모시지 못하여 주님에 대해 알지 못하는 사람에게는 가르칠 필요가 있다는 것입니다. 이제 새 언약의 성결함에 대해 마무리가 됩니다.

12절 "내가 그들의 불의를 긍휼히 여기고 그들의 죄를 다시 기억하지 아니하리라 하셨느니라." 세 번째 특징은 앞 절의 말씀을 전제로 합니다. 성령이 그 속에 계셔서 구속의 주를 아는 사람만 주님이 그들의 죄를 기억하시지 않는다는 것, 즉 용서하신다는 것입니다. 왜냐하면 그들은 깊이 회개하였기 때문입니다. 시편 103편 12절에서 "동이 서에서 먼 것 같이 우리의 죄과를 우리에게서 멀리 옮기"셨다고 했습니다. 성령이 우리 마음에 역사한다면 우리가 죄인인 것을 깨닫게 됩니다. 은혜가 많을수록 세세한 죄까지 생각나서 회개하게 됩니다. 하나님의 직접적인 용서의 말씀은 모든 택함받은 백성에게 힘을 줍니다.

13절 "새 언약이라 말씀하셨으매 첫 것은 낡아지게 하신 것이니 낡아지고 쇠하는 것은 없어져 가는 것이니라." 여기서 "첫 것"은 구약의 제사를 통해 죄를 용서받고 구원에 이르는 방법을 말하는데, 이것은 낡아지고 쇠하여 없어져 가는 것이라는 뜻입니다. 바울의 이 말은 예레미야보다 새 언약에 대해 더 강도 높은 내용을 말합니다. 즉, 옛것을 대체할 새 언약을 주셨는데 이는 죄를 회개함으로 죄가 용서된다는 새로운 방법, 새로운 길입니다. 이 새 언약은 제사장의 무능이나 잘못으로 또는 제사 드리는 자의 불성실함으로 우리 죄가 용서받지 못하는 불상사는 일어나지 않습니다. 예수 그리스도를 믿는 자가 안심할 수 있는 이유는 진정한 대제사장이신 예수님과 직접 통하는 길이 열렸기 때문입니다. 예수님 이후 이 세상은 새로운 시대가 도래하였습니다. 예레미야 시대에는 첫 언약이 낡아지는 예언이 있었습니다. 그것이 주님이 오심으로 성취된 것입니다.

9장

아들과 하늘의 성소

HEBREWS

9장에서는 구약의 성소에 대해 그리고 성도가 어떻게 해야 죄를 용서받을 수 있었는지에 대해 여러 내용을 말하고 있습니다. 그리고 예물을 드리고 제사를 드림으로 죄가 용서되었다고 말합니다. 정결하게 하려고 물과 피를 뿌리는 예법이 구약 성경에 나오는데 그에 대한 설명과 함께 평가를 곁들이고 있습니다.

손으로 지은 성소

1절 "첫 언약에도 섬기는 예법과 세상에 속한 성소가 있더라." "첫 언약"이란 하나님이 모세를 통해 이스라엘 백성과 맺으신 시내산 율법 언약을 말합니다. 하나님이 모세를 통해 성막을 짓게 하셨고, 솔로몬 때에는 하나님의 집인 성전을 짓게 하셨습니다. 성막은 천으로 되어 있고 성전은 아름다운 돌들과 값비싼 금으로 장식했지만, 그 내용은 서로 다르지 않습니다. 첫 언약은 죄를 지으면 양과 소를 제사장에게 가져가고, 제사장은 그 제물을 잡아 번제를 드리며 그 피를 제단 뿔에 바르는 등의 여러 형태의 제사 예법에 맞게 행하여 용서받는 과정을 말합니다. 또 제사장은 성소에 들어가 떡상, 향단, 촛대 등의 관리를 잘해야 하고, 대제사장은 일 년에 한 번 피를 가지고 지성소에 들어가 하나님 앞에서 속죄소에 피를 붓는 것 등의 예법도 있습니다. 첫 언약에는 이 예법과 성막과 성전이 포함되어 있습니다.

그런데 여기서 "세상에 속한 성소"라고 한 것은 세상에 성소가 있음을 인정하는 것입니다. 하나님이 무의미하게 이 땅에 성소를 세우신 것이 아니며 하나님의 기대 속에 세워진 것입니다. 이 땅의 성소는 과거의 존귀함을 무너뜨리지 않습니다. "성소"는 성소(2절)와 지성소(3절) 둘 다를 가리키는 말입니다. 한편 세상에 속한 성소라고 말한 것은 세상에 속하지 않은 성소가 있다는 의미도 포함됩니다. 즉, 하늘나라에 있는 진정한 성소를 염두에 두고 한 말입니다.

2절 "예비한 첫 장막이 있고 그 안에 등잔대와 상과 진설병이 있으니 이는 성소라 일컫고." 바울은 예루살렘 성전이 아닌 모세 때 만들어진 성막을 말합니다. 회막 안이나 성전 안에 있는 첫 번째 공간인 성소였습니다. 성소 안에는 등잔대가 있고 열두 개의 떡을 놓는 떡상이 있습니다. 떡상에 놓는 열두 개의 진설병은 이스라엘의 열두 지파를 상징합니다. 이 떡을 매일 바꾸어서 놓으며 물려낸 떡은 오직 제사장만 먹을 수 있습니다.

3절 "또 둘째 휘장 뒤에 있는 장막을 지성소라 일컫나니." 성소를 들어갈 때 휘장을 지나므로 이것이 첫째 휘장이고, 성소의 안쪽에 또 휘장이 있어서 이 둘째 휘장을 열고 들어가면 지성소가 있습니다(6:19). 장막은 하나님의 거처로 간주하였습니다.

4절 "금 향로와 사면을 금으로 싼 언약궤가 있고 그 안에 만나를 담은 금 항아리와 아론의 싹난 지팡이와 언약의 돌판들이 있고." 지성소 안에 있는 기구에 대해 말합니다. 먼저 금향로와 금으로 싼 언약궤에 대해 말합니다. 사실 금향단은 성소, 즉 지성소 밖에 있지만, 휘장의 입구 쪽에 배치되어 있습니다(출 30:1-10). 그러나 금향단에서 향을 피운 향로를 가지고 지성소 안으로 들어가므로 지성소와 연결되어 있는 것처럼 보이기에 이렇게 말하고 있는 것입니다(모리스). 중요한 것은 언약궤입니다. 이 "언약궤"는 사면이 금으로 싸여 있다고 말합니다. "그 안에", 즉 그 궤 안에는 만나를 담은 금 항아리와 아론의 싹 난 지팡이와 언약의 두 돌판이 있습니다(출 25:16). 사실 만나(출 16:34)와 아론의 싹난 지팡이(민 17:4)는 증거궤 앞에 있었던 것으로 보입니다. 여기서 바울이 그 안에 세 가지가 다 있었다고 말한 것은 의미상 그렇다는 것이며, 랍비들의 의견을 수용한 것으로 보입니다(빈센트). 이 세 가지는 하나님의 초자연적 능력을 나타내는 기적의 상징입니다. 하지만 그것은 죄의 상징이자 증거라는 더 깊은 의미가 담겨 있습니다.

언약궤가 있는 지성소는 대제사장이 일 년에 한 번만 들어갈 수 있고, 그것도 언약궤 뚜껑에 피를 붓기 위함이지 감히 언약궤 뚜껑을 열어 그 안은 들여다볼 수 없습니다. 이렇게 언약궤는 지성소 안에 있는 거룩한 성물입니다. 그러나 이는 하나님이 이스라엘 백성의 죄를 잊지 않으시려고 세 가지 물품을 넣어두게 하신 것이고, 그것을 날마다 보고 있겠다는 표시입니다. 그래서 언약궤 뚜껑인 속죄소의 두 그룹은 그 얼굴을 아래의 언약궤를 향하고 있는 것입니다. 그러므로 그 죄를 가리기 위해 뚜껑이지만 피를 담을 수 있는 속죄소에 피를 부으라고 가르쳐주신 것입니다. 속죄소 위에 피를 부으면 그 양이 많아서 속죄소에 두껍게 피가 채워지며, 그 피로 된 막이 그 안의 죄의 증거들을 가리는 모양이 됩니다. 그렇게 되면 하나님이 피를 보시고 그 안의 죄를 보지 않으시겠다는 것입니다. 그 피가 죄를 가리기 위해 계속 속죄소에 담겨 있어야 하므로 매년 한 차례씩 대제사장이 새로 피를 붓는 것입니다. 이스라엘은 광야이므로 두껍게 피를 부었어도 일 년이 지나면 증발하여 사라지게 됩니다. 그렇게 되면 그 안의 죄의 물품들이 하나님 앞에 그대로 드러나게 되어 하나님은 그 죄의 증거물들을 보실 수밖에 없습니다. 그렇게 되는 것을 방지하려고 일 년의 한 번씩 피를 붓는 일을 행하는 것입니다.

그렇다면 이 세 가지가 어떻게 이스라엘의 죄를 나타내는 증거인지에 대해 생각해보겠습니다. 먼저 만나를 담은 "금 항아리"는 이스라엘 백성이 광야 길을 가면서 먹을 것이 없다고 불평하고 원망하자 하나님이 만나를 내려주신 것입니다. 하나님께 간구하고 조용히 기다렸다면 해결해주셨을 텐데 기다리지 못하고 감히 하나님께 불평하고 원망하자 하나님이 만나를 내려주셨습니다(출 16:35). 그러므로 만나는 불평의 죄가 담겨 있는 것입니다. 부끄러운 죄의 증거입니다.

"아론의 싹 난 지팡이"는 성막 앞에 지팡이를 꽂아두었는데 싹이 나는 기적이 일어난 것입니다. 정말 놀라운 기적이지만 왜 아론이 지팡이를 성막 앞에 꽂아두었는지가 중요합니다. 모세는 하나님이 쓰시는 하나님의 종인데 이스라엘 백성이 모세의 권위를 인정하지 않고 그의 말에 불순종하고 대항하였습니다. 그래서 하나님이 선택하신 지도자임을 증명하고자 지파별로 지도자들의 지팡이를 다 성막 앞에 꽂아놓았는데, 하나님이 레위 지파 아론의 지팡이에 싹이 나는 기적을 일으키셔서 하나님이 택하신 종이 누구인지를 확실하게 나타내 보이셨습니다. 사실 지팡이에서 싹이 날 필요가 없는데 백성이 불순종함으로 이런 기이한 일이 일어난 것입니다.

"언약의 돌판들"은 하나님이 십계명을 직접 새겨 주신 것이지만, 중요한 것은 그것이 두 번째 것이라는 사실입니다. 첫 번째 돌판은 하나님이 직접 돌을 깎아서 글까지 새겨주신 것으로 모세는 그 돌판을 받아서 시내산에서 내려오고 있었습니다. 그런데 아론을 위시해서 많은 백성이 금송아지를 만들어 섬기는 모습을 보고 그 돌판을 던져버렸고 결국 깨졌습니다. 일이 정리된 뒤 하나님은 모세에게 다시 십계명을 받아야 하므로 돌판을 만들어 시내산으로 올라오라고 하셨습니다. 모세가 다시 올라가서 받아온 돌판이 바로 언약궤 안에 들어간 두 번째 돌판입니다. 그래서 하나님이 직접 주신 돌판인 것이 중요한 것이 아니라 그것이 두 번째 돌판인 것이 중요하고, 왜 다시 돌판을 만들었는지가 중요한 것입니다 (출 34:1).

그래서 이 세 가지가 언약궤 속에 있다고 해서 하나님의 능력의 산물이라고 생각해 자랑스럽게 여기는 것은 초보적인 생각입니다. 오히려 이스라엘 백성에게 죄를 잊지 말라고 넣어두신 것입니다(크리소스톰). 그 죄를 속죄소의 두 그룹이 보고 있으므로 그 죄로 인해 이스라엘이 망하지 않도록 지속적으로 피를 두껍게 부어서 담아두어야 한다는 것입니다. 성전이 건축되었을 때에는 언약궤 안에 단지 언약의 돌판만 들어 있었습니다.

예수님을 믿으면 우리의 모든 죄를 다 용서받는 것으로 생각하지만, 사실 그렇지 않습니다. 성소에 세 가지 물건을 보관하면서 이것이 너희의 죄라고 하신 것처럼 우리의 죄도 하늘에 다 기록되어 있습니다. 하나님이 죄를 용서하신다는 것은 모든 죄가 다 사라지는 것이 아니라 예수 그리스도의 피로 덮을 때 보지 않으신다는 의미입니다. 언약궤 안의 죄를 피로 가려서 보지 않으신다는 법칙을 하나님이 만드셨고, 그 법칙의 효력은 지금도 예수 그리스도의 피로 인하여 지속되고 있습니다.

5절 "그 위에 속죄소를 덮는 영광의 그룹들이 있으니 이것들에 관하여는 이제 낱낱이 말할 수 없노라." 속죄소는 언약궤를 덮는 뚜껑입니다(참조. 출 25:21). 그 속죄소에는 "그룹", 즉 천사의 모양이 서서 있는데 그룹은 하나님의 영광을 선포하고 하나님의 거룩함을 수호하는 사역을 담당합니다. 하나님이 이 언약궤를 내려다보고 계신다는 의미입니다. 바울은 대제사장과 하늘의 성소와 이 땅의 성소에 대해 말하였는데, 말의 마무리를 하지 못하고 중간에 말을 하지 못하는 모습을 보입니다. "이제 낱낱이 말할 수 없노라." 이는 사도 바울이 천국 성소에 대한 지식이 부족하여 중간에 말을 끊은 것이 아닙니다. 아마도 옛 질서의 제약들을 설명해야 하기 때문일 것입니다(거스리).

6절 "이 모든 것을 이같이 예비하였으니 제사장들이 항상 첫 장막에 들어가 섬기는 예식을 행하고." 하나님이 예비하신 대로 모든 제사장이 순종하여 행하였습니다. 제사장들은 첫 장막에 들어가 자신이 맡은 직분에 따라 정해진 예식대로 일을 수행합니다. 그들은 등불을 손질하고, 분향단에 향을 피우며, 안식일마다 열두 개의 진설병을 새것으로 진설하였습니다(레 24:5-8). 그러나 휘장 안, 둘째 장막에는 들어갈 수 없습니다. 또한 일반 백성은 가까이할 엄두도 내지 못합니다.

7절 "오직 둘째 장막은 대제사장이 홀로 일 년에 한 번 들어가되 자기와 백성의 허물을 위하여 드리는 피 없이는 아니하나니." 두 번째 장막은 휘장 안쪽을 말하는 것으로 지성소를 가리킵니다. 지성소는 대제사장이 일 년에 한 번 휘장을 들어 올리고 들어갈 수 있었고, 속죄소 위에 피를 부었습니다. 이곳은 오직 대제사장만 들어갈 수 있습니다. 그는 제사장의 대표이며 모든 백성의 대표입니다. 그가 지성소에 들어가는 것은 자기 자신과 백성의 허물을 속하기 위해서입니다. 그 허물에는 여러 가지가 있지만, 대표적인 죄는 바로 언약궤 안에 있는 것들과 관계되어 있습니다. 대제사장이 휘장을 들추고 들어가면 바로 보이는 것이 언약궤이고, 그 언약궤 안에 무엇이 들어 있는지 모를 수가 없을 것이기에 언약궤를 보는 순간 그 죄들이 당연히 생각날 것입니다. 여기서 자기 백성에게 죄를 계속 기억하게 하시는 하나님의 모습을 깨닫습니다. 대제사장 한 명조차도 지성소로 가는 길이 험난했습니다. 이렇게 옛 질서는 제약이 많았습니다.

8절 "성령이 이로써 보이신 것은 첫 장막이 서 있을 동안에는 성소에 들어가는 길이 아직 나타나지 아니한 것이라." 성령이 보여주시는 것이 있습니다. 제사장들이 첫 장막에서 제사를 드리는 등 예식을 행했지만, 그것으로 인해 성소, 즉 하나님의 보좌 가까이 갈 수 있는 길이 열린 것은 아닙니다. 제사장이 떡을 진설하고 향을 피우고 촛대의 불을 유지하는 등의 일을 열심히 한다고 해서 하나님께 나아갈 수 있는 것이 아니라는 것입니다. 제사장은 지성소까지 들어가야 합니다. 만일 성소에서 행하는 일로 만족하는 사람이 있다면 영성이나 신비 등 하나님과의 깊은 관계를 알지 못하는 사람입니다. 대제사장이 예루살렘 성전에 들어갈 때, 특히 그 한가운데 있는 지성소로 들어갈 때는 실제로 하늘 자체로 들어가는 것입니다(톰 라이트).

9절 "이 장막은 현재까지의 비유니 이에 따라 드리는 예물과 제사는 섬기는 자를 그 양심상 온전하게 할 수 없나니." 구약 시대의 제사 제도는 "현재까지의 비유"라고 했습니다. 현재 시대는 그리스도의 출현을 예비한 시대였습니다. "이것을 따라." 지금까지 설명한 모든 것을 뜻할 것입니다. 레위 계통의 제도 아래에서 드리는 예물과 제사는 섬기는 자를 양심상 온전하게 할 수 없다는 것입니다. 여기서 양심이 중요한 부분으로 떠오릅니다. 양심은 자신의 죄를 깨닫게 해줍니다. 양심이 오염되면 예배든 충성이든 온전하게 행하기가 어렵습니다. 신약 교회는 예수 그리스도를 통해 양심을 죽은 행실로부터 깨끗하게 하고(14절), 악한 양심으로부터 벗어나게 합니다(10:22). 대제사장이 속죄를 해도 제사장이든 하나님을 섬기는 누구든 그 사람의 죄가 완전히 사라지거나 그가 영적으로 온전해지는 것이 아니라는 것입니다.

10절 "이런 것은 먹고 마시는 것과 여러 가지 씻는 것과 함께 육체의 예법일 뿐이며 개혁할 때까지 맡겨 둔 것이니라." 여기서 언급한 레위 계열에서 행하는 여러 행위는 예법에 불과하다는 말입니다. 대부분 외부적인 문제만 다룬다는 것입니다. 이것은 예물이나 제사와 관계된 것이 아니고 별개의 문제들입니다. 즉, "육체의 예법"입니다. 이 예법들은 몸에는 유익했으나 양심을 심어주거나 영적인 자유를 주지는 못했습니다. "개혁할 때까지" 그리고 개혁하기 전까지의 임시적 성격이 강한 것입니다. "개혁"한다는 것은 과거의 것들을 고친다는 뜻입니다. 개혁은 이미 예수님으로 인해 이루어졌습니다. 주님이 대제사장으로 오시므로 시작됩니다. 그리스도는 두 번 개혁하십니다. 초림하셔서 구약을 개혁하시고 신약을 주셨으며, 재림하실 때 현세를 개혁하셔서 영원한 세계로 만드실 것입니다. 처음은 영적 개혁이고, 다음은 영과 육을 겸한 완성된 개혁일 것입니다(이상근). 하나님이 행하시는 방법이 바뀌었고, 이제는 제사 대신 우리 마음에 성전을 만들어서 우리 마음에 오신 주님과 함께 살아가는 것이 중요합니다. 그리고 우리는 장차 저 하늘 성소에 가서 하나님께 예배드릴 것입니다. 그것을 소망하면서 살아야 합니다.

언약의 피

11절 "그리스도께서는 장래 좋은 일의 대제사장으로 오사." "장래 좋은 일"이라는 말씀은 구속에 대한 것입니다. 사람에게 가장 중요한 일은 구원받는 일인데 그리스도가 그것을 위해서 오셨습니다. 오실 때의 신분은 "대제사장"이십니다. 더는 언급이 필요 없는 실제화된 사건입니다. 그분이 대제사장이 되시므로 좋은 일들이 생겼습니다. 하지만 성도라 할지라도 그 좋은 일을 다 소유한 것은 아닙니다. 옛것은 미래에 좋은 것이 있음을 보여주는데 새것은 이미 성취되었습니다.

"손으로 짓지 아니한 것 곧 이 창조에 속하지 아니한 더 크고 온전한 장막으로 말미암아." 그리스도가 사역하시는 장소를 나타냅니다. 여기서 "창조에 속하지 아니한"이란 말은 하나님이 창조하신 피조물이 아니라는 것입니다. 이 세상은 창조자와 창조물로 나눌 수 있는데, 창조자는 성부, 성자, 성령 하나님입니다. "손으로 짓지 않은 것", 즉 창조에 속하지 않는 더 크고 온전한 장막은 '하늘 성소'를 가리킵니다. 스데반은 죽기 전 이것을 미리 보았습니다(행 7:48). 이곳은 하나님이 거하시는 곳으로, 6일간 창조하셨던 세상에 속한 곳이 아닙니다. 그러므로 이 장막을 넓은 의미로 예수님의 몸이라고 볼 수도 있습니다(교부들). 원래 성소는 저 하늘나라에 있고 주인공이신 예수님은 성소의 본체이십니다. 손으로 만든 지상의 건물은 하늘에 있는 성소의 실체를 가리키는 표지판일 뿐입니다(톰 라이트).

12절 "염소와 송아지의 피로 하지 아니하고 오직 자기의 피로 영원한 속죄를 이루사." "자기의 피"는 예수님의 피를 말합니다. 예수님이 십자가에 달리셔서 흘리신 피입니다. 오직 예수님의 피로써 영원한 속죄를 이룰 수 있습니다. 더는 레위 계통에서 행하던 염소와 송아지의 피와는 상관이 없습니다. "영원한 속죄", 이는 그리스도의 사역으로 맺힌 실제적인 열매입니다. 그것이 영원한 이유는 완전하고 반복되지 않기 때문입니다(거스리).

"단번에 성소에 들어가셨느니라." 이 말씀은 7장 27절, 10장 10절에도 나옵니다. 진정한 성소는 하늘에 있습니다. 주님이 십자가에서 자신의 몸을 찢으심으로 대제사장의 자격을 확실히 하시고, 저 하늘에 있는 성소에 단번에 들어가셨다는 것입니다. 주님이 앉으신 하나님 보좌 우편 자리는 대제사장의 자리입니다. 그 자리는 온 우주의 어떤 존재도 앉지 못할 보좌입니다. 그리고 보좌를 중심으로 하늘 성소가 펼쳐져 있습니다.

13절 "염소와 황소의 피와 및 암송아지의 재를 부정한 자에게 뿌려 그 육체를 정결하게 하여 거룩하게 하거든." 구약 시대에 성전에서 제사드릴 때 짐승의 피와 재를 뿌려 육체를 정결하게 하는 것은 사람에게도 해당하고 제사드릴 때 사용하는 기구들도 해당합니다. 그들의 피도 효력이 있습니다. "염소와 황소의 피"는 속죄일에 드리는 제물이고(참조. 레 16

장) "암송아지의 재"는 필요할 때마다 드리는 암소의 제물에 대한 것으로 봅니다(참조. 민 19장). 이것들은 육체의 부정을 깨끗하게 하는 의식이었습니다.

14절 "하물며 영원하신 성령으로 말미암아 흠 없는 자기를 하나님께 드린 그리스도의 피가." "영원하신 성령"은 영원하신 영이라는 말입니다. 이 말은 그리스도의 신성을 가리킵니다(델리취). 예수님은 죄가 없으시고 흠이 없으신 하나님입니다. 그런 예수님이 흘리신 피의 효력이 얼마나 강한지는 두말할 필요가 없습니다. 같은 피라도 누구의 피인지가 중요합니다. 염소와 황소의 피와 하나님이신 예수님의 피를 비교하고 있는데 이는 비교조차 될 수 없습니다. 동물의 피를 사용한 것은 일시적이고 의식적인 정결인 반면, 예수 그리스도의 피는 양심을 정결하게 하기 때문입니다. 이것은 내적이며 영적인 씻음입니다(거스리).

"어찌 너희 양심을 죽은 행실에서 깨끗하게 하고 살아 계신 하나님을 섬기게 하지 못하겠느냐." "죽은 행실"이란 아무런 효과도 가져오지 못하는 행위입니다. 예수 그리스도의 피가 능력이 있어서 양심이 죽은 것 같은 행실을 보이는 사람들이라도 오염된 상태를 깨끗하게 할 수 있다고 했습니다. "양심을 죽은 행실에서 깨끗하게" 한다는 것은 육체와 영혼을 다 포함하여 말하는 것이지만, 육체보다는 영혼, 즉 속사람이 더 많은 부분을 차지합니다. 양심은 선한 마음을 말하지만 육신을 가진 인간은 선할 수 없고, 결국 속사람을 말한다고 할 수 있습니다. 깨끗하게 하는 것이 중요한 것은 깨끗한 사람만이 하나님을 섬길 수 있기 때문입니다.

이제 모든 죄는 예수 그리스도의 피로 인해 속죄받을 수 있지만, 문제는 그 엄청난 죄가 다 씻길 정도로 회개를 깊이 그리고 충분히 해야 한다는 사실이 중요합니다. 죄는 하나님과의 교제를 가로막습니다. 죄가 사해지는 것만큼, 그리고 내 속사람이 깨끗해지는 만큼 하나님과 가까워집니다. 죄가 많으면 많을수록 하나님에게서 멀어지게 되고, 특히 우상숭배의 죄가 가장 큰 걸림돌이 됩니다. 이것을 알지 못하고 회개를 등한시한다면 하나님의 은혜를 누리지 못하고 구원에서도 멀어질 수 있습니다. 예수님의 피로 정결하게 되었을 때 비로소 하나님을 섬길 수 있다는 것을 명심해야 합니다. "섬기게 하지 못하겠느냐"에서 '섬긴다'는 것은 '예배'의 의미도 있습니다. 성도가 행하는 가장 축복된 일은 하나님께 예배드리는 것입니다.

15절 "이로 말미암아 그는 새 언약의 중보자시니." 새 언약에 대한 설명을 마치고 이제는 중보자이신 그리스도에게 집중합니다. 예수님은 대제사장이시면서 동시에 "새 언약의 중보자"이십니다. 인간과 성부 하나님과의 관계에서 중보자이십니다. 사실 이것이 대제사장의 중요한 역할입니다. 예수님보다 더 높으신 분이 성부 하나님이시고 중간에서 예수님이 관계를 이어주시는 것입니다. 모세는 하나님과의 관계를 위하여 양과 소를 잡는 여러 제사 예법을 가르쳐주었습니다. 이 모든 것은 옛 언약이 되었고 예수님이 오시면서 새로 만들어진 언약이 새 언약입니다.

"이는 첫 언약 때에 범한 죄에서 속량하려고 죽으사." "첫 언약 때에 범한 죄"란 꼭 구약 시대만 가리키는 것이 아니고 어느 시대나 하나님이 주신 율법의 정죄로 인하여 받은 죄를 가리킵니다(웨스트코트). 그러한 모든 인류의 죄를 속량하시기 위해 주님이 죽으신 것입니다. 예수님이 죽으신 것은 우리를 죄에서 속량하시기 위함입니다. 이것을 마음으로 철저하게 받아들여야 의미가 있습니다. 죄에서 속량을 받는 것이 나에게 해당하는 이야기가 되어야 합니다.

"부르심을 입은 자로 하여금 영원한 기업의 약속을 얻게 하려 하심이라." 여기서 "부르심을 입은 자"는 구원받을 사람들을 가리킵니다. 영적인 사람은 구원받을 사람과 구원받지 못할 사람을 알아챌 수 있을 것입니다. 성경도 냉정하게 부르심을 받은 사람과 그렇지 못한 사람을 구분하여 말하고 있기 때문입니다.

"영원한 기업"은 부르심을 입은 자들이 들어갈 천국입니다. 이를 기업이라고 표현한 것은 재산처럼 각자가 소유할 수 있기 때문입니다. 하늘나라에서 예배를 드리는 내 자리는 누구도 들어갈 수 없는 나만의 자리입니다. 소유권이 있는 자신의 고유한 자리입니다. 특히 보좌에 들어갈 사람의 자리는 정해져 있습니다. 또 주님은 우리의 처소를 마련하러 가신다고 말씀하셨습니다(요 14:2). 하늘나라에는 나의 처소가 있고 할 일도 있어서 하늘나라에서 각자 자신의 자리에서 섬기며 생산성 있게 맡겨진 일을 할 것입니다. 그래서 단순하게 천국에 간다고 표현하지 않고 기업이라고 한 것입니다. 하늘나라에 하나님이 나를 위해 마련해주신 보좌가 있고 처소가 있으며 할 일, 즉 사명이 있다는 것은 감격스러운 일입니다. 예수님만이 주도권을 가지시고 그렇게 해주실 수 있습니다.

16절 "유언은 유언한 자가 죽어야 되나니." 예수님에 대한 표현입니다. '유언'(헬, 디아데케)은 계약과 유언이라는 이중적 의미로 사용됩니다. 보통 '계약', '약속'이라는 의미로 사용되는데 여기서는 '유언'으로 사용된 것으로 보입니다(칼뱅). 유언을 하고 언약하고 죽었기 때문에 변동은 있을 수 없습니다. 일구이언한다면 그 사람이 살아 있어야 가능한데, 죽은 사람은 일구이언이 불가능합니다. 주님이 언약하시고 십자가에서 죽으신 것을 말합니다.

17절 "유언은 그 사람이 죽은 후에야 유효한즉 유언한 자가 살아 있는 동안에는 효력이 없느니라." 예수님의 죽으심으로 예수님이 말씀하신 모든 구속 사역이 이루어진다는 것입니다. 예수님이 죽으심으로 인하여 모든 구원 계획이 완성되었습니다. 이는 그 체계가 완성되었다는 것입니다. 만일 피로써, 즉 죽음으로써 행하지 않았다면 유언이 실행되지 않습니다.

18절 "이러므로 첫 언약도 피 없이 세운 것이 아니니." 출애굽기 24장과 관계가 있습니다. 예수님의 죽으심으로 이루어진 구원을 과거 짐승의 피로 드렸던 제사를 통해 구원받았던 것과 연결하고 있습니다. 구약 시대에도 비록 짐승의 피이지만, 그렇게 피를 흘렸을 때 죄가 용서받을 수 있는 길이 열렸습니다(참조. 13절). 그 피는 예수님이 십자가에서 흘리신 피를 예표합니다. 짐승의 피가 예수님이 흘리신 피로 연결되고 있습니다.

19절 "모세가 율법대로 모든 계명을 온 백성에게 말한 후에 송아지와 염소의 피 및 물과 붉은 양털과 우슬초를 취하여 그 두루마리와 온 백성에게 뿌리며." 출애굽기 24장 3절 이하의 말씀을 요약한 것입니다. 구약시대에 옛 언약이 어떻게 시행되었는지를 가르쳐줍니다. 첫째는 언약의 내용을 백성에게 가르쳐주고, 둘째는 백성이 수락하면 두루마리 책에 기록합니다. 셋째는 그 책과 언약 체결의 당사자인 백성에게 피를 뿌려서 언약이 체결된 것을 확정합니다. 누구든지 언약을 어긴다면 피 흘림이 있을 것을 상징합니다. 물과 붉은 양털과 우슬초를 취하여 뿌린 것은 성결을 위한 것으로 보입니다. 우슬초는 다년생 식물로 박하초의 일종입니다(참조. 레 14:4).

20절 "이르되 이는 하나님이 너희에게 명하신 언약의 피라 하고." 출애굽기 24장 8절을 인용한 것입니다. 그것은 예수님이 장차 오셔서 흘리실 피를 예표하기 위한 것으로, 모세에게 지시하신 것이라는 말입니다. 주님이 피를 흘리시는 것에 대해 말하는데 이는 죄를 사하는 피이고 "언약의 피"입니다. 언약의 피를 잊어버린다면 짐승의 피는 아무 효력이 없습니다.

21절 "또한 이와 같이 피를 장막과 섬기는 일에 쓰는 모든 그릇에 뿌렸느니라." 과거에도 짐승의 피를 제사와 관계된 기구에 뿌렸습니다(참조. 레 8:22-24). 그것은 제사에 사용되는 그릇도 청결해야 하기 때문입니다. 이때는 아직 장막이 세워지기 전이었고, 장막이 세워진 이후에 뿌렸을 것입니다(요세푸스).

22절 "율법을 따라 거의 모든 물건이 피로써 정결하게 되나니 피흘림이 없은즉 사함이 없느니라." 이 말씀은 레위기 17장 11절에 근거합니다. 구약 시대에도 피로 물건을 정결하게 했습니다. 짐승의 피일지라도 십자가의 피를 예표하기 때문에 사함의 효력이 있습니다. 짐승의 피는 모형이고, 실제 효력이 있는 원형은 오직 예수 그리스도가 이 땅에 오셔서 십자가에서 흘리신 피라는 것입니다. 즉, 구약 시대에도 예수님이 흘리신 피로 구원을 받았다는 말입니다. 예수님의 피가 원류로서 구약 시대 사람들도 짐승을 잡아 피를 흘리지만 실제로 바라보는 것은 예수님의 피라는 것입니다. 예수님을 바라보지 않고는 소와 양을 잡아도 효력이 없습니다.

시편을 보면 다윗이 주님을 보았던 것을 알 수 있습니다. 그는 기도하는 중에 하늘이 열려서 장차 예수님의 피 흘리심으로 구원이 이루어질 것을 보았습니다. 그래서 우리가 따라갈 분은 그리스도뿐이라는 것을 알았습니다. 그래서 구약 시대에 양과 소를 잡아서 구원받았다고 단순하게 이해한다면 그것은 성경을 바르게 이해하는 것이 아닙니다. 예수 그리스도의 피로 구원을 받지만 아직 이 땅에 오시지 않으셨으므로 양과 소의 피를 예수님의 피로 생각하고 그것을 의지해서 구원받은 것입니다.

오늘날에는 이미 예수님이 십자가에서 피를 흘리셨고 부활하셨으며 승천하셨습니다. 지금 하늘나라에 대제사장으로서 계시면서 우리의 죄를 속해주실 것을 믿고 죄를 깊이 회개하는 것으로 용서받고 구원받는 것입니다.

그리스도의 희생과 속죄

23절 "그러므로 하늘에 있는 것들의 모형은 이런 것들로써 정결하게 할 필요가 있었으나." 이는 구약의 제사 제도에 대해 말하고 있습니다. "하늘에 있는 것들의 모형"이라고 하였는데 하늘에는 성소가 있습니다. 그 모형은 이 땅에 있는 회막과 그 이후 세워진 예루살렘 성전입니다. 그리고 성전에서 하는 모든 제사 예식도 모형이고 대제사장도 모형이며, 원형은 하늘나라에 있습니다. 이 땅의 모형은 정결해지기 위해 물을 뿌리고 재도 뿌리며 피도 뿌리는 여러 가지 방법이 필요합니다.

"하늘에 있는 그것들은 이런 것들보다 더 좋은 제물로 할지니라." 그러나 하늘에 있는 원형은 이 땅에서 재와 물과 피로 정결하게 하는 것보다 "더 좋은 제물"로 정결하게 해야 한다는 것입니다. 더 좋은 제물은 예수 그리스도이십니다. 하늘에 있는 것은 원형이므로 모형보다 더욱 깨끗해야 하기 때문입니다. 이 땅은 모형이기 때문에 이 땅에서 행한 모든 것, 즉 물을 뿌리고 재를 뿌리며 피를 뿌리는 것도 모형입니다. 대제사장도, 성전도, 제물도, 제사 예법과 정결하게 하는 것까지도 다 모형입니다. 하늘나라에 올라가면 이 땅의 모형인 성전에서 드리던 제사보다 차원이 높은 거룩하고 깨끗한 제사를 드려야 합니다. 그것을 위해 대제사장이신 예수님은 그 어떤 제사장보다 수준이 높으십니다. 성도들도 마찬가지로 그런 높은 수준으로 그리스도의 보혈로 깨끗해져 깨끗한 제물로서 하나님께 드려져야 합니다(델리취). 이 땅의 성전은 모형이므로 하나님이 언약궤에 임재해 계시지만, 그것은 언약궤에 한정된 것이고 또 거기서 떠나실 때도 있고, 그래서 성전이 무너진 적도 있습니다. 이는 모형이므로 큰 문제는 아닐 것입니다. 그러나 하늘나라는 절대 이동할 수 없고 무너질 수 없으며 언제나 그 자리에 있어야 합니다. 하늘 성소는 완벽하게 깨끗해야 하고, 그곳에 참여한 성도들도 깨끗해야 하며, 성도들이 입은 옷도 깨끗해야 하고, 대제사장도 깨끗해야 합니다. 하늘 성소의 모든 요소가 다 거룩하고 깨끗해야 합니다.

24절 "그리스도께서는 참 것의 그림자인 손으로 만든 성소에 들어가지 아니하시고." "손으로 만든 성소"의 의미는 다음과 같습니다. 12절에서 그리스도가 이미 성소에 들어가셨다고 하였습니다. 손으로 만든 성소는 하늘나라의 그림자에 불과한 것으로 이는 예수님이 예루살렘 성전에 들어가지 않으신다는 뜻입니다. 유대인들은 예루살렘 성전을 대단하게 여기지만 그것은 하늘나라의 그림자일 뿐이라는 것입니다. 미래에도 주님은 그림자에 불과한 예루살렘 성전에 오시지 않을 것입니다. 그처럼 하늘나라가 있으므로 이 땅의 모형은 중요하지 않습니다. 만약 주님이 재림하셔서 예루살렘 성전으로 오셔서 통치하실 계획이셨다면 부활하신 뒤 예루살렘 성전에 오셔서 자신이 다시 이곳에 오실 것이라는 암시를 주셨을 것이 분명합니다. 그러나 그렇게 하지 않으셨습니다. 이 땅의 성전은 사람의 손으로 지은 것이고, 이미 더러워질 대로 더러워졌습니다. 스데반도 "그러나 지극히 높으신 이는 손으로 지은 곳에 계시지 아니하시나니"(행 7:48)라고 하였습니다.

"바로 그 하늘에 들어가사 이제 우리를 위하여 하나님 앞에 나타나시고." 그래서 주님은 부활하신 뒤 처음 계시던 곳인 하늘 성전으로 가셨습니다. 원형이 원형의 자리로 들어가신 것입니다. 원형이 이 땅에 오셔서 모형을 둘러보러 오셨는데 강도의 소굴로 더럽혀진 것을 보시고 크게 실망하시고는 책망하셨습니다(막 11:17). 그리고 성전이 돌 위에 돌 하나도 남지 않을 정도로 무너질 것이라고 말씀하셨습니다(마 24:2). 주님은 이 땅에 내려오셔서 33년 동안 맡으신 사명인 속죄의 제사를 완성하시고 이 땅에 오시기 전부터 계시던 자리인 하늘 보좌로 다시 돌아가신 것입니다. 주님은 드디어 부활하셔서 성부 하나님 앞에 다시 나타나셨습니다. 그리고 대제사장의 직무를 행하시는데 "우리를 위하여"와 같이 회개하고 주께 헌신한 자들을 위해 사역하십니다.

25절 "대제사장이 해마다 다른 것의 피로써 성소에 들어가는 것 같이 자주 자기를 드리려고 아니하실지니." 다시 한번 대제사장의 속죄일 제사를 언급하고 있습니다. 대제사장은 매년 반복해서 새로 잡은 짐승의 피를 가지고 성소에 들어갔지만, 예수님은 "다른 것의 피"가 아닌, 즉 남의 피가 아닌 자신의 피로 하신다는 것입니다. 그리고 자발적으로 단 한 번에 십자가에서 자신을 드림으로써 속죄 제사를 완성하셨습니다. 그래서 다시 죽으실 필요가 없습니다. 한 번 세상에 오셔서 죽으시고 하늘나라에 가셨는데, 다시 인간들이 죄를 많이 지었다고 또 오셔서 죽으실 필요가 없다는 것입니다.

26절 "그리하면 그가 세상을 창조한 때부터 자주 고난을 받았어야 할 것이로되." 유대인들의 생각에는 희생 제사가 끊임없이 반복되더라도 아무런 어려움이 없었습니다. 왜냐하면 희생 동물을 끊임없이 공급할 수 있었기 때문입니다(거스리). 그러므로 죄를 지을 때마다 그리스도가 제물로 바쳐지는 반복되는 죽음이 있어야 합니다. 이것은 이해가 되지 않는 처사입니다. "창조한 때부터", 즉 아담부터 시작된 인간의 죄는 그 수를 셀 수가 없습니다.

"이제 자기를 단번에 제물로 드려 죄를 없이 하시려고 세상 끝에 나타나셨느니라." "이제"는 1장 2절에 나오는 "이 모든 날 마지막"과 연결됩니다. 사도 바울은 예수님이 오셨던 때를 세상 끝으로 생각했습니다. 유대인들도 그렇게 생각했는데, 사실 세상의 마지막이므로 예수님이 오신 것입니다. 주님이 초림하셨을 때도 그때가 세상 마지막이었고, 재림하실 때에도 세상 마지막 때이기에 오실 것입니다. 첫 번째 세상의 끝은 구약 시대의 끝이고, 두 번째 세상의 끝은 신약 시대의 끝입니다. 두 번째 세상 끝에는 단순히 한 시대가 끝나고 새 시대가 오는 것이 아니라 세상이 완전히 망할 것입니다. 이때 예수 그리스도의 재림이 성취됩니다. "죄를 없이 하시려고." 없애는 것은 용서나 씻음보다 더 강렬합니다. "자기를." 대제사장이신 그리스도는 자신을 직접 제물로 바칩니다.

27절 "한번 죽는 것은 사람에게 정해진 것이요 그 후에는 심판이 있으리니." 선악과를 따서 먹은 아담은 물론 그 후손인 모든 인생은 육적인 죽음의 형벌이 있다는 것입니다(롬 5:12). 주님은 자발적으로 죽으신 것이고, 모든 인간에게 죽음은 정해진 것입니다. 우리는 이 말을 평생 기억해야 합니다. 23절에는 "하늘에 있는 그것들은 이런 것들보다 더 좋은 제물로 할지니라"고 했는데, 하늘나라는 깨끗한 곳이므로 피와 물과 재보다 더 좋은 것이 필요하다고 했습니다. 더 좋은 제물, 즉 예수 그리스도의 피로 할 수 있다는 것입니다.

구약 시대에 사람들이 하나님께 양과 소를 잡아 드렸듯이 하늘나라에서도 구원받은 성도들이 하나님 앞에 일종의 제물이 되는 것입니다. 그리고 성도들도 더 좋은 제물이 되어야 하므로 깨끗한 성도로서 드려져야 합니다. 어떤 사람은 죄를 적게 지었고 헌신을 많이 하고 천국에 갑니다. 또 어떤 사람은 죄를 많이 지었지만 예수님을 믿고 간신히 구원을 받습니다. 두 사람 다 천국에 갔으므로 어떤 차이가 있을지 잘 알지 못합니다. 둘 다 세마포 옷을 입고 있어 똑같을 것으로 생각하지만 상당한 차이가 있습니다. 이해하기 쉽게 말하면, 간신히 구원받은 사람이 입은 세마포는 싸구려 재질의 옷이고, 많이 헌신했던 깨끗한 사람은 값비싼 재질의 세마포 옷을 입는 것입니다.

예수님은 대제사장이시고 성도는 제사장입니다. 지금도 우리는 이 땅에서 제사장의 역할을 감당하고 있습니다. 예배도 제사장과 같은 자격으로 드리는 것입니다. 그래서 이 땅에서도 깨끗해야 하나님의 은혜 가운데 하나님을 섬길 수 있습니다. 그렇게 깨끗해져서 하나님 앞에서 잘 쓰임받다가 하늘나라에 가서 상급을 많이 받고 인정받아야 합니다. 이 땅에서의 영적 상태가 하늘나라에서 그대로 이어집니다.

"그 후에는 심판이 있으리니." 장차 주님이 재림하시면 모든 사람은 행한 대로 심판을 받습니다(계 20:11-15). 여기서 심판을 언급한 의미가 있을 것입니다. 게다가 이 성경은 유대인 출신의 신약 교회 성도들에게 쓴 글이므로 다 구원받을 성도들인데도 불구하고 심판받을 것을 이야기하였습니다. 구원받을 사람이 심판을 받지 않는다면 이렇게 말하지 않고 죽은 후에 구원받아 천국에 들어갈 것을 말했어야 합니다. 즉, 교회에 다닌다고 해서 다 구원받는 것이 아니라는 말입니다. 또 구원을 받을지라도 다 똑같은 상태의 구원 생활이 아니라는 말입니다. 모든 성도가 다윗이나 모세와 같은 수준으로 구원받는 것은 아닙니다. 아마도 셀 수 없이 많은 등급이 존재할 것입니다.

28절 "이와 같이 그리스도도 많은 사람의 죄를 담당하시려고 단번에 드리신 바 되셨고." 예수님은 "많은 사람의" 죄를 사하시기 위하여 단 한 번 십자가를 지셨습니다. 인간사에서 구원의 길을 확실하게 실천하셨습니다. 인간의 구원은 죄가 용서되어야 가능한데 죄 용서는 예수님의 죽으심으로 인하여 이루어졌습니다. 그것을 믿고 나아오는 사람만이 구원을 얻을 수 있습니다. 그것만이 구원을 얻는 유일한 길입니다. 그래서 성경은 "다른 이로써는 구원을 받을 수 없나니"(행 4:12)라고 못을 박고 있습니다. 다른 어떤 종교에도 그 길이 제공된 적이 없습니다.

예수님을 믿더라도 진정으로 회개하지 않으면 죄를 용서받을 수 없습니다. 회개하려면 지은 죄를 구체적으로 낱낱이 고백해야 합니다. "50년 지은 모든 죄를 용서하여주옵소서"라고 만일 기도한다면 그 기도는 효력이 없습니다. 법정에서 죄를 범한 사람의 죄가 하나하나 철저하게 파헤쳐지는 것처럼 하나님의 심판대 앞에 서게 되면 우리의 모든 죄가 낱낱이 밝혀질 것이기 때문입니다. 죄 하나하나에 대해 벌이 있어 모든 죄에 대해서 합한 판결이 나오기 때문에 그 하나하나를 이 땅에서 회개하여 없애지 않으면 안 됩니다.

"구원에 이르게 하기 위하여 죄와 상관 없이 자기를 바라는 자들에게 두 번째 나타나시리라." 주님이 두 번째 나타나신다고 한 것은 마지막 때에 오실 재림을 말합니다. 천국에 구원받은 성도들이 다 채워지면 주님이 대제사장으로서 모든 일을 처리하십니다. 그 후에 자기를 바라는 자들에게 두 번째 나타나실 것입니다. 이때는 죄와 상관없이 자기를 바라는 자들이 있을 것입니다. 죄와 상관이 없다는 것은 죄를 회개하여 깨끗해져서 더는 죄를 묻기 어려운 깨끗한 성도라는 의미입니다. 주님의 재림은 회개하지 않은, 더러운 자들이 맞이할 축복이 결코 아닙니다. 성도는 어떠한 시련과 핍박이 있더라도 끝까지 믿음을 지켜야 합니다.

10장

아들이 중보자시다

HEBREWS

앞에서 예수 그리스도께서 대제사장으로서 단번에 십자가에 자기 몸을 드림으로써 영원한 속죄를 이루어 성도를 온전하게 하셨다는 놀라운 비밀을 말하였습니다. 10장에서 계속해서 말합니다.

한 몸을 예비하다

1절 "율법은 장차 올 좋은 일의 그림자일 뿐이요 참 형상이 아니므로." 이 말씀은 넓게는 율법 전체를 가리키고, 좁게는 제사의 규례를 가리킵니다. 율법이 "장차 올 좋은 일의 그림자"라고 한 것은 그 그림자를 만든 원형이 있다는 것입니다. "장차 올 좋은 일의 그림자"는 구약의 계시인 율법이 신약 시대 구원 운동의 그림자라는 말입니다(박윤선). 사도 바울은 수십 년 동안 구약성경을 연구하고 공부했지만, 결국 그것이 컴컴하고 어두운 그림자였다고 말합니다. "참 형상"이 있는데 자신이 그동안 원형을 알지 못하면서 그림자에 지나친 의미를 부여하고 신앙생활을 해왔음을 간접적으로 고백합니다. 구약성경, 특히 모세오경을 유일무이한 원전으로 생각하는 유대인들이 듣기에는 충격적인 말입니다. 이 성경은 유대인 출신의 그리스도인에게 쓴 책이기 때문에 그런 부분을 염두에 두고 보아야 합니다.

"해마다 늘 드리는 같은 제사로는 나아오는 자들을 언제나 온전하게 할 수 없느니라." 여기서 "해마다 늘 드리는 같은 제사"는 이스라엘 종교력으로 7월 10일 속죄일에 대제사장이 일 년에 한 번 자신은 물론 백성들의 죄를 속하기 위해 드리던 속죄제를 가리킵니다(9:7). 늘 드린다는 것은 반복적으로 드린다는 의미입니다. 그런데 그 제사로는 "나아오는 자들", 즉 속죄함을 얻기 위해 하나님께 나아오는 사람들을 온전하게 할 수 없다고 말합니다. 온전해지는 것이 중요합니다. 그런데 그 제사로는 이것을 성취하지 못합니다. 제사를 무시하는 표현처럼 보이고, 만약 대제사장과 제사장들이 이 글을 보았다면 분노했을 법한 표현입니다. 바울이 이렇게 말하고 있을 때도 제사장들은 성전에서 제사를 드리고 있었을 것이기 때문입니다. 성전 제사를 중시하고 모세오경의 권위를 높이면서 지금까지 행해오는 제도를 단번에 깨뜨리는 말입니다.

2절 "그렇지 아니하면 섬기는 자들이 단번에 정결하게 되어 다시 죄를 깨닫는 일이 없으리니 어찌 제사 드리는 일을 그치지 아니하였으리요." 만약 대제사장이 드리는 제사가 사람을 온전하게 하는 효력이 있다면, 제사를 드린 사람이 온전해져서 더는 속죄를 위한 제사가 필요하지 않기 때문에 제사드리는 일이 중단되었을 것이라는 말입니다. 그러나 중단되지 않고 지금까지 이어졌으므로 대제사장이 드리는 제사는 사람을 죄에서 온전하게 할 수 없는 것이라고 확증하는 것입니다. 재물 봉헌의 역할은 지난번 재물 봉헌 이후에 지은 죄들을 정화해준 것입니다. 그러나 근본 원인인 죄 자체에 대해서는 아무것도 할 수 없습니다(거스리). "섬기는 자들이"는 예배하는 자들이며, 그들 스스로 죄가 다 사해졌다고 생각하지 않았을 것입니다.

"다시 죄를 깨닫는 일이 없으리니"라고 한 것은 속죄 제사로 말미암아 단번에 죄가 용서되고 정결하게 되면 그 죄가 다시 생각나거나 죄의식을 갖게 되는 일이 없을 것이라는 말입니다. 그러니 또 죄를 짓지도 않을 것입니다. 그래서 항상 기쁨과 감사와 평안함이 있을 것입니다. 그러나 제사를 드리고 왔어도 답답하고 시원함이 없고 여전히 죄가 남아 있는 것처럼 느껴지기에 또 제사를 드리러 간다는 것입니다.

어떤 사람은 예수님을 구주로 영접한 순간 미래의 죄를 포함해 우리의 모든 죄가 다 용서되었다고 말하면서 그것을 믿고 살라고 가르칩니다. 성도의 처지에서는 여전히 죄의식이 있고 마음에 기쁨과 평안함이 없는데도 무조건 믿으라고 합니다. 교회에 나와 영접 기도도 하고 죄를 용서받았음을 "아멘" 하며 받아들였어도 중간에 교회를 다니지 않고 믿음을 잃어버리는 사람이 많습니다. 그러면 죄 용서받은 것은 어떻게 되는 것인가요? 이런 경우 구원을 받는다고 생각할 수 없습니다. 그러므로 이것은 옳은 가르침이 아닙니다. 대제사장의 속죄로 온전하게 되지 못했듯이 예수님을 마음에 영접했다고 말하는 것으로 죄가 다 용서되는 것이 아닙니다.

3절 "그러나 이 제사들에는 해마다 죄를 기억하게 하는 것이 있나니."
구약 시대에는 대제사장이 1년에 한 번 대속죄의 제사를 드릴 때, 백성은 그 해에 지은 죄를 기억하고 그것을 속죄하도록 했습니다. 그러면 죄가 씻어져야 하고 지은 죄가 기억나지 않아야 합니다. 그러나 여전히 기억나고 양심에 거리낌이 있는 것은 죄가 사라지지 않았기 때문입니다. 죄가 완전히 사라진다면 동이 서에서 먼 것처럼 기억조차 나지 않을 것입니다(시 103:12). 죄가 희미하게라도 기억된다면 조금 더 회개해야 하며, 생생하게 기억된다면 깊이 회개해야 합니다. 죄를 억지로 잊어버리려 하는 것은 정석이 아닙니다. 불행하게도 대제사장들은 백성의 죄가 사해진 줄 알았을 것이고 의도치 않게 백성을 기만한 것입니다. 아마도 지난 한 해 동안 지은 죄뿐 아니라 몇 년 혹은 몇십 년 전에 지은 죄에 대한 죄책에 시달리는 사람도 있을 것입니다.

4절 "이는 황소와 염소의 피가 능히 죄를 없이 하지 못함이라." 지금까지 유대인들이 수많은 제사를 지내왔고 대제사장이 속죄 제사를 지냈지만, 그것으로 죄가 없어지는 것이 아니라는 말입니다. 짐승의 피로서 죄가 용서되는 것이 아니라 주님의 피 흘림으로 용서받는 것입니다. 그러므로 깊은 회개 없이는 황소와 염소를 아무리 잡아 바쳐도 속죄가 없습니다.

5절 "그러므로 주께서 세상에 임하실 때에 이르시되 하나님이 제사와 예물을 원하지 아니하시고 오직 나를 위하여 한 몸을 예비하셨도다." 바울은 시편 40편에서 교훈을 얻습니다. "세상에 임하실 때에"는 그리스도가 육신을 입으시고 이 세상에 오셔서 세상에 계실 때를 가리킵니다. 특히 5절부터 7절까지는 다윗이 예수 그리스도의 예표적 모형인 처지에서 말한 것입니다(박윤선). 그러므로 바울은 그것을 예수 그리스도가 자기를 위한 증언처럼 말한 것으로 인용합니다. "제사와 예물을 원하지 아니하시고"라는 말은 하나님은 의식적 제사보다 순종을 원하시고 또한 의식적 구약 제사는 신약 시대의 영적 제사 역할을 할 수 없다는 뜻입니다. 구약 시대에 수많은 제물과 예물을 드렸습니다. 그것으로 죄가 용서되는 것이 아닌데다가 심지어 그것조차도 진실한 마음으로, 하나님을 경외하는 마음으로 드리지 않았으므로 더욱 하나님이 원하지 않으셨던 것입니다. 최선을 다해도 부족한데 하나님을 무시하고 사람의 눈을 속이며 무성의하게 제사를 드리므로 하나님은 제사 제도를 폐하시고 다른 것을 준비하셨습니다. 그것이 바로 예수 그리스도의 몸입니다.

"나를 위하여 한 몸을 예비하셨도다"라는 말은 "당신이 내 귀를 뚫었나이다"라는 뜻으로도 볼 수 있습니다. 고대 사회에서 노예를 사 오면 그의 귀를 뚫거나 몸에 문신을 새기는 등의 행위를 통해 소유를 증명하던 것에서 나온 말입니다. 즉, 예수 그리스도는 하나님 아버지의 것이라는 말입니다. 하나님이 예수 그리스도의 몸에 대해 직접 소유권을 주장하시는 것입니다. 그래서 하나님이 특정하시므로 예수님의 몸은 희생 제물로 드려진 유일한 제물이 된 것입니다. 이제 하나님께 바쳐져서 하나님의 종이 되었고, 하나님께 헌신되어졌다는 것입니다.

6절 "번제와 속죄제는 기뻐하지 아니하시나니." 다윗 시대에도 제사는 계속 있었습니다. 번제와 속죄제는 양을 잡아 태워서 드리는 제사로서 많은 수고와 정성과 물질이 들어갑니다. 그런데도 이 제사가 오용될 때는 죄 용서를 위한 효과가 없다는 것이 안타까운 일입니다. 오직 예수님의 피 외에는 구원받을 수 없다는 것을 확실하게 믿고 회개해야 죄를 용서받을 수 있다는 것을 말해줍니다. 즉, 예배자의 태도가 중요합니다. 바로 죄를 회개하는 자세입니다. 구약 시대에도 진정한 회개가 필요했고 신약 시대에도 진정한 회개가 필요한 것입니다. 그러나 구약 시대에 많은 물질을 드려서 제사를 드렸어도 온전하게 되지 못했다고 말씀하고 있으므로, 마음과 입으로 하는 회개 없이는 효력이 없다는 것을 알아야 합니다. 구약 시대의 유대인들이 진심으로 회개하지 않고 제물과 예물만 드려서 문제를 해결하려고 해서 종교가 타락하고 나라가 망했던 것을 기억해야 합니다. 이런 사태가 벌어지는 것은 죄를 깨닫지 못하기 때문입니다. 그래서 하나님 앞에서 겸손해야 합니다.

영혼과 육체는 한 몸 속에 있습니다. 은혜를 받아도 영혼과 육체가 함께 좋은 영향을 받고, 죄를 지어 악한 영이 들어와도 영혼과 육체가 함께 나쁜 영향을 받는 것입니다. 우리가 회개하면 죄를 통해 들어온 악한 영이 나가므로 육체와 영혼이 함께 깨끗해지고 강건해지며 온전해져서 하나님의 은혜를 누리게 됩니다.

7절 "이에 내가 말하기를 하나님이여 보시옵소서 두루마리 책에 나를 가리켜 기록된 것과 같이." 이 말씀도 시편 40편 7절에 나오는데, 시편 40편은 다윗이 미래에 대해 기록한 시입니다. 다윗은 성부와 성자가 대화하시는 모습을 보고 들었고, 예수님이 이 땅에 오셔서 십자가에서 죽으실 것을 천 년 전에 이미 알았습니다. "두루마리 책에 나를 가리켜." 다윗이 말한 것처럼 되어 있지만 예수 그리스도가 하신 말씀입니다. 즉, 예수님에 대해 기록한 책입니다. 바로 율법책이라는 의미입니다(칼뱅).

"하나님의 뜻을 행하러 왔나이다 하셨느니라." 예수님이 이 땅에 오신 이유는 바로 하나님의 뜻을 행하기 위해서였습니다. 자신의 몸을 십자가 위에 드리는 것이야말로 진정한 속죄를 이루는 대제사장으로서의 사명이었습니다. 그동안 레위인 중에서 수십 명이 대제사장으로서 수많은 속죄 제사를 드렸으나 그것은 진정한 속죄를 이루지 못하였고, 오직 예수님이 드리신 단 한 번의 제사는 전 시대의 사람들을 구원에 이르게 하는 속죄를 이룰 수 있었습니다. 다윗이 그 내용을 미리 알고 기록하였는데 사도 바울이 그 내용을 정확하게 찾아내어 여기에서 설명해주고 있습니다. 이런 놀라운 해석을 하는 사도 바울은 성경에 대해 해박한 지식과 깊은 영성을 소유한 사람인 것을 알 수 있습니다.

한 번의 제사

8절 "위에 말씀하시기를 주께서는 제사와 예물과 번제와 속죄제는 원하지도 아니하고 기뻐하지도 아니하신다 하셨고(이는 다 율법을 따라 드리는 것이라)." 5-7절에서 예수 그리스도가 대제사장으로서 십자가에 달려 죽으심으로 그 피로 구원을 얻게 하셨다는 것에 대해 말했습니다. 구약 시대에 드려지던 제사는 끊임없이 드려야 하는, 즉 한 번에 온전하게 하는 제사가 아니라고 말했습니다. 본문의 내용은 그것을 반복하여 말하고 있습니다.

사도 바울이 이 이야기를 여러 장에 걸쳐서 설명하는 것은 이 말씀이 유대인을 대상으로 한 것이기 때문입니다. 또한 자신이 한 번 설명하는 것으로 그들을 설득하지 못할 것으로 판단했기 때문일 것입니다. 유대인들은 자신들이 여호와 하나님의 선민으로서 율법을 받았고, 성전에서 유일하게 하나님께 제사드릴 수 있는 특권을 가지고 있다고 자부하고 있었습니다. 그런 사상이 모세 때부터 바울 때까지 1,400년을 이어져왔습니다. 그 전통을 와해하는 이런 발언을 쉽게 받아들이기는 어려울 것입니다. 몇백 년이 아니라 50여 년만 이어져온 행위라도 쉽게 교정되지 않습니다. 따라서 바울은 같은 내용을 여러 번, 또 다양한 시각에서 설명하고 있는 것입니다.

본문의 말씀은 시편 40편 6절을 인용하고 있습니다. 사실 하나님이 제사와 예물 자체를 싫어하시는 것이 아니라 사람들이 정성 없이 드리기 때문에 싫다고 하시는 것입니다. 이는 지금도 마찬가지입니다. 하나님의 사람이 예배드릴 때 하나님을 경외하는 마음을 담아서 드려야 합니다. 또 깊이 회개하는 마음이 필요합니다. 우리는 모두 연약하고 죄가 많아서 하나님의 자비와 긍휼하심 없이는 하나님 앞에 나아갈 수 없다는 것을 확실하게 깨닫고, 겸손한 마음으로 예배하는 것이 옳습니다.

9절 "그 후에 말씀하시기를 보시옵소서 내가 하나님의 뜻을 행하러 왔나이다 하셨으니." 이는 다윗이 쓴 글로서 예수님이 하나님의 뜻을 행하시기 위하여 하늘에서 이 땅으로 내려오신 것을 말합니다.

"그 첫째 것을 폐하심은 둘째 것을 세우려 하심이라." 여기서 "폐하심"의 '폐하다'(헬, 아나이레이)는 보통 '죽이다'의 의미를 가지고 있습니다(참조. 마 2:16, 눅 22:2, 행 2:23, 7:28, 9:23). 첫 것을 죽여야 합니다. 주님이 이 땅에 오셔서 한 일이 바로 첫째 것, 즉 구약의 제사 제도를 폐하셨다는 것입니다. 그렇게 하신 이유는 둘째 것, 즉 그리스도를 통한 영적 제사 제도를 세우기 위함이었습니다. 첫째 것과 둘째 것은 둘 다 필요한 것이 아니고, 첫째 것은 폐하고 둘째 것을 가지고 하나님께 정상적인 제사를 드리게 된다는 것입니다.

10절 "이 뜻을 따라 예수 그리스도의 몸을 단번에 드리심으로 말미암아 우리가 거룩함을 얻었노라." "이 뜻을 따라"는 그리스도를 보내셔서 신약 제도를 만드신 하나님의 뜻입니다. “예수 그리스도의 몸을 단번에 드리심”은 십자가에서 몸을 드리신 것을 가리킵니다. 주님이 십자가에 달려 돌아가신 것은 모든 사람, 즉 인류의 죄를 뒤집어쓰시고 죽으신 것입니다. 그래서 “단번에”, 즉 다시 죽으실 필요가 없다는 것입니다. 그리고 온전한 제사로 죄 용서함이 성립되어 거룩함을 얻게 됩니다. 성화의 과정은 오직 그리스도 안에서만 성취됩니다. 메시아 예수님이 단 한 번에 하신 그 일이 하나님의 이전 목적의 절정이요 완성입니다. 그리고 율법을 대체하는 새로운 실체로 등장합니다(톰 라이트).

“우리”가 누구인지도 중요합니다. 사실 예수님이 죽으심으로 온 인류의 죄가 저절로 다 용서된다면 우리가 예수님을 믿을 필요가 없어지지만, 실제로는 예수 그리스도를 주로 고백하고 회개해야 용서가 됩니다. 우리 각자는 예수 그리스도의 피의 효력으로 자신의 죄를 용서받았는지가 중요합니다. 그래서 여기서 말하고 있는 “우리”는 예수님을 믿고 진정으로 자신의 죄를 깊이 회개한 사람을 가리킵니다. 예수님이 내가 지은 죄로 인하여 죽으신 것을 진실로 믿는다면 마음을 찢는 태도로 자신의 죄를 고백하는 것이 당연합니다.

주님은 우리의 머리털도 다 세신다고 하셨습니다. 우리의 머리털까지도 세시는 주님이 우리의 죄를 세시는 것은 당연합니다. 우리의 모든 죄를 다 주님 앞에 내어놓고 깊이 회개하고 또 부모와 선조와 민족의 죄까지 회개하면 우리는 거룩함을 얻을 수 있습니다. “단번에 드리심으로.” 그리스도가 순종하심으로 성도가 유익을 얻습니다.

11절 "제사장마다 매일 서서 섬기며 자주 같은 제사를 드리되 이 제사는 언제나 죄를 없게 하지 못하거니와." 11-14절은 그리스도가 받으시는 영광에 대해 말합니다. "매일 서서." 제사장들은 성전 마당에서 또 성소에서 매일 서서 섬겼습니다. 성전에는 의자가 없고 바닥은 모래이므로 종일 서서 일합니다. 또 조심조심 걸어다니지 않으면 모래가 날려서 떡과 제물에 들어갈 수 있습니다. 그런데 주님은 하늘 보좌에 앉아 계십니다. 구약 시대의 제사장들은 힘들게 "자주 같은 제사"를 드렸지만, 주님은 단번에 드리셨습니다. 그러나 옛 제사는 죄를 없이 하지 못하였습니다. 그래서 하나님은 여러 번 선지자들을 통해 너희의 제사를 받지 않는다고 말씀하신 것입니다. 제사장들의 무능한 사역입니다. 그러나 주님은 죄를 위하여 영원한 제사를 드리셨습니다(다음 절). 성도에게 있는 죄를 없애는 것이야말로 중요한 일입니다.

12절 "오직 그리스도는 죄를 위하여 한 영원한 제사를 드리시고 하나님 우편에 앉으사." 예수 그리스도가 이 땅에 오셔서 온 인류의 죄를 위해 단 한 번의 제사, 즉 십자가 위에서 죽으시고 부활하셔서 완전한 제사를 드리셨습니다. 그리고 하늘에 오르셔서 하나님 우편에 앉으셨습니다(1:3, 8:1, 12:2). 여기서 "하나님 우편에 앉으사"라는 말은 하나님 안에 있다는 말과 같습니다. 하나님은 보좌에 표현하지 못할 큰 빛의 덩어리로 계십니다. 거기 하늘 보좌의 빛 안에 주님이 함께 앉으신 것입니다. 자연히 영광과 권능의 왕으로 즉위하신 것입니다. 그러므로 구속 사역의 완성을 이루십니다.

13절 "그 후에 자기 원수들을 자기 발등상이 되게 하실 때까지 기다리시나니." 주님은 자기 원수들, 즉 마귀들이 망하는 때를 기다리시는 것입니다. 언젠가 마귀들은 하나님의 심판을 받을 것이고, 주님의 발아래에 밟힐 것입니다. 이때가 바로 주님이 재림하시는 때입니다. 주님은 재림하셔서 성도들에게 죄를 짓게 한 죄의 본체와 같은 마귀를 완전히 심판하실 것입니다. 주님이 그때까지 권능자의 모습을 하시며 기다리십니다. 그러나 기다리면서 아무 일도 하지 않으시는 것이 아니라 성도들에게 성령을 보내주시고 또 주님이 몸소 오셔서 도와주시기도 합니다. 지금도 성도들이 마귀와 벌이고 있는 영적 전쟁을 도우십니다.

14절 "그가 거룩하게 된 자들을 한 번의 제사로 영원히 온전하게 하셨느니라." 상당히 의미가 있는 말씀입니다. 지금까지 해온 말들과 논리가 다르게 느껴집니다. 앞에서는 예수님의 죽으심으로 성도들이 죄 용서를 받고 거룩해지는 것에 대해 말했는데, 거룩하게 된 자들은 예수님 당시로 끝난 것이 아니라 지금도 계속 나타나고 있다는 의미로 볼 수 있습니다. 예수님은 그들까지도 얼마든지 영원히 온전하게 하셨습니다.

제사 제도는 지나갔다

15절 "또한 성령이 우리에게 증언하시되." 사도 바울은 성경에 대한 해박한 지식을 가지고 있지만 또한 성령이 오셔서 진리를 가르쳐주시는 것을 알고 있었습니다.

16절 "주께서 이르시되 그 날 후로는 그들과 맺을 언약이 이것이라 하시고." 이 말씀은 예레미야 31장 33절을 인용한 것입니다. 앞의 8절에서는 시편 47편을 인용하였는데 또다시 구약성경에서 그리스도에 대한 글을 찾아냅니다. 사도 바울은 주님을 만나기 전에도 탁월한 성경 지식을 가지고 있었지만, 주님을 만난 이후 다시 한번 성경을 연구하면서 영적으로 더욱 깊이 깨닫게 되었을 것입니다. 그러면서 예수님의 대제사장 되심을 설명하기 위하여 예레미야의 말씀을 인용하고 있는 것입니다.

앞 절에서 "성령이 우리에게 증언"하신다고 하면서 예레미야의 말씀을 인용하였으므로 예레미야도 성령이 쓰게 하셨다는 것을 사도 바울이 깨닫고 이렇게 말한 것입니다. 특히 본문은 미래에 대한 것으로 성령이 예레미야에게 알려주셔서 기록한 것이 분명합니다. 인간은 미래에 대해 알 수 없기 때문입니다. 물론 세상의 정보들을 취합하여 미래에 이루어질 일을 어느 정도 예측할 수는 있지만, 정확하지 않습니다. 그러나 성령이 알려주시면 더 정확하게 하나님의 섭리나 영적인 부분을 알 수 있습니다.

"그 날 후로는." 지금까지 예수님이 대제사장이신 것에 대해 말하였으므로 예수님이 십자가 위에서 돌아가신 날 이후를 말하는 것입니다. 십자가에서 모든 사람의 죄를 지시고 단번에 속죄하신 죽음 후에 일어날 일을 말합니다.

"그들과 맺을 언약"이라고 하였으므로 저자가 볼 때 이는 앞으로 있을 일입니다. 그러므로 구약을 말하는 것이 아닙니다. 예수 그리스도의 십자가 사건 이후 언약이 바뀐다는 것입니다. 그래서 예수님의 십자가는 역사의 분기점이 됩니다. 구약과 신약, 제사법과 대제사장의 변화가 일어났고 특히 모형을 보고 움직였는데, 이제 본체가 나타났다는 것이 가장 큰 차이입니다.

"내 법을 그들의 마음에 두고 그들의 생각에 기록하리라 하신 후에." 그렇다면 새로 맺을 언약이 무엇인지에 대해 설명합니다. 바로 하나님의 법을 성도들의 마음에 두고 생각에 기록하신다는 것입니다. 그것은 성령이 하시는 일입니다. 율법은 책으로 기록되어 있습니다. 이 성경은 유대인을 향하여 썼으므로 그들은 제사법, 모세오경, 대제사장에 대한 고정관념을 가지고 있습니다. 그들은 그것을 믿고 실천하거나 깊은 의미를 깨닫지 못하면서도 말로만 성경에 대해 논하고 있습니다. 그러나 사도 바울은 그들이 책에 쓰여 있어도 지키지 않으므로 그것은 의미가 없고, 성령이 마음과 생각에 넣어주시고 깨닫게 해주셔서 실제로 삶에서 실천하는 것이 중요하다는 것을 이야기하는 것입니다. 가슴에 새겨진 말씀이 더 귀하고 오래갑니다. 또 어느 환경에서나 힘이 됩니다(참조. 8:10).

17절 "또 그들의 죄와 그들의 불법을 내가 다시 기억하지 아니하리라 하셨으니." 하나님은 인간의 모든 문제 중에서 죄 문제를 가장 크게 보고 계십니다. 새로운 언약을 맺음으로 죄와 불법을 다시는 기억하지 않는다고 하셨습니다. 그 의미는 8장 9절에서 12절까지의 해석에 나옵니다.

18절 "이것들을 사하셨은즉 다시 죄를 위하여 제사 드릴 것이 없느니라." 종결적 의미의 말입니다. 모든 죄가 사하여졌기 때문에 "다시 죄를 위하여 제사 드릴 것이 없느니라"고 선언합니다. 그리스도가 제물로 봉헌되심으로 이루신 완전성이 지속적으로 실행되던 옛 제의를 최종적으로 중단시킨 것입니다(거스리).

"이는 작은 자로부터 큰 자까지 다 나를 알기 때문이라." 죄 용서를 받는 대상은 다 하나님을 아는 자라는 것입니다. 이는 부부가 서로를 깊이 아는 것처럼 아는 것입니다. 하나님을 모르는 사람은 죄 용서를 받을 수 없다는 것입니다. 회개를 깊이 해보면 내가 회개하고 있는 이 죄를 주님이 용서하셨는지, 아니면 더 회개하라고 하시는지를 영적으로 깨달을 수 있습니다. 그래서 "다"라고 한 것입니다. 그래서 대제사장이신 예수님이 그들의 죄를 용서해주신 것입니다. 우리가 이 말씀을 믿으므로 회개하는 것입니다. 하나님과 우리가 신랑과 신부의 관계가 되기 위하여 우리는 회개하여 거룩해지도록 힘쓰는 것이고, 그렇게 될 때 우리의 구원이 점점 완성을 향해 가는 것이며, 결국 구원은 하늘나라에 가서 완성되는 것입니다. 하나님이 우리를 끝까지 붙들어주시지만, 방심하여 타락해 중간에 구원에서 떨어지는 사람들이 주변에 있는 것을 부인할 수 없습니다. 그러므로 평생 겸손하게 하나님을 붙잡아야 합니다.

하나님께 나아가자

19절 "그러므로 형제들아 우리가 예수의 피를 힘입어 성소에 들어갈 담력을 얻었나니." 예수 그리스도가 완벽한 제사를 행하시고 성도들의 죄를 용서해주시기 위한 모든 과정이 마무리되었으므로 이제 성도들이 할 일이 있다는 것을 권면합니다. 여기서 "성소"는 예루살렘 성전이 아니라 하늘 성전을 말합니다. 당시 유대인 출신 그리스도인들은 예루살렘이 아닌 다른 지역으로 흩어졌습니다. 예루살렘에서 멀리 떨어진 터키나 그리스 등에 있는 성도들에게 성소에 들어간다는 말은 현실과 동떨어집니다. 게다가 이 땅에 있고 무너질, 그리고 무너져버린 성소를 향하여 우리가 성소에 들어갈 담력을 얻었다고 말할 수는 없습니다. 그러므로 이것은 하늘 성소를 가리키는 것이 확실합니다. 성도의 진정한 대제사장이 하늘에 계십니다. "담력을." 내 죄를 깊이 회개할 때 죄를 용서해주신다고 하셨으므로 하늘 성소에 들어갈 수 있는 담대함을 얻는 것입니다. 이제 하나님과 새로운 관계를 맺게 되는 장엄한 순간입니다. 살아서도 예수님을 체험할 수 있지만, 죽는다면 하늘나라에 들어가 대제사장이신 주님을 직접 만나 뵙고 환영받을 수 있습니다. 그것을 생각하면 죽는 일이 두렵지 않고 도리어 영광스러운 일이 될 것입니다.

20절 "그 길은 우리를 위하여 휘장 가운데로 열어 놓으신." 예루살렘에 있는 성소 안에는 지성소가 있어서 성소와 지성소를 나누는 휘장이 가운데 있습니다. 지성소에는 언약궤가 있고, 그 위에 여호와가 임재하고 계셨습니다. 성소와 지성소는 격의 차이가 있습니다. 지성소에는 대제사장이 일 년에 한 차례만 휘장을 들쳐 올리고 들어갔습니다. 평소에는 그 휘장으로 가려져 있어 아무도 살펴보거나 출입하지 못하였습니다. 그러나 그 휘장이 예수 그리스도가 돌아가신 때에 위에서 아래로 찢어졌습니다. 지성소에 임재하시던 하나님이 강하게 역사하심으로 휘장이 찢어진 것입니다. 이제는 휘장이 찢어졌으므로 성소와 지성소는 분리되지 않고 하나가 되었습니다. 의미상으로는 그 휘장이 방해물이 아니라 축하의 모습일 수도 있습니다. 휘장을 쳐다보면서 성소에 있던 사람이 자유롭게 지성소에도 들어갈 수 있게 된다는 의미입니다. 즉, 성소에 들어가 제사를 드리는 사람은 누구나 지성소에 계시던 하나님을 만날 수 있게 된 것입니다.

"새로운 살 길이요 휘장은 곧 그의 육체니라." 성소와 지성소 사이의 휘장이 찢어졌는데 이 휘장이 주님의 육체입니다. "새로운"(헬, 프로스파톤)은 일반적으로 '요즘 죽은'이라는 의미입니다. "새로운 살 길"은 주님의 죽으심을 연상하는 단어라고 볼 수 있습니다. 주님이 죽으심으로 새로운 살 길이 열린 것입니다. "길"(헬, 호도스)은 9장 8절에도 나오는데, 초기 기독교인을 가리키는 칭호였습니다. 신약 교회가 시작되면서 이제는 구약 교회와 완전히 다른 길을 가게 된 것입니다. 그것이 새로운 길이요, 살 수 있는 생명의 길입니다(웨스트코트).

21절 "또 하나님의 집 다스리는 큰 제사장이 계시매." 이 제사장이 바로 예수 그리스도이신 것을 계속 말하고 있습니다(4:14). 예수 그리스도가 대제사장으로 계십니다. 하나님의 집은 3장 1-6절에서 설명했는데, 즉 교회 공동체의 주인이 되십니다. 물론 하늘나라의 성소도 예수 그리스도가 대제사장으로서 천국을 다스리십니다. 그렇다면 하나님의 집 안에 있는 사람들이 어떻게 살아야 하는지를 이야기해줍니다.

22절 "우리가 마음에 뿌림을 받아 악한 양심으로부터 벗어나고." "마음에 뿌림을 받아"에서 "뿌림"은 피 뿌림을 말합니다. 구약 시대에는 짐승의 피를 뿌린 적이 있습니다(참조. 출 24:8, 출 29:1-21). 예수님이 피 흘려 죽으셨는데 우리가 그것을 믿고 그 피로 우리 마음에 뿌림을 받아 악한 양심이 선한 양심으로 변화되는 것입니다. 모든 사람에게는 양심이 있고 원래 양심은 선한 것이지만 사람에 따라 조금씩 오염이 되는데, 그 오염의 정도가 다 다릅니다. 어떤 사람은 거의 오염되지 않았고, 어떤 사람은 오염으로 극히 더러워진 사람도 있습니다. 가톨릭에서는 양심은 선하고 오염될 수 없다고 주장하지만, 기독교 신학을 정립한 칼뱅은 사람의 양심이 전적으로 부패했다고 말하였습니다. 하나님은 사람의 영혼을 이 땅에 보내실 때 깨끗한 영혼을 보내십니다. 그러나 사람이 몸을 입고 이 땅에 사는 동안 점차 오염이 되는 것입니다. 그러므로 전적 부패란 말도 전적으로 수용하기 어렵습니다.

그래서 본문은 악한 양심, 즉 오염된 것에서 벗어나라고 말씀합니다. 이것이 성도가 가야 할 길입니다. 오염된 곳에서 벗어나는 방법은 오직 예수 그리스도를 통하는 것밖에는 없습니다. 그렇다면 예수님이 누구는 씻어주시고 누구는 씻어주지 않으십니까? 이미 모든 사람의 죄를 위해 돌아가셨으니 모든 사람이 다 깨끗해졌어야 합니다. 그러나 그렇지 않고 심지어 예수님을 믿는 사람들도 양심이 오염된 정도가 각기 다른 것은 각 사람이 오염의 정도도 다르고 회개의 정도도 다르므로 차이가 나는 것입니다.

"몸은 맑은 물로 씻음을 받았으니." "맑은 물"은 하늘에서 내려오는 생수를 말합니다. 하나님이 이스라엘 사람들에게 알려주신 제사법에 부정한 사람을 정하게 하려고 우슬초를 이용하여 몸에 물을 뿌려 깨끗하게 하는 방법이 나옵니다. 그래서 물을 뿌리는 것은 깨끗하게 씻어내는 상징적 의미가 있습니다. 그러나 단순히 상징이라고 할 수는 없는 것은 이것도 제사 예식의 하나이므로 예식을 행할 때 하나님의 역사하심이 일어날 수 있습니다. 그래서 모든 예식을 형식이라고 무시하는 것은 좋은 태도가 아닙니다. 진정 하나님이 영적으로 이 물을 통해 역사하셔서 이 물이 내 몸에 뿌려질 때 내가 깨끗함을 입을 것이라고 믿고 받으면 그런 역사가 충분히 일어날 수 있습니다. 물질에도 영적 의미가 얼마든지 있습니다. 단순히 형식일 뿐이고 하나님이 역사하지 않으신다면 구약 시대에 그런 방법을 가르쳐주시지 않으셨을 것이고, 또 정성이 없다고 진노하시지도 않으셨을 것입니다.

하늘나라에는 보좌에서부터 생명수 맑은 물이 흐르고 있습니다. 하나님의 보좌는 천국의 가장 중심의 산 위에 있고, 거기서 흐른 물이 아래로 흘러내려 가서 천국의 모든 지역으로 퍼져 나갑니다. 천국에서 구원받은 성도들이 사는 모든 거주지로 그 물이 흘러서 모든 사람이 마시고 생명을 얻는 것입니다. 그 생수와 생명나무의 과실을 먹으면서 영생을 누리며 삽니다.

그런데 본문에서는 그 물로 몸을 씻는다고 하였습니다. 물은 마시는 데도 필요하지만 몸을 씻는 데도 필요합니다. 우리가 아직 천국에 가지 않았으나 영적으로 이 땅에서도 주님이 부어주시는 그 물을 받아서 씻음을 받을 수 있다고 말하고 있습니다. 이 물은 영적인 물질이라서 우리가 느끼지 못할지라도 우리가 회개할 때 그 회개된 몸에 물이 부어져 씻겨 죄가 용서되는 것입니다. 씻길수록 생수가 부어질 때 그 물이 점점 깨끗해져서 내려온 물과 나가는 물이 차이가 없어질 정도로 깨끗하게 됩니다. 이 물은 우리가 회개할 때 부어지므로 회개를 많이 하면 깨끗하게 씻김을 받고, 회개를 많이 하지 않은 사람은 씻김을 다 받지 못하여 여전히 더러운 양심의 상태로 있게 되는 것입니다. 바울은 에베소서 5장 26절에서 "곧 물로 씻어" 영광스러운 교회를 세운다고 했습니다.

"참 마음과 온전한 믿음으로 하나님께 나아가자." 성도의 죄가 씻김받지 못하면, 즉 회개하지 않은 사람은 아직 양심이 깨끗해지지 못하였으므로 하나님께 나아갈 수 없습니다. 깨끗함이 하나님께 나아가는 조건입니다. 깨끗해졌으니 이제 참 마음을 가지고 하나님께 나아갈 수 있습니다. 이제 온전한 믿음을 소유했으므로 하나님 앞에 나아갈 자격을 얻게 됩니다. 이렇게 될 때 장성한 분량에 이르게 됩니다(엡 4:13).

23절 "또 약속하신 이는 미쁘시니 우리가 믿는 도리의 소망을 움직이

지 말며 굳게 잡고." 또 새로운 권면을 합니다. "약속하신 이"는 예수 그리스도이시고 그는 신실한 분입니다. 그러므로 약속을 변개하지 않으십니다. "우리가 믿는 도리의 소망." 그러므로 가르쳐주신 새로운 법을 믿고 나아가야 하며, 성도의 소망이 흔들리거나 움직이면 안 됩니다. 옛날과 비교할 수 없는 미래에 대한 소망이 생겨납니다. 그럼에도 인생은 연약하여 환경이 변화될 때 쉽게 흔들립니다. 사도 바울은 성도들에게 믿는 도리의 소망을 굳게 잡자고 권고하고 있습니다. 때로 믿음에서 떨어지고 마음이 흔들릴 때는 이런 격려가 필요합니다. 스포츠 경기에서 팀의 사기가 약해지고 경기가 잘 풀리지 않을 때 감독은 작전 타임을 통해 선수들을 지도하고 격려합니다. 사람은 연약한 존재이고 아무리 믿음이 있는 사람이라도 약해질 때가 있기에 서로서로 격려하여 소망을 북돋아 주어야 합니다. "굳게 잡고." 세상은 계속 변하지만, 그리스도의 법은 변하지 않으므로 굳게 잡아야 합니다.

24절 "서로 돌아보아 사랑과 선행을 격려하며." 세 번째 권면은 서로 돌아보라는 내용입니다. "돌아보아"(헬, 카타노오멘)는 3장 1절에서는 깊이 생각하라고 번역되었습니다. 그러므로 "서로"를 돌아보라고 한 것은 예수님을 믿는 성도끼리 서로 돌아보라는 말이고, 돌아볼 때 생각을 많이 해야 한다는 의미도 포함됩니다. 하늘의 대제사장을 바라보는 진실한 성도끼리 진심으로 돌아보라는 것입니다. "격려하며." 사랑은 저절로 되지 않습니다. 그래서 그것을 서로 격려하라고 말합니다. 오른손이 한 일을 왼손이 모르게 하라고 했다고, 서로의 잘한 일에 대해 칭찬하지 않는 경향이 있는데 그것은 자신이 한 일을 드러내려는 마음을 갖지 말라는 의미입니다. 도리어 잘한 사람을 칭찬하고 격려하며 예수님의 이름으로 축복하는 것은 꼭 필요합니다. 믿지 않는 자들에 대해서 그리스도의 사랑을 베푸는 것도 기독교가 실천해야 할 사항 중 하나입니다. 받는 자보다 주는 자가 더 복이 있습니다. 주님도 섬기기 위해 이 땅에 오셨습니다(마 20:28). 구속받은 자의 세 가지 의무는 믿음(22절), 소망(23절), 사랑(24절)입니다(웨스트코트).

25절 "모이기를 폐하는 어떤 사람들의 습관과 같이 하지 말고 오직 권하여 그 날이 가까움을 볼수록 더욱 그리하자." 여기서 "그 날"은 주님을 보는 날입니다. 즉, 내가 죽는 날이고 또 재림의 주님이 오시는 날입니다. "모이기를 폐하는" 성도들이 집단적으로 행할 일은 공적인 예배입니다. 그런데 교회 안에 모이기를 폐하는 사람들이 있다고 하였습니다. 특히 사도 바울 당시에는 기독교 신앙에 대한 핍박이 많았기 때문에 더욱 모이기를 폐하는 사람들이 많았을 것입니다. 나라와 사회로부터 핍박을 받으면 가족들도 반대하게 되고, 결국 교회와 멀어지게 되면서 점점 믿음이 약해집니다(브루스). 기독교는 모여서 예배하거나 기도하는 등의 영적인 일을 포기할 수 없습니다. 그래서 사도 바울은 아무리 박해가 있어도 모이기를 힘쓰라고 독려하는 것입니다.

또 다른 이유가 있습니다. 어떤 사람들은 예수님을 믿는 순간 구원을 받았고 이미 모든 죄가 용서되었기 때문에 위험을 무릅쓰고 모일 필요도 없고 회개할 필요도 없다고 생각했습니다. 그런 허황한 논리에 휩쓸리지 말라는 의미입니다. 여기서 “습관”이라고 하였으므로 그들이 모이기를 폐하는 것이 한두 번이 아니라 습관처럼 자주 그렇게 하였다는 것입니다. 이것은 그들에게 잘못된 신학 사상이 들어갔기 때문입니다. 잘못된 사상이 여러 가지가 있겠지만, 가장 대표적인 것이 영지주의입니다. 영지주의자는 여러 부류가 있지만, 그들은 대개 사람이 구원받는 것은 영혼뿐이고 육체는 땅에 묻힐 것이라고 했습니다. 그래서 우리가 죄를 짓는 것은 영혼이 아닌 육체이므로 영혼은 죄와 상관없이 구원받을 수 있다고 주장하였습니다. 그래서 회개할 필요가 없고, 죄짓는 것에 거부감이 없으며, 죄를 짓지 않기 위해 노력하지도 않았습니다. 그들은 이런 잘못된 사고방식을 가지고 있었기에 모이는 일에도 힘쓰지 않았던 것입니다. 믿음이 좋은 것 같지만 비판받을 사상입니다. 또 하나 유대인인 그들은 신약 교회보다는 유대인 회당에 모이는 것을 더 중요하게 여겼습니다(델리취).

“오직 권하여 그 날이 가까움을 볼수록 더욱 그리하자.” 성도는 주님이 오시는 그날까지 모이기를 힘쓰고, 모이면 예배해야 합니다. 또한 함께 기도하고 사랑과 선행을 서로 격려하며 행해야 합니다. 모이지 않는다면 서로 돕고 사랑해야 하는 성도의 미덕을 실천할 기회를 잃어버립니다.

하나님의 손을 보라

26절 "우리가 진리를 아는 지식을 받은 후 짐짓 죄를 범한즉 다시 속죄하는 제사가 없고." 엄숙한 말씀이 나오는데 아마도 25절에 나오는 죄를 경계하기 위한 것입니다. 26-31절까지 배교에 대한 엄숙한 경고가 등장합니다. "진리를 아는 지식"은 예수 그리스도가 대제사장이시고 예수 그리스도가 십자가에서 죽으심으로 우리의 죄가 용서되었음을 아는 것입니다. 그 외에 누구나 아는 성경 혹은 영적 지식을 말합니다. 신약 교회 성도들은 이 지식을 받았습니다. "짐짓 죄를 범한즉." 이는 알고도 짓는 죄를 가리킵니다. 죄 용서받음을 깨닫고 감격하여 거룩하게 살기 위해 힘쓰지 않고 도리어 고의적으로 죄를 범하였다는 것입니다(민 15:30). 여기서 "짐짓"은 의도적으로 여러 번 행하였다는 것입니다.

이것은 6장 4-6절의 죄로서 배교를 가리킨다고 할 수 있습니다. 또 악심을 가지고 진리와 반대되는 죄를 짓는 것은 그 죄를 용서하시기 위해 돌아가신 예수 그리스도의 구원 사역을 무시하는 것입니다. 예수님의 선하신 의도를 완전히 왜곡하는 죄입니다. 이렇게 은혜를 모르고 거리낌 없이 죄를 짓는다면 심각한 결과가 기다리는데, 그것은 다시 속죄하는 제사가 없습니다.

27절 "오직 무서운 마음으로 심판을 기다리는 것과." 배교자가 당할 비운을 말해줍니다. 이런 사람은 원하지 않겠지만 무서운 마음으로 심판을 기다려야 한다는 말씀입니다.

"대적하는 자를 태울 맹렬한 불만 있으리라." "대적하는 자"는 진리와 거룩함에 반대되게 행하는 자들입니다. 이 "맹렬한 불"에 대해 어떤 주석에서는 이렇게 설명합니다. 한 남자에게 아내가 있는데, 그 아내가 다른 남자와 바람이 난 것을 안 남편이 화가 나서 아내에게 화를 쏟아내는 것입니다. 그래서 이 "맹렬한 불"이라는 것이 바로 남편의 정당한 시기라고 말하였습니다. 사실 예수님은 우리의 신랑이시고 우리는 신부이므로 이 설명이 적절합니다. 신부가 밖에 나가서 잘못을 범하면 신랑이 가만히 있을 리가 없는 것입니다.

28절 "모세의 법을 폐한 자도 두세 증인으로 말미암아 불쌍히 여김을 받지 못하고 죽었거든." "모세의 법"은 구약의 율법이며 "폐한"은 무효로 하였다는 뜻입니다. 또한 "두세 증인"은 신명기에 나오는 우상숭배의 죄(배교)에 대한 말씀입니다(신 17:2-7). 두 사람 혹은 세 사람의 증인으로 우상숭배의 죄가 확정되면 그는 돌로 쳐 죽이도록 규정되어 있습니다. 우상숭배의 죄는 결코 불쌍히 여길 수 없는 죄입니다. 하나님은 우상숭배의 죄를 결코 용서하지 않으십니다. 우상숭배의 대가는 오직 죽음뿐입니다.

29절 "하물며 하나님의 아들을 짓밟고 자기를 거룩하게 한 언약의 피를 부정한 것으로 여기고 은혜의 성령을 욕되게 하는 자가." 여기에서 앞에 말한 "진리를 아는 지식을 받은 후 짐짓 죄를 범한즉 다시 속죄하는 제사가 없고 오직 무서운 마음으로 심판을 기다리는 것과 대적하는 자를 태울 맹렬한 불만 있"는 이유에 대해 정확하게 설명하고 있습니다. "하나님의 아들을 짓밟고." 이것은 경멸하는 태도로서 발로 짓밟는 의미인데 배교를 가리킵니다. "자기를 거룩하게 한 언약의 피를 부정한 것으로 여기고." 부정한 것으로 여기는 것은 그리스도의 보혈을 하찮은 것으로 여기는 행위입니다. 심하면 거룩하지 않다고 평가 절하하는 것입니다. 이는 그리스도의 보혈의 공로로 일하시는 "은혜의 성령을 욕되게 하는" 것이라는 말입니다. 진리를 아는 지식은 얻었으나 행동으로 실천하지 못하고 도리어 그릇 행하고 있는 사람들이 어떤 사람들인지 확실하게 말해주는 것입니다. 그리스도가 십자가에 죽으심으로 구원을 얻었는데, 이 구원을 소중하게 여기지 않고 내팽개치듯 하는 행위는 예수님을 짓밟는 것이라는 말입니다. 성령은 우리를 깨끗하게 하고 바르게 살도록 가르쳐주십니다. 그러나 짐짓, 의도적으로, 주님을 무시하는 죄를 짓는 것은 성령을 욕되게 하는 것이라는 말입니다. 사실 이 세 가지는 다 한 가지입니다. 성령 훼방 죄는 사하심을 받지 못합니다(마 12:31-32).

"당연히 받을 형벌은 얼마나 더 무겁겠느냐." 성령 훼방 죄는 새 언약 아래에서 가장 심각한 범죄에 해당합니다(거스리). 이런 사람들은 당연히 형벌을 받을 것입니다. 진리를 아는 지식을 받고 죄 용서를 받은 뒤 다시 죄를 지은 사람은 진리를 아는 지식을 받아보지 못하고 죄 속에 살다가 죽은 사람보다 더 무거운 형벌을 받을 것입니다. 짐짓, 의도적으로, 그리고 습관적으로 성령을 훼방하는 죄를 짓는 것은, 무엇보다 배교는 하나님의 맹렬한 불에 들어가게 만듭니다. 이것은 지옥불이 연상됩니다.

"너희는 생각하라." 진리에 대해, 예수 그리스도에 대해, 죄와 씻음에 대해, 구원에 대해 깊이 생각해야 합니다. 그리고 진리를 깨닫고 죄에서 돌이켜야 합니다.

30절 "원수 갚는 것이 내게 있으니 내가 갚으리라 하시고 또 다시 주께서 그의 백성을 심판하리라 말씀하신 것을 우리가 아노니." 신명기 32장 35절에서 "그들이 실족할 그 때에 내가 보복하리라"고 한 모세의 말이 연상됩니다. 사실 심판에 대한 말씀은 요한계시록에도 많이 나와 있습니다. 그래서 "귀 있는 자는 성령이 교회들에게 하시는 말씀을 들을지어다"(계 2:7, 11, 17, 29, 3:6, 13, 22)라고 하였습니다. 귀가 없어서, 귀가 열려 있지 않아서 주님이 하시는 말씀을 듣지 못하고 자기주장만 내세웁니다. 그러나 성경은 죄지은 자가 회개하지 않으면 죽을 것이라고 끊임없이 경고합니다. 특히 주님을 대항하고 배교하는 것은 그리스도와 원수 되는 것이고, 원수는 주님이 심판으로 갚으십니다. 심판은 불신자만 받는 것이 아니라 신자들 중에서도 이렇게 대적하는 자들에게 임합니다.

31절 "살아 계신 하나님의 손에 빠져 들어가는 것이 무서울진저." 27절 말씀이 더 강화됩니다. 사도 바울이 강력하게 경고하고 있습니다. 하나님은 살아계시고, 그 하나님의 손에 빠져들어 가는 것이 무서운 일이라고 말합니다. "하나님의 손"은 여러 가지가 있지만, 어떤 때는 복을 내려주시고, 어떤 때는 원수를 물리칠 칼을 들고 계십니다. 어떤 때는 그 칼이 하나님을 믿는다고 하면서도 짐짓 죄를 짓고 거역하는 배교자들의 목을 치시기 위함일 때도 있습니다. 하나님의 말씀대로 살지 않고 자기 마음대로 하며 믿음의 행위가 없는 사람은 하나님의 손에 빠져서 심판을 받게 된다는 것입니다. 예수님을 믿는다고 해서 다 하나님의 사랑을 받는 것이 아닙니다. 그래서 우리는 끊임없이 하나님의 말씀대로 살기 위해 힘써야 합니다.

빛을 받은 후에

32절 "전날에 너희가 빛을 받은 후에." 32-39절의 주제는 인내입니다. "전날에"는 새 신자들이 예수 그리스도를 믿고 시간이 흘렀다는 뜻입니다. 그리고 영적인 마음으로 뒤를 돌아보는 것입니다. "빛을 받은 후에." 6장 4절의 "한번 빛을 받고"와 10장 26절의 "진리를 아는 지식"은 같은 개념의 말입니다. 즉, 빛은 복음의 진리를 가리킵니다. 또 "나는 빛으로 세상에 왔나니"(요 12:46)라고 하였으므로 예수 그리스도도 그 자체로 빛이시기에, 예수 그리스도가 우리 속에 들어오셨다는 의미도 됩니다. 성령과 예수 그리스도가 우리 속에 빛으로 들어오셔서 우리에게 믿음을 주신 것입니다. 그리고 하나님을 알게 하시고 신적 비밀들을 알게 해주신 것입니다.

이 빛을 받은 것은 본인이 알 수도 있고 모를 수도 있지만, 반대로 빛을 받지 않았어도 스스로 빛을 받았다고 착각하기도 합니다. 그러나 빛이 임했다는 것은 예수 그리스도가 그 속에 오셨다는 것이고 성령이 오셨다는 것이므로 그 증거가 어떤 면에서든 드러나기 마련입니다. 먼저 지적인 앎이 있게 됩니다. 또 영적 은사가 임하기도 합니다. 강력한 은사가 나타나는 것도 빛이 임한 것입니다. 하나님은 택하지 않으신 사람에게 성경에 나오는 아홉 가지 은사를 주시지 않기 때문입니다. 또 감정적으로나 신체적으로 변화가 나타나는 등의 증거가 나타납니다.

성도는 빛을 받은 사람입니다. 그러나 빛의 강도는 사람마다 다릅니다. 기왕이면 강력한 빛을 받으면 좋을 것입니다. 강하게 빛을 받을수록 하나님에 대한 확신이 강해지며 믿음이 견고해집니다. 또 회개에 힘쓰므로 몸과 환경에서 악한 영들이 떠나고 정신이 맑아집니다. 당연히 육체적으로도 건강이 따라옵니다. 이런 현상들이 필연적으로 나타나기 때문에 빛의 사람인 것을 알 수 있습니다.

"고난의 큰 싸움을 견디어 낸 것을 생각하라." "싸움"은 본래 운동 경기를 뜻하는 용어입니다(딤후 2:5). 성경은 성도의 신앙 경주에 대해 이 단어를 사용했고, 초대교회 때에는 성도들이 수고하거나 영적인 어려움을 겪을 때 이 단어를 사용했습니다. 그리스도 안에서 경건하게 살고자 하는 자는 박해를 견뎌야만 합니다(박윤선). 하나님의 은혜를 받은 사람은 고난의 큰 싸움을 견뎌낼 수 있습니다. 빛을 받으면 어둠의 세력이 그가 빛의 사람인 것을 알아보고 일단 공격을 시도합니다. 빛을 받은 사람은 이 외부의 핍박을 견뎌내고 그 배후에 역사하는 어둠의 세력과 대항하여 싸우고 이겨내야 합니다. 여기서는 이미 그 고난을 견뎌냈으므로 그것을 생각하라고 말하고 있습니다. 고난은 이미 지나간 것입니다.

33절 "혹은 비방과 환난으로써 사람에게 구경거리가 되고." 빛을 받은 사람은 어둠의 사람들에게 비난을 받고 환란을 당하며 구경거리가 될 수 있습니다. 빛을 받은 사람을 비방하고 훼방하는 사람들은 어둠의 세력입니다. 똑같이 빛을 받았다면 빛을 받은 사람을 비방할 리 없습니다.

신자들이 환란을 당하는 모습을 이방인들이 극장에서 공연을 보듯 구경합니다.

"혹은 이런 형편에 있는 자들과 사귀는 자가 되었으니." 함께 빛을 받아서 은사가 나타나고 깨달음을 얻고 기적과 이적을 체험한 사람들은 함께 어둠의 세력에게 비방을 받더라도 또한 순교를 하더라도 믿음을 지킵니다. 그들은 주님으로 하나가 되므로 즐거운 마음으로 서로 사귀는 사이가 된다는 것입니다. 그래서 유유상종이라고 하고, 친구를 보면 그 사람을 알 수 있다고 하는 것입니다. 빛을 받은 사람끼리, 그 속에 예수님이 계시고 성령이 역사하시는 사람끼리는 다 알아보는 것입니다. 그들은 동료가 순교하는 것을 보면서도 순교자들을 사귀고 위로하였고, 자신들도 순교의 대열에 참여했습니다(이상근). 그러므로 순교의 자리까지도 함께할 수 있습니다.

34절 "너희가 갇힌 자를 동정하고 너희 소유를 빼앗기는 것도 기쁘게 당한 것은 더 낫고 영구한 소유가 있는 줄 앎이라." 빛을 받은 사람이 어떠한 마음을 가지고 이 땅에서 살아야 하는지를 보여줍니다. 그들은 갇힌 자를 동정하는데, 특히 박해받는 성도들을 가리킵니다. 누구든 체포되고 갇힐 수 있는 환경입니다. "빼앗기는 것도." 로마법에는 재산을 몰수하는 형벌이 있었는데 성도들은 하늘에 더 좋은 본향이 있는 것을 믿고 순교했습니다. 또한 기쁨으로 재산도 빼앗겼습니다. 초대교회 당시에 이런 정치적, 경제적 박해는 빈번히 일어났습니다. 초대교회 성도들은 믿음을 지키기 위해 모든 것을 감수했습니다. "더 낫고 영구한 소유."

또 빛을 받으면 예수님과 가까워지고 성령이 충만해져서 믿음의 눈으로 하늘을 볼 수 있게 됩니다. 그래서 예수님이 우리에게 상을 주시는 분이신 것을 알고 또 하나님은 심판의 주이신 것을 알게 됩니다. 그러므로 그 모든 박해를 이겨낸 뒤 더 낫고 영구한 소유가 있음을 압니다. 지식으로도 알고 성령이 말씀해주시므로 알고, 여러 가지 경로로 하늘의 복을 알게 됩니다. 이 세상의 모든 고통과 환란은 견디기 어렵지만, 이 세상 어떤 것과 비교할 수 없이 좋은 것이 저 하늘나라에 있어서, 그것을 주님이 주실 것이기 때문에 견딜 수 있습니다. 이러한 믿음을 가지고 살지 않는 사람은 빛을 받은 것이 아니라 빛이 살짝 비추고 지나간 것이라고 할 수 있습니다.

35절 "그러므로 너희 담대함을 버리지 말라 이것이 큰 상을 얻게 하느니라." "담대함"은 믿음의 열매로 나타납니다. 그래서 "담대함을 버리지 말라"는 것은 성도들에게 큰 상이 예비되었으므로 담대함으로 나아가고, 결코 믿음을 버리지 말라는 호소입니다. 빛을 받은 것은 곧 하나님의 믿음을 받은 것입니다. 그 믿음으로 하늘을 바라보게 됩니다. 그러므로 그 믿음, 즉 지적이고 감정적이거나 은사나 영적인 어떤 열매가 나타나면 그것을 버리지 말고 잘 지켜야 합니다. 하늘나라에 들어갈 때 믿음을 소유해야 상을 받을 수 있습니다.

36절 "너희에게 인내가 필요함은 너희가 하나님의 뜻을 행한 후에 약속하신 것을 받기 위함이라." 성도에게 인내가 필요함을 강조하면서, 그들이 아직 부족하다는 것을 알려줍니다. 하늘을 향하여 옳은 길을 잘 가고 있으므로 박해가 있어도 인내하라는 격려입니다. 성도는 하늘의 상을 거저 받는 것이 아니라 하나님의 뜻을 행한 후에 약속하신 것을 받습니다. 그러므로 하나님의 뜻을 아는 것으로 만족하지 말고 믿는 바를 철저히 행해야 합니다. 말씀대로 살고 은사도 받고 능력 있게 복음을 전하며 충성하고 희생하는 등 실천적 믿음을 살아야 약속하신 것, 즉 구원과 복 그리고 상을 받는 것입니다(11:6). 행함이 없는 믿음은 죽은 믿음이므로 성도에게는 예배, 기도, 섬김, 헌신, 전도, 성도 간의 교제, 마귀와의 싸움, 은사와 능력 행함 등의 모든 행함이 있어야 합니다.

37절 "잠시 잠깐 후면 오실 이가 오시리니 지체하지 아니하시리라." 37절은 이사야 46장 13절과 하박국 2장 3절 이하를 자유롭게 인용한 내용입니다. "오실 이"는 재림하실 예수 그리스도를 가리킵니다. 주님은 "잠깐"이라고 할 만큼 가까운 장래에 재림하십니다(계 22:20). 주님은 이 세상을 심판하시는 심판주이십니다. 주님은 지체하지 않으실 것입니다. 그러므로 성도들은 조금만 더 인내하라고 격려합니다.

38절 "나의 의인은 믿음으로 말미암아 살리라 또한 뒤로 물러가면 내 마음이 그를 기뻐하지 아니하리라 하셨느니라." 하박국 2장 4절 말씀입니다. 이 말씀을 바울이 로마서 1장 17절에서도 인용합니다. "믿음"은 하나님이 주신 선물입니다. 그것이 크든지 작든지, 믿음의 선물을 받은 사람은 의인으로서, 믿음대로 살아서 더 큰 믿음을 갖기 위해 힘써야 합니다. 만일 믿음이 성장하지 않고 제자리에 있거나 뒤처진다면 하나님이 기뻐하시지 않습니다. "또한 뒤로 물러가면." 전진하지 못하면 넘어질 수밖에 없습니다. 이런 성도가 초대교회 당시에 있었습니다. 뒤처지는 성도는 기쁨의 대상에서 벗어납니다.

39절 "우리는 뒤로 물러가 멸망할 자가 아니요." 바울은 성도들과 하나가 되어 결코 뒤로 물러설 수 없다고 결연한 의지를 보입니다. 성도가 믿음에서 뒤로 물러가면 멸망한다는 것입니다. 빛을 받은 후에라도 뒤로 물러가면 멸망한다는 것은 한 번 구원받았다고 해서 영원히 구원받은 것이 아니라는 뜻입니다. 성도는 영생을 얻을 자입니다. 멸망하는 믿음은 어느 시대나 많습니다.

"오직 영혼을 구원함에 이르는 믿음을 가진 자니라." 여기서 영혼을 구원함에 이르는 믿음을 가진 사람에 대해 말하고 있으므로, 반대로 생각하면 영혼을 구원함에 이르지 못하게 하는 믿음을 가진 사람도 있다는 것입니다. 한 번 빛을 받았다고 구원을 완전하게 얻었다는 것이 아니고, 또 구원받는다고 결정된 것이 아닙니다. 구원함에 이르는 과정에 있는 것입니다. 구원의 길로 들어섰으므로 완전히 구원에 들어가기 위해 최선을 다해 경주해야 하는데 중간에 뒤로 후퇴하면 멸망하게 되는 것입니다. 그리고 진정 구원함에 이르는 믿음이 무엇인지는 11장에 이어서 이야기합니다.

11장

믿음으로 산 사람들

HEBREWS

히브리서 11장 전체가 '믿음으로'라는 주제로 성경의 위대한 인물들이 모두 믿음으로 행했다는 것을 말합니다. 그래서 히브리서 11장은 믿음장으로 불립니다. 고린도전서 13장을 사랑장, 15장을 부활장이라고 부르는 것과 비견됩니다. 믿음은 하나님의 선물입니다(엡 2:8).

히브리서 기자는 믿음이 있는 사람들, 믿음대로 살아서 성공한 남녀들의 일화를 소개하면서 강조하는 부분이 있습니다. 그것은 진정한 믿음이란 어떤 것인가 하는 것입니다. 그래서 구약성경에 수많은 사람이 등장하지만, 그중에서 인정받는 몇 사람을 뽑아서 소개하고 있습니다. 믿음 있는 사람으로 하나님의 인정을 받을 사람은 어느 시대나 소수일 것입니다. 여기에서는 성도가 따라갈 모범적인 성도들, 즉 믿음이 강한 사람에 대해서 밝히고 있습니다. 히브리서 기자가 믿음의 위대한 영웅들 내지 성도들의 전시장 같은 11장을 쓴 이유는 무엇일까요? 그것은 이 편지를 받을 많은 히브리인과 그리스도인이 날마다 곤경과 난관에 부딪히고 있었기 때문입니다(로이드 존스).

여기서 우리는 다시 한번 믿음이란 무엇인지 깊이 생각해볼 필요가 있습니다. 그래서 믿음에 대해 예시를 들어보겠습니다. 한 아버지와 아들이 있습니다. 아버지가 아들에게 수영을 가르칩니다. 아버지는 아들에게 물에 들어가라고 하면서 만일 물에 빠지면 자기가 건져주겠다고 약속합니다. 아들의 생각에 아버지는 자기를 사랑하시니 만일 물에 빠져 허우적거리면 분명히 건져줄 것이라 믿고 아버지의 말대로 물에 들어갑니다. 수영을 하다가 아들이 물에 빠지자 아버지에게 도움을 구하니 아버지가 건져줍니다. 이것이 바로 정상적 믿음의 관계입니다. 쌍방이 확실하게 약속을 했고, 그것을 실행했기 때문입니다.

그러나 잘못된 믿음도 있습니다. 아버지가 아들이 물에 빠지면 건져주겠다고 약속했고, 아들이 그것을 믿고 물에 들어갔는데 위급한 상황이 벌어졌는데도 아버지가 건져주지 않았다면 아들은 잘못된 믿음을 가진 것입니다. 아버지가 아들이 물에 빠졌을 때 건질 만한 능력이 있고 용기가 있으며 희생정신이 있는지, 아버지의 정체를 잘 알지 못했던 것입니다. 아들은 믿지 말아야 할 사람을 믿었기 때문에 잘못된 믿음을 가진 것입니다.

또 다른 경우입니다. 아버지가 아들을 물에서 건져줄 수 있는 능력이 있고 아들을 정말 사랑하여 자신이 죽더라도 아들을 건져줄 마음도 있어서 걱정하지 말고 물에 들어가라고 하는데도, 아들이 아버지를 믿지 못하여 물에 들어가지 못하는 경우입니다. 이 경우도 아들이 믿음이 없는 것입니다. 물론 아버지가 물에서 건져주겠다는 약속을 하지 않았다면 아들에게 믿음이 없다고 할 수 없지만, 아버지가 확실히 약속했다면 그것을 믿지 않는 것은 아들의 잘못인 것입니다.

그리고 아버지가 물에 빠지면 건져주겠다고 약속하지 않았고 물에 들어가라고 하지 않았는데 아들이 자기가 빠지면 아버지가 건져줄 것이라 믿고 물에 빠진 경우라면, 아버지가 건져주지 않아도 그것은 아버지의 잘못이 아니라 아들의 잘못입니다.

즉, 믿음이란 것은 쌍방 간에 형성되는 것입니다. 물에 빠지면 구해줄 테니 물에 들어가라는 사람과, 그 사람의 말을 믿고 행하는 사람이 있을 때 그것이 믿음이라는 말입니다. 아버지의 마음과 아들의 마음이 하나로 일치되어야 합니다. 아버지의 마음도 아들이 물에 빠지면 건져주어야겠다는 마음이 있고, 아들도 자기가 물에 빠지면 아버지가 건져줄 것이라는 마음이 있어야 한다는 것입니다. 그러므로 믿음이란 내가 생각하고 계획하여 추진해놓고는 하나님이 도와주시기를 바라는 것이 아닙니다. 하나님의 뜻과 내 뜻이 일치될 때, 즉 하나님의 설계도가 있고 그것을 내가 똑같이 복사하여 그 복사본을 보고 내 인생 여정에서 그대로 행하는 것입니다.

그래서 믿음장에 등장하는 믿음의 사람들의 공통점은 그들이 앞날을 알지 못한 채 막막한 상태에서 행한 것이 아니라, 하나님의 음성을 듣거나, 하나님을 만나보거나, 환상을 보는 등 사전에 하나님이 구체적으로 알려주셔서 행했다는 것입니다. 아무리 믿음이 없는 사람이라도 하나님이 임재하셔서 가르쳐주시므로 순종할 수밖에 없을 정도로 확실하게 보여주십니다.

그러므로 믿음이란 삶으로 보여주게 됩니다. 삶 가운데에서 믿음을 증명하지 못한다면 그것은 진정한 믿음이 아닙니다. 믿음은 하나님의 말씀을 알고 그것을 믿고 실천해나가는 것이며, 일시적인 것이 아닌 평생 이루어지는 행함이어야 합니다. 행함이 없으면서도 하나님에 대한 지식 그리고 믿음이 무엇인지에 대한 지식이 조금 있다고 해서 그것을 믿음으로 착각하면 안 됩니다.

믿음이란

1절 "믿음은 바라는 것들의 실상이요." 믿음의 본질에 대해 구체적으로 설명합니다. 여기서 "바라는 것"이 있다고 말하는데 이는 앞의 예시로 보면 아들이 물에 빠졌을 때 아버지가 구해주길 바라는 것입니다. 그런데 믿음이 그 바라는 것의 "실상"이라고 합니다. 실상은 본체 또는 실체라는 뜻입니다. 히브리서 1장 3절에는 "본체"로, 히브리서 3장 14절에는 "확신한 것"으로 번역되었습니다. 그러므로 내가 물에 빠져 허우적댈 때 실제 내가 바라던 곳으로 아버지가 와서 나를 구해주었다면 그 아들의 믿음이 진정한 믿음이라는 것입니다. 믿음은 바라는 것이 현실로 이루어져야 믿음인 것입니다. 바라는 것은 10장 5-39절에서 언급되는데, 그것은 미래의 상, 약속, 그리스도의 재림입니다(렌스키).

"보이지 않는 것들의 증거니." "보이지 않는 것"은 아직 이루어지지 않았다는 것입니다. 그런데 믿음은 이루어지지 않아 보이지 않는 것의 "증거"라는 말입니다. 아직 이루어지지 않았어도 그 결과가 마음에 확실한 증거, 즉 자국으로 있다는 것입니다. 마음에 이미 확신이 서고 그림으로 그려진 것입니다. 그래서 이 "보이지 않는 것들의 증거"라는 말은 앞의 "바라는 것들의 실상"이라는 말과 같은 의미라고 볼 수 있습니다. 즉, 믿음은 천국을 바랐는데 천국이 이루어지는 것이고, 보이지 않는 천국이지만 그것의 증거가 나에게 분명히 존재하는 것입니다. 그 증거는 내 마음에 확신으로 존재하고 생활 가운데서 드러납니다. 마음에 하나님의 음성이 들리고, 천국의 모습이 환상으로 보이며, 생활 가운데에서 기도 응답으로 하나님의 역사하심이 나타나는 것입니다. 그것이 증거입니다.

믿음은 하나님이든 인간이든 한쪽이 일방적으로 그럴 것이라고 믿는 것을 말하는 것이 아닙니다. 쌍방의 기대와 쌍방의 증거가 같을 때 진정한 믿음이라고 할 수 있습니다. 그 예를 성경에서 찾아볼 수 있습니다. 먼저 아브라함은 우리가 믿음의 조상이라고 합니다. 아브라함 당시의 바벨론 문명은 최고의 문명이었습니다. 그런 수준 높은 문명 속에서 거주하던 아브라함에게 하나님이 나타나셔서 당신이 지시하는 땅으로 가라고 하셨는데, 그 땅이 바로 가나안입니다. 당시 팔레스타인은 문명이 발달되지 않은 변두리 촌구석이었으며 비옥한 땅도 아니었습니다. 지금으로 말하면 가장 번화한 뉴욕 한가운데에서 브라질의 아마존 밀림으로 가라는 것과 같은 정도의 말씀인 것입니다. 그러나 아브라함은 하나님이 그 땅을 그의 후손에게 주시고 그들이 거기서 번성할 것이라고 하신 말씀을 믿고 갔습니다. 그것이 믿음이라는 것입니다. 그의 아내 사라는 부유한 환경에서 살아서 나이가 일흔이 되었지만 아리따웠습니다. 그 정도로 좋은 환경을 다 버리고 떠난 결정적인 이유는 하나님이 그에게 직접 나타나셨기 때문입니다. 믿음은 상대와 내가 같은 생각을 가져야 하는데, 아브라함에게는 하나님이 직접 나타나셔서 말씀하셨으므로 아브라함이 신적 권위를 받아들일 수밖에 없었고 하나님과 아브라함은 하나가 되었습니다. 하나님은 주권자이시므로 땅도 당신의 의도대로 주시고 또

거두어가실 수 있고, 자녀도 생산할 수 있게 해주실 능력이 있는 분입니다. 아브라함은 하나님의 임재하심 속에서 그분의 위대하심을 깨달았습니다. 그래서 확신을 갖고 고향을 떠난 것입니다. 이렇게 권세 있는 분이 직접 나타나셔서 그림을 그리시듯 자세하게 말씀하셨으므로 믿고 그대로 행하였더니 아브라함이 믿음의 조상이 된 것입니다. 이 사건을 바라보는 우리 중 일부는 하나님이 직접 나타나셔서 수많은 약속을 하셨는데 믿고 나가지 않을 사람이 있을까 생각할 수 있습니다.

만일 하나님이 나타나지 않으셨고 약속의 말씀도 해주시지 않았는데 자기가 일방적으로 하나님이 도와주실 것으로 기대하고 어떤 일을 계획하고 실행한다면 그것은 믿음이 아닙니다. 그럴 경우 하나님이 도와주지 않으실 것이고, 도리어 당신이 언제 그 일을 시도하라고 했느냐고 반문하실 것입니다. 하나님이 그리시는 청사진을 우리도 보고 들어야 합니다. 양쪽이 같은 그림을 보면서 행동으로 옮길 때 하나님이 역사하셔서 그 일이 성공적으로 이루어집니다. 하나님이 아브라함에게 아들을 주겠다고 약속하셨습니다. 그리고 정말 도저히 임신할 수 없을 정도의 나이인 아브라함과 사라가 아들을 낳았습니다. 이는 하나님이 역사하신 것입니다. 약속하신 그대로 행하시는 하나님이시기 때문입니다. 하나님의 약속은 그것을 받은 우리가 그 약속을 100퍼센트 믿든지, 50퍼센트 믿든지, 20퍼센트 믿든지 상관없이 약간의 믿음만 있으면 믿고 행한 만큼 이루어집니다. 반면에 하나님의 뜻이 없는데도 우리가 기도하고 행동한다고 한들 어떤 일도 이루어지지 않습니다.

이스라엘 백성이 여리고 성을 점령할 때 하나님이 그 성을 하루에 한 바퀴를 돌고 일곱째 날에는 일곱 바퀴를 돌라고 하셨습니다(수 6장). 여호수아는 이 말씀대로 이스라엘 백성과 함께 매일 여리고 성을 한 바퀴씩 돌았습니다. 만약 하나님의 말씀을 듣고도 믿지 못하는 마음으로 여리고 성을 돌지 않았거나, 한 바퀴만 돌아서 되겠느냐며 두 바퀴나 세 바퀴를 돌았다면, 여리고 성이 무너지는 역사는 일어나지 않았을 것입니다. 하나님이 말씀하시고 보여주신 것을 우리가 그대로 받아서 한 치의 오차도 없이 해내야 그것이 이루어지는 것입니다. 어떤 사람은 하나님이 행하라고 주신 원본도 없이 자신이 직접 그림을 그려서 하나님께 청구서를 내밀 듯 이대로 해달라고 하기도 합니다. 또 어떤 사람은 하나님이 주신 원본을 받아 복사본을 가지고 있다가, 거기에 자기 마음대로 추가해 그림을 그리고는 그것을 목표로 삼고 행하기도 합니다. 그것은 잘못된 믿음입니다.

2절 "선진들이 이로써 증거를 얻었느니라." "선진"이란 노인을 의미하지만 "장로"(마 15:2) 혹은 초대교회에서는 교부로 쓰였습니다. 여기서는 '위대한 믿음의 선조'를 가리킵니다. 그런데 선진들이 하나님의 말씀을 듣고 실제로 실천해보고 확실한 증거를 얻었다는 것입니다. 그 선진들은 여러 사람이 있겠지만, 구체적으로는 11장에서 언급한 사람들을 말합니다. 11장은 성경에 등장하는 수없이 많은 인물 중에서 믿음대로 행하여 증거를 얻은 사람만 기록했습니다. 그들은 하나님이 명령하신 내용의 원본을 복사하듯 자신의 마음에 새겨두고 실제로 행해서 원본처럼 이루어진 증거를 얻은 사람들입니다(7:8).

3절 "믿음으로 모든 세계가 하나님의 말씀으로 지어진 줄을 우리가 아나니." 믿음으로 우리가 사는 세계가 하나님의 말씀으로 지어진 줄을 안다고 했습니다(창 1장). 믿음의 출발인 하나님의 말씀으로 세계가 지어졌다는 사실을 안 시점이 중요합니다. 만약 우리가 이 세계가 하나님의 말씀으로 지어진 것이 아니라고 믿는다고 하면 그렇게 되는 것입니까? 사실 믿음은 얼마나 굳건하게 믿는지보다 무엇을 믿는지가 중요합니다. 진정한 믿음은 하나님이 알려주신 것을 믿는 것입니다.

아브라함 시대에는 성경이 존재하지 않았습니다. 그러나 그는 하나님이 이 세계를 만드신 것을 믿었습니다. 에녹 시대에도 성경이 없었지만 하나님을 알고 믿고 하나님과 동행하였습니다. 성경을 읽지 않아도 믿음의 생활을 할 수 있습니다. 그것은 영적 체험을 하였기 때문입니다. 믿음은 하나님이 직접 나타나셔서 말씀하시고 보여주시면 저절로 생깁니다. 그리고 우리 마음속에 머무시며 은혜를 주실 수 있습니다. 아브라함이 믿음의 조상이라고 하는데 하나님이 당신의 정체를 가능한 많이 보여주신 대상이 되어야 그런 호칭을 줄 수 있습니다.

"아나니." 이렇게 말한 것은 지적이든 육체적이든 경험했다는 의미입니다. 하나님이 아브라함에게 단순히 음성을 들려주신 것이 아니라 하늘이 열리면서 수많은 천사와 함께 직접 엄위하신 모습으로 나타나셔서 보이셨을 것입니다. 또 능력을 행하셔서 하나님만 하실 수 있는 일을 나타내시므로 아브라함이 믿은 것입니다. 성도들도 깊이 기도할 때 어떤 음성이 들리거나 환상을 보기도 합니다. 오늘날에는 기록된 성경 말씀을 믿고 행하는 것이 기본입니다. 그러나 개인의 장래에 대해서는 기도 중이든 말씀 가운데 깨달든 사적인 지도가 있어야 합니다.

"보이는 것은 나타난 것으로 말미암아 된 것이 아니니라." 하나님이 창조하시거나 미래를 보여주시거나 명령하시는 등 모든 행하신 것은 "보이는 것", 즉 우리가 눈으로 보는 현상계인 물질로 된 것이 아닙니다. 사람의 눈에 나타나 보이는 어떤 현상이나 사건은 그 배후에 물질이 아닌 영적인 것이 존재하고 있습니다. 그래서 눈에 보이는 물질이나 어떤 사건을 모두 다 물질로 설명할 수 있는 것이 아니라는 말입니다. 그러므로 우리 눈에 보이는 어떤 현상이나 물질이나 전쟁이나 전염병 등 모든 것에 대해 영적인 것을 염두에 두지 않고 물질적으로만 판단하면 어리석은 일입니다. 하나님의 약속은 사람의 눈에 보이지 않지만, 하나님이 계획하시고 또한 역사하고 계시는 것입니다. 그리고 하나님이 이루어나가시는 것을 목격하고 경험하게 됩니다.

아벨, 에녹의 믿음

4절 "믿음으로 아벨은 가인보다 더 나은 제사를 하나님께 드림으로 의로운 자라 하시는 증거를 얻었으니 하나님이 그 예물에 대하여 증언하심이라." 믿음의 사람에 대해 말하면서 아담이 아닌 아벨부터 시작하고 있는 것이 의외입니다. 아담이 빠진 것은 바울이 감히 아담에 대해 논하면서 그가 믿음이 있는지 없는지를 평가할 수 없었기 때문일 것입니다. 하나님이 창조하신 첫 사람인 아담은 완벽하게 하나님의 아들이자 상속자로 창조되었습니다. 그는 에덴동산에서 날마다 하나님을 대면하며 대화하였던 사람입니다. 하나님은 그가 모든 짐승의 이름을 짓도록 그의 앞에 짐승들이 지나가게 하셨고, 아담은 수많은 종류의 짐승의 이름을 다 지어주었습니다. 그러므로 아담이 등장하지 않는 것에 대해 아담의 믿음을 의심할 필요가 없습니다.

가인과 아벨은 아담이 낳은 자녀입니다. 하나님은 가인과 아벨이 드린 제사에 대해 평가하고 계십니다. 하나님은 믿음을 말하면서 먼저 제사와 관계된 이야기를 하십니다(창 4장). 예배에 성공하면 인생에 성공한다고 말하는 사람이 많습니다. 여기서도 믿음에 관해 이야기하면서 맨 처음 등장하는 믿음의 사람이 더 나은 제사를 드린 사람, 즉 예배에 대한 문제라는 것이 예배가 얼마나 중요한지에 대해 알게 해줍니다. 이것이 본문의 중요한 요점입니다. 나를 살리실 수도 있고 죽이실 수도 있는 생명의 주께 드리는 예배가 중요할 수밖에 없습니다. 예배는 서비스, 즉 섬김입니다. 하나님께도 다른 사람에게도 섬김의 정신을 가지고 봉사해야 합니다. 상대를 존중하고 높여주며 위하고 섬기며 봉사하는 마음이 정말 중요합니다. 안하무인으로 다른 사람을 자기 마음대로 조종하려고 시도하는 사람은 세상에서 성공할 수 없습니다. 이 세상은 홀로 살 수 없고 다른 사람과 공존하는 삶이므로 다른 사람을 배려하고 의식하면서 살아야 합니다.

하나님은 모든 성도와 교회의 예배를 다 평가하십니다. 하나님은 가인과 아벨을 놓고 비교하셨습니다. 여기서 하나님은 가인과 아벨 중에서 아벨이 가인보다 더 나은 제사를 드렸다고 하셨습니다. 즉, 아벨이 더 나았을 뿐이지 가인의 제사는 전혀 받지 않으셨다는 말이 아닙니다. 가인도 훌륭한 인물입니다. 아벨은 예배에 성공해서 하나님께 의롭다는 평가를 받았습니다. 여기서 의는 완전한 의를 가리키는 것이 아니라 하나님이 그렇게 선언해주신다는 것입니다. 그의 부모가 되는 아담과 하와가 죄를 지어서 에덴동산에서 쫓겨났으므로 그들의 자식인 아벨도 죄가 없을 수 없습니다. 도리어 그동안 죄가 더 쌓였을 수도 있습니다. 그런데도 하나님이 그를 의롭다고 증명해주셨으므로 영광스러운 일입니다.

"그가 죽었으나 그 믿음으로써 지금도 말하느니라." 여기서 그가 죽었다고 표현한 것은 모든 사람이 당연히 겪는 죽음을 말하는 것이 아니라 아벨이 가인에 의해 죽임당한 것을 말하는 것입니다. 그가 비록 제사를 드린 뒤 가인에게 시기를 받아 죽임을 당했을지라도 그의 믿음은 후대에 계속 증거되고 있다는 것입니다. 그의 믿음은 하나님이 그의 제사를 받으심으로써 증명되었습니다.

상황을 살펴보면 가인은 농사를 짓는 사람으로 곡식을 가지고 제사를 드렸고, 아벨은 양을 치는 사람으로 키운 양으로 제사를 드렸습니다. 어떤 사람들은 제사의 근본이 피 흘림에 있으므로 양으로 제사를 드려야 하는데 곡식으로 제사를 드려 하나님이 가인의 제사를 받지 않으신 것이라고 설명합니다. 제사에 드린 “양의 첫 새끼와 그 기름”(창 4:4)은 후에 제사 제도에서 제물로 규정합니다(레 27:26). 또한 아벨이 양을 드릴 때는 사람이 짐승의 고기를 먹기 전입니다(참조. 창 9:3). 그러므로 오직 속죄를 받으려는 믿음으로 그렇게 했을 것이라고 합니다. 하지만 사람은 자신이 가진 것으로 제사를 드릴 수밖에 없습니다. 또한 양으로 제사드려야 한다는 것이 성경에 기록되지 않았을 뿐 아니라, 하나님이 양으로 제사를 드리지 않은 것을 꼭 집어서 지적하시지 않았으므로 그것이 문제라고 할 수는 없습니다. 만일 반드시 양으로 제사를 드려야 했다면 하나님이 미리 가인에게 이르셔서 아벨을 찾아가 제물용 양을 사서 드리도록 말씀하셨어야 합니다. 또한 아벨이 죽은 이후 가인이나 많은 후손도 모두 양으로 제사드렸는지도 의문입니다.

하나님이 아벨의 제사는 받으시고 가인의 제사를 받지 않으셨는데, 하나님이 제사를 받으셨는지 받지 않으셨는지를 어떻게 알았겠습니까? 아마도 제물 위에 불이 떨어지거나 여러 신비한 현상이 벌어져 누구나 다 알 수 있는 증거를 보여주셨을 수 있습니다. 솔로몬이 제사드렸을 때도 하늘에서 불이 떨어졌었습니다(대하 7:1). 또 하나님이 직접 나타나셔서 말씀해주셨을 수도 있습니다. 성경에 하나님이 아벨과 대화하신 것이 나오지 않지만, 가인과는 대화를 나누셨기 때문입니다. 그렇다면 아벨과도 대화를 나누신 것으로 볼 수 있습니다. 가인은 하나님이 아벨의 제사는 받으시고 자신의 제사는 받지 않으셨다는 것을 확실하게 알았기에 아벨에 대해 분을 냈습니다. 가인이 혈기를 낸 것은 그의 속에 마귀가 들어가 역사했다고 볼 수 있습니다. 게다가 동생을 죽일 정도의 혈기를 냈으므로 마귀가 강하게 역사한 것이 분명합니다. 아담과 하와도 마귀의 유혹에 넘어가 죄를 지었고, 그들의 아들에게도 마귀가 역사하여 살인을 저지른 것입니다.

하나님은 가인이 분을 내고 있을 때 나타나셔서 대화를 나누셨습니다. 그에게 "네가 선을 행하면 어찌 낯을 들지 못하겠느냐 선을 행하지 아니하면 죄가 문에 엎드려 있느니라 죄가 너를 원하나 너는 죄를 다스릴지니라"(창 4:7)고 말씀하셨습니다. 죄에는 항상 마귀가 역사합니다. 하나님이 죄에 대해 경고하신 것은 마귀의 역사에 넘어가지 않도록 경계하라고 하시는 것입니다. 가인이 정성을 다해 믿음으로 제사를 드렸어야 했는데 그렇지 하지 못해서 상황이 이렇게 악화된 것입니다. 가인이 제사드린 후 동생 아벨을 죽였는데, 사람을 죽일 정도라면 얼마나 강하게 마귀가 역사했겠습니까? 게다가 남도 아니고 자신의 친동생인데도 죽일 정도로 가인에게 귀신이 충만히 역사했던 것입니다. 귀신은 제사드린 후 발동하였지만, 평상시 가인 속에 많이 들어와 역사했던 것이 분명합니다. 그러므로 하나님은 귀신이 충만한 상태인 가인의 제사는 받지 않으신 것입니다. 사실 하나님이 자신의 제사를 받지 않으시고 동생의 제사만 받으셨다는 그 질투심만으로 동생을 죽일 정도의 강한 마귀가 역사하기는 힘들므로, 그가 제사를 드린 후에 마귀가 역사한 것이 아니라 제사를 드리기 전부터 상당히 역사하고 있었다고 보아도 무방합니다. 그러므로 그가 어떤 제물로 제사를 드렸어도 부족함이 보였을 것입니다. 설혹 그가 양을 구해와 번제를 드렸을지라도 문제가 있는 제사였을 것입니다. 하나님은 제물만 보시는 것이 아니라 그 제물의 배후에 있는 예배자의 마음속의 것, 즉 믿음으로 하나님께 바라는 것들에 대한 확신, 그의 은혜의 약속에 대한 확신, 보이지 않는 것들에 대한 확신(1절)을 주시하십니다(렌스키).

아벨의 죽음은 안타까운 점이 많습니다. 그러나 어쩌면 가인과 아벨이 제사드린 후 하나님이 아벨의 제사는 받으시고, 형의 제사는 받지 않으신 상황에서 형에게 기분 상할 만한 폭언을 했을 수도 있습니다. 시기와 질투로 분노하는 형을 만났다면 그 마음을 이해하고 풀어주려고 노력해야 하는데, 도리어 면박을 주거나 자랑하는 말을 해서 형이 더욱 분노하여 폭력을 행사하게 만들었을지도 모릅니다. 그렇지 않아도 분이 올라와 참지 못하고 동생을 광야로 불러냈는데 성질을 돋우는 말을 들으면 참지 못하는 것이 당연합니다. 영적 수준이 높고 예배까지 성공한 아벨이라면, 영적 수준이 떨어지고 예배까지 실패한 가인을 넓은 마음으로 품었으면 좋았을 것입니다. 물론 아벨이 훌륭한 인물인 것은 사실이지만, 그의 죽음을 순교라고 하기에는 생각해볼 부분도 있습니다. 그는 형과 다투다가 죽은 것이지 복음을 전하다가 죽은 것이 아니기 때문입니다. 아벨의 죽음을 너무 미화하는 것은 옳지 않습니다.

그러나 이 본문을 보면 아벨은 예배의 중요성을 알았다는 것이 중요합니다. 그래서 하나님을 바라보면서 믿음으로 제사드리면 하나님이 기뻐하신다는 것을 알고 최선을 다했습니다. 그러나 가인은 예배자의 자세에 대해 확실하게 알지 못하였다는 것입니다. 가인에게는 이 부분에 대한 믿음이 없었고 아벨에게는 있었기에 아벨의 제사가 더 나은 제사라는 것입니다.

5절 "믿음으로 에녹은 죽음을 보지 않고 옮겨졌으니 하나님이 그를 옮기심으로 다시 보이지 아니하였느니라." 창세기 5장 21-24절까지 그의 기록이 나옵니다. 여기에서 에녹은 죽지 않고 하늘로 올라갔다고 성경이 기록하고 있습니다. 엘리야가 하늘로 올라간 것처럼 에녹도 마찬가지였습니다. 그는 하나님과 동행하는 삶을 살아서 하나님의 뜻과 생각을 잘 알고 실천했습니다. 그는 주님의 신부라고 해도 무방할 정도로 거룩한 존재입니다. 그는 타락한 세상과 정반대의 삶을 살았습니다. 죄의 값은 사망이어서 모든 인생은 이 땅에서 죽을 수밖에 없지만, 하나님은 몇 사람을 죽음을 맛보지 않고 천국에 가게 하셨습니다. 그러므로 에녹의 시신은 이 땅에서 발견할 수 없습니다.

"그는 옮겨지기 전에 하나님을 기쁘시게 하는 자라 하는 증거를 받았느니라." 에녹이 "하나님을 기쁘시게 하는 자"라는 말을 들은 것은 영광스러운 일입니다. 우리가 사람을 기쁘게 하는 것도 귀합니다. 그러나 무엇보다 하나님을 기쁘시게 해야 합니다. 에녹이 그런 사람이라는 인정을 받았으므로 하나님은 그를 죽지 않고 하늘로 올라오게 하신 것입니다.

벤 시락의 『집회서』라는 책이 있습니다. 그 책에서 에녹에 대해 "회개에 있어서 모범적 인물이다"라고 평가했습니다. 에녹은 살아 있을 때 죄를 깊이 인식하고 많이 회개했다는 것입니다. 사람은 누구나 죄를 짓고 살기 때문에 죄가 많고 적음의 차이는 있지만, 죄가 없는 사람은 없습니다. 그런데 에녹은 회개를 많이 하여 모범이 될 만한 사람이라는 것입니다.

유다서 1장 14절을 보면 에녹이 미래에 대해 예언했다고 나옵니다. 그가 예언의 은사를 받은 사람이라는 것입니다. 즉, 에녹은 구약 시대에서 바울과 같은 사람이고 베드로와 같은 사람으로, 엄청난 능력과 은사를 소유했던 것이 분명합니다. 위경에는 그가 천문학과 천사론에 조예가 깊었다고 나옵니다. 즉, 하늘이 그에게 열렸고 그가 하늘의 많은 것을 보았다는 것입니다. 그렇지 않고서는 천사에 대해 알 수 없습니다. 또 성경은 그가 300년간 하나님과 동행했다고 하였습니다. 아마도 에녹은 이 땅에 사는 동안에도 천국을 보고 사모했기에 충성스럽게 살았을 것입니다. 이는 하나님과 아주 밀접한 관계를 맺으면서 살았다는 것입니다. 그러므로 하나님은 그에게 많은 은사와 능력을 주셔서 그가 하나님을 기쁘시게 하는 자가 될 수 있게 하셨고, 또 그렇게 했을 때 그런 사람이라고 인정해주신 것입니다. 그래서 믿음이 있는 에녹은 은사와 능력을 갖추고 하늘을 보고 천사를 보면서 하나님과 동행하는 삶을 살아서 결국 죽음을 맛보지 않고 하늘로 올라간 것입니다. 하나님이 24장로를 세우시면 당연히 에녹 같은 사람이 일 순위일 것이 분명합니다.

6절 "믿음이 없이는 하나님을 기쁘시게 하지 못하나니." 에녹에게서 보듯이 이것이 믿음이 있는 사람의 모습입니다. 믿음이란 하나님을 믿는 것이고, 하나님이 기뻐하시는 것을 알고 실천하면 하나님이 기뻐하실 것입니다. 그래서 믿음이 있다면 하나님이 기뻐하시는 일을 기꺼이 하겠다는 마음을 가지고 있는 것이 당연합니다. 믿음이 있는 사람은 믿음이 없는 사람과 이렇게 다른 삶을 살 수밖에 없습니다. 그의 삶에서 믿음이 있는 표시가 날 수밖에 없습니다. 은사가 있으면 표가 나고, 능력이 있거나 영성이 있으면 표가 나며, 하나님을 기쁘시게 하는 사람도 표가 납니다. 그래서 11장에 나오는 인물은 모두 자신만의 간증 거리가 있습니다. 다른 사람과 비교할 수 없는 탁월한 간증 거리가 있을 때 믿음대로 살았기에 하나님의 은혜를 받았다고 인정해줄 수 있습니다.

"하나님께 나아가는 자는 반드시 그가 계신 것과." 믿음이 있는 사람은 먼저 하나님께 가까이 나아가려고 시도해야 합니다. 무의미한 상태가 아니라 하나님이 분명히 살아계심을 믿어야 합니다. 그것은 상상 속에서 믿는 것이 아닙니다. 하나님의 나타나심과 역사하심을 경험할 때 믿어지는 것입니다.

"또한 그가 자기를 찾는 자들에게 상 주시는 이심을 믿어야 할지니라." 여기에서 "상"은 임금을 지불하는 것에서 유래했습니다. 하나님을 믿는다는 것은 하나님이 당신을 찾는 자들에게 상 주시는 이심을 믿어야 한다는 것입니다. 하나님은 행한 대로 갚아주십니다. 하지만 우리 인생이 행하는 것은 한계가 있기에 하나님이 주시는 것이 적을 수 있습니다. 그런데도 하나님은 "상"을 주십니다. 내가 행한 정확한 대가가 아니라 하나님이 기뻐하시기 때문에 나의 공로를 뛰어넘는 엄청난 분량의 상을 주시는 것입니다. 이 상은 값없이 받는 성격이 큽니다.

노아와 아브라함

7절 "믿음으로 노아는 아직 보이지 않는 일에 경고하심을 받아." 창세기 6장부터 9장까지 노아에 대한 이야기가 기록되어 있습니다. 노아는 "보이지 않는 일에" 하나님께 경고를 받았습니다. 그 내용은 하나님이 인간을 물로 심판하시겠다는 말씀이었습니다. 아직 심판의 어떤 징조는 없었던 때입니다. 노아 시대에 수많은 사람이 있었지만, 하나님의 음성을 들은 사람은 노아뿐이었습니다. 하나님이 단 한 사람, 노아에게만 말씀하셨습니다. 당시에 하나님이 노아에게는 분명히 나타나셨지만, 다른 사람에게도 나타나셨다는 기록이 없습니다. 그러나 하나님이 수많은 사람을 그대로 죽게 내버려두실 리가 없으므로 하나님은 노아에게 심판이 예정되었다는 사실을 사람들에게 알리도록 하셨습니다. 온 세상에 심판을 예고하는 사이렌이 울린 것입니다. 그러나 노아를 통하여 그 경고를 받아들이는 사람이 없었습니다. 당시 노아는 의인이었으므로 많은 사람이 그의 말을 들었어야 했습니다. 당시 사람들은 설혹 하나님이 말씀하셨다고 할지라도 노아처럼 그 말씀을 들을 수 있는 영적인 귀를 가진 사람이 없었습니다. 귀 있는 자는 성령의 말씀을 들을 수 있지만, 귀가 없는 사람은 성령이 말씀하셔도 듣지 못합니다. 오직 영적인 감각이 있는 사람만 성령이 오셔서 역사하시는 것을 영적으로나 몸으로 느낄 수 있습니다. 노아가 영적인 인물인 것이 여기서 드러납니다.

"일에 경고하심을 받아." 하나님은 노아에게 심판에 대해 경고하시고 피할 방법을 알려주셨는데 그것은 방주를 제작하라는 명령이었습니다. 하나님은 그가 만들어야 할 방주의 크기와 구조, 그 안에 들일 동물의 수까지 정확하게 말씀해주셨습니다. 기도를 많이 하는 사람들은 하나님의 음성을 듣는 경우가 있는데 그럴 때 "아들아"라는 말 한 마디만 들어도 감격합니다. 그런데 노아는 모든 경고와 엄청난 분량의 지시를 정확하고 세세하게 다 들었으니 엄청나게 많은 시간 동안 하나님의 음성을 들었을 것입니다. 노아는 그 내용을 기록하거나 기억했습니다. 그래서 노아는 배를 만들지 않을 수 없었습니다. 하나님이 직접 나타나셔서 하나하나 다 알려주시고 보여주시면서 모르는 것이 있으면 질문하고 대답하는 과정을 통해 하나님이 주신 자신의 사명을 온전히 감당할 수 있었던 것입니다. 이렇게 믿음의 출발은 먼저 하나님의 계시하심에서 시작합니다. 하나님이 가르쳐주시는 것이 없다면 믿음이 생기지 않고 믿음이 출발할 수 없습니다. 자신들이 생각할 때 하나님의 뜻일 것이라고 추측하고 믿고 나아가는 사람들이 있습니다. 또 자기가 소원하는 어떤 내용을 하나님께 이루어달라고 기도합니다. 그러나 이것은 믿음이 아닙니다.

노아는 "아직 보이지 않는 일"에 대해 경고를 받았습니다. 그러나 노아가 믿음이 좋은 것은 아직 심판이 시작되지도 않았는데 심판이 있을 것이라는 하나님의 말씀만 믿고 방주를 짓기 시작했기 때문입니다. 그래서 그가 경고의 말씀을 받아들였다는 것이 중요합니다. 비록 노아를 통해 전달된 경고이지만 노아처럼 그것을 듣고 받아들인 사람이 없었다는 것은 안타까운 일입니다. 노아의 경우를 보면 믿음은 하나님께 직접 말씀을 받을 때 생겨납니다. 그래서 우리도 하나님의 말씀을 받는 경험이 필요합니다.

"경외함으로 방주를 준비하여 그 집을 구원하였으니." 모세가 경외함으로 방주를 준비하였다고 했는데 "경외함"은 엄위하시고 권능이 많으신 하나님께 말씀을 받으면 저절로 발생하는 거룩한 태도입니다. 예수님을 믿는 사람 중에도 방자한 사람이 있는데 하나님을 만나지 못해서 그렇습니다. 노아는 하나님의 말씀을 따라 방주를 준비했습니다. 방주는 상자 같은 모양의 배이며 구조선 역할을 합니다. 제작하는 데 상당히 오랜 시간이 소요되었을 것입니다. 물론 많은 물질과 노동력도 필요했습니다. 방주 제작이 끝나자 그 안으로 사람과 짐승이 들어갔습니다. 방주에 들어가지 못한 모든 사람과 생명은 죽고 방주에 들어간 생명만 살았습니다. 노아는 결국 모든 식구의 생명을 살리는 가장이 되었습니다. 가족의 안전을 책임진 자는 훌륭한 사람입니다. 하나님을 만나지 못한 사람에게는 하나님을 경외하고 순종하라고 해도 따르지 못합니다. 그러므로 하나님과 친밀해진다면 성도들의 믿음도 한결 돈독해집니다. 교회의 사명 중 하나는 성도들이 하나님을 깊이 알게 해주는 것입니다. "그 집을 구원하였으니." 아벨이나 에녹에게는 나타나지 않는 것으로 이제 가족에게 은혜가 퍼져나갑니다.

"이로 말미암아 세상을 정죄하고 믿음을 따르는 의의 상속자가 되었느니라." 노아는 순종하여 가족의 생명을 살렸고 심판을 피했습니다. 노아는 생명의 구원을 받았고 하나님은 "경건하지 아니한 자들의 세상에 홍수를 내리셨"습니다(벧후 2:5). 그러므로 세상이 심판을 받아 죽어간 것은 결국 노아가 옳았고 세상이 잘못했음을 확증한 것입니다. 노아는 하나님의 음성을 듣고 말씀대로 실천했고 가족을 구원하는 결과까지 얻었습니다. "의의 상속자." 그는 결국 믿음을 따르고 옳은 것을 따르는 의의 상속자가 됩니다. 의의 근원은 하나님입니다. 어느 시대나 하나님의 말씀에 순종하는 사람이 의로운 사람입니다. 세상은 하나님을 따르지 않으므로 그런 세상을 따라가지 않고 오직 믿음을 따라간다면 의의 상속자가 된다는 것입니다. "상속자"는 아버지의 모든 것을 이어받는 사람입니다(1:2, 6:17). 노아는 영적인 것, 육적인 것을 다 상속받았습니다. 그런데 하나님의 상속자가 된다는 것은 놀라운 일입니다. 그의 상속은 먼 미래에 있는 후사로서 임명됨을 말하지 않고 그가 (이미) 상속에 들어갔음을 말합니다(렌스키).

8절 "믿음으로 아브라함은 부르심을 받았을 때에 순종하여." 아브라함은 혈통적으로는 이스라엘의 조상이며, 영적으로는 믿음의 조상이라고 합니다. 왜 그렇게 불리는지 오늘 말씀이 설명하고 있습니다(1절 설명 참조). 그에 관한 이야기는 창세기에 기록되어 있습니다(창 11:27-24:9, 25:7-11). "순종하여." 아브라함은 믿음으로 부르심을 받았을 때 순종하였습니다. 아브라함은 순종함으로 가장 강한 믿음의 사람이 되었습니다. 아브라함은 하나님이 자신을 부르시는 것을 체험하였습니다. 하나님이 그에게 나타나셔서 "너는 갈대아 우르를 떠나서 내가 지시하는 땅으로 가라"고 말씀하신 것입니다. 아브라함은 그 말씀을 받아 순종하였습니다. 그가 고향 갈대아 우르를 떠나 가나안으로 간 것은 스스로 생각하기에 가나안 땅이 환경이 좋거나 가고 싶어져서 그런 것이 아닙니다. 부르심을 받아야 순종할 수 있는 것입니다. 만일 아브라함이 가나안에 가고 싶어서 출발하고 하나님의 도우심을 기대하며 떠났다면 그것은 믿음이 아닙니다.

"장래의 유업으로 받을 땅에 나아갈새 갈 바를 알지 못하고 나아갔으며." 아브라함처럼 하나님의 음성을 듣고 가르쳐주신 대로 행동하는 것이 진정한 믿음입니다. 내가 결정하는 것이 아니라 듣고 행하는 것입니다. "장래의 유업으로 받을 땅에." 그는 장차 하나님이 어느 곳에 얼마만큼의 토지를 주실 것인지 전혀 알지 못했습니다. 그의 명예와 경제적인 것이 걸려 있는 중대한 일임에도 그렇게 하였습니다.

9절 "믿음으로 그가 이방의 땅에 있는 것 같이 약속의 땅에 거류하여 동일한 약속을 유업으로 함께 받은 이삭 및 야곱과 더불어 장막에 거하였으니." 아브라함은 약속의 땅에 가서 살았습니다. 그러나 그곳에서의 삶이 그의 고향인 갈대아 우르에서의 삶보다 나은 것이 없었습니다. 그러나 하나님의 말씀이기 때문에 그곳에 거류하였고, 아들 이삭과 손자 야곱에 이르기까지 3대가 다 살았습니다. 이것은 그가 하나님을 믿었다는 증거 중에 증거입니다. 게다가 그곳에서 "장막" 생활을 하였는데 이는 그가 한 지역에 정착하지 않고 떠돌이 생활을 했다는 말입니다. 하나님은 그가 여기저기 이동하면서 살도록 하셨습니다. 아브라함은 자기 마음대로 움직이지 않았고 또 자기 마음대로 정착하지도 않았습니다. 이삭과 야곱도 아버지와 같은 삶을 살았는데 그들도 하나님의 음성을 듣는 사람들이었으므로 유목민 같은 유랑생활에 대해 전혀 불만을 품지 않았습니다. 그런 혈육들의 믿음을 칭찬하는 것입니다.

10절 "이는 그가 하나님이 계획하시고 지으실 터가 있는 성을 바랐음이라." 하나님이 주권을 가지시고 자신의 인생을 다 설계하신다는 말씀입니다. 계획도 하나님이 하시고 성도 하나님이 쌓으십니다. 이것은 이 땅에서도 그렇지만 하늘나라에서도 그렇습니다. 아브라함과 이삭과 야곱은 하늘나라에 예비된 지위와 상급을 바라보았을 것입니다. 우리는 하나님의 지시가 없는 상태에서 계획을 세우는 일에 매우 조심해야 합니다. 하나님의 뜻과 사람의 계획이 일치하지 않는 경우가 너무나 많기 때문입니다. 어쩌면 정반대일 때도 있습니다.

11절 "믿음으로 사라 자신도 나이가 많아 단산하였으나 잉태할 수 있는 힘을 얻었으니." 사라는 아브라함의 본처로서 창세기 18장 9-15절에 이 이야기가 나옵니다. 아브라함의 아내인 사라가 아이를 낳지 못했지만 하나님의 사자가 아이를 낳을 것이라고 말씀하셨습니다. 처음에는 아브라함이 하나님의 말씀을 듣고 웃었습니다(창 17:17). 또한 사라도 웃습니다(창 18:12). 자신의 몸이 아이를 낳을 수 없는 상태인 것을 알았기 때문입니다. 그러나 하나님이 그녀에게 힘을 주시니 잉태할 수 있게 되었습니다. 사라는 하나님이 나타나셔서 말씀하신 것을 믿고 순종한 것뿐입니다. 사라가 아이를 원해서 잉태하는 힘을 얻으려고 보약을 먹거나 어떤 노력을 한 것이 아닙니다. 하나님이 아이를 주기로 계획하셨고, 또 그럴 힘도 주셔서 결국 90세에 이삭을 낳았습니다. 사람의 생각으로는 이루어질 수 없는 일이지만, 하나님이 사람을 도구로 쓰셔서 직접 이루셨습니다. 사람이 하나님의 구속 사역에 동역한다고 말할지라도 그것은 하나님의 자비하심으로 그렇게 말씀해주신 것이지 사실 사람이 하는 것은 거의 없습니다. 모든 것은 다 하나님이 준비하시니 사람은 오직 하나님의 말씀대로 행하기만 하면 되는 것입니다.

"이는 약속하신 이를 미쁘신 줄 알았음이라." "약속하신 이", 즉 아이를 낳을 것이라고 말씀해주신 하나님이 얼마나 자비로우시고 은혜가 많으신 분인지를 알았다는 것입니다. 하나님을 경험하지 못한 사람은 하나님이 도와주실 것이라 짐작만 합니다. 그 짐작을 붙잡고 믿는다고 하면서 나아가는 것은 진정한 믿음이 아니라 기대이고 희망일 뿐입니다. 심하면 망상에 빠질 수도 있습니다. 주님은 약속하신 적이 없는데 스스로 기대하고는 나는 하나님이 도우실 것을 믿는다고 하면 안 됩니다. 그래서 우리는 우리 믿음이 진정한 것인지를 점검해보아야 합니다.

12절 "이러므로 죽은 자와 같은 한 사람으로 말미암아 하늘의 허다한 별과 또 해변의 무수한 모래와 같이 많은 후손이 생육하였느니라." 하나님의 약속대로 "죽은 자와 같은", 즉 임신할 수 없었던 사라를 통해 많은 후손이 탄생합니다. 아브라함도 늙은 상태입니다. 그 후손의 숫자는 셀 수도 없이 많아서 하늘의 별과 해변의 모래와 같다고 했습니다. 믿음의 열매는 하나님을 만나 약속의 말씀을 듣고 그것을 겸허히 받고 순종하여 실천할 때 맺어지는 것입니다.

더 나은 본향

13절 "이 사람들은 다 믿음을 따라 죽었으며." 여기서 "이 사람들"은 히브리서 11장 앞부분에서 거론된 사람들입니다. 아벨, 에녹, 노아, 아브라함, 사라 등입니다. 믿음이 있다고 해서 사망을 이겨내는 것은 아닙니다. 아브라함과 이삭과 야곱도 죽어서 이 땅에 묻혔습니다. 이들을 능가하는 믿음을 가지지 못한 모든 사람은 말할 것도 없이 다 죽을 수밖에 없습니다. 평생 믿음을 가지고 살았지만 죽었다는 것입니다. 그러나 본문에 나오는 사람들은 죽는 순간까지도 믿음을 지켰습니다. 죽음의 공포에서도 믿음을 지키는 것은 어려운 일입니다. 평생 믿음을 지키고 죽을 때에도 그 믿음을 잘 간직하고 죽음을 맞는 것은 멋진 일입니다.

"약속을 받지 못하였으되." 6장 15절에서는 "오래 참아 약속을 받았느니라"고 했습니다. 약속을 받은 것은 장차 메시아가 태어나실 계보를 이을 아들이 태어난 것을 가리킵니다. 또한 어느 정도 이 땅에서의 축복을 가리키는 것입니다. 여기서 받지 못한 "약속"은 아브라함, 이삭, 야곱에게 땅을 주신다는 약속입니다. 또한 그리스도가 이 땅에 오실 것이라는 약속을 가리킵니다(박윤선). 그들이 살아 있는 동안 메시아인 그리스도가 오시지 않았기 때문입니다. 만약 이 약속이 하늘나라에 집을 주신다는 약속이거나 구원을 받는다는 약속이라고 한다면 해석에 오류가 발생합니다. 잘못하면 이들이 천국에 가지 못한다는 허황된 해석을 할 수도 있습니다. 이 약속은 가나안 땅을 주셔서 그들의 후손들이 차지하게 하시겠다는 약속이고, 아브라함과 이삭과 야곱은 실제 그 약속이 이루어지는 것을 보지 못한 채 죽었기 때문에 또한 메시아가 오시지 않았으므로 그들이 약속을 받지 못했다고 하는 것입니다.

"그것들을 멀리서 보고 환영하며." 사실 하나님의 나라에서는 이 땅에서 받을 약속의 땅이나 저 하늘나라에서 주실 땅이나 둘 다 중요합니다. 물론 이 땅도 온전하게 받은 것은 아니지만 멀리서 보고 환영한 곳은 바로 하늘나라를 말하는 것입니다. 그들은 가나안 땅을 소유하지 못했을 뿐 그 땅에서 일생을 보냈기 때문에, 멀리 있는 땅은 가나안을 가리키는 것이 아님을 확실히 알 수 있습니다. 그러므로 이 땅에서 저 멀리 있는 하늘나라를 보았다는 것입니다. 그들은 하나님이 주실 천국의 땅을 바라보고 하나님의 보좌 앞으로 나아갈 것을 기대하는 것입니다. 또 천사들과 먼저 간 성도들과 함께 하나님께 찬송과 영광을 돌리는 영광스러운 존재가 될 것을 환영했다는 것입니다. 무엇보다 예수 그리스도를 그리워한 것입니다. 앞에 나온 믿음의 사람들, 특히 아브라함, 이삭, 야곱은 다 하늘나라를 보았다고 바울이 증언하는 것입니다. 그렇지 않았다면 "보고"라는 말을 쓸 수 없습니다. 내가 하늘나라를 영적인 눈으로 보아야 남다른 믿음이 생깁니다.

"또 땅에서는 외국인과 나그네임을 증언하였으니." "또 땅에서는"이라고 한 것은 앞에서 말한 것과 다르다는 것을 알 수 있습니다. 앞에서 "멀리서 보고 환영"한 것은 하늘나라였고, 여기 "땅에서"는 이 세상의 땅을 말하는 것입니다. 아브라함과 이삭과 야곱은 이 땅에서 살 때 땅을 제대로 소유하지 못했습니다. 스스로 나그네로 생각하고 살았습니다. 그래서 야곱은 애굽에 내려가서 애굽 왕을 만나 자신을 소개하며 "나그네 길"을 살았다고 말했습니다(창 47:9). 그는 실제로 이곳저곳을 떠돌았습니다. 믿음의 사람들은 이 땅의 삶을 나그네 삶이라고 생각합니다. 하늘이 보이는 사람은 이 땅을 나그네 삶으로 생각하지만, 하늘이 보이지 않는 사람은 이 땅이 인생의 전부라고 생각할 수밖에 없습니다. 하늘이 보이고 하늘을 체험하고 하늘의 삶을 기다리는 사람은 이 땅의 것을 다 내려놓을 수 있습니다. 하지만 하늘과 관계가 없는 사람은 이 땅에서 무슨 수를 써서라도 부귀와 영화를 누리려고 하며, 이 땅에 자신만의 성을 쌓으려고 합니다.

"증언." 그들이 말로만 그렇게 했다는 것이 아니라 실제 그렇게 살았다는 것입니다. 사람들이 말로는 저 하늘을 바라보며 이 땅은 나그네 삶이라 하지만, 행동으로는 이 땅에서의 삶이 다인 것처럼 삽니다. 그것은 증인의 삶이라고 할 수 없습니다. 아브라함과 이삭과 야곱은 실제 하늘나라를 사모하며 살았기에 가나안 땅을 떠나도 크게 서운해 하지 않았습니다. 또 자신들의 후손이 가나안 땅으로 돌아와 살 수 있도록 하나님이 인도하실 것을 믿었습니다. 그래서 언제든지 하나님의 말씀에 순종하여 장막을 옮겨 다니며 살았던 것입니다. 하나님의 사람은 특정한 지역에 자기만의 성을 쌓고 살려고 하지 말고 하나님의 뜻이라면 언제든 자신의 장막을 옮길 수 있어야 합니다.

14절 "그들이 이같이 말하는 것은 자기들이 본향 찾는 자임을 나타냄이라." "본향"은 아버지가 계시는 곳을 가리킵니다. '본향'이라는 단어가 '아버지'라는 단어에서 파생했기 때문입니다. 그래서 본향이라는 단어를 의도적으로 사용한 것으로 보입니다. 그들이 나그네로 살아간다고 말한 것은 자신들에게 이 세상 땅이 아닌 본향이 있고, 그 본향을 찾아가는 것이기 때문입니다. 한 사람의 신앙은 입으로 나오는 말과 그의 삶의 발자취를 통해 알 수 있습니다. 성도는 반드시 자신의 본향을 찾으려고 노력해야 합니다.

15절 "그들이 나온 바 본향을 생각하였더라면 돌아갈 기회가 있었으려니와." 여기서 말하는 "본향"은 아브라함이 거주했던 갈대아 우르를 말합니다(창 11:28). 그 지역에는 바벨론이라는 나라가 있었는데 그 당시 세계를 대표하는 강대국으로 문명이 극도로 발달하였습니다. 그러나 하나님은 아브라함에게 그곳에서 떠나 가나안으로 가라고 지시하셨습니다. 그렇게 하신 데에는 여러 이유가 있겠지만, 가장 큰 이유는 그 지역이 종교적, 사회적으로 타락하였는데 특히 우상숭배가 극심했기 때문입니다. 가나안도 우상을 숭배했지만 바벨론이 더욱 심하게 부패하였으므로 비교조차 되지 않았습니다. 그래서 하나님은 아브라함을 옮기셨습니다. 만약 아브라함이 가나안에 들어와 나그네로 살면서도 계속 바벨론을 본향으로 생각하였다면 다시 돌아갈 기회가 얼마든지 있었을 것입니다. 아브라함은 가나안에서 부유해지고 거의 왕처럼 군림하고 있었습니다. 그것들을 소유하여 이끌고 고향으로 금의환향을 할 수 있었습니다. 그러나 아브라함은 자기가 태어나 자란 갈대아 우르를 자기의 본향으로 생각하지 않았기에 귀향하지 않은 것입니다. 아무리 시간이 남아돌아도 그곳으로 얼굴을 돌리지 않았습니다.

16절 "그들이 이제는 더 나은 본향을 사모하니 곧 하늘에 있는 것이라." 아브라함은 육신의 부모가 있는 이 땅의 본향보다 하나님 아버지가 계시는 더 나은 하늘 본향을 사모하였다는 것입니다. 육신의 부모는 이미 죽어 고향에 가도 만날 수 없지만, 저 하늘 본향에는 살아계신 하나님 아버지가 계시기 때문입니다. 그들은 마음을 다해 하늘을 사모하였습니다.

"이러므로 하나님이 그들의 하나님이라 일컬음 받으심을 부끄러워하지 아니하시고." 그들은 천국을 본향으로 생각하고 죽은 다음 들어갈 것을 믿고 살았습니다. 하나님은 그런 믿음의 사람들에게 그들의 하나님이라고 일컬음을 받으시는 것을 부끄러워하지 않으셨습니다. 오히려 하나님은 자신을 아브라함과 이삭과 야곱의 하나님이라고 표현하셨습니다. 이들이 믿음이 없었다면 그들의 하나님이라고 불리기를 거절하셨을 것입니다. 즉, 이 말씀은 하나님이 어떤 사람에게는 그의 하나님이라고 불리기를 소원하시고 어떤 사람에게는 그의 하나님이라고 불리는 것을 부끄러워하신다는 것입니다. 자식이 못나면 부모가 부끄러움을 당하는 법입니다. 하나님이 성도를 생각하실 때 누구의 하나님이라고 해도 부끄러워하지 않으실 사람이 되어야 합니다.

"그들을 위하여 한 성을 예비하셨느니라." 하나님이 믿음의 사람들에게 10절에 나오는 하늘나라의 성을 예비하셨습니다. 하늘나라는 하나의 큰 성이기 때문에 이 말씀을 천국에 들어갈 수 있다고 하는 말로 해석할 수 있습니다. 그러나 예수님이 "내가 너희를 위하여 거처를 예비하러 가노니"(요 14:2)라고 하셨기 때문에, 여기에서 한 성은 아브라함과 이삭과 야곱 같은 위대한 믿음의 사람들에게 천국 안에 그들이 거할 성을 주신다는 의미로 받아들일 수 있습니다. 영안이 깊이 열린 사람들은 기도 중에 하늘을 보고 믿음의 선진들이 사는 집의 규모가 상당히 크다고 이야기합니다. 그래서 여기에서 성은 넓은 의미의 천국 전체를 가리키고, 좁은 의미로는 그들이 실질적으로 얻은 조그만 성 같은 천국 집을 말하는 것으로 볼 수 있습니다.

믿음의 선진들은 기도 중에 그것들을 멀리서 보았습니다. 하나님이 보여주시니 하늘나라를 본 것입니다. 그래서 믿음 생활을 성실히 할 수밖에 없고 하늘을 사모하면서 성경에 기록될 정도의 모범적 삶을 살았던 것입니다. 이 믿음의 선진들이 살던 시대에 믿음을 소유한 성도가 많았을 것인데 그들이 그중에서도 탁월한 믿음을 소유했기에 성경에 언급된 것입니다.

영적이지 못한 사람들은 하늘나라에 관한 내용이 성경에 다 기록되어 있으므로 이 시대에는 더 이상 하늘나라를 볼 수가 없다거나 볼 필요가 없다고 합니다. 그러면서 성경만 읽으면 된다고 말합니다. 그러나 천국을 보는 사람은 자신이 보려고 해서 본 것이 아니라 하나님이 보여주신 것입니다. 하나님은 동일한 하나님이시니 믿음의 선진들에게 하늘을 보여주셨던 것처럼 지금도 믿음의 사람들에게 보여주실 수 있습니다. 우리의 의가 아니라 하나님이 주도권을 가지고 계시므로 우리가 기도를 깊이 할 때 보여주실 수도 있고 보여주지 않으실 수도 있다는 것입니다. 하나님을 간절히 찾고 만나기를 사모하면 어떤 신적 나타나심이 있을 수 있음을 알아야 합니다. 믿음은 글자를 읽고 지식을 쌓는 것으로만 성장하는 것이 아니라, 우리가 영적 경험을 하고 그것을 믿고 행동으로 옮겼을 때 열매를 맺는 것임을 명심해야 합니다.

믿음으로 이삭을 드리다

믿음의 사람들에 관해 소개하면서 특히 아브라함에 대한 이야기를 많이 하고 있습니다. 아브라함은 믿음의 조상으로 불리는데 그만큼 그가 하나님과 깊은 관계를 맺었고 이야깃거리가 많은 인생을 살았다고 할 수 있습니다. 신앙생활을 할 때 사람들에게 존경받고 집중적으로 관심을 받는 사람은 영적인 체험이 많은 사람입니다. 성경을 지식으로 아는 것에는 한계가 있고, 그것은 나 말고도 많은 사람이 알고 있는 일반화된 지식일 수 있습니다. 그러나 영적 체험은 사람마다 다양하기에 더욱 신비합니다. 그런데 아브라함은 신비한 영적 체험을 많이 하였기에 히브리서는 그의 삶을 조명하며 소개할 내용이 많은 것입니다. 창세기에 기록된 그의 삶에서 교훈받을 내용이 많지만, 여기서 다시 언급하고 있습니다.

17절 "아브라함은 시험을 받을 때에 믿음으로 이삭을 드렸으니." 시험에는 두 종류가 있는데 하나는 테스트이고 다른 하나는 유혹입니다. 여기서는 죄를 지어서 사탄에게 유혹을 받은 것이 아니라 정말 믿음이 있는지 보기 위해 하나님이 하시는 테스트를 말합니다. 하나님은 아브라함의 믿음을 시험하시려고 이삭을 바치라고 하셨는데 아브라함이 믿음으로 이삭을 드렸습니다(창 22:1-19). 아브라함이 먼저 하나님께 아들을 바치면 하나님이 기뻐하셔서 복을 주실 것이라고 믿고 그렇게 한 것이 아닙니다. 하나님이 아브라함에게 먼저 아들을 바치라고 명령하셔서 순종하여 바쳤더니 하나님이 아들도 살려주시고 은혜도 내려주신 것입니다. 아브라함이 하나님의 음성을 듣기 전에 자기 생각으로 아들을 바쳤거나, 하나님이 바치라고 하셨을 때에는 순종하지 않다가 나중에서야 순종하겠다고 생각하고 데려가서 바친다면 하나님은 이삭을 살려주지 않으셨을 수 있습니다. 하나님이 청사진을 보여주시면 그대로 순종해야 믿음이 있다고 인정받을 수 있습니다. 하나님의 때에 하나님이 요구하시는 방법으로, 하나님이 말씀하시는 곳에서, 정확하게 일치해야 합니다. 스스로 중요한 일을 결행했을 경우 자신은 충성했다고 생각하지만 하나님은 불충성했다고 평가 절하하실 것입니다.

"그는 약속들을 받은 자로되 그 외아들을 드렸느니라." 하나님은 여러 번 아브라함에게 나타나셔서 말씀하셨는데 여러 약속을 주셨습니다. 그 중에는 나이가 많이 들어 아들을 낳을 수 없는 몸이 되었는데도 아들을 주기로 하신 약속도 있습니다. 하나님이 약속하셨으므로 아브라함에게 생산의 능력을 주시고 사라에게도 잉태의 능력을 주셔서, 죽은 것 같이 되었던 몸이 살아나 아기를 생산할 수 있는 몸으로 변화되게 하신 것입니다. 하나님은 아기의 이름까지 지어주셨습니다. 그런 약속과 축복 속에 태어나 성장한 외아들 이삭이지만, 하나님이 바치라고 하셨을 때 두말하지 않고 순종하여 바칩니다.

18절 "그에게 이미 말씀하시기를 네 자손이라 칭할 자는 이삭으로 말미암으리라 하셨으니." 창세기 21장 12절을 인용한 내용입니다. 하나님이 이미 아브라함에게 말씀하셨습니다. 하나님이 그에게 자손을 주실 것인데 그 자손의 이름은 이삭이고, 그를 통해 하나님의 계획을 이루어나가실 것이라는 말입니다. 아브라함은 하나님의 약속이 이삭을 통해 이루어질 것을 말씀을 들어서 알았기 때문에 하나님께 이삭을 바치는 것을 망설이지 않았습니다. 아브라함은 이삭을 낳기 전 자신은 이미 늙었고 하나님의 계획은 이루어져야 했기 때문에 고민했을 수 있습니다. 아브라함에게는 이스마엘이라는 첫아들이 있었고 그의 나이가 이미 십 대였는데도 그를 자신의 대를 이를 자로 삼겠다고 하나님께 요구하지 않았습니다. 감히 창조주이신 하나님의 계획에 자신이 이런저런 참견을 할 수 없는 위치임을 알았기 때문입니다. 아브라함이 하나님의 뜻을 정확하게 알지 못했다면 하나님의 뜻과 섭리를 그르치는 제안을 했을지도 모릅니다.

19절 "그가 하나님이 능히 이삭을 죽은 자 가운데서 다시 살리실 줄로 생각한지라." 하나님께 이삭을 제물로 드렸을 때 아브라함의 마음은 하나님이 그를 죽은 자 가운데 다시 살리실 줄로 "생각"했다고 하였는데, 이는 확신을 뜻하는 말입니다. 자신의 생각과 믿음은 다릅니다. 그래서 여기서 믿음이라고 하지 않고 생각이라고 말한 것은 하나님이 아브라함에게 이삭을 바치면 다시 살려주겠다고 하신 것은 아니지만, 아브라함이 지금까지 관계를 맺어온 하나님이 어떤 분인지 알았기에 또한 자신의 아들을 통해 이루실 구속 사역을 알았기에 하나님이 이삭을 죽이실 리가 없다고 확신했기 때문입니다. 하나님은 이삭을 당신의 약속을 이룰 자손으로 주셨기 때문에 그 이삭을 설혹 제물로 바쳤다고 하더라도 하나님이 그를 다시 살리셔서라도 약속을 완성하실 것이라 생각한 것입니다. 무엇보다 죽은 자와 같았던 부부에게서 자손이라는 싹이 났으니 이삭이 죽는다고 해도 하나님이 살리실 것을 믿은 것입니다. 아브라함은 부활을 믿었습니다(렌스키). 아브라함이 경험적으로 습득한 지식이 바탕이 된 믿음입니다. 죽은 몸 같은 자신과 아내에게 생식 능력을 주신 하나님을 체험했기 때문입니다. 생각은 머리로 받아들인 것으로, 경험을 바탕으로 이루어집니다. 경험했기 때문에 저절로 깨달아진 생각입니다. 또 아브라함은 여러 차례 하나님과 대화를 나누며 하나님이 어떤 분인지를 알았고 하나님이 지시하신 대로 순종하였을 때 항상 유익이 되었음을 체험하였습니다. 그는 하나님과의 관계 속에서 수많은 일을 경험하고 나서는 하나님을 더는 의심할 것이 없고 명령대로 따르자고 생각했을 것이 분명합니다.

아브라함은 하나님이 이삭에 대해 약속하신 것이 많고 이삭을 사랑하시는 것을 알고 있었습니다. 그래서 아들을 제물로 바치기 위해 모리아산을 향해 사흘 길을 걸어가면서 하나님이 이삭을 살리실 것을 믿고 갔을 것입니다. 아마도 천사들이 와서 그를 위로해주고 힘을 공급해주었을지도 모릅니다. 아브라함이 천사들을 만나 식사를 접대한 적도 있기 때문입니다(창 18장). 또 아브라함은 자신이 이삭을 죽일지라도 하나님이 살려주실 것을 환상으로 미리 보았을 수도 있습니다. 그래서 더욱 걱정 없이 그 길을 갈 수 있었을 것입니다. 아브라함은 이미 알고 있었기에 아들인 이삭에게 칼을 내려칠 때 하나님이 부르셔도 놀라지 않고 칼을 거둘 수 있었습니다.

하나님이 계획하시고 역사하실 때에는 순종하기만 하면 되는 것이어서 어떤 사건이 있더라도 주변 사람들에게 기도를 부탁할 필요가 없습니다. 그가 하나님과 관계가 가까워서 엄청난 기도의 능력이 있는 사람이라면 모르지만, 그렇지 않다면 그들이 기도했다고 해서 하나님이 역사하시는 것이 아닙니다. 모든 것은 하나님의 뜻과 섭리 안에 있으면 이루어집니다.

"비유컨대 그를 죽은 자 가운데서 도로 받은 것이니라." 아브라함은 이삭을 하나님께 바쳤습니다. 아브라함이 흉내만 낸 것이 아니라 실제 칼을 들어서 죽이려고 하였으므로 이삭이 실제 죽은 것은 아니지만, 하나님은 이삭을 제물로 바쳤다고 인정해주신 것입니다. 그래서 죽은 자 가운데서 도로 받았다고 표현한 것입니다(알포드).

믿음은 언제나 하나님에게서 출발한 것이어야 진정한 믿음입니다. 하나님이 명령하시고 가르쳐주신 길을 가는 것이지 자신이 계획하고 작정한 후에 하나님께 도움을 구하고 성도들의 기도를 요청하는 모습은 믿음이라고 할 수 없습니다. 성도는 항상 주님께 기도하여 하나님의 음성을 들어야 합니다. 하나님의 나타나심은 사람마다 시대마다 다 다르지만, 어떤 경로이든지 깨달은 하나님의 뜻에 순종할 때 하나님의 약속이 이루어집니다. 모든 믿음의 사람이 다 그렇게 하나님을 만나고 하나님의 말씀을 받아서 순종함으로 믿음의 사람이라는 인정을 받았습니다. 행함이 없는 믿음은 죽은 것입니다(약 2:26).

야곱과 요셉

20절에는 이삭이 등장하고, 21절에는 야곱이, 22절에는 요셉이 등장하는데, 이렇게 삼대가 다 믿음의 인물이라는 것을 말하고 있습니다. 이렇게 믿음의 가문을 이어가는 것은 쉬운 일이 아닙니다. 이삭과 야곱과 요셉이 훌륭한 믿음의 사람인 것은 이미 창세기에 기록되어 있습니다. 그래서 그것을 요약해서 그들의 훌륭한 믿음과 업적을 재해석하고 있습니다.

20절 "믿음으로 이삭은 장차 있을 일에 대하여 야곱과 에서에게 축복하였으며." 이삭이 두 아들에게 축복했는데 그것은 믿음으로 한 축복이었다고 기록합니다(창 27장). 거듭 말하지만 믿음은 하나님의 약속이나 명령에서 출발합니다. 그러므로 믿음으로 자식을 축복했다면 이삭이 자기 생각으로 아들들에게 축복할 내용을 정한 것이 아니라는 것입니다. 아들들의 앞날에 대해 자신이 바라는 바를 하나님이 이루어주실 것이라고 믿고 축복기도를 한 것이 아니라는 뜻입니다. 하나님이 장차 아들들이 어떻게 될지에 대해 말씀하신 것을 이미 듣고, 그 내용대로 축복한 것입니다. 하나님이 큰 자가 작은 자를 섬길 것이라고 이미 말씀하셨으므로(롬 9:12) 장자인 에서가 더 잘되기를 기도할 수 없었던 것입니다. 하나님은 미리 수많은 말씀을 해주셨고 이삭이 그것을 다 숙지하고 있었습니다. 이삭이 눈이 어두워져서 에서를 장자로 축복하려고 시도한 적이 있었지만, 결국 야곱이 축복을 받게 됩니다. 이 일을 통해 하나님의 뜻을 확실히 깨닫는 계기가 됩니다. 이삭이 야곱과 에서를 축복한 내용을 보면 이삭 자신이 바라는 것이나 자신이 생각한 새로운 내용이 들어 있지 않음을 알 수 있습니다. 즉, 이삭은 하나님이 말씀하신 야곱과 에서에 대한 계획을 알고, 그 말씀이 실제로 이루어질 것이라 믿고 그들을 축복한 것입니다. 그래서 믿음으로 한 축복이라는 것이고, 그대로 다 이루어졌습니다. 만약 이삭이 하나님께 들은 내용이 없다면 믿음으로 축복하지 못했을 것이고, 믿음이 아닌 자신이 바라는 바를 축복했다면 그것은 이삭이 한 것처럼 예언적 성격의 축복이 아닌 덕담과 같은 기도가 되었을 것입니다. 그랬다면 그대로 이루어질 것이라 볼 수 없습니다.

21절 "믿음으로 야곱은 죽을 때에 요셉의 각 아들에게 축복하고." 여기에서도 야곱이 믿음으로 아들들에게 축복하였다고 말합니다. 고대 사회에서 아버지가 아들을 축복하는 것은 아주 중요합니다. 야곱이 죽기 전에 열두 아들에게 축복한 것이 창세기에 기록되어 있습니다(창 49장). 각 아들마다 기도해준 내용이 다른데 5백 년, 천 년, 2천 년이 흐른 뒤 각 지파가 살아간 모습과 일치한다는 것이 놀랍습니다. 이는 야곱이 그들의 장래를 결정한 것이 아니라 하나님이 계획하신 뜻을 알고 그대로 기도했다고 보아야 합니다. 하나님이 이미 야곱에게 영적인 방법으로 알려주셨고 야곱은 확신 속에서 그대로 믿고 축복한 것입니다. 사실 아버지라면 자신의 모든 아들이 다 복 받기를 바랄 것입니다. 하지만 야곱의 기도를 보면 긍정적인 내용만 있는 것이 아니라 부정적인 내용도 포함되어 있는 것을 보면 더욱 확실합니다.

야곱은 벧엘에서 하나님을 만났습니다(창 28장). 환상으로 사다리를 보고 천사가 오르락내리락하는 모습도 보았습니다. 또 얍복 강에서 기도할 때 천사가 나타났고 밧단아람에서도 하나님이 나타나셔서 말씀하셨습니다. 다시 방문한 벧엘에서도 하나님이 나타나셔서 말씀하셨습니다. 구약 시대 믿음의 사람들은 이처럼 하나님과 천사와 친밀한 관계를 맺었다는 것을 알 수 있습니다. 그래서 야곱이 아들들에게 한 축복이 나중에 정확하게 들어맞은 것은 하나님이 말씀해주셨기 때문입니다.

야곱은 요셉의 아들 므낫세와 에브라임도 축복하였습니다. 요셉이 야곱의 축복기도의 능력을 믿고 그 앞에 데려온 것입니다. 야곱은 요셉이 어릴 때 색동옷을 지어 입혀주었습니다. 야곱은 요셉이 하나님의 큰 축복을 받은 인물인 것을 이미 알고 있었기 때문입니다. 요셉이 나이가 어리거나 더 사랑해서 특별한 관심을 기울인 것이 아닙니다. 그래서 요셉은 야곱이 하나님과 깊이 교통하고 있다는 것을 신뢰하고 아버지가 운명하기 직전에 자신의 두 아들을 위해 기도해달라고 요청한 것입니다.

그런데 야곱이 요셉의 두 아들을 축복하는 모습이 특이합니다. 므낫세가 장자이고 에브라임이 차자인데 보통 오른손이 힘이 있는 손이기 때문에 요셉은 장자인 므낫세를 야곱의 오른손 쪽에 서게 하고 차자인 에브라임을 왼손 쪽에 서게 하였습니다(창 48:14). 기력이 쇠한 야곱을 배려하여 손만 바로 올리면 안수할 수 있도록 한 것입니다. 그러나 야곱은 자신의 손을 어긋 맞춰 올렸습니다. 요셉이 이를 바꾸려고 했지만 야곱은 자기도 안다고 하면서 어긋난 손을 바꾸지 않았습니다. 이는 하나님이 알려주셨기에 그렇게 한 것입니다. 야곱은 요셉의 맏아들보다 둘째 아들이 더 큰 축복을 받아야 함을 알았습니다. 아무리 요셉이 대제국의 총리이고 훌륭한 정치가이지만 하나님이 역사하시는 이 순간에 하나님의 섭리를 알지 못했습니다. 그래서 야곱은 요셉의 뜻을 물리치고 하나님의 뜻대로 축복한 것입니다.

"그 지팡이 머리에 의지하여 경배하였으며." 야곱은 죽기 전 기력이 약하여 "지팡이 머리"에 의지하고 있었다고 합니다. 여기서는 "지팡이 머리"라고 번역하였지만 사실 히브리어 원어를 볼 때 '침대 머리'라는 의미로 해석할 수 있습니다. 야곱이 침대에 누워 있다가 그 침대 머리를 의지해서 하나님께 경배했다는 것입니다. 그가 이제 사명을 다 마쳤다는 것을 하나님께 보고하는 것입니다. 비록 요셉이 흡족해하지 않았어도 야곱은 오직 하나님의 뜻을 따라 기도했음을 밝히는 것입니다. 이후 얼마 되지 않아 야곱은 죽습니다. 이 구절을 굳이 넣지 않아도 되지만, 그 당시 상황을 정확하게 묘사하려고 기록한 것입니다. 하나님의 사람으로 평생을 보내고 죽기 직전까지 하나님의 뜻에 순종하다가 죽는다면 하나님이 천국에서 기쁘게 반겨주실 것입니다.

22절 "믿음으로 요셉은 임종시에 이스라엘 자손들이 떠날 것을 말하고." 이번에는 요셉의 죽는 모습을 말합니다. 그는 죽으면서 이스라엘 자손에게 애굽을 떠나라고 말하였습니다(창 50:24-25). 그 후손들이 언젠가 애굽을 떠나 약속의 땅에 갈 것이라는 믿음이 있었기 때문입니다(거스리).

“또 자기 뼈를 위하여 명하였으며.” 요셉은 이스라엘 자손에게 장차 애굽을 떠날 때 자기 뼈를 가지고 가서 하나님이 허락하신 땅에 매장할 것을 명령하였습니다. 가나안 땅에 아브라함이 헷 족속에게서 구입해놓은 매장지가 있으므로 그곳에 묻어달라고 한 것입니다(창 23:20). 무엇보다 하나님이 아브라함에게 “너는 반드시 알라 네 자손이 이방에서 객이 되어 그들을 섬기겠고 그들은 사백 년 동안 네 자손을 괴롭히리니 그들이 섬기는 나라를 내가 징벌할지며 그 후에 네 자손이 큰 재물을 이끌고 나오리라”(창 15:13-14)는 말을 믿은 것입니다. 그곳은 작은 땅이지만 요셉의 유언으로 이스라엘 자손이 그 땅에 들어가 살 근거가 되었습니다. 모세가 이스라엘을 인도하여 애굽에서 나가면서 가나안 땅으로 가자고 했을 때 아마도 많은 백성이 우려했을 것입니다. 그곳에 강력한 원주민들이 살고 있는 것을 알았기 때문입니다. 모세는 아브라함과 이삭과 야곱이 묻힌 묘지를 상기시키면서 그곳에 우리의 땅이 있고 요셉의 뼈도 묻어주어야 하는 사명이 있음을 다시 기억나도록 했을 것입니다. 조상들이 살았고 조상들의 뼈가 있는 진정한 고향이므로 당당히 들어갈 수 있다고 했을 것입니다.

요셉은 애굽의 총리이고 구국의 영웅이므로 애굽 사람들이 엄청난 규모의 묘를 만들어주었을 것입니다. 그러나 요셉이 그것을 포기하고 가나안에 뼈를 묻어달라고 한 것이 바로 그의 믿음인 것입니다. 하나님이 요셉에게 앞으로 이스라엘 백성이 애굽을 떠나 가나안 땅에 들어가 살게 될 것을 알려주셨기 때문입니다. 그곳에 들어가려면 자신들의 토지가 있다는 정확한 근거가 있어야 합니다. 그래야 그곳 원주민들도 격렬한 저

항 없이 받아줄 수밖에 없습니다. 아무런 근거 없이 억지로 남의 땅에 쳐들어가려 한다면 명분이 부족합니다. 그러므로 요셉이 이를 확실하게 하려고 조상들이 값을 주고 구입해서 그들의 뼈가 묻혀 있는 매장지에 자신의 뼈를 옮겨달라고 유언한 것입니다. 그 유언이 바로 하나님이 아브라함과 이삭과 야곱에게 주신 약속을 성취하시리라는 요셉의 믿음의 표현이었습니다. 후에 모세가 이스라엘 백성을 이끌고 애굽에서 나갈 때 요셉의 뼈를 가져갔고, 여호수아가 아브라함이 사놓은 가나안 땅의 매장지에 묻습니다(창 25:9-10).

히브리서 11장에서 "믿음으로"라고 표현된 모든 일을 살펴보면 그 믿음이 사람에게서 출발해 이루어진 것은 한 번도 없다는 것이 중요합니다. 믿음의 출발은 언제나 하나님에게서 시작되어야 합니다. 하나님이 미리 말씀하신 것을 믿고 실행하는 것이 믿음입니다.

상 주심을 바라봄이라

23절 "믿음으로 모세가 났을 때에 그 부모가 아름다운 아이임을 보고 석 달 동안 숨겨 왕의 명령을 무서워하지 아니하였으며." 모세와 관계된 이야기가 29절까지 이어집니다. 특히 출애굽과 관련된 것은 후대 유대인에게 존경받을 자료가 됩니다. 히브리 민족이 애굽에서 400여 년간 있을 때 참혹한 일이 발생했습니다. 그것은 히브리 민족의 인구가 왕성하게 늘어나자 히브리인이 아이를 낳을 때 사내아이는 죽이라는 명령이 내려졌기 때문입니다. 이때 모세가 태어났습니다(출 2장). 그리고 그의 부모인 아므람과 요게벳(출 6:20)은 모세를 보호합니다. 여기서도 믿음으로 했다고 이야기합니다. 모세의 부모가 믿음으로 왕의 명령을 무서워하지 않고 석 달 동안 모세를 숨겼다는 것입니다. 모세의 부모가 믿음으로 그렇게 했다는 것을 보면 그들이 모세를 보고 영적으로 깨달음이 있었고, 하나님이 모세의 장래에 대해 여러 지식을 주셨음이 분명합니다. "아름다운 아이임을 보고." 이 말은 원래 촌뜨기가 아닌 도회지풍의 모습이라는 의미로 사용되었는데(렌스키), 출애굽기 2장 2절에는 "잘생긴 것을 보고"라고 표현하였습니다. 스데반이 설교에서 "하나님 보시기에 아름다운지라"(행 7:20)고 한 것을 보면 여기에서는 영적인 의미를 부여했다고 할 수 있습니다.

24절 "믿음으로 모세는 장성하여 바로의 공주의 아들이라 칭함 받기를 거절하고." 모세는 바로의 궁정에서 자랐는데 이것은 그가 장성한 후의 이야기입니다. 장성한 이후에 바로의 공주의 아들이라 불리기를 거절했다는 것이므로 장성하기 전에는 공주의 아들로 불리는 것을 받아들였다는 것입니다. 그리고 그는 바로의 낯을 피하여 도망합니다(출 2:11-15). 모세는 어려서는 애굽의 왕궁에서 최고의 교육을 받고 호화로운 생활을 하면서 권세를 누렸을 것입니다. 그런데 장성한 이후 그것을 거절했습니다. 사람은 어렸을 때의 생각과 장성한 이후의 생각이 변화되는 경우가 많습니다. 사람은 나잇값을 해야 하고 나이가 들어갈수록 성숙해야 합니다. 영적으로도 어렸을 때의 생각과 장성했을 때의 말과 행동과 생각이 달라져야 합니다. 성장과 성숙이 없는 신앙은 앉은뱅이와 같습니다. 그래서 여기서 "장성하여"라는 표현에 주안점을 두어야 합니다.

모세는 자신이 원해서 바로의 공주의 아들이 된 것이 아니었습니다. 갈대 상자에 담겨 나일강에 띄워진 것도 자신의 의지가 아니었고, 바로의 공주의 손에 건져져 그녀의 아들이 된 것도 자신의 의지가 아니었습니다. 그러나 모세는 장성하여 성인이 된 이후에는 정체성을 찾았고, 자신의 의지로 자기 생각을 펼쳐나갈 수 있게 되었습니다. 그래서 바로의 공주의 아들로 살았던 과거를 청산하고 히브리 민족이라는 정체성을 세우고 장차 조상의 묘가 있는 가나안으로 떠나야 한다고 생각했을 것입니다. 그러므로 애굽에서 부유한 생활에 도취되어 살 것이 아니라 노예 취급을 받는 유대 민족을 사랑하고 보호해야 한다고 다짐했습니다.

"거절"하는 것은 그것을 거절해야 하는 이유를 알아야 할 수 있습니다. 자신의 정체, 자신이 어디에 속한 사람인가를 알아야 하는데 모세는 자신이 하나님의 백성인 것을 알았습니다. 어느 시대나 자신이 하늘에 속한 사람이라는 것을 알아야 세상의 것을 거절할 수 있고, 우상을 거절할 수 있습니다. 모세가 바로의 공주의 아들임을 거절한 것은 당시 바로가 나라의 왕이면서도 우상을 숭배하는 제사장 역할도 병행했기 때문에, 왕족인 그가 우상숭배를 주도하는 제사장 역할을 거부했다는 의미도 포함됩니다. 당시에는 종교와 정치가 분리되지 않았습니다. 그래서 애굽의 모든 우상숭배의 중심이자 대제사장이 바로였습니다. 총리와 대신들도 일정 부분 제사장 역할을 했을 것입니다. 모세는 젊었을 때 애굽의 왕궁에 있으면서 모든 우상숭배에 참여하고 관여했을 것으로 보입니다. 그러나 자신이 하나님의 선민이라는 것을 깨달은 뒤에는 바로의 공주의 아들이 되는 것을 거절하고, 결국은 우상도 거절한 것입니다. 큰 확신이 없으면 할 수 없는 일입니다. 애굽에서 40년을 지낸 모세에게 그것은 자연스러운 삶이었을 것이므로 쉽게 거절하기가 어려웠을 것입니다.

25절 "도리어 하나님의 백성과 함께 고난 받기를 잠시 죄악의 낙을 누리는 것보다 더 좋아하고." 모세는 애굽 사람과 히브리 사람이 다툴 때 히브리 사람의 편을 들다가 애굽 사람을 살해했습니다. 그때 이미 모세는 자신이 히브리 민족이고 하나님께 속한 사람이라는 것을 알고 있었습니다. 그래서 "하나님의 백성"과 함께 고난받기를 각오한 것입니다. 애굽의 왕자로서의 삶을 잠시 "죄악의 낙"을 누리는 것으로 보았습니다. "좋아하고"(헬, 하이레오마이)는 "택하사"(살후 2:13)로도 번역이 됩니다. 즉,

자신이 선과 악을 판단하고 결정했다는 뜻입니다. 모세는 궁정에서 애굽의 발전된 문화와 문명, 엄청난 부와 권력을 누리며 만족하면서 살았습니다. 그는 자신이 아브라함의 후손이고 복된 민족이라는 것을 알았습니다. 그래서 이제까지 살아온 자신의 삶이 앞으로 가야 할 길이 아닌 것을 알고 과감히 방향을 전환했습니다. 자신이 이제까지 누려온 것이 축복이 아니라 죄악의 낙이라는 것을 확실히 안 것입니다. 우상숭배를 하는 것보다 차라리 고난을 겪더라도 하나님의 백성인 히브리 민족과 함께하는 것을 택한 것입니다.

우리는 현재 누리는 것보다 확실한 진실과 미래가 보장되지 않는다면 과거를 버리고 새로운 것을 택하지 않을 것입니다. 모세가 누린 모든 영광은 세상 사람들이 보기에는 너무나 가치 있는 것이었지만, 모세는 하늘의 영광이 더 크고 좋은 것을 알았기에 이를 버렸습니다. 그래서 세상 사람들은 고난의 길인 것을 알고 다 피할 길을 그는 과감히 선택할 수 있었습니다. 그는 광야로 도망친 후 40년을 보냈으나 결국 하나님의 부르심을 직접 받습니다. 그래서 사명감을 가지고 다시 히브리 민족을 인도하기 위해 애굽으로 돌아갑니다. 이스라엘 민족을 애굽에서 이끌고 나와 가나안으로 들어가는 모든 과정에 이런 그의 마음이 굳건히 자리 잡고 있었습니다. 그것을 히브리서 기자인 바울이 인정하고 이렇게 표현한 것입니다.

26절 "그리스도를 위하여 받는 수모를 애굽의 모든 보화보다 더 큰 재물로 여겼으니." 이 성경을 기록한 사도 바울은 모세가 받은 수모가 그리스도를 위하여 받은 것이라고 말합니다. 우리 주님을 위하여, 주님의 나라를 위하여 받은 수모입니다. 그리고 모세는 그것을 애굽의 모든 보화보다 더 큰 재물로 여겼습니다. 모세는 애굽의 왕자로서 많은 보화를 가져보았을 것입니다. 그런데 그가 당한 수모의 유익과 애굽의 보화를 같은 저울에 올려 비교했을 때 월등하게 수모가 비중이 컸다는 것입니다. 즉, 수모를 재물 같은 소중한 것으로 보았다는 것이고, 그 재물의 양이 애굽의 모든 보화보다 크다는 것입니다.

여기서 생각해보아야 할 부분은 모세가 어떻게 그리스도를 아느냐는 것입니다. 예수 그리스도는 모세 이후 1,400여 년이나 지난 다음 이 땅에 오셨습니다. 이 성경을 기록한 사도 바울은 예수 그리스도를 알지만, 더 이전 시대에 살았던 모세는 예수님을 알 수 없을 것입니다. 그러나 모세도 그리스도를 알았을 것이라고 보아야 합니다. 모세는 애굽을 떠날 때까지는 희미하게 하나님에 대해 알았을 것입니다. 그러나 광야에서 40년을 보낸 후 더욱 분명히 알게 됩니다. 특히 모세는 광야에서 떨기나무 가운데에 나타나신 하나님을 만났습니다. 또 시내산에서 40일간 금식기도를 하면서 하나님을 만났고, 하늘나라의 여러 상황을 보았으며, 회막을 만들기 위한 원형도 보았습니다. 하나님은 모세에게 천국에 있는 원형을 다 보여주셔서 그것을 본떠 이 땅의 회막을 만들게 하셨습니다. 모세는 회막의 원형뿐 아니라 성부 하나님을 보았을 것이고, 또 성자 하나님이신 그리스도를 보았으며, 성령 하나님도 만나 뵙고, 천사들도 보고, 하늘에서 드려지는 예배도 보았을 것입니다. 그리고 성자 하나님, 즉 그리스도가 장차 이 땅에 인간의 몸으로 오실 계획도 알았을 것입니다.

그분이 오셔서 십자가를 지셔서 인류의 구속 사역을 이루실 것도 알았을 것입니다. 모세는 자신이 맡은 사명인 애굽에 있던 이스라엘 백성을 이끌고 홍해를 건너 가나안으로 인도하는 전 과정이 성자 하나님의 사명을 예표하고 있음을 알았을 것입니다. 그는 인류 역사 가운데 뛰어난 영성가 10명 안에 들 만한 최고 수준의 사람입니다.

깊은 영적 체험을 한 사도 바울은 과거의 성경 기록을 영적으로 해석하여 이렇게 결론을 내리고 기록한 것입니다. 그래서 모세가 겪은 모든 일은 결론적으로 그리스도를 위하여 받은 수모였다고 정의합니다. 모세가 그리스도와 상관없는 일을 하고 혼자 고난을 겪은 것이 아니라는 것입니다. 모세는 애굽에서 이스라엘 백성을 인도하면서 여러 수모를 겪었지만, 그리스도는 죄악 많은 이 세상에서 하나님의 백성을 하늘나라로 인도하시기 위해 수모를 당하실 것을 그리스도가 모세에게 알려주셨을 것입니다.

"이는 상 주심을 바라봄이라." 앞에서 말한 "수모"와 "재물" 그리고 "상"은 다 같은 것으로서, 표현이 다를 뿐입니다. 하늘에 큰 재물, 상이 있습니다. 애굽에 재물이 아무리 많았어도 하늘의 것과는 비교가 되지 않습니다. 하늘의 엄청난 재물은 상입니다. 우리가 하나님을 온전히 섬기고 하나님의 사람으로 살면 이 땅에서도 여러 가지 재물을 주시고 하늘에서도 이 땅의 것과 비교할 수 없는 엄청난 재물을 주실 것입니다. 그것이 상입니다. 행한 대로 갚아주시는 것은 노동에 대한 정당한 임금이고, 여기서 말하는 것은 상으로서, 일을 잘한 사람에게 특별히 주어지는 보너스와 같은 것입니다. 즉, 하늘에 가면 하나님이 우리가 행한 대로 갚아주시고 거기에 더하여 상을 주신다는 것입니다. 그 상을 받으려면 그리스도를 위하여 받는 수모가 가장 큰 요소라는 것입니다. 이것을 잘 알았기 때문에 사도 바울은 이 땅에서 재물에 집착하지 않았습니다. 사도 바울은 무역을 하던 부유한 집안 출신입니다. 그러므로 재물을 축적하는 방법을 잘 알았을 것입니다. 그러나 그는 재물에 눈을 돌리지 않고 하늘나라만 바라보고 살았습니다. 하늘에 가보니 하나님이 주시려고 준비해놓으신 것이 쌓여 있었기 때문에 이 땅의 것에 관심을 두지 않았던 것입니다. 그렇다고 스스로 극빈자가 되어 사회에서 약자의 위치에 있어야 하는 것은 아닙니다. 하지만 우리는 하늘을 생각하며 이 땅의 모든 고난을 마다하지 말고 주의 나라를 위해 헌신해야 합니다.

보이는 것 같이

27절 "믿음으로 애굽을 떠나 왕의 노함을 무서워하지 아니하고." "믿음으로 애굽을 떠나"는 모세가 40세에 사람을 죽이고 바로의 낯을 피하여 광야로 도망간 것을 말합니다. 그리고 "왕의 노함을 무서워하지 아니하고"는 80세가 되어 하나님의 명령을 받들어 애굽으로 돌아와 바로 앞에 선 것을 가리킵니다(칼뱅). 모세는 왕이 무서워 애굽에서 도망쳐 미디안 광야에서 40년을 살았습니다. 그러나 다시 돌아온 후에는 왕 앞에서 하나님의 명령을 전하고 이적을 행하였습니다. 즉, 그는 절대 권력자인 바로 왕을 무서워하지 않았습니다. 이는 하나님이 직접 그에게 나타나셔서 사명을 주시고 애굽으로 돌아가 왕을 대면하고 하나님의 능력을 펼치도록 역사하셨기 때문입니다. 실제로 하나님의 말씀대로 열 가지 재앙을 일으켜보았기 때문에 그 체험으로 인해 두려움이 없어진 것입니다. 이는 스스로 결단해서 자신의 약한 마음을 추슬러 두려움을 이겨냈다는 것이 아니라 하나님이 주신 능력으로 왕을 이기는 경험을 하였기 때문입니다. 모세가 행한 기적에 도리어 왕이 놀라 두려워 떨었습니다. 우리 중 누군가에게 한두 가지 기적만 나타나도 감동하여 하나님이 자신만 사랑하신다면서 자랑할 것인데, 모세는 열 가지 재앙을 일으켰습니다. 그러므로 모세가 왕을 두려워하지 않는 것이 당연합니다. 또한 출애굽을 하려고 할 때 바로의 분노가 있었지만 두려워하지 않았습니다. 하나님의 역사하심을 보면서 뒤따라가는 사람에게는 두려운 것이 없어집니다. 담대한 믿음은 하나님의 역사를 체험할 때 나타납니다.

"곧 보이지 아니하는 자를 보는 것 같이 하여 참았으며." 하나님은 우리의 눈에 보이지 않으시지만 모세는 떨기나무 가운데 임하신 하나님을 뵈었습니다. 보통 사람의 눈에는 보이지 않지만 하나님을 만나보았으므로 아무리 바로가 무서워도 참을 수 있었다는 것입니다.

히브리서 전체에서 "본다"는 말이 자주 나오는데 이는 믿음은 하나님을 보아야 생기기 때문입니다. 하나님을 만나 뵙고 하나님이 역사하시는 것을 보아야 믿음이 생기는 것이지, 아무리 이론적으로 가르침을 받아도 믿음이 쉽게 생기지 않습니다. 오랜 기간 신앙생활을 했지만 영적인 경험이 없는 사람은 믿음이 잘 성장하지 않습니다. 사고를 당했는데 하나님이 해결해주신 경험, 병에 걸렸는데 하나님이 치료해주신 경험들이 쌓일 때 믿음이 성장하는 것입니다.

모세는 떨기나무에서 여호와 하나님을 만나고 나서도 하나님을 보는 체험을 많이 하였습니다. 출애굽기 14장을 보면 모세가 홍해를 건너는 장면이 나옵니다. 출애굽기는 모세가 기록하였으므로 모세의 고백이라고 할 수 있습니다. 19절에 "이스라엘 진 앞에 가던 하나님의 사자가 그들의 뒤로 옮겨 가매 구름 기둥도 앞에서 그 뒤로 옮겨"라고 하였습니다. 모세는 이스라엘 진 앞에 하나님의 사자가 앞서가고 있는 것을 보았습니다. 사실 모세는 그동안 하나님의 사자가 앞에서 움직이는 것을 보고 그 뒤를 따라 이스라엘 백성을 인도한 것입니다. 그런데 홍해를 거의 건너간 뒤 하나님의 사자가 이스라엘 민족의 진의 맨 뒤로 자리를 옮겨 가신 것입니다. 그리고 하나님의 사자가 움직이시는 것과 함께 구름 기둥도 앞에서 뒤로 옮겨지는 것을 보았습니다. 하나님의 사자와 구름 기둥이 함께 움직였던 것입니다. 지금까지 구름 기둥의 인도를 따라 광야에서 앞으로 이동했는데 그것이 하나님의 사자의 인도하심을 따른 것이었다는 뜻입니다. 모세는 하나님의 사자가 왜 뒤로 가시는지를 보고 있었습니다.

20절에 "애굽 진과 이스라엘 진 사이에 이르러 서니 저쪽에는 구름과 흑암이 있고 이쪽에는 밤이 밝으므로 밤새도록 저쪽이 이쪽에 가까이 못하였더라"고 하였습니다. 모세는 하나님의 사자와 구름 기둥이 이스라엘 진의 뒤로 가서 추격해오는 애굽의 진과의 사이인 중간에 서신 것을 보았습니다. 하나님의 사자가 이스라엘 가장 마지막 사람과 애굽의 선발대 사이의 공간에 서시니 구름 기둥이 그 사이로 벽이 되어 서게 된 것입니다. 애굽 군대는 앞의 구름 기둥으로 인하여 어두워서 앞이 보이지 않게 된 것입니다. 그래서 애굽 군대는 이스라엘의 뒤를 공격할 수 없었습니다. 구름 기둥이 벽이 되어 막지 않았다면 군마를 타고 오던 애굽 군대가 걸어가고 있던 이스라엘 백성을 따라잡는 것이 당연합니다.

24절에 보면 "새벽에 여호와께서 불과 구름 기둥 가운데서 애굽 군대를 보시고 애굽 군대를 어지럽게 하시며"라고 하였습니다. 즉, 여호와가 불과 구름 기둥 가운데서 애굽 군대를 보시고 그들을 어지럽게 하시는 것을 모세가 보았다는 것입니다. 성부 하나님이 불과 구름 기둥 가운데 계셨다는 것은 불과 구름 기둥이 하늘 보좌와 연결되어 있다는 것입니다. 즉, 불기둥, 구름 기둥은 단순히 자연적인 불과 구름이 아니라 하나님의 임재를 보여주는 것이라는 말입니다. 하나님은 불과 구름 기둥 사이에서 애굽 군대를 벌하시기 위하여 "보시고" 계셨고, 그 하나님의 눈을 모세가 보았던 것입니다. 모세는 이 모든 과정을 지켜보았습니다. 또 이스라엘 백성이 다 홍해를 건넌 뒤 바다가 하나가 되어 애굽 군대가 물에 쓸려 내려가 수장되는 것도 목격합니다. 이렇게 많은 영적 체험을 한 모세가 하나님을 믿지 않는다는 것은 불가능합니다.

28절 "믿음으로 유월절과 피 뿌리는 예식을 정하였으니 이는 장자를 멸하는 자로 그들을 건드리지 않게 하려 한 것이며." 출애굽기 12장에 나오는 내용으로, 열 번째 재앙에서 모세가 이스라엘 백성에게 각자 집에서 어린 양을 잡아 그 피를 집의 문설주와 인방에 바르고 고기는 구워서 먹도록 했습니다. 이는 유월절을 가리킵니다. 이것은 장차 예수 그리스도가 받으실 수난과 관계가 있습니다. 이스라엘 백성이 다 순종하였는데 이는 하나님의 명령이었습니다. 이렇게 순종함으로 인하여 애굽 사람들은 짐승을 포함하여 모든 장자가 다 죽었지만, 이스라엘 백성의 장자는 무사하였습니다. 이때 장자를 멸하는 자가 있다고 했는데, 그분은 바로 여호와 하나님입니다. 이것은 모세 시대의 일이지만 여기서 사도 바울이 그 사건을 재평가하고 있습니다. 모세의 명령을 이스라엘 백성이 따랐는데 모세가 한 모든 행동은 하나님을 믿는 믿음으로 행한 일이라는 것입니다.

29절 "믿음으로 그들은 홍해를 육지 같이 건넜으나." 이스라엘 백성이 홍해를 무사히 건널 수 있었던 것은 그들이 구름 기둥과 불기둥의 인도를 받았기 때문입니다. 이는 백성도 믿음으로 행했음을 뜻합니다. 그전에 애굽 사람과 짐승의 처음 난 것이 다 죽었지만 히브리의 장자들은 무사한 것을 경험했습니다. 모세와 백성이 하나님이 아무것도 보여주지 않으시고 약속을 주시지 않았는데도 그분이 도와주실 것이라 믿고 건너가자고 했다면 그들은 건너지 않았을 것입니다. 심지어 바람이 불어서 물이 벽을 이루고 땅이 드러나는 놀라운 기적을 보았어도 물이 언제 다시 합쳐질지 모른다는 생각에 건너지 못하는 사람이 많았을 것입니다. 그들은 앞에서 열 가지 재앙을 목격했기에 믿음이 생기지 않을 수 없었을 것입니다. 그래서 믿음의 씨앗이 뿌려지고 막 싹이 난 믿음으로 홍해를 건넜습니다. 그중에는 추격해오는 바로의 군대를 보고 두려워한 자들도 있었습니다(출 14:11-12). 이스라엘 백성은 계속 전진했습니다. 사막을 지나고 여러 고난을 겪는 동안 믿음이 약한 사람들은 또다시 시험에 들고 불평불만을 토로하며 불순종했습니다. 백성은 모세의 말을 순종하지 않았고 도리어 원망하고 거역하면서 우상숭배까지 하였습니다. 게다가 불미스러운 일이 거듭 일어났습니다. 사실 이스라엘 백성이 잘한 것은 없습니다. 홍해를 건널 정도의 믿음을 가진 사람들이 맞는지 의심이 들 정도입니다.

여기서 말하는 믿음은 하나님이 이미 다 보여주시고 능력을 행하셔서 안 믿을 수 없도록 상황을 몰아가심으로 말미암아 그대로 행한 것을 가리킵니다. 믿지 않을 수 없어서 수동적으로 생긴 믿음입니다. 그들은 어느 면으로 보나 대단한 믿음을 가진 것이 아니었습니다. 그들은 눈으로 보고 그대로 따르기만 했는데 믿음이 있다는 평가를 받았습니다. 바울은 여기에서 홍해를 건넌 것에 대해 "모세에게 속하여 다 구름과 바다에서 세례를 받고"(고전 10:2)라고 하면서 그리스도를 통한 구원을 예표합니다.

"애굽 사람들은 이것을 시험하다가 빠져 죽었으며." 이들은 출애굽한 히브리 민족을 추격한 바로의 군사들을 가리킵니다. 애굽 사람들이 이스라엘 백성과는 달리 홍해를 건너가지 못하고 빠져 죽은 것이 이 때문입니다. 그들은 "시험"했기 때문에 건너지 못한 것으로, 이것이 바로 "믿음"과 대치되는 행동입니다. 하나님이 말씀하시거나 행하심을 보고 믿음으로 따라가기만 하면 아무리 작은 믿음으로 했더라도 믿음입니다. 애굽 사람들이 하나님의 명령도 없이, 이스라엘 민족이 홍해를 건너는 것을 보고 따라 한 것은 믿음 없이 행한 것으로, 하나님을 시험한 것으로밖에 볼 수 없기에 다 수장되는 처참한 일을 당합니다(출 14:23-28).

그들이 이런 인간적인 생각, 그리고 바로 왕의 명령에 복종하려는 신념과 홍해를 건너다 죽을지도 모르지만 죽음을 불사한 행동을 보여주었으므로, 사람이 보기에는 믿음이 있는 것으로 보일 수 있습니다. 오히려 할 수 없이 모세를 따라간 이스라엘 백성이 더 믿음이 없어 보일 것입니다. 하지만 하나님은 이스라엘 백성이 믿음이 있다고 하십니다. 그리고 애굽 사람들은 자신들의 능력을 믿고 이스라엘을 뒤쫓으면 잡을 수 있다고 생각했지만, 하나님이 보호하시는 그들을 잡지 못했습니다. 그러므로 애굽 사람들의 행동은 신앙과 관계없는 것입니다. 하나님의 뜻과 대치되는데도 자신의 신념을 가지고 나아가는 것은 하나님을 시험하는 것입니다. 그런 신념은 아무리 위대하고 용감할지라도 믿음으로 인정받지 못하며 하나님의 심판이 기다립니다. 영적인 믿음은 하나님이 행하시는 역사에 순종하여 따르면 됩니다. 하나님이 말씀하시고 하나님이 계획하시고 인도하시는 대로 따라가는 것이 믿음이지, 자기 마음대로 행하는 것은 아무리 위대한 모험이고 두려움이 없이 행하여도 믿음이 아닙니다.

기생 라합과 선진들

30절 "믿음으로 칠 일 동안 여리고를 도니 성이 무너졌으며." 여호수아의 이야기입니다(수 6장). 이스라엘은 애굽에서 나온 뒤 광야에서 40년을 보냅니다. 그리고 여호수아가 여리고 성을 점령할 때 하나님의 말씀대로 백성을 이끌고 6일간 하루에 한 바퀴씩 성을 돌았고, 마지막 일곱째 날에는 일곱 바퀴를 돌았습니다. 수십만 명의 백성이 하나가 되어 집단으로 순종한 것입니다. 전쟁을 벌이고 있는 어떤 견고한 성이 그 주위를 도는 것만으로 무너진다는 말을 들으면 누가 그것을 믿고 성을 돌 수 있겠습니까? 미친 사람으로 보일 것이 분명하므로 그렇게 하겠다고 나서기는 쉽지 않은 일입니다. 성벽 위에 있던 군사들과 지휘관들은 이스라엘 백성이 침묵하면서 매일 성 주위를 도는 것을 보고 조소했음이 틀림없습니다(렌스키). 상대가 가만히 지켜보는 상황에서 성의 외곽을 도는 것은 그리 어려운 일이 아닙니다. 직접 전투를 벌이면 사상자가 발생할 수 있지만, 이것은 그 주위를 맴도는 것뿐이기 때문입니다. 실제로 성이 무너질 것이라는 확신만 있다면 그보다 쉬운 전쟁은 없을 것입니다. 누구든지 이런 확신을 주기만 한다면 실천하기는 쉽습니다. 그런데 하나님이 그 확신을 가질 수 있도록 직접 말씀해주시므로 그들이 보여준 믿음은 그렇게 대단한 것이 아니었다고 볼 수 있습니다.

어느 시대이든 하나님이 직접 나타나지 않으셨는데도 하나님을 믿는 훌륭한 믿음의 사람들이 있습니다. 이런 사람들은 인간적인 눈으로 보면 믿음이 정말 좋아 보입니다. 신적인 체험 없이 일평생을 신에게 바치는 것은 놀라운 행위입니다.

여호수아 5장 13절에 "여호수아가 여리고에 가까이 이르렀을 때에 눈을 들어 본즉 한 사람이 칼을 빼어 손에 들고 마주 서 있는지라 여호수아가 나아가서 그에게 묻되 너는 우리를 위하느냐 우리의 적들을 위하느냐 하니"라고 질문하였습니다. 여호수아가 본 사람은 실제 사람이 아니었습니다. 공중에 뜬 어마어마하게 큰 사람이 칼을 빼 들고 서 있자 놀라서 그에게 당신은 누구의 편이냐고 물은 것입니다. 여호수아는 영적인 인물이므로 영안이 열려서 그 사람을 보고 말을 한 것입니다.

14절에 "그가 이르되 아니라 나는 여호와의 군대 대장으로 지금 왔느니라 하는지라 여호수아가 얼굴을 땅에 대고 엎드려 절하고 그에게 이르되 내 주여 종에게 무슨 말씀을 하려 하시나이까"라고 물었습니다. 여호수아가 본 큰 사람은 그가 스스로 신분을 밝혔는데 여호와의 군대 대장이었습니다. 이 사람의 음성은 아주 우렁찼을 것입니다. 루터, 칼뱅 등 수많은 학자가 여호와의 군대 대장을 구약의 그리스도라고 봅니다. 미가엘 천사장이라고 주장하는 사람도 있지만 대부분 구약에 나타난 그리스도 예수시라고 생각합니다. 성자 그리스도가 오셔서 칼을 들고 도와주겠다고 하는데 그 음성이 너무나 크고 사람의 음성과 같지 않으므로 여호수아가 놀랐을 것입니다. 그래서 땅에 얼굴을 대고 절한 것입니다. 여호수아는 실제 만난 사람이니 눈으로 보고 누구인지 알았을 것입니다. 게다가 모세가 40일 동안 천국을 경험하였고 성부, 성자, 성령을 대면하고 왔으므로 후계자인 여호수아에게 성자 예수님이 사람의 형상을 가지신 분인 것을 사전에 영적으로 가르쳐주었을 것입니다. 그러므로 여호수아는 군대 대장에게 "내 주여"라고 부른 것입니다.

15절에 "여호와의 군대 대장이 여호수아에게 이르되 네 발에서 신을 벗으라 네가 선 곳은 거룩하니라 하니 여호수아가 그대로 행하니라"고 하였습니다. 여호와의 군대 대장이 천사장이라면 이렇게 말하지 않았을 것입니다. 그리스도가 나타나셨으므로 거룩한 곳이니 신을 벗으라고 한 것입니다. 가브리엘 천사장이 나타나 소식을 전할 때에는 한 번도 신을 벗으라고 한 적이 없습니다. 여호수아는 모세의 후계자로서 모세가 체험한 일을 그대로 답습하고 있습니다. 무엇보다 하나님을 직접 만난 것입니다. 그 후에 "여호와께서 여호수아에게 이르시되 보라 내가 여리고와 그 왕과 용사들을 네 손에 넘겨주었으니 너희 모든 군사는 그 성을 둘러 성 주위를 매일 한 번씩 돌되 엿새 동안을 그리하라"(수 6:2-3)고 여호수아에게 말씀하십니다. 이 정도 하나님이 나타나셔서 세세하게 말씀해주시는 영적 체험을 했는데 누가 여리고 성을 돌지 않겠습니까? 하나님이 다 해놓으신 일에 따라가기만 하면 믿음이 있다고 하시며 놀라운 이적과 기적을 체험하게 하십니다. 문제는 하나님이 계획하신 바가 아닌 내 계획을 갖고 열심을 내면서 하나님이 도와주실 것을 믿는다고 하므로 하나님의 역사가 일어나지 않는 것입니다. 어찌 보면 여호수아에게 큰 믿음이 있다고 칭찬하기 어렵습니다. 누구라도 그런 상황이라면 순종할 것으로 보이기 때문입니다.

31절 “믿음으로 기생 라합은 정탐꾼을 평안히 영접하였으므로 순종하지 아니한 자와 함께 멸망하지 아니하였도다.” 기생 라합은 여리고 성의 기생으로 여호수아가 보낸 두 정탐꾼을 숨겨주어 여리고 성이 점령될 때 자기 가족의 목숨을 건진 훌륭한 여성입니다. “정탐꾼을 평안히 영접하였으므로.” 라합이 정탐꾼들을 만나서 “말하되 여호와께서 이 땅을 너희에게 주신 줄을 내가 아노라 우리가 너희를 심히 두려워하고 이 땅 주민들이 다 너희 앞에서 간담이 녹나니”(수 2:9)라고 말하였습니다. 라합은 이스라엘 민족의 하나님 여호와에 대해 알고 있었습니다. 그 여호와가 자신의 거주지인 이 땅을 이스라엘 민족에게 주셨다는 사실도 알고 있었습니다. 그래서 이 땅의 주민들이 다 이스라엘 민족을 두려워하고 간담이 녹고 있다고 실토했습니다.

그리고 이 땅의 주민들이 그들을 두려워하는 이유도 상세하게 말합니다. “이는 너희가 애굽에서 나올 때에 여호와께서 너희 앞에서 홍해 물을 마르게 하신 일과 너희가 요단 저쪽에 있는 아모리 사람의 두 왕 시혼과 옥에게 행한 일 곧 그들을 전멸시킨 일을 우리가 들었음이니라”(수 2:10)고 말합니다. 이렇게 라합은 여호와가 행하신 기적과 능력의 사건을 듣고 여호와에 대해 알게 된 것입니다. 라합뿐 아니라 여리고 성의 사람들이 애굽에서 그들이 나온 것과 홍해를 건너면서 불기둥, 구름 기둥으로 인해 이스라엘 민족은 전원이 살고 애굽 군대는 다 수장되었다는 사실을 듣고 두려워 간담이 녹았습니다. 여호와가 사랑하시는 이스라엘 민족을 위해 행하신 그 위대한 일들을 들었기 때문입니다. 귀가 있다면 듣고 알 수밖에 없는 엄청난 사건입니다. 또 아모리 사람 두 왕, 시혼과 옥에 대한 일은 여리고 성에서 볼 때 요단강 건너 쪽이지만 지형적으로 더 가까우니 소식을 빨리 전해 들었을 것입니다. 시혼과 옥의 나라가 망할 때 완전히 몰살당했을 것이라 볼 수는 없고, 요단강 건너 서쪽인 여리고로 도망 온 사람들이 있었을 것입니다. 전쟁에서 패하여 도망 온 사람들을 실제로 만나보고 그들의 처지를 생생하게 전해 들었을 것이 분명합니다. 그러므로 여호와가 행하시는 역사를 믿지 않을 수 없었을 것입니다. 라합은 히브리 민족의 진행 과정을 면밀히 살펴본 것이 분명합니다.

라합은 "우리가 듣자 곧 마음이 녹았고 너희로 말미암아 사람이 정신을 잃었나니 너희의 하나님 여호와는 위로는 하늘에서도 아래로는 땅에서도 하나님이시니라"(수 2:11)고 고백합니다. 여리고 성 모든 사람이 아는 이야기를 믿는 라합의 믿음이 대단한 것으로 보이지 않습니다. 누가 보아도 이스라엘 민족의 승리가 예견되는 상황에서 그들에게 속한 정탐꾼들을 살려주어 자신의 목숨을 구하려고 행동하는 것은 어쩌면 당연한 일입니다. 그녀가 정탐꾼들을 살려주지 않았어도 어차피 이스라엘 민족은 여리고 성을 함락할 것입니다. 오히려 숨겨주지 않았다면 자신과 가족이 큰 해를 입었을 것입니다. 그러나 여기서 그녀가 믿음에 근거하여 결단함으로 온 가족이 멸망에 빠지지 않았다고 하면서 그녀의 믿음을 인정합니다. "순종하지 아니한 자"란 불신앙의 사람을 가리킵니다. 특히 가나안 정복 당시 여리고 성에 살고 있던 원주민들입니다. 그들은 결국 멸망합니다.

이후 라합은 정탐꾼 두 사람 중에서 한 사람인 유다 지파 살몬과 결혼하였습니다. 참된 믿음을 가진 자는 하나님의 백성과 사귀며 그 안에 들어가려고 합니다. 결국 그녀를 통하여 보아스가 나오고, 후에 그 혈통에서 다윗이 태어나면서 약속의 계보가 이어집니다. 나그네들을 수종 들던 기생에게 무슨 훌륭한 것이 있어서 그녀가 약속의 계보에 들어갔겠습니까? 오직 하나님이 능력이 많으시며 전쟁에 능하셔서 자기 백성인 이스라엘을 도우셔서 이 땅을 얻게 하신다는 것을 들어서 알고 믿었을 뿐입니다.

32절 "내가 무슨 말을 더 하리요 기드온, 바락, 삼손, 입다, 다윗 및 사무엘과 선지자들의 일을 말하려면 내게 시간이 부족하리로다." 성경에 수많은 믿음의 사람이 등장하므로 그들의 일을 다 말하기에는 시간이나 지면이 부족하다는 것입니다. 사실 기드온, 바락, 삼손, 입다의 이야기를 성경에서 찾아보면 훌륭한 인물인 것은 사실입니다. 그러므로 믿음장에 당당히 이름을 올렸습니다. 하지만 흠이 없었던 것도 아닙니다. 윤리 도덕적으로 단점을 찾아보자면 어렵지 않게 발견할 수 있습니다. 기드온은 농부였고(삿 6:11) 아내를 많이 두어 아들만 70명이었습니다. 그가 죽은 뒤 70명의 자식은 형제인 아비멜렉에게 불명예스럽게 죽었습니다.

바락은 드보라와 함께하여 가나안의 야빈 왕을 물리쳤습니다(삿 4장). 그는 야빈의 군대장관 시스라와 싸울 때 드보라에게 "당신이 함께 가면 내가 가고 당신이 가지 않으면 나도 가지 않겠"다고 하여 겁쟁이가 됩니다. 아마도 자신이 납달리 지파 출신이므로 위축되지 않았을까 생각됩니다. 납달리는 야곱의 둘째 아내인 라헬의 시녀 빌하에게서 난 아들이기 때문에 홀대를 받았을 것입니다. 서열상 레아, 라헬, 실바(레아의 시녀), 빌하(라헬의 시녀)이기 때문입니다. 그 지파의 땅도 가장 북쪽 변방을 기업으로 받았습니다. 결국 시스라는 겐 족속인 헤벨의 아내 야일의 손에 죽습니다.

삼손은 블레셋과 잘 싸웠지만 들릴라의 유혹에 넘어가 블레셋에 잡혀서 눈이 뽑힌 채 조롱을 당했습니다. 마지막으로 다곤 신전을 무너뜨려 그 안에 있던 블레셋 사람들과 함께 장렬하게 죽었습니다(삿 13-16장).

입다도 기생의 아들로 출신 성분이 좋지 않았습니다. 그리고 에브라임 지파와 전투를 벌여 큰 인명 피해를 입혔습니다. 또한 암몬과 전쟁하면서 자신이 승리하고 돌아올 때 누구든지 자기 집 문에서 나와서 자신을 영접하는 자를 여호와께 바치겠다고 서원하였는데 이는 경솔한 행동으로 보입니다(삿 11장).

다윗도 위대한 인물이지만 여러 잘못을 저질렀고 자식들의 반란으로 고생하기도 했습니다. 사무엘은 자신은 충실하게 사명을 감당했지만 두 아들을 잘못 키운 바람에 부끄러움을 당했습니다(삼상 8:3). 그런데도 그들의 믿음을 다 이야기하기에 시간이 부족할 정도라고 평하고 있는 것입니다. 물론 결과적으로 이들은 천국에서 존경받는 인물일 것이 확실합니다. 다윗은 24장로급의 인물이고, 다른 이들도 하나님 보좌 가까이 갈 것으로 믿고 싶습니다. 그리고 왕 같은 제사장이라는 칭호를 들을 것입니다(벧전 2:9). 저자는 이들이 활동한 시기나 직책을 염두에 두지 않고 오직 신앙이 중요하다는 것을 기록합니다(렌스키).

히브리서 11장을 통해 그리고 히브리서 전체에서 말하고자 하는 믿음은 내가 윤리적으로 잘 살거나 남들이 보기에 대단한 어떤 것을 해내는 것을 말하지 않습니다. 믿음은 하나님의 명령에 따라 그대로 순종하는 것입니다. 하나님이 부르시고 말씀하시고 증거를 보여주시고 결국 하나님이 직접 이루실 것이기 때문에 사람의 어떤 조건이 중요하지 않습니다. 사람은 다 부족하므로 하나님은 연약한 사람에게 어떤 특별한 것을 요구하지 않으십니다. 하나님은 오직 하나님의 말씀대로 믿고 행동하는 것을 원하십니다. 그 결과 하나님의 위대한 역사가 나타나고, 결국 사람들에게도 믿음의 사람이라고 인정받게 되는 것입니다. 신약 시대에는 성경을 주셨으므로 하나님이 직접 나타나지 않으셔도 성경에서 가르치는 진리를 믿고 나아가면 됩니다. 신약 시대에는 하나님이 주무시는 것은 아니지만 구약 시대처럼 직접 역사하시는 경우가 많지 않습니다. 하지만 성령은 더 빈도 높게 나타나시고 역사하십니다. 이 시대는 성령 하나님이 주도적으로 역사하는 시대입니다. 한편 개인적으로 꼭 알아야 할 일이 있을 때 성경에서 완벽한 답을 얻기가 어려우므로 그때는 깊이 기도해야 합니다. 그때 하나님이 어떤 방법으로라도 우리에게 말씀하실 것입니다. 그것을 믿고 행하여 믿음이 있는 사람으로 인정받는 성도가 되어야 합니다.

세상이 감당하지 못하는 자

앞에서는 사람의 이름을 거론하면서 그 사람의 믿음에 대해 평가했다면 이후에는 사람의 이름이 등장하지 않습니다. 그러나 앞에서 말한 믿음의 사람들을 포함하여 수많은 사람의 믿음을 이야기합니다. 이 글을 읽어보면 성경 역사를 볼 때 믿음의 사람이 상당수 있다는 것을 말하고 있습니다. 그들 모두 하나님이 직접 나타나셔서 미래에 될 일을 보여주시거나 천사를 통해 전해주신 하나님의 뜻대로 끝까지 순종의 삶을 살았다는 것입니다. 그들이 하나님의 말씀대로 나아갔을 때 하나님의 은혜로 평안한 길을 갈 때도 있었지만 대부분 그렇지 않았습니다. 성도가 이 땅을 살아가는 동안 삶에 수많은 일이 일어납니다. 하나님이 명령하시는 대로 행해도 고난과 역경이 있는 것입니다. 그런 와중에도 자신이 달려갈 길을 끝까지 간 사람들이 여기에 소개되고 있습니다.

33절 "그들은 믿음으로 나라들을 이기기도 하며." 그들이 믿음으로 "나라들", 즉 세상의 나라들을 이겼다고 했는데 이는 전쟁에서 승리했다는 뜻입니다. 전쟁이 국가 지도자의 의사 결정에 따라 시작되는 것 같지만, 결국은 하나님의 뜻에 따라 일어나는 것입니다. 다윗은 전쟁을 시작하기 전에 하나님께 적과 싸울지 말지 여쭙고 허락을 받고 나아갔습니다. 이미 적이 쳐들어온 상태이고 지금 군인들이 사기가 충천하고 무기도 잘 갖추어져 있어서 누가 보더라도 전쟁을 해야 할 상황인데도 바로 전쟁터로 나가지 않고 주님께 여쭈었다는 것입니다. 다윗은 블레셋과의 전쟁에서도 그렇게 합니다(삼하 5:19). 하나님은 당신의 백성을 절대 망하게 하지 않으십니다. 그러므로 하나님이 하라고 하시는 대로 순종하면 승리할 수밖에 없고 열매를 거둘 수밖에 없습니다. 이 땅에서 승리의 삶을 살려면 항상 하나님의 뜻을 여쭙고 그대로 행해야 합니다. 다윗은 블레셋과 여러 나라와의 전쟁에서 승리하였고, 바락도 시스라의 군대를 이겼으며, 기드온은 미디안의 군대를 이겼고, 입다도 암몬을 물리쳤습니다. 하나님의 사람들은 전쟁에서 승리합니다. 모든 전쟁은 눈으로 보이는 것이 전부가 아니라 영적 전쟁을 포함하고 있으므로 창조주 하나님이 함께하시면 승리할 수밖에 없습니다. 그러나 하나님께 순종하지 않으면 망하는 길로 갑니다.

"의를 행하기도 하며." 이것은 다윗이나 사사들의 의로운 지배에 적용될 수 있습니다(참조. 삼하 8:15, 대상 18:14). 하나님의 말씀을 따라 행했더니 의가 나타나고 나라가 바로 서는 것입니다. 의의 근원은 하나님이시기 때문입니다. 하나님은 사무엘 선지자에게 명령하셔서 사울에게 기름을 부어 왕으로 세우도록 하시고, 나중에 사울이 불순종하자 그를 버리신 후 다시 다윗에게 기름을 부어 왕으로 세우도록 하셨습니다. 사무엘은 자기 마음에 드는 대상에게 왕으로 기름을 붓지 않았습니다. 만약 인간적인 생각으로 했다면 다윗보다는 그의 형인 이새의 장자가 더 훌륭해 보이므로 그에게 기름을 부었을 것입니다. 그러나 하나님은 그것을 막으시고 막내인 다윗에게 기름을 붓게 하셨습니다. 사무엘은 이새의 모든 아들을 거쳐서 다윗에게 기름을 부을 때까지 계속 하나님과 대화를 했습니다. 그리고 다윗이 기름 부을 사람이라는 확실한 음성을 듣고 그에게 왕으로 기름을 부었습니다.

이와 같이 주의 음성을 들을 수 있어야 의를 행할 수 있습니다. 그렇지 않으면 인간적인 판단으로 일을 그르칠 수 있습니다. 인간적으로 볼 때 성품이 좋아 보이거나 학식이 뛰어나거나 명예가 있고 외모가 출중하다는 등의 겉모습을 가지고 판단한 것이 틀린 경우가 많기 때문입니다. 하나님의 뜻과 상반된 인간적 판단으로 행동한 것 때문에 망하는 경우가 많습니다. 믿음이 없고 하나님이 말씀하시는 것을 듣지 못하는데 어떻게 바른 판단을 할 수 있고 의를 행할 수 있겠습니까? 성경 말씀을 모든 상황에 적용하기는 어려우므로 각각의 상황에서 어떻게 하는 것이 주님의 뜻인지 깊이 기도하여 응답을 받고 행해야 합니다. 사무엘도 모세오경이 있었지만 하나님의 음성을 듣고 일한 것을 우리는 보고 배워야 합니다. 사도 바울이 사역할 때도 구약성경이 있었지만, 그래도 주의 음성을 듣고 일했음을 생각해야 합니다. 믿음 없이, 또한 하나님이 나타나셔서 지도해주시고 가르쳐주시는 것이 없이 행하면 의를 이룰 수 없고 열매를 맺을 수 없습니다. 사무엘은 백성에게 인정을 받았습니다(삼상 12:4).

"약속을 받기도 하며." 믿음이 있는 사람은 약속을 받습니다. 약속을 받은 사람이 성경에 많이 나오는데 그중 대표적인 사람이 다윗입니다. 하나님은 다윗을 기뻐하셔서 그의 후손에게 복을 주겠다고 약속하셨습니다(삼하 7:9-16). 약속을 받은 것을 알려면 나타나시는 하나님을 볼 수 있어야 하고 말씀하시는 하나님의 음성을 들을 수 있어야 합니다. 하나님이 나를 향해서 어떤 계획을 갖고 계시는지 알려면 영적 감각이 뛰어나야 합니다. 오늘날은 성령님이 강하게 역사하시는 시대입니다.

"사자들의 입을 막기도 하며." 다니엘이 사자 굴에서 살아나온 이야기입니다(단 6장). 다니엘은 모함하는 사람들로 인하여 사자굴 속에 던져졌지만, 그는 늘 하나님과 교제하던 사람이어서 굴에 던져졌어도 아무 걱정 없이 당당했습니다. 하나님이 지키시면 아무리 사나운 사자가 으르렁거릴지라도 그 입에서 살려주실 것을 알았기 때문입니다. 하나님은 천사를 보내셔서 사자의 입을 막게 하셨습니다. 사자는 하나님의 사자를 볼 수 있었을 것이고 다니엘도 천사를 보았을 것입니다. 모두가 영적 현상을 보았습니다. 사자가 천사를 볼 수 있는지 생각해봅니다. 발람 선지자의 당나귀가 하나님의 사자가 앞길을 막아선 것을 보았던 것을 보면(민 22장), 사자도 천사를 보는 것이 가능하다고 할 수 있습니다. 발람 선지자의 이야기를 더 하자면 당나귀가 발람 선지자보다 먼저 하나님의 사자를 발견했습니다. 그는 정말 나귀만도 못한 선지자입니다. 과거에 개장수가 동네를 돌아다니며 개를 팔라고 외치면 동네의 모든 개가 두려워 떨며 마루 밑에 숨었습니다. 개들이 개장수를 두려워하고 그에게 잡히면 아무 반항도 못하고 끌려간 것을 보면 개장수에게 살생의 영이 있을 것으로 추측할 수 있습니다. 개들도 무엇인가 느낌이 있을 법한 행동을 보입니다. 천사를 보는 것이나 귀신을 보는 것이나 영적인 세계를 보는 것이 같습니다. 다니엘, 다윗, 삼손도 사자를 이긴 경험이 있었습니다.

34절 "불의 세력을 멸하기도 하며." 이는 다니엘의 세 친구가 풀무 불에 들어갔지만, 불에 타죽지 않고 이기고 살아나온 것을 가리킵니다(단 3장). 세 사람이 풀무 불에 들어갔을 때도 천사가 나타나 불에 그슬리지도 않게 보호해주었습니다. 불이 물러나도록 했거나 찬바람이 불지 않았을까 생각해봅니다. 다니엘의 세 친구는 천사의 활동과 능력을 두 눈으로 똑똑히 보았을 것입니다.

"칼날을 피하기도 하며." 위대한 성도 중에는 칼날을 피한 사람이 많습니다. 다윗은 사울의 칼을 피했고, 엘리야와 엘리사도 아합의 칼날을 피했습니다. 하나님이 나타나셔서 피할 길을 주셨고 그 말씀을 믿고 행동했으므로 믿음으로 피했다고 한 것입니다. 스스로 피하려고 계획하여 의지를 갖고 행한 것이 아니라 하나님이 말씀하시고 피할 길을 알려주셔서 피하게 되었다는 것이 중요합니다. 하나님이 인도하신 대로 움직인 것이 믿음입니다.

"연약한 가운데서 강하게 되기도 하며." 삼손과 관련이 있는 듯하고, 히스기야와도 관련이 있어 보입니다. 히스기야는 병에 걸려 죽음이 다가올 때 하나님께 기도하였습니다. 하나님이 선지자를 보내셔서 그의 생명을 15년 연장해주셨습니다(사 38장). 히스기야는 병을 고치기 위해 스스로 노력한 것 없이 하나님께 기도하여 응답을 받아 그렇게 되었습니다. 하나님이 오셔서 해결해주셨으므로 믿음으로 된 것입니다.

"전쟁에 용감하게 되어 이방 사람들의 진을 물리치기도 하며." 앞에서도 말했는데 전쟁에서 승리한 사람들은 다윗을 비롯하여 여러 사람이 있습니다. 수많은 용사가 하나님의 말씀을 듣고 순종하여 전쟁에 임하였고 승리를 맛보았습니다. 하나님이 하신 말씀을 믿고 행하였기에 믿음으로 이긴 것입니다.

35절 "여자들은 자기의 죽은 자들을 부활로 받아들이기도 하며." 엘리야와 엘리사 시대에 있었던 사르밧 과부(왕상 17장)와 수넴 여인의 이야기(왕하 4장)를 알고 있습니다. 수넴 여인의 아들이 죽었다가 다시 살아났습니다. 아이가 죽은 사실을 선지자에게 이야기했더니 선지자가 기도하여 아이가 살아난 것입니다. 죽은 자가 살아난다는 것은 놀라운 일입니다. 이것이 하나님이 베푸시는 은혜입니다. 이 기적도 하나님께 기도하여서 하나님이 하라고 하시는 대로 순종하여 이루어졌습니다. 나사로도 죽었다가 살아났는데, 나사로의 누이들은 그가 죽은 후 주님이 오시자 주님이 조금만 일찍 오셨으면 오라비가 죽지 않았을 것이라며 울었습니다. 그러나 주님이 무덤에 누워 있는 나사로에게 나오라고 명하시니 나사로가 살아서 걸어 나왔습니다. 나사로가 살아난 일도 주님의 뜻에 따른 것입니다(요 11장).

"또 어떤 이들은 더 좋은 부활을 얻고자 하여 심한 고문을 받되 구차히 풀려나기를 원하지 아니하였으며." "더 좋은 부활"은 예수님의 재림을 가리킵니다(고전 15:20-22). 이는 구약과 신약 사람들을 포함하는 말입니다. "심한 고문을 받되." 성도들은 이 땅에 사는 동안 고난과 환란을 당하고, 비록 죽는다고 해도 장차 하늘나라에서 부활하고 주님을 만날 것입니다. 주님의 재림도 기다리지만, 그 전에 죽어 하늘에서 주님을 만나는 것도 기대하는 것입니다. 그 마음으로 모든 고난과 역경을 이겨냅니다. 생명을 연장하고 싶어서 박해자에게 저자세로 엎드리거나 사정해서 구차히 고난을 빠져나가려고 시도하지 않는 것입니다.

36절 "또 어떤 이들은 조롱과 채찍질뿐 아니라 결박과 옥에 갇히는 시련도 받았으며." 선지자 예레미야는 매를 맞았고(렘 20:2), 바울도 수도 없이 맞았습니다(고후 11:23-25). 이런 환란을 당한 사람이 많았습니다. 결박과 옥에 갇히는 시련도 받았습니다. 이들은 믿음으로 견뎠습니다. 구약 시대뿐 아니라 어느 시대나 이런 일들이 벌어집니다.

37절 "돌로 치는 것과." 구약 시대에는 모세 율법에 따라 우상숭배자(레 20:2), 신접하거나 박수무당(레 20:27)을 처형할 때 돌로 치라고 했습니다. 하지만 악인들이 의인을 돌로 친 경우도 있습니다(대하 24:21). 나봇이 돌에 맞았고(왕상 21:13), 예레미야도 돌에 맞아 순교했다는 전승이 있습니다. 스데반도 돌에 맞아 순교하였습니다(행 7:59-60). 진실된 성도들이라도 예상치 못한 고난을 겪기도 합니다.

"톱으로 켜는 것과." 전설에 따르면 이사야 선지자가 이렇게 죽임을 당했다고 합니다(터툴리안). 상상하기조차 어려운 끔찍한 죽음입니다. 하지만 선진들은 믿음을 배반하지 않았습니다.

"시험과 칼로 죽임을 당하고." "시험." 박윤선은 시험을 수난당하는 자가 변절하도록 유혹거리를 걸어놓고 핍박하는 것이라고 하였습니다. 칼로 죽임을 당한다고 하였는데 어느 시대나 이런 죽임을 당한 경우가 많습니다. 사울 왕이 다윗에게 먹을 것을 준 제사장들을 칼로 죽인 일이 대표적입니다. 그들은 정말 억울하게 죽임을 당했습니다(삼상 22:18).

"양과 염소의 가죽을 입고 유리하여 궁핍과 환난과 학대를 받았으니." 엘리야가 대표적인 인물이며(왕하 1:8) 많은 선지자가 이런 삶을 살았습니다. 세례 요한도 비슷한 삶을 삽니다(막 1:6). 부드러운 옷이 아닌 거친 양이나 염소의 가죽으로 된 옷을 입고 광야에서 유리하며 여러 고난을 겪었습니다. 그들은 하늘나라를 바라보면서 이런 고난을 이기며 살았는데, 이는 하나님이 나타나셔서 말씀해주셨기 때문입니다. 하나님이 오셔서 힘을 주시고 용기를 주시고 격려해주시므로 모든 것을 이길 수 있었던 것입니다. 또한 상 주시는 이를 바라보았기 때문입니다. 그런 영적 교통이 없이는 혹독한 시련을 즐거움으로 이긴다는 것은 불가능합니다. 하나님이 미리 말씀하신 대로 순종하므로 하나님이 그들을 믿음이 있다고 인정해주신 것입니다.

38절 "(이런 사람은 세상이 감당하지 못하느니라)." 사람들이 돌을 던지고 비난하고 따돌리고 감옥에 가두고 굶기거나 심지어 죽여도 끝까지 하나님의 말씀을 따르므로 세상이 감당하지 못하는 것입니다. 사람이 육신에 해를 입힐 수 있어도 영혼은 어떻게 하지 못하는 것을 알기에 두려워하지 않은 것입니다. 자신의 영혼이 하늘나라에 갈 것을 확실하게 알았습니다. 이런 믿음의 사람들에게는 이 세상의 가치가 그렇게 크게 느껴지지 않습니다. 하나님의 음성을 듣고 하늘나라를 바라보는 사람에게는 이 세상이 별 것이 아닙니다. 그만큼 하늘나라가 영광스러운 세상이기 때문입니다. 그래서 그들 대부분은 세상에 특별한 애착이 없었습니다.

세상이 감당하지 못한다는 의미에는 두 가지 뜻이 있습니다. 한 가지는 세상의 입장에서 너희를 감당하지 못하겠다는 의미입니다. 어떤 유혹에도 넘어가지 않고 어떤 위협을 해도 두려워하지 않기 때문입니다. 자신들이 아무리 그들을 쥐고 흔들려고 해도 끝까지 하나님 중심으로 사는 사람들이기 때문입니다. 그래서 세상이 감당하지 못하는 사람들입니다.

그런데 믿음의 사람의 입장에서는 이 세상이 가치가 없다는 의미가 있습니다. 세상이 가치가 없으므로 어떤 유혹에도 넘어갈 마음이 들지 않는 것입니다. 또 천국이 기다리고 있기에 두려움이 없는 것입니다. 믿음의 사람들이 이렇게 생각하고 있어서 세상이 그들을 감당하지 못하는 것입니다. 아무리 세속적이며 세상을 좋아하도록 만들려고 해도 성공하지 못하기 때문입니다. 오늘날 성도들이 이런 칭호를 들으면 좋겠습니다.

"그들이 광야와 산과 동굴과 토굴에 유리하였느니라." 다윗과 엘리야에게서도 보지만, 하나님의 사람 중 상당수가 박해받을 때 이런 곳에서 생활했습니다. 이곳은 사람들의 거주지와 동떨어진 곳이며 문화 혜택은 누리지 못하는 고독한 장소입니다. 식생활을 해결하는 데 위협이 되는 요소가 많습니다. 그리고 아무도 부러워하지 않는 변두리입니다. 그러나 그들은 믿음을 지키기 위해서 모든 고난을 감내하였습니다. 하나님은 오염된 세상이 그들이 거할 곳이 아니라고 말씀하신 것입니다.

39절 "이 사람들은 다 믿음으로 말미암아 증거를 받았으나." 다시 한 번 믿음으로 증거를 받았다고 말하고 있습니다. 믿음은 증거가 있어야 합니다. 하나님이 씨를 주셨으면 열매를 맺어서 증거를 보여주어야 합니다. 하나님이 말씀하셨고 함께하신다면 그 증거가 나타나야 합니다. 다른 사람에게서 나타나지 않는 신비한 것이 드러나야 인정해줄 수 있습니다.

"약속된 것을 받지 못하였으니." 약속된 것을 받지 못한 것은 하늘의 것을 말합니다. 이 땅에서 하나님이 말씀하신 대로 살았어도 완성은 하늘에 들어갈 때 이루어집니다. 그러므로 이 땅에서는 약속이 완전히 성취되지 않습니다. 환란과 어려움을 당하다가 이 땅에서 좋은 날을 보지 못하고 죽는다고 해도 낙심하면 안 됩니다.

40절 "이는 하나님이 우리를 위하여 더 좋은 것을 예비하셨은즉." 하나님은 우리에게 더 좋은 것, 즉 하늘의 것을 예비해주셨습니다. 영생과 상급이라고 할 수 있습니다. 이 땅에서 부유하고 여러 면에서 복을 받는 것도 좋지만 하늘에서 존귀한 자가 되어 영원히 사는 것이 가장 좋은 것입니다. 성도는 하늘을 목표로 삼고 살아야 합니다. 그곳에는 하나님이 준비하신 아름다운 것이 많이 포진되어 있습니다.

"우리가 아니면 그들로 온전함을 이루지 못하게 하려 하심이라." 중요한 말씀을 던지고 있습니다. 여기서 "우리"는 신약 교회 성도들을 말합니다. 예수님을 만나고 예수님의 은혜를 체험한 신약 교회 성도들이 없다면, "그들" 즉 구약 교회 성도들이 온전함을 이루지 못한다는 것입니다. 예수님의 죽음과 부활을 체험한 신약 교회의 성도들은 부활하신 예수님과 승천하신 예수님이 이 땅에 나타나시는 것도 체험하였습니다. 그러므로 부활과 영생을 진정으로 믿게 되었습니다. 그러나 예수님이 오시기 전에 살았던 사람들은 예수 그리스도의 부활을 체험하지 못하고 죽었습니다. 그러나 신약 교회 성도들이 체험함으로 말미암아 비록 구약 교회 성도들이 다 죽었더라도 그들의 믿음이 정상이고 구원받을 믿음이라는 것이 증명되었다는 것입니다. 신약 교회 성도들의 부활 신앙은 바로 구약 시대 성도들의 믿음의 열매로 나타난 것이라는 말입니다. 예를 들어 어떤 가문이 믿음의 집안이라는 것을 그 후손이 믿음에 바로 선 것을 통해 알 수 있는 것과 같은 이치입니다. 부모가 믿음의 사람인 것은 자식들의 삶을 보면 알 수 있다는 것입니다. 즉, 구약 교회 성도들은 믿음대로 살면 잘되고 후손들도 복을 받는다는 것을 믿고 그렇게 살았지만, 그것이 확실한지는 보지 못하고 죽었습니다. 그런데 신약 교회 성도들이 믿음의 열매를 잘 맺은 것을 통해서 그들의 믿음이 확실한 것이 증명되었다는 것입니다. 그래서 구약 교회 성도들의 믿음이 인정할 수 있는 믿음이라는 뜻입니다. 11장은 종교문학사를 통틀어 가장 웅변적이고 숭고합니다(필립 샤프).

12장

보좌를 향하는 아들들

HEBREWS

히브리서 10장까지는 대제사장이신 예수 그리스도에 대해서 살펴보고, 성도가 믿음 생활에 최선을 다해야 함을 말하였습니다. 성도는 하나님의 은혜를 받았으므로 열정을 가지고 하나님을 섬겨야 하며, 혹여 중도에 믿음을 잃어버리고 하나님에게서 떠나는 것은 미련한 일임을 말하였습니다.

11장에서는 믿음대로 산 사람들에 관해 설명하면서 믿음이 무엇인지를 규정합니다. 믿음장에 등장하는 인물들은 모두 상당한 믿음을 소유한 사람들입니다. 그러나 자세히 살펴보니 그들의 믿음이 그리 탁월한 것이 아니었음을 발견하게 됩니다. 우리는 일반적으로 다른 사람은 믿지 못하지만 나는 혼자라도 믿고 나아간다고 할 때 그 믿음이 대단하다고 생각하지만, 하나님이 보시는 믿음은 당신의 말씀대로 순종하는 것이기 때문입니다. 잘 알려진 믿음의 사람 가운데는 출신이 좋지 않은 사람도 있고, 실수와 허물투성이인 사람도 있습니다. 그러나 성경은 그들을 믿음이 좋은 사람이라고 기록합니다. 그래서 사람의 눈으로 믿음이 있는 사람을 분별해내는 것은 정확하지 않을 수 있습니다. 사람의 판단은 부정확하고 실수할 때가 많습니다. 그래서 우리는 진정한 믿음이 무엇인지에 대해 성경을 깊이 상고할 수밖에 없습니다. 우리가 믿음이라고 말하는 것이 과연 성경이 말씀하는 믿음인가를 점검해보아야 합니다. 하나님이 보실 때의 믿음과 내 시각이 본질상 같아야 합니다.

이제 12장으로 넘어옵니다. 하나님은 믿음의 사람에게 어떤 때는 허물을 지적하시고 어떤 때는 훈계하시면서 믿음이 더욱 성장할 수 있도록 지도하시는 것을 볼 수 있습니다.

경주를 하자

1절 "이러므로 우리에게 구름 같이 둘러싼 허다한 증인들이 있으니." "이러므로"라고 말하는 것은 앞의 11장에서 말한 믿음의 선진의 삶에 관한 이야기를 이어받는 말입니다. 믿음의 선진이 환란과 어려움을 참고 이겨내어 믿음의 삶을 성공적으로 마쳤다는 것입니다. 그렇다면 지금의 성도들은 어떻게 살아야 하는지 말하려는 것입니다. 지나간 시대에 활약한 믿음의 선진들을 이야기하고 끝난다면 그것은 단지 역사 이야기일 뿐입니다. 그러나 "이러므로"라고 말한 것은 그들이 이렇게 살았으므로 그들의 삶을 교훈 삼아서 우리도 무언가 유익을 얻자는 뜻입니다.

여기서 "우리"는 저자인 사도 바울을 포함하여 그 시대를 살아가는 모든 성도를 말합니다. 그리고 지금까지 11장에서 이야기한 믿음의 선진들을 "구름 같이 둘러싼 허다한 증인들"이라고 지칭한 것입니다. 성도들이 가는 길 주위에 구름처럼 많은 믿음의 선진이 있다는 뜻입니다. 이 장면에서는 경기장에서 응원하기 위해 관중석에 앉아 있는 선진들의 모습이 떠오릅니다. 그들은 장차 하늘에 올 영혼들의 치열한 삶을 응원합니다. 그들은 단순히 즐기려는 목적이 아니라 격려할 자격이 잘 구비된 사람들입니다(거스리).

"모든 무거운 것과 얽매이기 쉬운 죄를 벗어 버리고 인내로써 우리 앞에 당한 경주를 하며." 여기서 "인내로써 우리 앞에 당한 경주를 하며"라고 한 것은 예수님을 믿는 성도들은 경주하는 중이라는 것을 말하는 것입니다. 경기장을 보면 경기를 진행하는 공간이 있고 관중석이 있습니다. 예를 들어 마라톤 경기를 보면 먼 곳을 돌아 결승선이 있는 경기장 안으로 들어옵니다. 그때 경기장에 들어선 선수들을 향하여 관중이 환호하며 응원의 박수를 보냅니다. 사도 바울은 로마를 비롯해 여러 도시의 경기장을 보았을 것이고 그것을 연상하면서 이 글을 썼을 것입니다.

믿음의 사람들은 경주하는 사람들입니다. 하나님이 성도들을 보실 때 주를 섬기기 위해 열정적으로 충성하지 않고 가만히 있어도 복을 주시는 분이라면 바울은 경주한다고 말하지 않았을 것입니다. 그래서 그는 "나의 달려갈 길을 마치고 믿음을 지켰으니"(딤후 4:7)라고 말한 것입니다. 신앙생활은 주님이 계신 보좌를 향하여 경주하듯이 달려 나가는 것입니다. 사도 바울은 "운동장에서 달음질하는 자들이 다 달릴지라도 오직 상을 받는 사람은 한 사람인 줄을 너희가 알지 못하느냐"(고전 9:24)라고 말했습니다. 믿음의 사람들이 열정을 다해 내달리면 하나님이 상을 주십니다. 이러한 구조는 하나님이 만드셨습니다. 예수님을 믿으면 구원받는다는 단순한 말로 성도의 신앙생활이 정리되는 것이 아닙니다. 천국은 침노하는 자의 것입니다. 열심히 달려가는 사람은 상을 받겠지만, 게으름을 피우는 사람, 가다가 중간에 낙오한 사람은 상을 받기 어려울 것입니다. 다른 사람은 모두 상을 받는데 나는 상을 받지 못하여 부끄러움을 당한다면 그것은 전적으로 자신의 책임입니다. 하나님이 인정하실 만한, 상을 주실 만한 사람이 되어야 합니다. 성도의 신앙 목표는 이 땅에서 부귀영화를 누리며 사는 것이 아니라 저 하늘나라에 있다는 것을 기억해야 합니다. 하나님께 인정을 받으면 사람에게도 인정받고 어디에서든지 인정받을 수밖에 없습니다. 우리는 그것을 바라보고 열정을 다해 죽는 순간까지 주를 향하여 달려가야 합니다.

"구름 같이 둘러싼 허다한 증인들." 이는 믿음의 선진을 향하여 한 말입니다. 믿음대로 살다가 하늘에 올라간 수많은 선진이 증인으로서 관중석에 앉아 성도들을 지켜보고 있기 때문입니다. 그들이 하늘에 있으므로 구름 같이 둘러쌌다고 말한 것입니다. 하늘에 있는 보좌에 믿음의 선진이 앉아서 이 땅을 내려다보며 응원하는 모습이 연상됩니다. 그들이 하나님께 예배하며 영광을 돌려드리는 모습을 상상하면 이 땅에서 열정을 다할 마음이 우러납니다. 사도 바울은 하늘나라를 보고 왔고 로마 시대의 경기장도 많이 참관했기에 이렇게 표현할 수 있었습니다. 둘러싼다는 것은 동그랗게 모여 주위를 감싸는 모습입니다. 바울이 본 하늘에 있는 믿음의 선진이 앉은 보좌의 모습이 이러했던 것입니다. 허다하다는 것은 셀 수 없을 만큼 수가 많다는 것입니다. 하늘에는 믿음장에 등장한 인물들 외에 수많은 사람이 있기에 허다하다고 한 것입니다. 경기하는 사람들은 관중의 응원을 받으면 더 힘이 납니다. 하늘나라에 간 선진들이 이 땅을 바라보며 응원하는 것은 이 땅에서 경주한 믿음의 삶에서 승리자가 되어 하늘 보좌에 앉아 있는 자체가 그들처럼 경주하는 성도에게 힘이 되는 것입니다. 하늘나라에 구원받은 성도가 다 차서 완전해져야 새 하늘과 새 땅이 이루어집니다. 그때까지 그들은 승리한 성도들이 오기를 기다리고 있습니다. 그래서 택함을 받은 성도는 소중합니다.

"모든 무거운 것과 얽매이기 쉬운 죄를 벗어 버리고." 무거운 것은 짐, 또는 장애라는 의미입니다. 경기에서 좋은 성적을 내려면 몸을 최대한 가볍게 해야 경기하기가 수월합니다. 운동경기를 할 때, 특히 마라톤을 보면 선수들이 옷을 가볍게 입고 달리는 것을 볼 수 있습니다. 오래 달리면 손목에 찬 시계조차 무겁게 느껴지므로 차지 않는 경우가 많습니다. 죄가 아니지만 인생에서 무거운 것이 있습니다. 경주하기 어렵게 만드는 불필요한 것이 우리 몸에 있습니다. 하나님을 믿는 데 방해가 되고 십자가를 향하여, 보좌를 향하여 달려나가는 데 장애가 되는 것을 살펴서 떨쳐버려야 합니다. 세상을 좋아하는 것도 장애가 됩니다. 우리는 취미 활동을 할 수 있지만, 그것도 과하면 무거운 짐이 될 수 있습니다. 늘 주님만 바라보면 하나님의 은혜가 임합니다. 세상일에 골몰하다가 영적인 생각을 하려고 하면 쉽게 진입하기가 어렵습니다. 세상일을 내려놓고 주님께 집중하면 영적인 감각이 살아나 성령의 음성을 듣는 등 영적으로 깊이 깨달을 수 있습니다. 하늘을 깊이 생각하고 주님께 집중하면 하늘나라의 영상이 머릿속에 연상되고 천국의 먼저 간 성도들이 응원하는 음성도 상상할 수 있습니다. "얽매이기 쉬운 죄"는 주변에 있는 죄들입니다. 습관적인 죄와 사소한 죄입니다. 죄는 작은 것이라도 주님을 섬기는 데 방해가 됩니다. 의인이라도 조금만 방심하면 죄를 범할 수 있습니다.

2절 "믿음의 주요 또 온전하게 하시는 이인 예수를 바라보자." "주"는 창시자나 앞서서 인도하는 자를 뜻합니다. 그러므로 "믿음의 주"는 믿음의 창설자라고 할 수 있습니다. 오직 주님에게만 사용될 수 있는 거룩한 명칭입니다. 우리가 경주하는 목표는 예수 그리스도 앞에 도달하는 것입니다. 우리가 결승선에 도착하면 그곳에서 예수님이 성도를 기다리고 계십니다. 또 믿음은 항상 주님이 시작하셔야 출발할 수 있습니다. 그래서 "믿음의 주"라고 했습니다. 주님은 하나님의 뜻에 따라 이 땅에 어린아이로 오셨고 십자가에서 대속의 피를 흘리셨습니다. 이 땅에서 행한 모든 일도 하나님께 순종한 일입니다. 성도들이 주님처럼 순종의 삶을 살고 최종적으로 주님 앞에 서면 믿음이 있다고 인정해주시는 것입니다. "온전하게 하시는 이"는 주님이 처음 믿음을 알려주셨으므로 마지막에 도달할 때까지 온전해지도록 도와주신다는 것입니다. "바라보자"는 다른 것에서는 단호하게 눈을 떼고 예수님을 응시하라는 뜻입니다. 경주하는 자는 여기저기 둘러볼 수 없으며 오직 결승선을 향해야 합니다.

"그는 그 앞에 있는 기쁨을 위하여 십자가를 참으사." 여기서 "그"는 주님을 가리킵니다. 주님은 앞에 있는 기쁨을 위하여 십자가를 지시는 것도 참으셨습니다. 십자가형은 고대에 대역죄 등 중대한 범죄자에게 내려지는 형벌입니다. 주님도 믿음의 주님이신데 성부 하나님이 "앞에 있는 기쁨"을 옛적부터 보여주신 것입니다. 성부가 성자에게 이 땅에 내려가 죽은 후 부활하여 다시 올라온다면 보좌에 앉을 것이고 생명책을 갖게 되리라고 알려주셨을 것입니다. 주님은 성부 하나님이 말씀하신 영광된 약속을 바라보며 이 땅에서 모든 사명을 감당하신 것입니다. 약속을 믿고 행하는 것이 진정한 믿음입니다. 주님은 믿음의 창조주로서 믿음이 무엇인지 삶으로 보여주셨습니다. 보상을 미리 알려주는 것이 동기부여에 긍정적인 힘이 됩니다. 주님이 기쁨을 위하여 십자가를 지신 것 같이 성도는 상을 향하여 경주합니다.

"부끄러움을 개의치 아니하시더니 하나님 보좌 우편에 앉으셨느니라." 주님이 하늘나라에서 왕이 되시고 생명책을 받으실 것인데 십자가에서 받으실 잠깐의 부끄러움을 참지 못하실 것이 없는 것은 당연합니다. 기쁨이 크면 수치는 작아집니다. 예수님은 복음을 증거하실 때 수많은 시기와 조롱을 당하셨습니다. 주님은 그 기쁨을 생각하시면서 모든 고난을 다 당하시고 결국 원래 계셨던 영광스러운 하나님 보좌 우편에 앉으신 것입니다. "보좌 우편에 앉으셨느니라"는 말은 1장 3절, 8장 1절에도 기록되어 있습니다. 주님도 이 자리가 최종 목표이셨고, 성도는 그 앞에 놓인 보좌에 앉는 것이 그가 받을 최고의 상 중 하나입니다(계 7:15).

영적인 아버지

3절 "너희가 피곤하여 낙심하지 않기 위하여 죄인들이 이같이 자기에게 거역한 일을 참으신 이를 생각하라." 여기에서 "참으신 이"는 예수 그리스도입니다. 히브리서는 10장까지 대제사장이신 예수 그리스도에 대해 계속 언급했습니다. 사실 히브리서 전체는 예수 그리스도를 중심으로 이야기합니다. 11장에서 믿음의 사람들에 관해 이야기하므로 예수님에 대한 이야기는 끝난 것인가 생각할 수 있는데 12장에서 다시 예수님에 대해 언급하는 것입니다. 우리 신앙의 중심이신 예수 그리스도는 믿음에 대한 모든 언급에서 중심이시기 때문입니다. 그래서 예수 그리스도를 빼놓고는 어떤 것도 설명할 수 없습니다. 예수 그리스도 없는 믿음은 성립할 수 없으므로 어떤 일을 하든지 핵심은 예수 그리스도입니다. "죄인들이 이같이 자기에게 거역한 일을." 거역은 적의를 포함하는 말입니다. 이 땅에는 예수 그리스도에게 거역하는 자가 많습니다. 이들은 죄인들입니다. 이런 자들이 주님을 고통 속에 몰아넣으려 했습니다.

"너희가 피곤하여 낙심하지 않기 위하여"라고 하였는데 성도는 하나님의 나라를 향하여 달려갈 때 피곤하여 낙심할 때가 많습니다. 사도 바울은 신앙생활을 경주에 비유하여 말했습니다. 그는 아마도 로마의 여러 경기장에서 경기하는 모습을 보았기에 이런 표현을 썼을 것입니다. 경기를 준비할 때나 실제 경기할 때 누구나 참가할 수 있고 누구에게나 경기가 수월하다면 상을 줄 리가 없습니다. 경기는 힘이 들고 대개 고통스럽습니다. 특히 달리기 경기에서는 잘 달린 사람이 상을 받습니다. 믿음도 마찬가지입니다. 우리는 천국 보좌를 향해 가며 신앙생활을 하는데 이는 결코 쉬운 일이 아닙니다. 죄와 싸우고, 세상과 싸우며, 우리 속에 있는 악한 습성과 싸워야 합니다. 열심히 달려가는 사람과 느림보처럼 걸어가는 사람의 상이 똑같다면 누구도 뛰어가지 않을 것입니다. 그러나 올림픽 경기에서 상을 받는 사람이 한 사람이듯이 하나님 나라에서도 열심히 달려간 사람만 하나님이 상을 주실 것입니다. 주님이 보좌에서 우리를 기다리고 계시는 것을 믿는다면 우리는 더욱 열심히 앞만 보고 달려나가야 합니다. 열심을 다해 경주하지 않는 사람은 믿음이 없다고 볼 수 있습니다.

"생각하라." 이 말은 수학적인 의미가 있습니다. 우리 자신의 고난을 살펴볼 때 그리스도의 인내를 평가해보라는 것입니다(거스리). 주님이 이 땅에 오셔서 하늘 보좌를 향하여 당신의 길을 열심히 달려가실 때도 수많은 거역하는 사람이 있었습니다. 주님이 이 땅에서 당신의 길을 가실 때 가족들은 주님이 미쳤다고 생각하여 잡으러 왔고, 고향 사람들은 예수님을 언덕에서 밀어 죽이려고 했습니다. 바리새인과 서기관들도 주님의 말씀을 듣지 않고 거역했습니다. 그러나 주님은 참고 묵묵히 달려가셨고, 결국 하늘 보좌에 앉으셨습니다. 그래서 성도들이 믿음의 길을 갈 때 고난과 훼방이 있어도 참고 이기신 주님의 고난을 하나하나 생각하라는 것입니다. 그런 주님을 생각하면서 위안을 받으라는 말이 아니라 주님을 바라보면 주님이 우리에게 힘을 주시고 은혜를 주시기 때문에 주님을 생각하라는 것입니다.

4절 "너희가 죄와 싸우되 아직 피흘리기까지는 대항하지 아니하고." 사도 바울이 성도들을 바라보면서 과감하게 던진 말입니다. 히브리서는 유대인 출신 기독교인을 대상으로 하고 있습니다. 그런데 그들에게 너희가 열심을 내고 잘 싸우고 있다고 자부하지만 너희는 피를 흘리기까지 죄와 싸우지 않았다고 단호하게 평하고 있는 것입니다. 그들이 비록 믿음을 지키기 위해 혼신을 다하지만 그것이 목숨까지 건 것은 아니라는 말입니다. 또 죄와 싸우되 피 흘려 죽을 정도까지는 아니라는 뜻입니다. 박해를 받아서 피동적으로 피를 흘리는 것도 소중하지만, 내가 죄를 짓지 않으려고 몸부림치는 것이 더 귀하다는 뜻입니다. 영적 전쟁은 존귀한 것이며 필요한 것입니다(매튜 헨리).

여기서 바울이 피 흘리기까지는 대항하지 않았다고 한 것은 로마 시대에 검투사들이 경기장에 등장하여 수많은 관중이 지켜보는 앞에서 피 흘리며 목숨 걸고 승부를 내는 장면을 생각하면 됩니다. 검투사들의 경기는 둘 중에 한 사람이 죽어야 경기가 끝납니다. 검투사로 오랜 세월을 살았다면 수십 명을 죽이고 살아남은 승부사입니다. 경기할 때 상처를 입어도 상대를 죽이고 승리해야 비로소 상처를 치료받을 수 있습니다. 성도들은 검투사처럼 피 흘리기까지 싸워야 합니다. 대제사장이신 예수 그리스도가 죽기까지 인내하여 이루신 목표가 바로 죄인들의 죄를 용서하는 것입니다. 우리 인생의 가장 큰 문제는 죄입니다. 구약 시대에 짐승을 잡아 제사를 드린 것도 죄 때문이고 주님이 오셔서 죽으신 것도 죄 때문입니다. 우리가 경주하는 것도 죄와 싸우는 경기 때문입니다. 사도 바울은 유대인 출신 기독교인들에게 너희가 지금도 죄와 싸우고 있지만 아직은 피 흘리기까지 대항하지 못했다고 말합니다. 세상과 싸워 아직 이기지 못했고, 마귀와 싸워 아직 이기지 못했다는 것입니다. 성도들은 검투사가 되어 상대방인 죄와 싸워야 합니다. 어쩌면 그 결과가 순교일 수도 있습니다. 또한 박해를 이겨내는 것입니다.

우리가 죄와 싸웠고 많은 충성을 했다고 자부하여도 검투사보다 더 치열하게 믿음을 지킨 사람은 많지 않습니다. 주의 나라를 위해 남들이 따라오지 못할 정도로 헌신한 사람이 많습니다. 영광스러운 주의 백성들입니다. 그러나 아예 죄와 싸우지 않는 사람도 많습니다. 이는 믿음의 경주를 하지 않는다는 말과 같습니다. 그들은 미래가 없습니다.

5절 "또 아들들에게 권하는 것 같이 너희에게 권면하신 말씀도 잊었도다." 하나님이 우리를 아들로 생각하시며 대화하듯이 권하셨다는 것은 엄청난 영광입니다. 아들은 상속자의 의미를 포함합니다. 그런데 하나님이 우리를 아들로 생각하시고 권면하셨는데 아들이 아버지의 말씀을 잊었다는 것입니다. 그렇다면 징계받아 마땅합니다. 권면은 격려가 포함된 따뜻한 말입니다.

"일렀으되 내 아들아 주의 징계하심을 경히 여기지 말며 그에게 꾸지람을 받을 때에 낙심하지 말라." 하나님이 믿음의 사람들에게 꾸지람하시고 야단을 많이 치셨습니다. 유대인들의 역사를 보면 그들은 하나님을 잘 섬기지 않아서 여러 번 징계를 받았습니다. 이스라엘이 망한 것이 바로 징계를 받은 것입니다. 하나님은 그전에 선지자들을 보내셔서 꾸지람하시고 경고하셨습니다. 그러나 그들이 전해준 경고를 가볍게 여겨서 이스라엘은 망한 것입니다. 주님의 말씀이나 징계는 무겁게 받아들여야 합니다. 가르침과 훈계로 계속 훈련받아야 합니다. 또한 꾸짖으실지라도 낙심할 필요가 없습니다. 속히 회개하고 주 앞으로 나아가면 됩니다.

6절 "주께서 그 사랑하시는 자를 징계하시고 그가 받아들이시는 아들마다 채찍질하심이라 하였으니." 잠언 3장 12절의 인용입니다. "징계"(헬, 파이듀오)는 훈련이나 양육으로도 번역됩니다. 하나님은 주를 믿고 믿음 안에 들어온 사람을 아들로 받아주셨습니다. 그런데 아들이 되면 하나님이 교육하십니다. 사관학교에 들어가면 혹독한 훈련을 받고, 과정을 다 마치고 나면 장교 계급장을 줍니다. 하나님도 예수님을 믿고 하나님의 사람이 된 성도들이 제 역할을 다 하지 못하면 채찍질하시고 징계하셔서 열심히 충성하도록 하십니다. 징계의 목적은 하나님의 아들답게 살게 하시려는 것이지 보복하시려는 것이 아닙니다. 하나님의 아들은 이러한 과정을 밟아야 자격을 얻습니다.

7절 "너희가 참음은 징계를 받기 위함이라 하나님이 아들과 같이 너희를 대우하시나니 어찌 아버지가 징계하지 않는 아들이 있으리요." 맏아들인 주님이 인내하셨듯이 하나님의 아들들은 징계를 받습니다. 하나님이 아들로 대우해주시니 잘못한 일로 징계를 받아도 참고 받아들여야 합니다. 자신의 친자식이 옳은 길을 가게 하려는 것이 정상적인 아버지의 마음입니다. 그러나 아버지가 징계하는 것을 싫어하면서 도리어 친아버지가 맞느냐고 반항하는 사람도 있습니다. 성도들은 징계가 있을 때 하늘 아버지의 사랑을 생각해야 합니다. 성도는 하나님을 아버지라고 부를 수 있는 영광을 얻은 것입니다(롬 8:15).

8절 "징계는 다 받는 것이거늘 너희에게 없으면 사생자요 친아들이 아니니라." 만약 신앙생활에 열심을 내지 않는데도 하나님의 바른 교육이나 징계가 없다면 하나님의 아들이 아니라는 의미가 됩니다. 친아들에게 징계하는 것이지 친아들이 아니고 전혀 상관없는 남의 집 자식이라면 잘못이 보여도 채찍질하지 않습니다. 또한 사생아는 부모의 사랑 어린 교훈을 받고 자라기가 어렵습니다. 특히 로마 시대에는 엄청난 사생아들이 존재했습니다. 훈련을 받지 못한 아들의 장래는 불투명합니다. 이 세상에서 성장기에 있는 자녀가 징계를 받지 않으면 예의범절을 갖추지 못한 채 제멋대로 자라게 됩니다. 그래서 징계를 받는 사람이 하나님의 친아들이요, 택함을 받은 사람들이라는 것입니다. 만약 죄를 짓고 악을 많이 행한다고 할지라도 하나님의 징계가 내려오지 않는다면 그는 하나님께 관심을 받지 못하는 사람이며, 생명책에 이름이 없는 사람이라는 말입니다. 하나님의 아들이 되지 못하고 하나님을 아버지로 부를 수 없다면 슬픈 일입니다.

9절 "또 우리 육신의 아버지가 우리를 징계하여도 공경하였거든 하물며 모든 영의 아버지께 더욱 복종하며 살려 하지 않겠느냐." 육신의 아버지와 하늘에 계신 하나님 아버지를 비교하여 말하고 있습니다. 육신의 아버지가 자식을 징계한다고 해서 그가 항상 옳은 것은 아닙니다. 사실을 잘못 알고 징계하거나 지나치게 질책할 수 있습니다. 그렇더라도 권위를 가지고 훈련한다면 자녀는 아버지의 지도를 따르고 부모를 존경합니다. 육신의 아버지에게 이렇게 한다면 흠도 없으시고 죄도 없으신 천상의 아버지인 하나님의 징계라면 우리는 이유 없이 순종하고 받아들여야 합니다. 하나님이 설혹 우리가 죄를 지어서 징계하실지라도 우리가 반항하지 않고 하나님의 지도를 따르며 감사하는 것이 자녀가 마땅히 지녀야 할 도리입니다. 신앙생활이 바로 이런 것입니다. 보좌에 계신 대제사장이신 예수 그리스도를 향하여 달려가면서 아직 피 흘리기까지 싸운 것은 아니니 공연히 큰 고통당하는 것처럼 엄살 부리지 말고 참고 인내해야 합니다. 하나님께 야단을 맞더라도 하나님이 나를 사랑하셔서 더 잘하라고 채찍질하신다는 것을 깨닫고 열심히 신앙생활을 해야 합니다. 그렇게 할 때 하나님이 인정해주시고 하늘에서 그리고 이 땅에서 큰 상을 주실 것입니다. 구원받은 사람은 이에서 더 나아가 충성한 만큼 주시는 상을 기대하며 믿고 달려가야 합니다. 구원받은 것에 만족하면 충성된 자녀가 아닙니다.

고침을 받으라

10절 "그들은 잠시 자기의 뜻대로 우리를 징계하였거니와." 여기서 말하는 "그들"은 바로 앞에서 말한 "육신의 아버지"를 말합니다. 9절에서 육신의 아버지와 하늘 아버지를 비교했던 것을 계속 이어가고 있습니다. "잠시"는 우리가 이 땅에 사는 짧은 기간을 말합니다. 즉, 육신의 아버지가 살아계시는 동안을 가리킵니다. 육신의 아버지는 그가 살아 있는 동안 자식들을 교육하고 징계도 하는데 그것을 "자기의 뜻대로" 한다는 것입니다. 하늘 아버지와 비교하여 열등할 수밖에 없습니다.

사람은 저마다 태어나 자라난 환경이 다르고 받은 교육이 다르므로 각자 자기만의 기준으로 생각하여 옳은 대로, 자기가 원하는 자식의 모습을 그리며 자녀를 지도합니다. 그래서 부모의 잘못된 기준으로 인하여 잘못된 교육을 하는 경우가 많아 시간이 지난 뒤 후회하는 일이 종종 벌어집니다. 하나님의 뜻대로 한다고 말하는 사람조차도 자기 기준에서 판단한 하나님의 뜻일 가능성이 큽니다. 자녀를 지도할 때 지혜롭게 하여서 환경을 정확하게 꿰뚫어 보고 앞으로의 정세를 정확하게 예측하여 정확한 타이밍에 정확한 방법으로 정확한 지도를 해야 합니다. 게다가 자식 교육에는 환경의 차이로 정답이 없으므로 더욱 힘듭니다. 바른 교육을 했는지 여부는 시간이 지난 후에 드러납니다. 그러므로 사람이 하는 징계는 온전하지 않다는 것을 알아야 합니다.

"오직 하나님은 우리의 유익을 위하여." 앞에서는 육신의 아버지의 징계가 어떠한지를 말했고, 이와 비교하여 하늘의 하나님이 하시는 징계가 어떠한지를 말합니다. 가장 큰 차이점은 바로 하나님의 징계는 오직 자녀 된 성도의 유익을 위하신다는 것입니다. 이 말은 반대로 육신의 부모가 하는 징계는 자녀의 유익을 위하는 것이 아닐 수도 있다는 것입니다. 어떤 부모가 진심으로 자녀를 위해 징계했는데 자녀에게 유익이 되지 않을 수 있고, 또 어떤 부모는 자녀를 위한다고 겉으로는 말하면서도 속으로는 부모 자신의 명예와 이익을 위해 징계하는 것일 수도 있다는 것입니다. 자녀의 유익을 위하여 징계할지라도 사적인 감정이 개입되어 도리어 자녀에게 상처가 되기도 합니다. 그래서 큰 노력과 시간과 물질을 소모하여 자녀를 교육했을지라도 나중에 열매가 적은 경우가 생기는 것입니다. 그러나 하나님은 우리에게 유익이 될 일인지를 정확하게 판단하여 정확한 교육 과정을 거치게 하십니다. 그래서 우리는 하나님을 믿고 의지할 수 있습니다. 하나님을 신뢰하고 하나님의 뜻대로 행하면 인생에 실패하는 일이 없습니다. 하나님이 당신의 자녀를 징계하시는 것은 그들로 저주를 받게 하시려는 것이 아니라, 그들이 세상과 함께 정죄함을 받지 않게 하시려는 것입니다(매튜 헨리).

"그의 거룩하심에 참여하게 하시느니라." 이 말씀이 중요합니다. 어떤 때는 하나님이 엄히 말씀하시고 어떤 때는 훈계하시며 어떤 때는 징계하십니다. 상황과 죄질에 따라 하나님이 징계하시는 무게와 내용이 다릅니다. 하나님이 이렇게 우리를 징계하시는 유일한 목적이 바로 우리가 그분의 거룩하심에 참여하게 하시려는 것입니다. 하나님이 최후 목표로 삼으시는 것은 우리에게 영원한 행복을 주시려는 것입니다.

하나님은 거룩한 분이기 때문에 우리가 깨끗하고 거룩할 때 하나님과 동행하고 그분의 길을 따라갈 수 있습니다. 하나님은 거룩한 길을 가시면서 당신과 함께 걸어갈 사람을 부르십니다. 그 조건은 직위도 아니고 직분도 아니며 신앙생활을 한 햇수도 아닙니다. 하나님은 거룩함을 원하십니다. 에녹은 300년 동안 하나님과 동행하였는데 그가 그렇게 할 수 있었던 것이 깨끗한 사람이었기 때문입니다. 거룩함은 깨끗함을 말합니다. 그러나 회개함으로 깨끗하고 거룩하게 되지 않는다면 하나님의 거룩한 길에 참여할 수 없습니다. 그래서 하나님이 성도를 훈계하시고 징계하시는 것입니다. 하나님이 하시는 것은 그 과정과 방법과 시간과 목적까지 다 옳으시다는 것을 우리가 믿어야 합니다. 거룩한 자가 되려면 세상과 죄와 분리되어 정결한 삶을 살아야 합니다.

11절 "무릇 징계가 당시에는 즐거워 보이지 않고 슬퍼 보이나." 모든 훈련은 고통스럽습니다. 하나님이 징계를 내리실 때 기뻐할 사람은 없습니다. 특히 그 징계가 강하면 강할수록 우리의 인생은 더욱 괴롭고 고통스러우며 슬플 것입니다. 성경에 나오는 하나님의 징계를 보면 전염병, 가난과 기근, 전쟁 등의 회초리를 사용하십니다. 어떤 때는 개인이 사망에 이르기도 합니다. 만일 우리가 그런 징계를 받는다면 감당하기가 어려울 것입니다. 결코 즐거울 수가 없습니다. 어쩌면 슬픔에 잠겨서 하나님을 원망할 수도 있습니다. 그래서 하나님의 사람이라면 영적인 감각이 있어야 합니다. 지금 내가 하나님과 어떤 관계에 있는지, 하나님이 나를 보실 때 기뻐하시는지 진노하시는지를 알아야 합니다. 이런 영적 감각이 없이 사는 사람은 미련한 자입니다.

"후에 그로 말미암아 연단 받은 자들은 의와 평강의 열매를 맺느니라." "그로 말미암아 연단을 받은 자들은." 성도는 훈련에 순종한 자들입니다(거스리). 하나님의 징계를 받을 때 도피하지 말고, 하나님을 원망하거나 불평하지 않으며, 믿음을 배반하지 않고 연단을 잘 견뎌야 합니다. 그러나 감사한 것은 징계를 받았지만 죽지 않고 징계가 연단의 재료가 된 것입니다. 똑같은 징계를 받아도 어떤 사람은 낙심하거나 원망하고 불평함으로 연단으로 승화되지 않고, 어떤 사람은 끝까지 이김으로 연단이 됩니다. 연단이 되면 심령의 그릇이 커지고 믿음이 단단해지며 속사람이 강해집니다. 그런 사람은 어떤 고난과 역경과 시련에도 끄떡하지 않습니다. 또 "의와 평강의 열매"가 맺힙니다. 그러나 하나님의 징계를 받고 연단되지 않은 사람은 믿음이 더 약해지고 심지어 넘어져서 하나님을 원망하고 남 탓만 합니다. 그런 사람은 영적인 성장도 없고 어떤 열매도 맺을 수 없습니다. 분명히 알아야 할 점은 단지 고난을 겪었다고 해서 연단되는 것이 아니라는 것입니다. 하나님을 바라보면서 고난을 이겨내야 합니다. 그래서 하나님의 징계를 어떤 마음으로 받는지가 중요합니다.

"의"는 바른 것입니다. 연단을 잘 받은 사람은 바르게 서 있습니다. "평강"은 의롭게 행동하고 하나님과 좋은 관계를 맺고 살 때 우리 삶에 넘쳐납니다. 하나님이 여러 가지 복을 주시지만 맨 마지막 완성 단계의 복이 평강입니다. 이 세상에 이보다 더 좋은 복이 없습니다. 어디를 가든지, 누구를 만나든지 평강한 것은 최고의 복입니다. 그러나 이 복은 연단을 받아 잘 이겨낸 사람, 하나님 앞에 겸손하게 엎드려 자신의 죄를 깨닫고 회개하여 죄에서 돌이킨 사람, 의가 바로 선 사람이 받습니다. 징계를 받았지만 의와 평강의 열매가 없는 사람은 불평과 원망으로 세월을 보낸 사람입니다. 이런 사람은 같은 징계를 받았는데도 열매가 없으므로 억울하겠지만 자업자득인 것입니다.

12절 "그러므로 피곤한 손과 연약한 무릎을 일으켜 세우고." 바울은 첫 번째 부분은 이사야 35장 3절, 두 번째(13절)는 칠십인경의 잠언 4장 26절 말씀을 자유롭게 인용합니다. 여기서도 계속 운동선수의 비유를 듭니다. 앞에서 말한 것을 깨달았다면 이제 어떻게 해야 하는지를 알려줍니다. "피곤한 손과 연약한 무릎"이란 운동선수가 탈진한 모습이 연상됩니다. 신앙생활을 하면서 육적, 영적인 손이 피곤하므로 주님 앞에 바로 살지 못하고 죄를 지었을 것입니다. 무릎도 마찬가지로 육적, 영적인 무릎이 연약해진 것입니다. 다리에 힘이 빠지고 손에 힘이 빠지며 완전히 힘을 잃은 것입니다. 이제 하나님께 힘을 공급받아 손과 무릎을 다시 일으켜 세워야 합니다. 성도는 주저앉을 수 없습니다. 왜냐하면 천성을 향해 달려나가야 하기 때문입니다.

13절 "너희 발을 위하여 곧은 길을 만들어 저는 다리로 하여금 어그러지지 않고 고침을 받게 하라." 피곤할 때 대처 방법은 고침을 받게 하는 것입니다. 앞에서 말한 손과 무릎을 포함해 팔과 다리가 고침을 받아야 합니다. 이것도 하나님의 지도와 훈련을 통해 할 수 있습니다. 또한 다리가 고침을 받기 원한다면 자갈길, 모랫길, 축복받지 못한 길에서 속히 나와야 합니다. 그리고 "곧은 길", 즉 주님이 가르쳐주신 곧고 정상적인 길을 가게 되면 불편했던 다리의 문제점이 해소됩니다. 그래서 바른 길을 걸으면 발도 정상이 됩니다. 어그러진 다리로는 게걸음처럼 똑바로 전진할 수 없습니다. 그런데 다리보다 먼저 정신과 마음이 고쳐져야 합니다. 정신과 마음이 고쳐지면 다리에 힘이 납니다. 정신과 마음이 고쳐지지 않으면 다리에 힘이 없어서 비틀거리며 걷다가 옆길로 탈선하게 됩니다. 발에 힘이 있어야 진리의 길을 갈 수 있습니다. 하나님의 뜻대로 행하여 비틀거림에서 교정되어야 합니다(칼뱅).

주를 보지 못하는 자

14절 "모든 사람과 더불어 화평함과 거룩함을 따르라 이것이 없이는 아무도 주를 보지 못하리라." 곧은길을 간다는 것이 무엇을 의미하는지 엿보게 해주는 말씀입니다. 여기서 하나님을 믿는 사람에게 주를 보지 못한다고 하는 것은 충격적인 말입니다. 주를 보지 못한다는 것은 재림 때 이루어지는 일이라고 할 수 있지만, 삶에서 언제든지 이루어지는 일이고 또 우리 생명이 끝날 때 이루어지는 일입니다. 살아서 주를 보는 사람은 소수입니다. 성령의 음성을 듣는 것으로 주를 보았다고 할 수 없기 때문입니다. 그러나 죽은 다음 하늘나라에 가서 주님을 보아야 하는데 그렇게 되지 못한다면 심각한 일입니다. 이는 천국에 갈 수 없을 것이라는 뜻이 되기 때문입니다. 지옥에 가는 사람은 주님을 만나보고 심판을 받고 지옥에 가는 것이 아니라, 죽은 다음 바로 지옥으로 직행합니다. 죽어서 주님을 본다면 하늘나라에 갈 사람이라는 의미입니다. 그러므로 주를 보지 못한다는 말은 죽어서 천국에 가지 못하고 살아 있으면서도 주님을 만나지 못한다는 뜻입니다. 그런데 이 말씀의 뜻은 아무리 오래 예수님을 믿어도 주님을 볼 수 없는 상황이 얼마든지 벌어질 수 있다는 것입니다. 주님을 보려면 갖추어야 할 조건이 있기 때문입니다.

그 조건은 바로 하나님을 믿는 성도는 모든 사람과 더불어 화평함과 거룩함을 따라야 한다는 것입니다. 지금까지 믿음이 있으면 구원받는다고 하였는데 이 말은 결국 믿음이 있는 사람은 화평함과 거룩함을 좇는 것이 당연하다는 뜻입니다(모펫). 예수님을 믿지만 모든 사람과 더불어 화평함과 거룩함을 따르지 않는 사람은 결국 그 믿음이 진정한 것이 아니며 천국에 가지 못한다는 것입니다.

"화평함"은 주님이 산상수훈에서도 가르쳐주셨습니다. 화평은 신앙의 단계에서도 높은 단계입니다. 그래서 예수님을 오래 믿었거나 은혜를 받았어도 화평하지 못하는 사람이 의외로 많습니다. 교회 안에서 보면 정말 믿음이 좋은 사람이 화평한 것을 볼 수 있습니다. 그러나 사람과 화평하는 것보다 먼저 하나님과 화평한 것이 중요합니다. 하나님은 창조주로서 우리의 생사여탈권과 인생에 대한 주도권을 가지고 계시기 때문에, 하나님과 화평하지 않고 분쟁 상태에 있는 사람은 인생에서 여러 문제에 봉착할 수밖에 없습니다. 하나님과 친밀하고 화평한 사람은 하나님이 평탄한 길로 인도하십니다.

또 사람과도 화평해야 합니다. 특히 가족과 먼저 화평해야 합니다. 세상에서 중요한 인간관계가 바로 부부관계이고, 그다음이 부모와 자녀 관계입니다. 부부간에 화평함이 없다면 주님이 근심하실 것입니다. 화평하기 위해서는 상당한 이해와 양보와 섬김과 희생이 필요합니다. 특히 하나님을 믿는 믿음이 있어야 가능합니다. 하나님이 나를 판단하신다는 믿음, 내가 바로 살면 하나님이 나에게 복을 주신다는 믿음이 서로에게 있어야지 한편만 믿음이 있어서는 이루어지기 힘듭니다. 그래서 부부 사이가 좋지 못하다면 한 사람이든 양쪽이든 모두 믿음이 없어서 그렇다고 볼 수밖에 없습니다. 성도는 되도록 모든 사람과 화평해야 합니다. 가정이나 교회뿐 아니라 일터와 여러 사정에 따라 만나게 되는 모든 사람과 화평을 도모해야 합니다. 이렇게 화평한 사람은 믿음이 있다고 인정해줄 수 있습니다. 그러나 다른 사람과 싸우고 다투는 것이 일상이고 화합을 이루지 못하는 사람은 그의 믿음을 인정해줄 수 없습니다. 진실된 길을 갈 때 원수의 공격도 있지만 가능한 화평을 위해 노력해야 합니다.

"거룩함"을 따라야 합니다. 거룩함은 하나님의 성품입니다. 하나님은 능력이 많으시고 인자하시며 수를 세기 힘들 만큼 다양하고 풍성한 성품을 가지고 계시지만, 그중에서 대표적인 것을 꼽는다면 거룩함이라고 할 수 있습니다. 거룩함의 반대는 거룩하지 않은 것이고 더러운 것인데 이는 귀신의 특징입니다. 15절에서 사도 바울이 거룩함과 대비하여 더러움을 말하고 있습니다. 우리가 거룩할수록 하나님을 닮을 수 있고 하나님과 친밀해질 수 있습니다. 그래서 우리는 거룩하기 위해 힘써야 합니다.

화평함과 거룩함이 정말 중요합니다. 자신이 몸담은 공동체를 돌아보고 누가 화평함과 거룩함을 추구하고, 누가 그렇지 않은지 생각해보아야 합니다. 화평함과 거룩함에 힘쓰지 않는 사람은 믿음이 없는 사람이며 장차 하늘나라에 올라가 주님의 면전에 서지 못할 사람입니다. 성도는 화평을 좇는 동시에 거룩함을 지키려는 노력을 병행해야 합니다. 화평이 없는 거룩은 독선이고, 거룩이 없는 화평은 성도가 아닙니다(이상근).

15절 "너희는 하나님의 은혜에 이르지 못하는 자가 없도록 하고." 사도 바울은 성도들이 다 하나님 앞에 나아가기를 바라고 하나님의 은혜에 이르기를 바랍니다. 그것이 사역자의 마음이며, 또 모든 성도의 마음가짐이 되어야 합니다. 교회는 성도들이 다 하나님의 은혜에 이르도록 돕고 가르쳐야 합니다. 교회가 제대로 가르치지 못하여 성도가 하나님의 은혜를 받지 못하고 천국과 믿음에서 밀려난다면 정말 안타까운 일입니다.

"또 쓴 뿌리가 나서 괴롭게 하여 많은 사람이 이로 말미암아 더럽게 되지 않게 하며." 쓴 뿌리가 나는 경우가 있다는 것입니다. 즉, 좋은 뿌리가 있고 쓴 뿌리가 있다는 것입니다. 식물에 비유하여 말하고 있는 것으로, 어떤 식물은 인체에 유익하여 식용이나 약으로 사용합니다. 반대로 어떤 식물은 인체에 해로워 질병을 일으키거나 독이 되고, 자칫 죽음에 이르게 합니다. 그런데 본문은 교회에 하는 말이므로 교회 안에 쓴 뿌리가 되어 다른 사람을 괴롭게 하는 사람이 있음을 말합니다. 쓴 뿌리는 사람을 더럽게 하는데, 특히 한 사람도 아닌 많은 사람을 더럽게 하고 괴롭게 하는 것이 문제입니다. 우리는 산삼처럼 다른 사람에게 유익을 주어야 합니다. 사약을 제조할 때 원료로 사용되는 독초처럼 다른 사람을 괴롭게 하는 악한이 되어서는 안 됩니다.

여기서 "쓴 뿌리"는 특히 우상숭배를 가리킵니다. 이렇게 보는 이유는 신명기 29장 18절에서 "독초와 쑥의 뿌리가 너희 중에 생겨서"라는 이야기가 나오면서 우상숭배가 언급되기 때문입니다. 즉, 쓴 뿌리의 근원이 되는 것이 우상숭배라는 말입니다. 교회가 경각심을 가지고 철저하게 경계해야 하는 것이 바로 성도들이 우상숭배에 빠지지 않도록 하는 것입니다. 우상을 숭배하고 우상에게 바쳤던 음식을 먹는 등의 일은 절대 금해야 합니다. 이로 인하여 사람이 영적으로나 육적으로 더러워지기 때문입니다. 하나님이 분명히 여기에 임재하시는데 하나님과 비슷한 것을 가져다 놓고 그것이 하나님이라고 하면서 섬긴다면 그렇게 섬긴 사람들은 불결하고 더러워진다는 것입니다. 쓴맛과 더러움을 결합합니다(거스리). 이 땅에 사는 동안 우리는 여러 가지 죄를 범할 수 있고 그것이 우리의 세마포를 더럽게 하지만, 그중에 가장 더럽게 하는 것이 바로 우상숭배입니다. 우상숭배는 옷에 묻은 오물처럼 아무리 빨아도 깨끗해지기 힘든 죄입니다. 그래서 우리는 교회 안에 우상을 숭배하는 일이 없도록 교회를 필사적으로 지켜나가야 합니다. 새로운 성도가 교회에 나오면 그가 과거에 우상숭배한 죄를 깊이 회개하고 돌이킬 수 있도록 도와야 합니다.

16절 "음행하는 자와 혹 한 그릇 음식을 위하여 장자의 명분을 판 에서와 같이 망령된 자가 없도록 살피라." 쓴 뿌리의 영향으로 "음행하는 자"와 "망령된 자"도 있다는 것입니다. 그런 사람이 교회 안에 나타났었기 때문에 경계하도록 권고합니다.

여기서 "음행하는 자"도 우상숭배한 것을 말합니다. 바로 앞의 "많은 사람이 이로 말미암아 더럽게 되지 않게 하며"와 이어지는 구절이라는 것입니다. 성경은 우상숭배를 음행이라고 말합니다. 우상숭배는 가장 큰 음행입니다. 주님이 우리의 신랑이신데 내 신랑이 아닌 다른 신에게 신랑이라고 하므로 가장 큰 음행이라는 것입니다.

"혹 한 그릇 음식을 위하여 장자의 명분을 판 에서와 같이 망령된 자가 없도록 살피라"고 하였습니다. 에서는 야곱과 쌍둥이로 태어났습니다. 어느 날 야곱이 집에서 팥죽을 끓였습니다. 야곱은 그 팥죽을 에서에게 주면서 이 팥죽을 줄 테니 장자의 명분을 팔라고 했습니다. 사실 야곱이 이렇게 말할 필요는 없었습니다. 하나님이 큰 자가 어린 자를 섬길 것이라고 미리 말씀하셨으므로 야곱이 사실상 장자입니다(창 25:23). 하나님이 말씀하셨으므로 에서가 아무리 먼저 태어났어도 야곱이 장자이며 상속자입니다. 그러나 아버지 이삭이 그것을 인정하지 않고, 에서를 장자로 삼으려고 한 것이 문제의 발단이 되었습니다. 어느 집이든지 아버지가 영적으로 무디면 집안이 시끄러워집니다. 이삭과 달리 아내 리브가는 야곱이 상속자인 것을 잊지 않고 있었습니다. 부부가 상속자 문제로 서로 나뉘게 된 것입니다. 야곱이 상속자임을 이삭이 인정하고 대우했다면 야곱이 굳이 장자의 명분을 에서에게서 살 필요가 없었을 것입니다.

에서는 장자의 명분을 귀하게 생각하지 않고 야곱이 제안한 대로 팥죽 한 그릇에 팔아버렸습니다. 이삭의 장자가 되면 그 후손으로 예수님이 태어나시는, 예수님의 족보에 들어갈 수 있는 엄청난 복된 자리인 것을 몰랐기 때문입니다. 그러나 그가 그것을 소홀히 여기고 판 것이 도리어 잘못을 바로잡는 유익한 일이 되었습니다. 덕분에 장자권이 원주인에게 돌아갔습니다. 야곱이 장자이지만 인정을 못 받았는데 형 에서가 이 일로 확증해준 것입니다. 그러나 이런 일이 벌어졌어도 아버지 이삭은 하나님의 뜻인 야곱을 상속자로 세우지 않았습니다.

사도 바울은 에서와 같은 행동하는 자가 망령되다고 말합니다. "망령되다"는 말은 디모데전·후서에도 나옵니다. 이 말은 '거짓 교사'와 의미가 가깝습니다. 즉, '망령되다'는 것은 '거짓되다'는 것입니다. 에서가 거짓에 속고 있었다는 뜻입니다. 에서가 마음대로 판 장자의 명분은 원래부터 에서의 소유가 아닙니다. 에서는 장자의 명분이 그의 소유라는 근거가 없는데도 자기 것으로 생각하고 자기 마음대로 당당하게 판 것입니다. 그는 장자도 아니고 상속자도 아닌데 평소에 그렇게 생각하고 있었던 것입니다. 하나님이 인정하지 않으시고 어머니 리브가도 그렇게 생각하지 않으며 야곱도 용인하지 않는데, 에서는 안력이 약해진 아버지 이삭과 함께 잘못된 생각을 했습니다. 같은 형제이지만 야곱은 믿음의 선진 대열에, 에서는 그 명단에서 제외되는 부끄러움을 당합니다.

17절 "너희가 아는 바와 같이." 유대인들은 성경을 가까이 하고 가르침도 받기 때문에 에서와 야곱의 얽힌 사연을 알고 있었습니다. 그래서 자세한 설명은 하지 않고 "너희가 아는 바와 같이"라고 요약하여 말하고 있는 것입니다. 이 말을 통해 저자가 히브리인인 것을 알 수 있습니다.

"그가 그 후에 축복을 이어받으려고 눈물을 흘리며 구하되 버린 바가 되어 회개할 기회를 얻지 못하였느니라." 결국 야곱은 이삭에게서 장자에게 주는 축복을 받습니다. 이삭은 장자인 에서에게 축복하는 줄로 알았지만 그의 착각이었고 실제로는 야곱이 축복을 받고, 그 배후에 하나님이 역사하셨습니다. 인간적인 방법으로 하나님의 뜻을 바꿀 수 없습니다. 축복기도가 끝난 뒤 에서는 야곱이 자기 대신 축복을 받은 것을 알고 눈물을 흘리며 자신도 축복해달라고 요청하였습니다(창 27:38). 그러나 뒤

늦게 사실을 깨달은 이삭은 더 축복할 것이 없다고 잘라 말했습니다. 본문은 이를 "버린 바" 되었다고 표현합니다. 눈물을 흘리며 소원을 구한다고 해서 하나님이 다 응답하시는 것이 아니고, 그 구하는 것이 하나님의 뜻이어야만 이루어집니다. 진실로 하나님의 뜻이라면 우리가 구하기 전에 먼저 환경과 상황이 그 방향으로 움직입니다. 그리고 우리가 기도할 때 바로 이루어지는 것입니다. 그것이 하나님이 행하시는 방법이고 하나님이 이루신 인간 역사입니다. 그래서 하나님의 뜻을 알고 그것을 구해야 합니다. 그것이 믿음 생활입니다.

이삭은 야곱에게 모든 축복을 다 내린 후 결국 일이 하나님의 뜻대로 되었음을 깨달았습니다. 하나님은 사람의 실수까지도 사용하십니다. 시간이 지나고 보면 결국 하나님이 원하시는 방향대로 이루어진 것을 보게 됩니다. 성도는 역사가 하나님의 뜻 안에서 이루어진다는 것을 알고 항상 겸손해야 합니다. 그리고 교회 안에서 거짓을 가르치고 행하는 사람이 없도록 살펴야 합니다. 망령된 사람은 처음에는 바른 것을 가르치는 듯 보여도 시간이 지나면 거짓이 드러납니다. 아무리 망령된 사람이 역사하더라도 하나님은 당신이 원하시는 대로 교회를 이끌어가십니다.

하나님은 에서를 육의 사람으로 보셨습니다. 그는 원래 장자도 아니지만, 장자의 명분이 얼마나 귀한 것인지 모르고 겨우 팥죽 한 그릇에 팔았기 때문입니다. 영적인 것을 물질을 받고 팔았다는 것입니다. 하나님이 우상을 그토록 미워하신 이유는 우상은 가짜 하나님이기 때문입니다. 그러므로 우상은 영적인 가짜입니다. 에서는 영적인 것을 육적인 것으로 더럽혔습니다. 하나님 나라의 장자가 되고 상속자가 되는 것을 팥죽 한 그릇보다 못하게 여겼기 때문입니다. 우리는 영적인 것과 육적인 것이 있을 때 무엇을 택해야 하는지 본문을 통하여 확실하게 깨달아야 합니다. 둘 다 얻으면 좋지만 둘 중 하나를 골라야 할 때는 반드시 영적인 것을 선택해야 합니다. 육적인 것을 선택하면 그때는 이익을 본 것처럼 느껴져도 시간이 지나면 사라져서 결국 영적인 것과 육적인 것을 다 잃어버리게 됩니다. 어느 상황에서도 우리에게 영적으로 유익이 되고 하나님이 원하시는 방향으로 가는 것을 택하려고 노력해야 합니다.

"회개할 기회를 얻지 못하였느니라." 에서는 육적인 것을 위해 영적인 것을 버렸으므로 하나님도 그를 버리셨습니다. 그래서 그가 회개할 기회를 얻지 못하였다고 말합니다. 에서는 영광스러운 천국 보좌에 들어가지 못했을 것입니다. 그는 회개할 기회를 얻지 못했고, 회개할 환경도 만나지 못했으며, 회개할 자리로 인도받지도 못했습니다. 회개도 하나님이 은혜를 주셔야만 할 수 있습니다. 회개한다는 것은 하나님이 주시는 은혜의 길로 들어섰다는 증거입니다. 육체적인 만족을 추구하고 탐욕을 부린 에서는 영적인 것을 소홀히 하다가 소멸되어버렸습니다.

사도 바울은 더럽게 된 자, 망령된 자가 교회 안에 없도록 살피라고 하였습니다. 영혼 구원이 정말 중요하기 때문입니다.

너희가 이른 곳은

18절 "너희는 만질 수 있고 불이 붙는 산과." 이곳은 어떤 장소를 가리킵니다. 19절에도 "나팔 소리와 말하는 소리가 있는 곳"을 말하고 있으므로 계속해서 어떤 특정한 장소를 언급하고 있음을 알 수 있습니다. 즉, 만질 수 있고 불이 있으며, 침침하고 흑암과 폭풍이 있으며, 나팔 소리와 말하는 소리가 있는 장소가 있다는 것입니다. 이곳이 어디인지를 생각해보면 하나님께 율법을 받은 시내산이라는 것을 어렵지 않게 깨달을 수 있습니다. 22절에서 "시온 산"과 "하늘의 예루살렘"을 거론하고 있기 때문입니다. 앞에서 말한 산이 시내산이라고 정확하게 말하지는 않지만, 하늘의 예루살렘인 시온 산과 비견할 곳으로는 이 땅에서는 시내산을 생각할 수밖에 없습니다. 특히 여기서 만질 수 있다고 했으므로 율법을 받은 것을 연상하게 합니다. 그리고 불이 붙었다는 것은 모세가 율법을 받기 위해 시내산을 오를 때 하나님이 임재하셔서 불이 붙은 것처럼 빛이 난 것을 말합니다.

히브리서의 흐름을 보면 먼저 구약의 이야기를 하고 그와 대비하면서 신약 시대를 이야기합니다. 구약의 대제사장을 이야기한 다음 신약의 대제사장으로 오신 예수 그리스도를 이야기했습니다.

"침침함과 흑암과 폭풍과." 이것은 출애굽기 19장 9절 이하에 나오는 이야기를 배경으로 합니다. 이것은 하나님이 임재하셔서 외부에서는 안을 들여다볼 수 없는 상태였다는 것을 말합니다. 하나님의 임재의 구름이 임하셨기 때문입니다. 하나님은 빛이시므로 이 구름은 희고 깨끗한 구름입니다. 하나님의 임재의 구름은 자연 현상으로 생긴 구름이 아니라 하나님의 빛이 가득하여 구름처럼 보이는 것을 말합니다. 그래서 침침하고 흑암이 있었다는 것은 시커먼 먹구름이 끼었다는 것이 아니라 사람이 그 안을 들여다볼 수 없는 감추어진 상태이기 때문에 이렇게 표현한 것입니다. 영적인 것은 육신의 눈으로는 볼 수 없습니다. 그러나 모세는 시내산 안에, 빛으로 만들어진 구름 가운데에 있었으므로 외부에서는 안이 보이지 않지만 그 안에서 모세는 임재하신 하나님을 만나고 하늘이 열려 영적 세계를 다 보았습니다. 그리고 자신이 본 그대로 성막을 만들었습니다.

19절 "나팔 소리와 말하는 소리가 있는 곳에 이른 것이 아니라." 모세는 시내산에서 "나팔 소리와 말하는 소리가 있는 곳"에 이르러 그 소리를 다 들었습니다. 이는 백성이 나팔을 불었기 때문에 들은 것이 아니라 하늘에서 들려온 나팔 소리입니다. 모세는 천사들의 나팔 소리를 들었습니다. 바울은 자신이 하늘 세계를 경험했고 하늘의 나팔소리를 들어보았을 것이고, 모세도 분명히 그 나팔 소리를 들었을 것이라 생각했으므로 이렇게 말한 것입니다. 하나님의 권위가 드러나는 순간입니다. 또 "말하는 소리"라고 하였는데 이는 하나님의 음성을 가리킵니다. 두려움을 자아내는 소리입니다. 사도 바울도 하나님을 체험해보았기 때문에 혼자 하나님을 독대한 모세의 체험에 대해 말할 수 있는 것입니다. 학식과 영적 지식이 탁월한 사람만이 이런 글을 쓸 수 있습니다.

그런데 "나팔 소리와 말하는 소리가 있는 곳에 이른 것이 아니라"고 말합니다. 히브리인이지만 예수님을 믿는 사람들에게 "너희가 이른 곳"은 시내산이 아니라고 말하는 것입니다. 모세는 시내산으로 갔고 그것으로 만족했지만, 지금 유대인 그리스도인들에게는 시내산이 목적지가 되면 안 된다는 것입니다. 유대인들은 모세를 자랑스러워하면서 그의 흥미로운 이야기로 밤을 지새우고 시내산에서 받은 율법과 할례를 자랑하였습니다. 하지만 사도 바울은 구약 시대는 지나고 신약 시대에 들어섰으니 나아갈 장소가 바뀌어야 함을 정확하게 이야기하는 것입니다.

"그 소리를 듣는 자들은 더 말씀하지 아니하시기를 구하였으니." 이스라엘 백성은 시내산에 올라가 보지 못했습니다. 오직 모세만 올라갔습니다. 그래서 모세가 대신 전해주는 하나님의 말씀을 들었습니다. 그런데 모세가 전해주는 하나님의 말씀을 듣고 더 말씀하지 않으시기를 구했다는 것입니다. 그들은 하나님 앞으로 나아가 하나님의 말씀을 직접 듣는 것도 좋아하지 않았고, 모세가 전해주는 것도 듣고 싶어 하지 않았습니다. 시내산에 분명히 하나님의 임재가 있는 것을 보면서도 이런 태도를 보인 것입니다. 효자들은 아버지의 교훈을 듣기 좋아합니다. 그래서 아버지와 많은 대화를 나누고 잘 배웁니다. 그러나 불효자들은 아버지와 동석하는 것을 부담스러워하고 아버지의 교훈을 잔소리로 생각합니다. 그런데 이것이 구약 시대 사람들의 모습이었고 시내산을 대하는 사람들의 모습이었습니다. 하나님의 엄위하심을 생각하니 긴장되고 두려워서 그랬을 것입니다.

20절 "이는 짐승이라도 그 산에 들어가면 돌로 침을 당하리라 하신 명령을 그들이 견디지 못함이라." 모세가 시내산에서 하나님의 임재 가운데 들어가 말씀을 듣고 있는데 사람이든 짐승이든 올라가면 죽는다고 말씀하십니다. 그 장소는 거룩하게 구별된 장소이므로, 하나님의 임재가 있어 광명이 비치는 곳입니다. 설령 짐승이 모르고 그 장소에 들어간다고 하더라도 그 자리에서 즉사하게 됩니다. 모르고 올라간 짐승도 죽는데 사람은 모세를 통해 올라오면 안 된다는 경고를 받았는데도 출입 금지 명령을 어기고 올라갔다면 죽어 마땅합니다. 오직 하나님은 모세와만 대면하셨습니다. 사람들이 이 말씀을 견디지 못했다는 것은 그들이 하나님께 나아가지 못한다는 것입니다. 하나님이 성소와 지성소를 두시고 백성과 분리되셨듯이 시내산도 분리의 장소였습니다. 이렇게 구약 시대의 백성은 하나님께 가까이 나아가지 못했고 하나님의 말씀을 직접 받지 못했습니다.

21절 "그 보이는 바가 이렇듯 무섭기로 모세도 이르되 내가 심히 두렵고 떨린다 하였느니라." 구약 시대의 백성은 하나님께 나아가는 것을 두려워하였는데, 하나님의 음성을 듣는 모세도 두렵고 떨리는 것은 마찬가지였습니다. 하나님을 만나는 일은 누구에게라도 두렵고 떨리는 일입니다. 하나님이 부르셨고, 하나님이 만나주셨으며, 하나님이 말씀해주셨는데도 두려운 것입니다. 실제로 하나님을 만나기는 했지만 복은 고사하고 하나님의 심판을 받아 죽은 사람이 많으므로 두려운 일입니다. 하나님의 은혜가 크지만 동시에 하나님의 징계도 너무나 크고, 작은 잘못에도 가차 없으신 하나님이 무섭기 때문입니다. 이것이 구약의 모습입니다. 스데반도 모세의 두려움을 언급합니다(행 7:32).

22절 "그러나." 앞에서 구약 시대, 모세 시대의 이야기를 하다가 이제 영적 세계로 바뀝니다.

"너희가 이른 곳은 시온 산과 살아 계신 하나님의 도성인 하늘의 예루살렘과." 이제 신약 시대, 즉 새로운 시대를 맞이하여 자신들이 이른 곳은 시온산이며, 살아계신 하나님의 도성인 하늘의 예루살렘이라는 것입니다. 여기서는 시내산과 천국을 거의 동급으로 말합니다. 천국도 하나님의 임재가 있는 곳이고 시내산도 하나님의 임재가 있는 곳이기 때문입니다. 구약에서 하나님이 직접 이 땅에 내려오신 임재의 자리이기 때문에 시내산은 중요한 의미가 있습니다. 하지만 하늘의 시온산이 더 우월합니다. 그러므로 시내산은 천국과 교통하는 장소입니다.

사도 바울이 유대인 출신 성도들에게 하고 싶은 말은 유대인들이 모이기만 하면 시내산, 모세, 율법을 거론하므로, 너희도 마찬가지로 하나님의 나라에 이르렀는데 왜 과거의 영광에 얽매여 있느냐는 것입니다. 바울은 아직 그들이 죽은 것이 아니라서 천국에 들어간 것은 아니지만 천국에 이르렀다고 한 것은 천국은 죽어서만 가는 곳이 아니기 때문입니다. 이 땅에 사는 동안 우리는 하나님이 임재하시는 천국을 체험할 수 있습니다. 사도 바울은 그들이 하늘의 예루살렘, 즉 천국에 거의 도달했다는 것이고 지금도 체험하고 있다는 것입니다. 예수님을 믿는 것은 살아서든 죽어서든 천국을 경험하는 것입니다. 기도하는 중에, 환상으로 하늘을 보고 먼저 간 성도를 만나기도 합니다. 이곳이 참된 공동체입니다.

"천만 천사와." 바울이 천사들을 가리켜 "천만 천사"라고 한 것은 천사가 많아서 수를 셀 수 없다는 의미입니다. 천사의 수를 세는 것은 불가능합니다. 아주 큰 천사부터 작은 천사까지 헤아릴 수 없이 많습니다. 하나님이 그들의 종들에게 둘러싸여 계심을 보여줍니다(거스리).

23절 "하늘에 기록된 장자들의 모임과 교회와 만민의 심판자이신 하나님과 및 온전하게 된 의인의 영들과." 하늘나라에 존재하는 분들에 대해 계속 이야기합니다. 하늘 예루살렘에 그 수가 가장 많은 존재는 천사이고 또한 구원받은 성도들입니다. 인류학자들은 지금까지 이 땅에 왔다 간 사람의 수가 250-300억여 명일 것으로 추산하는데, 하나님을 잘 믿어서 구원받은 사람은 10퍼센트 미만일 것으로 생각됩니다. 즉 20-30억 명 정도가 하늘나라에 갔을 것으로 추정할 수 있습니다.

그런데 하늘나라에 간 성도들도 부류가 다릅니다. 먼저 "하늘에 기록된 장자들의 모임"이 있습니다. 장자는 상속자이므로 하늘나라의 상속자입니다. 그들은 구원받은 성도 중 기업을 주실 만한 훌륭한 사람임이 분명합니다. 간신히 구원받은 성도는 장자라고 말하기 부끄러울 것입니다. 간신히 구원받은 성도는 그들끼리 모일 것이고, 충성된 성도로서 이 땅에서 복음을 전하고 여러 교회를 세운 자들은 또 그들끼리 모일 것입니다. 하늘에 기록되어 있다는 것은 생명책에 기록되어 있다는 의미입니다(눅 10:20, 계 21:27). 그 행실이 충성스럽고 귀해서 생명책에 장자로서 그의 업적이 많이 기록되어 있다는 것입니다. 그러므로 하늘에 기록된 장자들의 모임은 생명책에 이름이 적혀 있는 자로 간신히 구원받은 수준을 말하는 것이 아닙니다. 또 하늘에는 생명책이 아닌 성도의 행실을 적은 책도 따로 있습니다. 주 앞에 충성한 내용이 너무나 많아서 그것을 다 기록한 장자들의 모임, 즉 기업을 이어받고 상속받을 만한, 하늘의 땅을 차지할 만한 사람들의 모임이 있다는 것입니다.

"교회와." 여기서 교회는 구원받은 모든 성도를 말합니다. 장자보다는 넓은 의미입니다. 그래서 장자들의 모임과 교회를 구분하여 논리를 펴나갑니다. "만민의 심판자이신 하나님." 하나님은 심판자이십니다. 모든 것을 알고 계시는 분입니다. 그분은 한 사람, 한 사람을 살피시고 판단하십니다. "온전하게 된 의인의 영들." 장자들의 모임과는 또 다른 무리로, 하나님 나라를 위하여 목숨 바쳐 충성하여 거룩한 의인으로 온전하다고 인정받은 사람들이 있다는 것입니다. 하나님은 영들의 아버지이십니다(9절). 하늘나라에 여러 부류가 있음을 밝혀줍니다.

오늘날 성도는 모두 장자들의 모임에 들어가기를 소원해야 합니다. 나아가 의인의 영들의 모임까지 들어가면 얼마나 좋겠습니까? 바울과 모세 같은 훌륭한 인물은 다 이 부류에 포함될 것입니다. 주의 나라를 위하여 헌신하는 주의 종들은 이런 목표를 가지고 목숨을 다하여 충성해야 합니다.

24절 "새 언약의 중보자이신 예수와." 마지막에 예수님에 대해 말합니다. 하늘나라에 많은 존재가 있다는 것을 말하고 결론적으로 새 언약의 중보자이신 예수님을 증거합니다. 앞에서 시내산에서 여호와가 이스라엘 백성과 언약을 맺으셨다고 하였는데 그 언약은 끝났고, 예수님의 십자가 사건 이후 우리가 새 언약을 맺는데, 이를 예수 그리스도가 중보하셨다는 것입니다. 예수 그리스도는 새 언약의 중보자이십니다(8:6, 9:15). 그분을 통하지 않고는 하늘나라에 들어갈 수 없습니다.

"및 아벨의 피보다 더 나은 것을 말하는 뿌린 피니라." 그런데 예수 그리스도가 맺으신 언약의 피를 아벨의 피와 비교합니다. 예수님의 "뿌린 피"가 아벨의 피보다 낫다는 것입니다. 아벨은 형에게 맞아 죽었습니다. 대속을 위하여 의미 있게 죽은 것이 아닙니다. 예수님은 인생들의 죄를 대속하기 위하여 자발적으로 생명을 드리셨습니다. 또한 아벨은 짐승의 피를 드렸지만 주님은 자신의 피를 제물로 드리셨습니다. 아벨은 자신의 피가 억울하다고 호소했습니다(창 4:10). 그러나 주님은 죽으시면서 후회하시거나 억울해하지 않으시고 도리어 하나님께 저들의 죄를 용서해달라고 기도하셨습니다. 구원의 길을 여신 진정한 대제사장의 모습입니다.

아벨에 대해 조금 더 이야기해보겠습니다. 아벨은 가인에게 죽었는데 이는 제사 문제 때문입니다. 제사를 잘 지내면 하나님의 은혜가 넘쳐야 하는데 도리어 형제 싸움을 유발했습니다. 가인은 하나님이 자신이 드린 제사를 받아주시지 않자, 제사를 받아주신 형제 아벨을 시기해 죽인 것입니다. 아벨은 죽으면서 억울해했을 것입니다. 즉, 아벨은 죽고 싶어서 죽은 것이 아닙니다. 아버지나 형제의 죄를 대속하려고 스스로 택한 일이 아닙니다. 그래서 예수님의 죽음은 순교이지만, 아벨의 죽음은 순교라고 말할 수 없습니다. 그러므로 아벨의 피와 예수 그리스도의 피는 비교조차 할 수 없습니다. 그래서 본문은 예수님과 그분이 뿌리신 피를 강조함으로써 예수님만이 대제사장이심을 말하고자 하는 것입니다. 예수님의 피로 인하여 우리가 저 하늘을 향하여 갈 수 있게 되었습니다. 아벨은 제사드린 후 시기를 받아 피 흘려 죽은 것으로 대제사장이 드린 피의 성격과 거리가 멉니다.

흔들리지 않는 나라

25절 "너희는 삼가 말씀하신 이를 거역하지 말라 땅에서 경고하신 이를 거역한 그들이 피하지 못하였거든." 하나님이 이미 말씀을 하셨다는 것이고, 그 말씀을 거역하지 말라고 직접적으로 경고합니다. 거역함에 대해서 경고하셨는데, 거역한 이들이 피하지 못했다는 것입니다. 하나님은 백성에게 직접 경고하실 수 있고 사역자들을 통하여 경고하실 수도 있습니다.

여기서는 "땅에서" 경고하셨다고 하였습니다. 앞에서는 시내산과 시온산을 비교하여 말하였다는 것을 언급했습니다. 시내산은 하나님이 모세를 통해 말씀하신 산이고, 시온산은 하늘 하나님의 보좌가 있는 산입니다. 본문의 말씀도 그에 대한 연장으로 생각할 수 있습니다. 그렇다면 본문에서 말하고 있는 "땅에서 경고하신 이를 거역한 사람들이 피하지 못하였다"는 말씀은 시내산에서 모세를 통해 주신 말씀을 말하는 것으로 이해할 수 있습니다.

하나님이 모세를 통해 시내산에서 경고하셨습니다. 너희가 하나님의 사람으로 살면서 저 천국에 가고자 하며, 이 땅을 주장하시는 분이 하나님이심을 믿는다면 시내산에서 주신 말씀을 거역하지 말라는 것입니다. 그러나 역사를 보면 그 말씀에 거역한 사람이 많이 있었습니다. "피하지 못하였거든." 하나님의 말씀을 거역한 사람들은 하나님의 징계를 피하지 못했습니다. 이 말씀을 기록한 때는 신약 시대이므로 과거 구약 시대에 있었던 일을 성경을 통해, 역사를 통해 다 알고 있으므로 이런 말을 할 수 있는 것입니다. 히브리 민족은 모세가 전해주는 하나님의 말씀을 경홀히 여기고 거역하여 자기가 행한 대로 보응받은 것입니다. 하나님은 이 원칙으로 세상을 통치하십니다.

"하물며 하늘로부터 경고하신 이를 배반하는 우리일까보냐." 여기서 "하늘로부터 경고하신 이"라고 하였으므로 하늘에서 경고하신 분이 있다는 것입니다. 시내산에서는 하나님이 모세를 통해 말씀을 전하셨고, 여기서는 하늘로부터 직접 경고하신 이가 있는데 그가 바로 예수 그리스도시라는 것입니다. 본문 전체의 중심이 예수 그리스도이시기 때문입니다. 구약 시대에는 모세가 시내산에서 계명을 받아 전해주었는데 사람들이 이를 어겨서 큰 벌을 받았고, 이제는 하늘로부터 직접 예수 그리스도를 보내셔서 경고하셨는데 이를 배반한다면 우리가 얼마나 큰 징계를 받겠느냐는 것입니다. 예수님이 주신 새 법을 받아들이지 않는 사람은 구약 시대에 거역한 사람보다 더욱 크게 망할 것입니다. 이스라엘 백성이 피하지 못한 것이나(2:3), 성도들이 피하지 못하는 것이나 마찬가지입니다.

26절 "그 때에는 그 소리가 땅을 진동하였거니와 이제는 약속하여 이르시되 내가 또 한 번 땅만 아니라 하늘도 진동하리라 하셨느니라." 여기서도 구약 시대와 신약 시대를 나누어 비교하며 설명하고 있습니다.

“그 때에는 그 소리가 땅을 진동하였거니와”라고 한 것은 구약 시대의 일을 말합니다. 모세가 시내산으로 올라가 하나님을 만났는데, 그곳에 하나님의 임재의 구름이 환하게 가득하고 또 소리가 땅을 진동시켰습니다. 하나님이 임재하시면 이렇게 두렵고 떨리는 현상이 나타납니다. 시내산에서는 성부 하나님이 임재하셨습니다. 하나님의 본체가 임하셨기 때문에 이런 현상이 일어나는 것이 당연합니다. 성부가 임재하실 때에는 천사들도 동원되어 나팔을 붑니다. 온 우주의 주재이신 성부 하나님이 이 땅에 나타나시는데 모든 위대한 존재가 총동원되는 것이 당연합니다. 또 엄위하신 하나님의 음성까지 합하여 모든 소리가 땅을 진동하는 것입니다.

“이제는 약속하여 이르시되 내가 또 한 번 땅만 아니라 하늘도 진동하리라”(학 2:6)고 한 것은 신약 시대를 말합니다. 앞에서 구약 시대에는 땅이 진동하였다고 했는데 신약 시대에는 그 범위가 땅만이 아니라 하늘도 진동한다는 것입니다. 과거에는 시내산에서 진동했지만 이제는 하늘의 시온산에서 진동한다는 것입니다. 즉, 천국이 큰 사건으로 요동치는 것입니다.

지금까지 천국에서도 많은 사건이 있었을 것입니다. 예수 그리스도가 아기로 이 땅에 오신 사건, 예수님이 죽으셨다가 부활하셔서 다시 하늘에 오르셔서 보좌에 앉으신 일도 엄청난 사건입니다. 그러나 여기서 말하는 사건은 그보다도 더한, 하늘을 진동시키는 사건이라는 것입니다. 즉, 이 사건은 바로 마지막 때 주님의 재림 사건을 염두에 두고 말하는 것입니다. 이 일은 하늘뿐 아니라 온 우주도 뒤집힐 사건입니다.

예수님의 재림이 임박하면 7년 대환란이 있을 것이고 하나님이 심판하심으로 수많은 불행한 징조가 있을 것입니다. 하나님이 심판하시는 재료는 시온산에 있습니다. 천사들이 대접을 가져와서 엎으니 불이 떨어지고, 나팔을 불고 인봉을 떼니 여러 재앙이 내려온다고 하였는데, 그 재앙이 바로 시온산, 즉 하늘 보좌에 보관되어 있었습니다. 그래서 29절에서 하나님이 소멸하시는 불이라고 말하는 것입니다. 마지막 때 주님이 오시기 직전에 하나님의 명령으로 천사들이 그 재앙의 재료를 하나님의 보좌에서 가져다가 세상에 쏟을 것입니다. 그렇게 이 땅이 망할 때 하늘은 멀쩡히 아무 일도 없다는 듯이 침묵이 흐르는 것이 아니라 하늘에도 큰 비상이 걸릴 것입니다. 마지막으로 하늘에 올라오는 성도들을 맞이하기 위해서도 하늘이 분주할 것입니다. 말세에 하나님이 이 세상에 진노를 쏟으시고, 주님이 재림하시며, 구원받은 사람들은 하늘에 올라가게 됩니다.

27절 "이 또 한 번이라 하심은 진동하지 아니하는 것을 영존하게 하기 위하여 진동할 것들 곧 만드신 것들이 변동될 것을 나타내심이라." 26절에서 "또 한 번 땅만 아니라 하늘도 진동하리라"고 한 말을 설명합니다. 그렇게 하늘이 진동하는 일은 한 번만 있을 것이라는 뜻입니다. 한 번의 진동을 끝으로 더는 하늘나라가 진동하거나 변하지 않고 안전해진다는 말입니다. "곧 만드신 것들이 변동될 것을." 하늘나라가 한 번 뒤집힐 것이지만 그런 일은 반복되지 않을 것이고, 그렇게 되기 위해서 하나님이 만드신 것들, 즉 이 땅이 변동되어야 한다는 것입니다. 이는 이 땅이 없어질 것을 말합니다. 예수님이 재림하셔서 하늘나라의 왕으로 등극하시고 구원받은 성도가 다 하늘에 들어가므로 하늘나라는 완벽해질 것입니다. 그러므로 하늘은 더 변화될 필요가 없습니다. 그런데 그것을 위하여 이 땅의 모든 것을 없애신다는 것입니다. 그때 이 땅은 망가지고 깨지며 완전히 소멸될 것입니다. 이 세상이 영원히 지속될 것이라고 주장하는 자들은 큰 충격에 빠질 것입니다.

28절 "그러므로 우리가 흔들리지 않는 나라를 받았은즉." 흔들리지 않는 나라는 아브라함이 기대했던 도성이며(11:10), 시온산(12:22)입니다. 이곳에는 진동하지 않는 궁극적인 하나님의 영광스러운 통치가 영원토록 존재합니다(렌스키). 지금 하나님을 믿는 구원받을 성도들은 이 땅의 것이 아닌 하늘의 땅과 권세를 받은 것입니다. 이 땅은 소멸할 것이므로 영원히 흔들리지 않는 하늘나라를 상속받는 것입니다. 이제 모든 구조가 정리되었고 시온산을 중심으로 성도들의 천국 집이 자리 잡을 것입니다. "받았은즉." 진실로 구원받은 자는 하늘나라를 이미 상속받은 것이나 마찬가지입니다.

"은혜를 받자." 하늘나라에 올라갈 사람들, 인치심을 받고 구원받고 당당하게 시온산의 하늘 집에 들어갈 사람이라면 이 땅에서도 은혜를 받자는 것입니다. 하나님이 이 땅을 다 파괴하시고 하늘나라만 두실 것인데, 그곳에 들어가면 당연히 하늘 은혜를 받겠지만, 그 전에 이 땅에 사는 동안에도 은혜를 받자는 것입니다. 우리의 시민권이 하늘에 있고, 영원히 변하지 않을 하늘나라 백성이기 때문에 이 땅에서도 영적 권리를 누리자는 것입니다.

믿음의 성도는 죽은 뒤 하늘나라에 가서 환영하시고 칭찬하시는 하나님의 말씀을 들을 것을 생각하면 감격스러울 것입니다. 성도는 하늘에 속해 있고 한번 하늘나라에 들어가면 영원히 변동이 없습니다. 그 하늘나라에 들어가는 것이 성도의 소원인 것은 당연합니다. 성도는 이 땅에 사는 동안에도 하늘에서 내려오는 은혜를 받아야 영혼의 만족을 얻습니다. 사랑받지 못한 사람은 항상 부족함을 느낍니다. 그러나 하나님의 사랑을 받으면 이 세상의 모든 사랑을 합친 것보다 비교할 수 없을 만큼 큰 만족이 있습니다. 하나님의 사랑을 받으면 충분히 정상적인 사람이 됩니다.

온전한 하늘나라는 예수님의 재림 때 이루어집니다. 대제사장이신 예수 그리스도가 주인공으로서 재림하셔서 이 땅과 천국의 모든 것을 완성하실 것입니다. 이 기록된 말씀이 모두에게 적용되고 또 이 말씀을 기록한 사도 바울도 은혜 가운데 이 글을 썼을 것입니다.

"이로 말미암아 경건함과 두려움으로 하나님을 기쁘시게 섬길지니." 하나님을 진심으로 섬기는 사람에게는 경건함과 하나님을 두려워하는 마음이 있습니다. 하나님을 섬기는 것은 우리 마음 내키는 대로 하는 것이 아닙니다. 주님처럼 하나님께 맡기는 것입니다(5:7). 하나님을 두려워하는 것이 하나님을 경외하는 것입니다. 이는 세상이 주는 두려움이 아닌 하나님을 만나면 생기는 진정한 두려움을 말합니다. 하나님이 진정 귀하신 분이고, 그 하나님을 믿는 것이 감사하며, 하나님의 은혜가 너무 크고, 그분 없이는 내가 살 수 없다는 영적 관계를 느끼는 것입니다.

성도가 하나님과의 관계에서 그분의 임재 속에 얼마만큼 잠기는지는 저마다 다릅니다. 하나님의 은혜의 바다에 얼마나 깊숙이 들어가 있는지를 보면 어떤 성도는 물가에 서서 물을 보고 있습니다. 아직 은혜 속에 잠기지 않은 모습입니다. 어떤 성도는 물에 들어가 발만 담그고 첨벙거립니다. 은혜를 조금 받고 기뻐하는 것입니다. 그런데 그것이 다가 아님을 알아야 합니다. 점점 깊이 들어갈수록 내가 물속에 잠겨 있다는 것을 느끼게 됩니다. 만약 머리까지 완전히 잠기게 된다면 다른 세계가 펼쳐집니다. 이렇게 하나님의 임재, 하나님의 은혜 안으로 들어가는 것이 물속에 들어가는 것과 감흥이 비슷하여 하나님의 은혜를 온몸으로 느낄 수 있게 됩니다. 진정한 환희와 기쁨이 있습니다. 모세는 시내산에서 40일 동안 이런 환상과 신비의 체험을 했을 것입니다.

이렇게 하나님을 깊이 체험하면 경건함과 두려움이 저절로 생깁니다. 하나님의 임재를 느끼면서 신적인 감각이 내 눈에 나타나고 내 몸을 감싸기 때문입니다. 그런 경건함과 두려움 없이 신앙생활을 하고 있다면 아직 하나님의 임재에 깊이 들어가지 못한 것입니다. 기독교는 단순히 여러 가지 원리나 개념을 고수하는 것이 아닙니다. 하나님과 동행하는 것입니다(로이드 존스).

29절 "우리 하나님은 소멸하는 불이심이라." 신명기 4장 24절은 하나님을 "소멸하는 불"이라고 했습니다. 온전한 것은 하늘나라뿐이기 때문에 하나님이 불태우시는 것입니다. 영원히 변하지 않을 것은 하늘나라뿐이고 이 땅은 주님이 재림하시면 다 불타버릴 것입니다. 죄도 불타고 인간이 건설한 모든 건축물과 도시도 불탈 것입니다. 하나님의 임재에는 불이 함께합니다. 시내산에서도 불이 임하였고, 하나님이 이스라엘 백성을 인도하실 때에도 구름 기둥과 불기둥이 함께하였으며, 또 하나님의 진노가 임할 때도 불이 내려옵니다. 또 성령이 임하실 때도 불이 임합니다. 하나님의 불은 긍정적인 의미로도, 부정적인 의미로도 쓰입니다. 하나님은 불덩어리이십니다.

13장

하늘에 속한 아들들의 삶

HEBREWS

13장은 하늘에 속한 사람이 환란을 당하고 박해를 피하여 여기저기 흩어져 살고 있을 때 어떻게 살아야 하는지를 알려주는 말씀입니다.

기뻐하시는 삶

1절 "형제 사랑하기를 계속하고." 계속하라고 말한 것은 이미 그들이 형제를 사랑하고 있음을 인정하고 말하는 것입니다. 그러므로 그것을 소홀히 하지 말고 계속하라는 말입니다. 그리고 만약 그들이 형제를 사랑하지 않는다면 마음을 고쳐먹고 사랑해야 합니다.

여기서 "형제"를 사랑하라고 하였는데 그렇다면 형제가 누구인지도 생각해보아야 합니다. 만약 온 인류를 형제라고 보고 사랑하라고 한 말씀이라면 굳이 형제라고 하지 않았을 것입니다. 형제는 인류보다는 특정 소수를 가리키는 말로 보이기 때문입니다. 그래서 형제는 구원받은 성도를 의미하는 말로 해석할 수 있습니다. 12장에서 이 땅의 이야기가 아니라 하늘 백성에 관하여 이야기한 다음 연이어 이 말씀을 했기 때문입니다. "그러나 너희가 이른 곳은 시온 산과 살아 계신 하나님의 도성인 하늘의 예루살렘과 천만 천사와 하늘에 기록된 장자들의 모임과 교회와 만민의 심판자이신 하나님과 및 온전하게 된 의인의 영들과"(히 12:22-23)

라고 하였습니다. 그러므로 하늘에 속해 있는 장자들의 모임, 교회, 의인의 영 등 초점이 하늘에 있다는 것입니다. 여기서 말하는 형제가 바로 장자의 모임에 들어갈 사람, 하늘의 교회에 속한 사람들이라는 것입니다. 장차 하늘에 있는 시온산에 들어갈 생명책에 이름이 기록된 사람을 가리킵니다. 단순히 이 땅의 교회에 출석한 수준으로는 본문이 말하는 형제에 포함될 수 없습니다.

그러므로 하늘에 속해 있는 사람끼리 서로 사랑하기를 계속해야 합니다. 하늘에 올라가 대제사장이신 예수 그리스도 앞에서 그분께 찬양할 진실한 성도들이 형제입니다. 공관복음에도 주님이 형제라는 말씀을 여러 번 하셨는데, 주님이 말씀하신 형제의 의미도 구원받은 택한 백성을 가리키는 것임을 알 수 있습니다. 진정한 성도라면 영적으로 깨끗한 사람, 하늘나라에서 귀한 존재로 대접받을 의인의 영들을 더욱 사랑해야 마땅합니다. 땅에 속한 사람은 땅에 속한 사람을 더 가까이할 수밖에 없고, 하늘에 속한 사람은 하늘에 속한 사람을 더 좋아할 수밖에 없습니다. 이 땅에서의 삶은 잠깐이지만 저 하늘에서는 영원히 함께 살 것인데 그렇게 오랜 시간을 함께할 사람들이 진정 형제라고 불리는 것이 마땅합니다. 물론 하늘에서 보낼 삶을 생각해서도 그렇지만, 이 땅에서도 그리스도의 이름 때문에 같은 고난을 겪으며 살아가고 있으므로 더욱 사랑해야 합니다. 주님도 하늘나라에 올 영혼들을 기뻐하시며 지켜주시는 것이지 지옥 백성이 될 사람들을 도우시는 것이 아닙니다. 영적 세계에서는 이렇게 구별하여 행할 수밖에 없습니다.

2절 "손님 대접하기를 잊지 말라 이로써 부지중에 천사들을 대접한 이들이 있었느니라." 초대교회 시절에는 여행자들을 위한 시설이 너무 열악했습니다. 당시 나그네를 위한 시설은 부도덕한 장소로 악명이 높았습니다(거스리). 식사에 초대한다는 것은 그 사람과 교제할 의도가 있다는 것입니다. 이 본문은 손님을 대접하는 것을 잊지 말라고 합니다. 이것을 생각해보면 단순히 집에 찾아온 손님이나 교회에 찾아와 도움을 청하는 이웃을 잘 대접하고 도와주라는 말로 생각할 수 있습니다. 그러나 좀 더 잘 이해할 수 있도록 뒤에 예를 들어 설명합니다. 손님을 대접하라고 했을 때 그 손님은 천사들이었다고 말합니다. 즉, 여기서 "손님"은 특정 대상이 정해져 있다는 것입니다. 이 말은 집에 오는 모든 사람이 손님이 아니고, 교회에 찾아왔다고 해서 다 손님이 아니라는 것입니다. 물론 이 본문은 교회가 사회봉사를 외면하라는 것이 아니고, 영적인 의미라고 볼 수 있습니다.

성경에는 손님을 대접했는데 그가 천사였던 경우가 몇 군데 나옵니다. 대표적인 인물이 바로 창세기 18장에 나오는 아브라함의 이야기와 창세기 19장에 나오는 롯의 이야기입니다. 아브라함은 위대한 믿음의 조상인데 그의 집에 천사가 손님으로 찾아왔습니다. 아브라함은 그가 천사인 것을 알아보았습니다. 롯도 손님을 집에 데려가 대접했는데 그가 천사였습니다. 손님이라고 할 귀한 사람을 접대하다 보니 부지중에 천사도 접대하게 된 것입니다. 수많은 사람을 접대하다 보니 어쩌다가 천사를 대접하게 된 것이 아닙니다. 천사인지 알아볼 수도 있고 몰라볼 수도 있지만, 형제를 열심히 대접하면 그렇게 된다는 것입니다. 아브라함과 롯에게는 결국 큰 유익이 있었습니다.

자신의 집에 아무나 들이는 것은 위험한 일입니다. 찾아온 사람이 좋은 마음이 아니라 해를 끼치려는 마음으로 찾아왔는지 우리가 알 수 없기 때문입니다. 사람을 함부로 집에 들이는 것은 육적으로도 위험하지만, 영적으로도 좋지 않습니다. 영적인 상태가 좋지 않은 사람을 들이면 집이 영적으로 흐려지기 때문에 바람직하지 않습니다. 영적 상태가 좋지 않은 사람은 어둠의 세력을 끌고 다닐 수 있습니다. 그래서 교회는 심방대원을 신중하게 뽑아야 합니다. 거룩하고 영성이 있는 사람을 선별해서 심방을 가야 그 집에 영적으로 도움을 줄 수 있습니다.

지금 바울이 하는 모든 말은 히브리 출신 그리스도인들에게 하는 말이므로 그들에게는 성경 속 이야기를 자세히 하지 않아도 알아들을 것이므로 짧게 당부하는 것입니다. 굳이 누구라고 언급하지 않더라도 천사를 대접한 사람이라고만 하면 주인공이 누구인지 알기 때문입니다. 앞에서 사랑해야 하는 형제도 대상이 정해져 있었고, 여기서 대접해야 하는 손님도 대상이 정해져 있는 것입니다.

3절 "너희도 함께 갇힌 것 같이 갇힌 자를 생각하고." 여기서 "갇힌 자"는 범죄를 저질러 감옥에 간 사람을 말하는 것이 아닙니다. 복음을 위하여 힘쓰다가 공권력의 핍박을 받고 감옥에 갇힌 자들이나, 핍박을 피하여 동굴 같은 곳에 숨어 들어간 사람들을 말합니다(거스리). 초대교회 때는 로마 황제들이 시시때때로 핍박했기 때문입니다. 그래서 당시 많은 성도가 감옥에 가거나 살해당했고, 또 산이나 동굴로 피난하기도 했습니다. 그리고 지금 히브리서를 수신하는 히브리 출신 그리스도인들도 갇혔던 경험이 있거나, 현재도 갇혀 있는 사람들이기도 합니다. 복음을 위해 희생하지 않는 사람은 하늘에 속한 사람이라고 할 수 없고, 그런 사람들은 히브리서를 수신할 자격이 없습니다. 즉, 히브리서는 히브리인이면서 예수님을 믿고 복음을 위해 갇힌 자 된 사람이어야 합니다. 하늘에 속한 사람이라면 환란과 어려움이 있더라도 끝까지 복음을 포기하지 않습니다. 그러므로 갇혀 있다가 풀려난 자나 갇힌 자끼리 같은 환경에 처한 사람을 생각하라는 것입니다.

"너희도 몸을 가졌은즉 학대 받는 자를 생각하라." 인간의 몸은 연약하여 작은 상처에도 고통을 느낍니다. 하늘에 속한 사람이라도 육신을 입은 이상 고난 가운데에서 고통당하면 괴로운 것은 당연합니다. 이 말씀도 앞의 말씀처럼 단순히 학대받는 모든 자를 생각하라는 넓은 의미가 아니라 하늘에 속한 사람이 예수님을 믿음으로 말미암아 학대를 받을 때 그를 생각하라는 것입니다.

4절 "모든 사람은 결혼을 귀히 여기고 침소를 더럽히지 않게 하라 음행하는 자들과 간음하는 자들을 하나님이 심판하시리라." 환란당하는 자들에게 어울리지 않게 갑자기 튀어나온 말이지만, 이 말을 한 데에는 배경이 있습니다. 당시에 부부나 이성 사이에 문제가 발생했습니다. 사람이 환란을 당하고 어려우면 결혼생활을 제대로 할 수 없습니다. 가정이 분리되고 흩어지며 깨지는 상황에 처합니다. 그래서 가정이 있는 사람이라도 환란을 피하여 도망가다 보면 부부가 갈등하거나 헤어지게 됩니다. 그런 환경이 되면 정욕을 참지 못하여 불의하게 되거나 새로운 가정을 꾸리게 될 수도 있습니다. 고대사회에서 남성은 혼자라도 살 수 있었지만, 여성이 혼자 사는 것은 너무나 고단한 일이었습니다. 아무리 믿음이 신실한 사람이라도 경제적, 사회적으로 핍박과 고난을 받는다면 그 가운데서 정절을 지키기는 어려울 것입니다. 이 서신서가 쓰일 당시는 방종과 부도덕한 문화가 넓게 퍼져 있었습니다. 건전한 결혼 제도가 큰 도전을 받고 있는 상태였습니다(거스리).

사도 바울은 이런 상황에서 결혼을 귀히 여기고 침소를 더럽히지 않게 하라고 말합니다. 그러나 이를 결혼은 더러운 것이 아니라는 말로 해석할 수도 있습니다. 하늘나라에 속한 사람들은 늘 하늘을 생각하여 이 땅에서의 삶을 중요하게 생각하지 않을 수 있습니다. 결혼하여 이 땅에 매이는 것을 거부한 것입니다. 또 결혼을 자신의 몸을 더럽히는 것으로 생각한 사람이 많았습니다. 결혼은 하나님이 세우신 것이고 인간에게는 생산하고 싶은 마음이 있으며, 또 그래야 합니다.

결혼했지만 사정이 있어 멀리 떨어져 사는 부부도 있었고, 또 하나님만 바라보고 산다면서 결혼을 더럽게 여기고 결혼하기를 거부한 사람들도 당시에 있었습니다. 그들 중에 정욕이 일어나 음행하거나 간음하는 경우가 생긴 것입니다. 음행과 간음을 나누는 것은 두 가지 의미가 서로 다르기 때문입니다. "음행"은 결혼 전에 행한 것이고, "간음"은 결혼 후에 행한 것입니다(매튜 헨리). 결혼을 거부하고 주님께 충성하려고 했지만, 정욕이 일어나 이성을 찾는다면 이는 음행입니다. 결혼했지만 부부가 멀리 떨어지게 되어 오랜 시간이 흐르니 이성이 그리워서 행한 것은 간음입니다.

이 부분에 대해 사도 바울은 분명하게 하나님이 심판하신다고 경고합니다. 그렇다면 하나님의 심판이 어떤 징계로 그들에게 임할지 생각해보아야 합니다. 이 부분에 대해 그들이 지옥에 갈 것이라는 의미로 해석하기도 하지만 그것은 옳지 않습니다. 하나님이 심판하신다는 말은 하나님이 하늘에서 그들을 판단하실 것이라고 해석해야 합니다. 핍박 속에서도 주님을 버리지 않은 사람이 일시적인 정욕으로 불미스러운 이성 문제를 일으켰다고 해서 하나님의 심판을 받아 지옥에 간다고 할 수는 없습니다. 그런 사람에게 임하는 하나님의 심판은 이 땅에서 충성하여 쌓아놓은 하늘의 상급이 감소되는 것입니다.

5절 "돈을 사랑하지 말고 있는 바를 족한 줄로 알라 그가 친히 말씀하시기를 내가 결코 너희를 버리지 아니하고 너희를 떠나지 아니하리라 하셨느니라." 물질주의를 경고하는 말씀입니다. 돈은 일만 악의 뿌리입니다(딤전 6:10). 바울은 성도들이 타국에 나가 살거나 환란 중에라도 하나님이 책임지실 것이기 때문에 돈을 의지하지 말라고 말씀하십니다. 돈은 필요하지만 깊은 애정을 가지고 사랑한다면 우상의 역할을 하게 됩니다. 하나님이 경제적인 부분을 채워주실 것을 믿고 충성하여 열심히 일하면 됩니다. 하나님은 성도들의 어려움을 결코 외면하지 않으십니다. "있는 바를 족한 줄로 알라." 성도가 어느 정도 물질을 가지고 있는지는 모르지만, 마음 자세가 그래야 한다는 것입니다. 그렇게 살 때 하나님은 그의 곁을 떠나지 않으십니다. 이런 약속은 가나안 땅에 들어가기 전에 히브리인들에게 위로가 되었습니다(수 1:5).

6절 "그러므로 우리가 담대히 말하되 주는 나를 돕는 이시니 내가 무서워하지 아니하겠노라 사람이 내게 어찌하리요 하노라." 시편 118편을 인용한 것입니다. 전통적인 감사시 중 하나입니다. "담대히" 말할 수 있는 것은 하나님이 자신들을 책임져주실 것을 말씀을 근거로 믿기 때문입니다. 당시 성도들이 환란을 당하고 있으므로 이렇게 말하는 것입니다. 환란과 박해를 당하며 여러 가지 고난을 겪지만, 그래도 사람을 무서워할 필요가 없다는 것입니다. 그것은 하나님이 살아계시고 도우시기 때문입니다. 권력자나 재산가라도 성도의 영혼을 무너뜨릴 수 없고 돈독한 신앙을 깨뜨리지 못합니다. 더 강하신 주님이 성도의 힘이 되시기 때문입니다. 고통을 당할지라도 참고 견디면 좋은 날이 분명히 찾아옵니다.

영문 밖에서 불사르다

7절 "하나님의 말씀을 너희에게 일러 주고 너희를 인도하던 자들을 생각하며." 이 글은 초대교회 당시 유대인 출신 성도들에게 보내는 편지이므로 "너희"는 바로 그들을 가리킵니다. 여기서 "인도하던 자들"은 교회 안에 있는 지도자들을 말합니다. 그들을 생각하라고 합니다. 성도는 지도자를 자연스럽게 받아들입니다.

"그들의 행실의 결말을 주의하여 보고 그들의 믿음을 본받으라." 앞에서 말한 "인도하던 자들", 즉 선생들은 바울의 편지를 받을 유대인 출신 성도들을 가르친 초대교회 당시의 선생들을 말합니다. 그 선생 중에 아직 죽지 않은 사람들이 많을 것이고, 아직 행위의 결말을 보지 못한 사람들이 많을 것이기 때문입니다. 그래서 여기서는 구약 시대를 포함한 선생들을 가리킨다고 할 수 있습니다. 유대인들은 자신들의 조상 아브라함부터 항상 거론하고 더 옛적부터 생각하여 말하기 때문에 그때부터 존재한 선생들을 가리킨다고 보아야 합니다. 그래서 구약 시대의 여호와 하나님에 대해, 성전에 대해, 하나님 나라에 대해 가르친 사람들이 제대로 가르쳤는지, 또 자신이 가르친 대로 자신도 살았는지 그들의 결말을 잘 살펴보라는 것입니다. 그리고 실제 히브리서는 선진들에 대한 이야기로 가득 채우고 있습니다. 그러기 위해서 우리는 구약성경을 잘 살펴보아야 합니다. 구약 시대에 많은 제사장과 선지자와 왕이 있었는데, 그들이 어떻게 인생을 살았는지에 대해 알 수 있기 때문입니다. 물론 선생 중의 상당수가 진실하게 살았던 것을 알 수 있습니다.

제자는 스승을 따라가게 됩니다. 스승의 믿음을 본받을 때는 그의 가르침과 지식만 따르는 것이 아니라 그의 행실, 즉 그가 믿음으로 맺은 열매까지 보고 따라가는 것입니다. 그래서 스승이 누구인지가 중요합니다. 스승은 다 각자 특별함이 있고 그래서 제자는 자신이 존경할 만한 스승을 선택하여 따릅니다. 말로는 스승으로 모신다고 하면서 그의 삶을 따라가지 않는다면 그의 제자라고 할 수 없습니다. 그릇이 다르고 출발선 자체가 달라서 아무리 노력해도 따라갈 수 없는 스승도 있지만, 최대한 본받기 위하여 노력해야 합니다. 열정을 가지고 노력하면 안 되는 일이 거의 없습니다.

스승 중에 최고의 스승은 예수 그리스도이십니다. 예수님보다 큰 스승은 없습니다. 소크라테스나 플라톤 등 아무리 유명한 스승이라고 해도 예수님과는 비교가 안 됩니다. 그러므로 성도는 예수님을 본받아야 합니다. 13절에서 "그런즉 우리도 그의 치욕을 짊어지고 영문 밖으로 그에게 나아가자"라고 하였습니다. 예수님을 본받는 것이 바로 그분에게 나아가는 것입니다.

8절 "예수 그리스도는 어제나 오늘이나 영원토록 동일하시니라." 예수님이 우리의 스승이라고 말하지는 않았지만 7절과 8절을 연결해 썼으므로 "너희를 인도하던 자" 중에 대표는 "예수 그리스도"라는 말로 해석해야 합니다. 우리의 스승을 인류가 창조된 처음부터 생각할 수 있고, 또 아브라함 때부터로 생각할 수 있다고 했는데, 사도 바울은 예수 그리스도가 "어제나 오늘이나 영원토록 동일하시다"고 말하는 것입니다. 즉, 진정한 스승이신 예수 그리스도는 이 세상을 창조하실 때도 우리의 인도자가 되셨고, 아브라함이 이 땅에 있을 때도 인도자이셨으며, 이 땅에 오셨을 때도 인도자이셨고, 마지막 세상의 종말 때도 우리의 인도자시라는 것입니다. 그래서 수많은 훌륭한 스승이 있을지라도 우리의 진정한 스승, 인도자는 예수 그리스도밖에 없다는 것을 말합니다. 어느 누구도 이분을 대체할 수 없습니다.

9절 "여러 가지 다른 교훈에 끌리지 말라." 앞에서 예수 그리스도를 이야기했기 때문에 여기서 "다른 교훈"은 예수 그리스도에게 속한 교훈이 아니라는 것입니다. 교회 밖의 교훈이 아니고 교회 안에 있는 교훈인데도 예수 그리스도와 다른 교훈이라는 것입니다. 심지어 그 다른 교훈이 "여러 가지"라고 했습니다. 2장, 6장, 10장에서 이미 언급되었습니다. 예수님 말씀 외에 수많은 교훈, 학설, 이야기가 있어도 그것이 참다운 진리가 아니며 예수님의 교훈이 유일한 진리라는 뜻입니다.

"마음은 은혜로써 굳게 함이 아름답고." 우리의 신앙이 굳게 되려면 은혜를 받아야 한다는 것입니다. 이 "은혜"는 물질적인 것이 아니라 영적인 것을 말합니다. 성령의 이끌림을 받아 주님 중심으로 사는 사람은 아름답습니다.

"음식으로써 할 것이 아니니 음식으로 말미암아 행한 자는 유익을 얻지 못하였느니라." 이 은혜가 물질적인 것이 아니므로 "음식으로 할 것이 아니니"라고 못을 박았습니다. 여러 사람이 믿음을 굳게 하려고 여러 방법을 교훈하였을 것입니다. 그중에 음식에 대한 것도 있었습니다. 어떤 음식은 먹으면 좋고 어떤 음식은 먹으면 안 되는 등을 교훈했는데, 사도 바울은 음식에 대한 교훈을 따라도 유익을 얻지 못했다고 단언합니다. 음식으로는 믿음을 단단하게 할 수 없음을 말하는 것입니다. 대신 하나님의 은혜가 필요하고, 그 은혜는 우리를 인도하시는 대제사장이신 예수 그리스도께 받아야 한다는 것입니다.

이 음식에 대해서는 히브리서 앞부분에 설명이 나옵니다. 율법에서 금하고 있는 음식을 먹지 말라고 교훈하는 사람들이 있었지만, 사도 바울은 우상에게 바쳤던 음식 외에는 다 먹어도 된다고 하였습니다. 그러나 여기서는 어떤 음식을 먹으면 영적으로 유익이 된다고 주장한 사람이 있어서 그것이 아니라고 반박하는 의도가 있습니다. 유대인 출신 그리스도인들은 예수님을 믿지만, 구약 시대에 행하던 할례 제도를 버리지 못하고, 성전 예배도 버리지 못하며, 하나님이 버리고 떠나신 예루살렘 성전을 그리워하였습니다. 그리고 예루살렘 성전에 가서 유월절 제사를 드리고 그 고기를 먹을 때 하나님의 은혜가 넘친다고 주장하였습니다. 사실 유월절은 예수님의 십자가 희생의 예표였습니다. 진정한 유월절의 의미는 생각하지 않고 과거로 돌아가 유월절 때 양을 잡아 고기를 먹으며 은혜를 받았던 것에 연연하여 다른 사람에게도 그렇게 가르치고 있었던 것입니다.

사도 바울은 아무리 유월절 고기를 먹어도 하나님을 의지하는 믿음이 없으면 아무 은혜가 없고 영적 유익도 없다고 단호히 말합니다. 유월절 고기에 특별한 하나님의 은혜가 담겨 있다면 유월절 고기를 먹고 살았던 유대인들이 망하지 않고 나라가 잘 세워졌을 것입니다. 그러나 유대인들이 유월절 제사를 성대히 지냈지만, 나라가 망하고 포로로 끌려간 것은 유월절 고기라는 물질을 먹는 행위로는 하나님의 은혜가 임하지 않는다는 증거가 됩니다.

10절 "우리에게 제단이 있는데." 여기서 "제단"은 예수 그리스도의 희생 제사를 가리킵니다. 예수 그리스도는 섬기는 제단입니다. "우리에게 제단이 있는데"라고 말했기 때문에 이 제단이 유대인에게만 속한 것이 아니라 모든 그리스도인에게 속한 것입니다. 그래서 유대인만 예루살렘 성전에 있는 제단에서 제사를 드리는 것이 아니라, 우리도 제단이 있어서 여기에서 제사를 드린다는 의미입니다. 그리스도인이 아닌 유대인들은 이 제단에 참여할 수 없습니다.

"장막에서 섬기는 자들은 그 제단에서 먹을 권한이 없나니." 여기서 "장막"은 솔로몬이 성전을 짓기 전에 있었던 회막을 말합니다. 그래서 앞에서 말한 "제단"은 신약 시대를 말하는 것이고, 여기의 "장막"은 구약 시대를 말하는 것입니다. 사도 바울이 제단과 장막을 의도적으로 분리하여 이야기하고 있습니다. "장막에서 섬기는 자들", 즉 제사장들은 제단에서 제사를 지내고 그 고기를 먹었습니다. 그런데 여기서는 그들이 제단에서 먹을 권한이 없다고 말합니다. 실제 제사장들은 백성의 죄를 위해 드리는 일반적인 속죄 제사의 고기는 먹을 수 있지만, 일 년에 한 번 드리는 대속죄일에 쓰인 속죄 제사의 고기는 먹을 수 없었습니다. 그러므로 구약 시대에도 먹을 수 있는 것과 먹을 수 없는 음식이 있었던 것입니다. 이에 반해 그리스도인들에게는 그리스도 자신이 제단의 음식이 되십니다.

11절 "이는 죄를 위한 짐승의 피는 대제사장이 가지고 성소에 들어가고 그 육체는 영문 밖에서 불사름이라." 앞에서 말한 제단에서 제사장이 먹을 권한이 없다고 말한 것이 대속죄일의 고기를 말한다는 것을 이 구절에서 확실하게 설명해줍니다. 그래서 대제사장이 등장하는 것입니다. 대속죄일에는 대제사장이 양을 잡고 그 피를 그릇에 담아다가 제단 뿔에 바르고, 성소 안으로 들어가 향단 뿔에 바르며, 지성소까지 들어가 언약궤의 속죄소 위에 붓는 제사 절차가 있습니다. 그런데 이때 잡은 짐승의 고기는 제사장들이 먹을 수 없고 영문 밖에서 불살라 없애버리게 됩니다. 이는 장막이 있을 때 지켜야 할 절차입니다. 솔로몬 성전이 지어진 이후에는 달라졌기 때문에 의도적으로 사도 바울은 장막에서의 제도를 이야기합니다. 장막이 있을 때 일반 제사 제물은 장막 안에서 잡았지만, 대속죄일의 짐승은 장막 안에서 잡지 못하고 장막에서 떨어진 곳에서 잡았습니다. 장막 밖에서 잡아 피만 장막 안으로 들고 들어가고 나머지 몸은 밖에서 불에 태웠습니다.

"영문"은 단순히 문이 아니라 문을 열고 들어가면 사람들이 집단으로 모여 있는 곳을 말합니다. 영문으로 나가서 사람들이 없는 곳에서 그 육체를 태우므로 제사장이 그 고기를 먹을 수 없습니다.

12절 "그러므로 예수도 자기 피로써 백성을 거룩하게 하려고 성문 밖에서 고난을 받으셨느니라." 바울은 그 짐승과 예수 그리스도가 동일하다는 것입니다. 예수님도 자신의 피로써 백성을 거룩하게 하시려고 어린 양의 역할을 감당하셨습니다. 그래서 피를 흘리시려고 성문 밖에서 고난을 받으셨습니다. 양을 영문 밖에서 잡고 거기서 불태운 것처럼 예수 그리스도도 성문 밖에서 십자가를 지시고 고난을 받으신 것입니다. "성문 밖"은 "영문 밖"과 같은 것입니다. 예루살렘 성의 지도를 보면 성곽이 예루살렘을 둥글게 둘러싸고 있는데 그 성곽에 돌아가면서 여러 개의 문이 나 있습니다. 예수님이 십자가에 달려 돌아가신 골고다 언덕은 예루살렘의 여러 문 중에서 북서쪽 문으로 나가자마자 자리하고 있습니다. 그 성 밖에서 주님이 십자가에 달려 죽으셨습니다.

13절 "그런즉 우리도 그의 치욕을 짊어지고 영문 밖으로 그에게 나아가자." 사도 바울이 성도들에게 말하고자 하는 것이 바로 우리도 영문 밖에 계시는 예수님께 나아가자는 것입니다. "나아가자"는 단호한 행동입니다. 또한 그곳에서 그리스도와 하나가 되라는 의미입니다. 유대인들은 예루살렘을 강조하고 성전을 중시하였는데 바울은 우리가 갈 곳이 예루살렘이 아니고 성전도 아니라고 하는 것입니다. 우리가 가야 할 곳은 도리어 영문 밖에 있다는 것입니다. 이것은 유대인들과 결별해야 가능합니다. 이렇게 결단해야 하는 이유는 주님도 유대인과 결별하셨기 때문입니다. 그리고 주님이 십자가에 달려 죽으신 그 장소에 가야 그 피로 우리의 죄가 속함을 받기 때문입니다. 또 그 피로 인하여 우리가 구원을 얻고 은혜도 받는 것이기 때문입니다. "치욕을 짊어지고." 그러므로 성도들은 주님이 십자가를 지시듯이 치욕을 짊어지고 성 밖에 있는 주님께로 나아가야 합니다. 이 발걸음이야말로 죄를 씻어내려는 행위이고 주의 길을 가겠다는 결단에서 나온 것입니다. 십자가의 능욕을 지고 따라갈 수 있는 것은 우리가 영원히 거주할 본향이 이 세상이 아니라 내세이기 때문입니다(박윤선). 만일 유대인과 결별하지 못하고 어정쩡한 태도를 보인다면 그는 영문 밖으로 나가지 않은 사람입니다.

진정한 제사

14절 "우리가 여기에는 영구한 도성이 없으므로." 바울은 성에 관심이 많습니다(11:10, 16, 12:22). "여기"는 성도들이 살아가는 이 땅을 가리킵니다. "영구한 도성"은 하나님이 계신 곳이고 구원받은 성도들이 모여 있는 곳입니다. 이 "영구한 도성"은 "여기", 즉 이 땅에 존재하는 성이 아니라는 뜻입니다. 세계는 한때 강력했던 도시들의 잔해로 가득 차 있습니다(거스리). 하나님의 나라, 즉 새 하늘과 새 땅은 우리가 사는 이 지구에 건설되는 것이 아닙니다. 이 세상이 소멸되고 하늘나라에 새 하늘과 새 땅이 이루어집니다. 그 성은 영문 밖으로 나가야 찾을 수 있습니다. 이것은 영적 의미입니다. 그러므로 이 땅에 하나님의 나라가 이루어진다고 주장하거나 예루살렘에 주님이 재림하셔서 왕으로 영원히 통치하실 것이라고 주장하는 단체가 있다면 우리는 그 말을 신뢰하고 따라갈 수 없습니다. 그들의 주장은 성경적이지 않으며 영적으로 볼 때도 옳지 않습니다.

"장차 올 것을 찾나니." 이 땅에는 영구한 도성이 없으므로 우리가 해야 할 일은 장차 올 것을 찾는 것입니다. "장차 올 것"이라는 말은 저 하늘나라에 현재 있다는 것이고, 미래에 올 것입니다.

15절 "그러므로 우리는 예수로 말미암아 항상 찬송의 제사를 하나님께 드리자." 주님은 몸으로 제사하셨고, 성도는 하나님께 찬송의 제사를 드리므로 제사의 유형에서 근본적인 차이를 보여줍니다. 우리가 하나님께 찬송을 드리는 것이 제사드리는 것이라고 말합니다. 예수 그리스도도 하나님이시므로 제사를 받으실 수 있지만 예수님은 대제사장으로서의 역할을 담당하십니다. 예수님이 대제사장이시기 때문에 우리는 예수님으로 말미암아 제사를 드리는 것입니다. 또한 "항상" 제사를 드리자고 했는데 주님은 단번에 제사를 드리셨습니다. 이것이 근본적 차이입니다.

그런데 왜 여기서 단지 제사를 드리자고 하지 않고 "찬송의 제사"를 드리자고 한 것인지 생각해보아야 합니다. 우리가 물질로 제사를 드리거나 기도로 제사를 드릴 수 있지만 여기서는 찬송의 제사로 못을 박고 있습니다. 이는 앞 절과 연결해서 해석해야 합니다. "장차 올 것을 찾나니"라고 하였는데, 장차 올 하늘나라에서는 찬송의 제사만을 드린다는 것입니다. 천국에서는 이 땅에서처럼 하나님께 물질을 드릴 필요가 없습니다. 기도도 할 필요가 없고 설교도 필요가 없습니다. 이 땅에서 예배드릴 때는 여러 요소가 있지만, 하늘에서는 찬송만 한다는 것입니다.

"이는 그 이름을 증언하는 입술의 열매니라." 이 말의 형태는 호세아 14장 3절(칠십인경)에서 유래합니다(거스리). 입술에서 나오는 것을 열매로 간주하는 것입니다. 열매를 보면 나무를 알 수 있습니다. 우리는 하나님을 증언하고 무엇보다 대제사장이신 예수 그리스도를 끊임없이 증언해야 합니다. 히브리서는 전체가 대제사장 예수 그리스도를 주인공으로 하는 서신이므로 여기서 말하는 "그 이름"도 예수 그리스도입니다. 예수 그리스도가 우리 죄를 위하여 십자가에서 피를 흘리셨고, 그 피로서 우리의 죄가 용서받게 되었다는 것을 증언해야 합니다. 이것을 우리가 입술로 고백하면 그것이 하나님 앞에 상달될 것입니다. 예수님이 나의 죄 때문에 돌아가셨다는 사실을 믿는 자, 하나님께 인정받은 자만이 하늘나라에 올라가서 찬송의 제사를 드릴 것입니다. 그렇게 되었을 때 그가 바로 "그 이름을 증언하는 입술의 열매"가 됩니다. 이것이 구원받은 증거이고, 신앙고백을 제대로 한 사람이 맺는 열매입니다.

16절 "오직 선을 행함과 서로 나누어 주기를 잊지 말라 하나님은 이같은 제사를 기뻐하시느니라." 여기서도 "제사"에 대해 이야기하고 있습니다. 앞에서 말한 찬송의 제사는 이 땅에서도 이루어지고 하늘나라에서도 이루어지는 것입니다. 그러나 주님이 재림하셔서 하늘나라에 구원받은 성도들이 다 모여 완전하게 되었을 때 온전한 찬송의 제사가 드려질 것입니다.

"선을 행함과 서로 나누어주기를 잊지 말라 하나님은 이같은 제사를 기뻐하시느니라"고 말합니다. 즉, 선을 행하고 서로 나누어주는 것도 하나님께 드리는 제사라는 것이고, 그것을 하나님이 기뻐 받으신다는 의미입니다.

"선을 행함." 이 단어는 신약성경 중 이 본문에만 등장하는 것으로서 특별한 단어입니다. 하늘나라에 올라가 찬송의 제사를 드릴 사람은 거룩한 사람, 구속받은 사람입니다. 히브리서를 기록한 목적도 모든 인류가 아닌 구원받을 거룩한 성도를 위함입니다. 히브리서 3장 1절에 "함께 하늘의 부르심을 받은 거룩한 형제들아 우리가 믿는 도리의 사도이시며 대제사장이신 예수를 깊이 생각하라"고 말하고 있기 때문입니다. 히브리서 저자는 우리가 믿는 도리의 사도이시며 대제사장이신 예수님을 깊이 생각해야 하는데, 함께 하늘의 부르심을 받은 거룩한 형제만이 그렇게 하는 것이라고 한정 짓고 있습니다. 그래서 선을 행하라고 하신 것도 일반 사람에게 요청하신 것이 아니라 하늘의 부르심을 받은 거룩한 형제들이 행해야 한다는 것입니다. 그러므로 여기서 "선"은 일반적으로 생각하는 선이 아니라 하늘에서 이루어지는 선한 일들을 가리킵니다. 하늘에서 이루어지는 구원받은 성도들이 행하는 모든 일을 현재 이 땅에서 살아가는 성도들도 똑같이 행하라는 말입니다.

하나님이 선의 시작점이자 종착점입니다. 하나님이 수많은 사람의 죄를 아들이신 예수님을 이 땅에 보내셔서 십자가에 달려 죽으심으로 흘리신 피로써 용서하시고, 천국으로 택한 사람들을 불러올리신 것이 하나님의 가장 큰 선입니다. 즉, 영혼 구원이 가장 큰 선이고 하나님이 이를 행하셨습니다. 영혼 구원을 위해 대제사장이신 예수님이 수많은 고난을 받으셨고 크나큰 희생을 치르셨습니다. 그렇게 하여 소중한 영혼들을 하늘로 들어가게 하신 것입니다. 그만큼 한 영혼이 귀하다는 것이고, 이는 온 인류의 영혼이 아닌 구원받은 영혼이 귀하다는 것입니다. 또 그만큼 한 영혼을 귀하게 여기는 것이 선입니다. 즉, 선을 행하라는 것은 우리도 하나님의 구원 역사에 동참하라는 것입니다. 방법은 다르지만 목표는 같습니다.

"서로 나누어 주기를 잊지 말라." 그렇다면 나누어주어야 할 대상이 누구이겠습니까? 이것도 전 인류를 말하는 것이 아니라 하나님의 택함을 받은 거룩한 형제들을 가리킵니다. 그리스도인의 교제 중 일부입니다(행 4:32). 구원받을 성도들끼리 나누는 것이므로 "서로" 나누어주는 것입니다. 모든 인류에게 나누어주어야 한다면 "서로"라고 하지 않았을 것입니다. 두 사람이 어떤 관계가 있을 때 두 사람을 함께 묶어 "서로"가 되는 것입니다. 피가 섞여 있든지, 같은 학교를 나왔든지, 같은 동네에서 태어나 자랐든지 공통된 점이 있어야 한다는 것입니다. 그래서 "서로"라는 표현은 특정한 집단이 있고, 그 집단에 속한 사람들끼리 지칭할 때 쓰는 표현입니다. 결국, 하나님의 택함을 받아 거룩해져서 구원받아 하늘로 올라가 하나님께 찬송의 제사를 드릴 사람들이 이 땅에서 동료 의식을 갖고 서로 나누어주라는 의미입니다. 또 단순히 구원받은 것을 넘어 하나님의 보좌 앞으로 나아가 찬송의 제사를 드릴 수 있는 영적 수준이 높은 사람이어야 합니다. 그런 사람들끼리는 선을 행하고 서로 나누어주는 것이 가치 있는 일이 됩니다.

"잊지 말라"고 말한 것은 그만큼 나누어주는 일에 게으르지 말고 적극적으로 행하라는 의미입니다. 어차피 함께 하늘에 올라가 살면서 하나님께 찬송의 제사를 드릴 영적 형제이기 때문에 이 땅에 살면서 서로 도와야 합니다. 만약 형제가 어려울 때 돕지 않는다면 그것은 형제 의식이 없는 것이고 하늘에서 만나면 부끄러운 일입니다. 영원히 하늘에서 함께 찬송의 제사를 드려야 하는데 기쁨으로 찬송이 나올 수 없을 것입니다.

우리는 제사를 단순히 하나님께 드리는 예배로만 생각하지만, 사람에게 하는 봉사와 나눔도 일종의 제사입니다. 본문에서 말하는 제사는 하늘 제사의 연속으로 이 땅에서도 행하는 것입니다. 이 땅에서 함께 하늘 보좌에 올라갈 형제들을 돕고 필요를 채우며 섬긴다면 이것이 하늘 제사의 연속이고, 또 하나님이 하시는 구원 사역에 동참하는 것입니다. 우리는 이 땅에서 하나님의 도우심을 받고 은혜를 누리며 살아야 하는데 하나님은 하나님의 일을 직접 하실 수도 있지만 대부분 하나님의 사람을 통해서 역사하십니다. 그러므로 하나님이 우리에게 양식을 주시듯이 우리도 이 땅에서 양식을 나누면서 서로 도우며 살아야 합니다.

17절 "너희를 인도하는 자들에게 순종하고 복종하라." 구원받을 사람들이 모인 공동체에서 그들을 인도하는 사람들이 있습니다. 그들은 성도들의 영혼을 지키는 자들입니다(고후 11:28, 벧전 5:2). 주님도 베드로에게 말씀합니다(요 21:15). 구원받을 사람들이 모인 공동체에서 지도자가 될 정도라면 영적인 수준이 높은 사람일 것입니다. 하늘에서 찬송의 제사를 드릴 사람들이므로 그들은 모두가 일반 사람과는 사상이나 행동이나 지식이나 모든 면에서 수준이 높을 것인데 그 가운데에서 지도자가 되었기 때문입니다. 교회에서 지도자를 세울 때 믿음이 검증되고 모든 사람에게 인정받는 사람을 세우기 마련입니다. 누군가 지도자가 되고 싶다고 해서 그 사람을 높여주는 것이 아닙니다. 그러므로 진실하고 하나님의 뜻을 잘 아는 영적으로 수준이 높은 사람이 지도자가 되었을 것입니다. 그렇기에 그 지도자에게 순종하고 복종하라고 가르치는 것입니다. 영적인 사람들은 세상 왕이나 권세가의 지도를 받는 것이 아니라 영적인 공동체에서 영적 수준이 높은 사람의 지도를 받아야 합니다. 그 사람의 세상적인 지식이나 교양이 부족할 수도 있습니다. 그러나 영적으로는 수준이 높기에 그의 지도를 받고 그 지도에 따르는 것입니다. 하늘나라에 갈 사람이라고 해도 이 땅에 사는 동안에는 누군가의 지도를 받아야 합니다. 사람은 약하기 때문에 혼자 영적으로 바로 서고 끝까지 믿음을 지키는 것은 어렵습니다. 성경은 성도 한 사람 한 사람을 양 떼에 비유합니다. 그래서 그들에게는 영적 지도자가 꼭 필요합니다.

"그들은 너희 영혼을 위하여 경성하기를 자신들이 청산할 자인 것 같이 하느니라." 이것이 진실한 지도자의 모습입니다. 지도자가 진정 따를 만한 사람인지를 알아야 진심으로 순종할 수 있기에 진실한 지도자가 어떤 모습인지를 알려주는 것입니다.

먼저 "너희 영혼을 위하여" 일하기에 그를 따라야 합니다. 하나님의 종은 하나님 백성의 영혼을 생각하는 자세가 가장 중요합니다. 이 땅에서 부유하게 살고 성공에 이르는 데 지도가 필요할 수 있지만, 그것이 주된 사명이 아닙니다. 지도자가 자신의 사명을 잘 감당했다고 하늘에서 칭찬을 들으려면 성도들의 영혼을 영적으로 지도해야 하고, 특히 하늘 보좌 가까이 들어갈 수 있도록 인도해야 합니다. 이런 지도자가 최상의 지도자입니다. 이렇게 하려면 지도자는 "경성"해야 합니다.

지도자는 성도를 지도할 때 "자신들이 청산할 자인 것 같이" 해야 합니다. 어떤 지도자가 한 성도를 지도했는데 그 성도가 하늘에 올라가 주님 앞에 설 때 그를 지도한 지도자도 그 자리에 함께하는 것으로 생각해야 합니다. 주님이 그 성도를 평가하시면서 그의 잘잘못을 따지실 것입니다. 그렇게 해서 잘한 부분이 많으면 상을 주시고, 잘못한 부분이 많으면 책망하실 것입니다. 어쩌면 간신히 구원을 얻을지도 모릅니다. 만약 그 사람이 칭찬을 많이 듣고 상도 많이 받는다면 그를 지도한 지도자도 함께 기쁘고 감사할 것입니다. 만약 주님이 그 성도가 충성하지 못하고 신앙생활에 열심을 내지 못했으며, 세마포를 잘 빨지 못하여 더러워진 부분을 지적하실 때는 그를 지도한 지도자도 부끄러울 것입니다. 그래서 지도자는 날마다 성도들의 영적 상태를 유심히 살피면서 인도해나가야 합니다. 한 사람 한 사람을 살피면서 그가 주님 앞에서 어떤 대우를 받을지, 그가 보좌에 나아갈 수 있을지, 아니면 그가 성 밖으로 쫓겨날 만한 상태는 아닌지, 하늘에서 주님께 크게 책망받을 상태는 아닌지 경계하고 살피는 마음을 가져야 합니다. 그래서 성도들에게 계속 회개하라고 외치고, 세상에 빠지지 말며, 주의 일에 충성하도록 독려하는 것입니다.

"그들로 하여금 즐거움으로 이것을 하게 하고 근심으로 하게 하지 말라 그렇지 않으면 너희에게 유익이 없느니라." 진정한 지도자의 바른 지도를 잘 따른 사람은 하나님 앞에 잘 준비된 영혼으로 설 수 있습니다. 그래서 지도자에게 순종하고 복종함으로써 기쁨이 되는 성도가 되어야 합니다. 반면에 진정한 지도자는 바른 지도를 잘 따르지 않는 성도를 보면 그가 하늘나라에 갈 수 있을지 근심하게 됩니다. 지도자를 잘 따르지 않고 근심하게 하는 성도는 그 자신에게도 아무 유익이 없습니다.

지도자에게 순종하고 복종하라는 것은 그의 물질적 필요를 채워주거나 인간적인 도움을 많이 주라는 의미가 아닙니다. 진정한 지도자는 성도들의 영혼이 잘되는 것, 하나님 앞에 섰을 때 칭찬을 들을지 책망을 들을지 근심하기 때문에, 영혼을 생각하는 지도자의 인도를 잘 따르라는 것입니다. 만일 지도자가 신음하거나 우울감에 빠진다면 성도를 돕는 사역에 즐거움으로 매진할 수 없을 것입니다. 이 경우 성도들에게 도움을 주지 못할 뿐더러 도리어 영적으로 손실을 입히게 됩니다. 지도자에게 순종하지 않거나 근심을 끼치는 행동은 마치 기름으로 돌아가는 기계에 기름을 바르지 않고 돌리려 하는 것과 같습니다(박윤선).

기도

사도 바울은 히브리서를 통해 예수 그리스도가 대제사장이심을 반복해서 강력한 어조로 말했습니다. 이제 그 모든 증언이 끝나고 마무리하는 내용입니다.

18절 "우리를 위하여 기도하라." 사도 바울이 성도들에게 기도를 요청하고 있습니다. 히브리서는 모든 사람을 대상으로 쓴 글이 아니라 특정 대상을 전제로 하고 쓰였습니다. 히브리서 곳곳에 하나님께 부름받은 사람, 택함받은 사람, 유대인을 대상으로 하고 있음이 드러납니다. 사도 바울은 이들에게 우리를 위하여 기도해달라고 요청하는 것입니다. 바울은 이 편지의 수신자인 유대인 출신 그리스도인들이 하나님께 택함받고 구주를 믿는 믿음의 사람들이기에 신뢰하고 부탁합니다. 비록 일부 잘못된 유대인이 구약을 강조하고, 할례를 강조하며, 음식에 대해 잘못된 가르침을 전하고, 또 그들을 따르는 우를 범하는 사람들도 있지만, 그들은 정상적인 믿음의 길을 가는 사람들입니다.

하나님의 택하심을 받고 하늘나라에 갈 사람의 기도는 효력이 있습니다. 모든 사람이 기도할 수 있지만 모든 기도에 열매가 있는 것이 아니고, 사람마다 영적 수준이 다르며 하나님과 맺은 영적 관계의 깊이도 다르므로 기도 응답의 열매는 차이가 납니다. 그러나 여기서 사도 바울이 그들에게 기도를 요청한 것은 택함받은 이 사람들의 기도를 하나님이 들으실 것으로 생각했기 때문입니다. 영적인 깊이가 없는 사람에게 기도를 부탁할 필요가 없습니다. 기도를 부탁할 때 그가 하나님과 관계가 좋은지, 기도의 능력이 있는지를 살펴보아야 합니다. 하나님이 모든 성도의 기도를 잘 들어주셨다면 그들은 인생을 사는 동안 아무 문제없이 형통했어야 합니다. 그러나 수많은 문제를 끌어안고 살기 때문에 하나님이 그들의 기도를 들어주시는 것이 아님을 알 수 있습니다. 물론 아무리 하나님과 영적으로 친밀하더라도 우리의 기도가 다 응답받을 수는 없습니다. 그러나 깊은 관계를 갖게 된다면 기도 응답을 받는 경험을 많이 할 수 있습니다. 하나님 나라가 이 땅과 각 가정에도 이루어지기 때문입니다.

그래서 기도 부탁을 할 때 인사치레하는 정도로 할 수 없습니다. 우리가 사람에게 부탁할 때도 그의 기분을 살피고 작은 선물이라도 준비하여 찾아가 덕담도 나누면서 조심스럽게 이야기를 꺼냅니다. 높으신 창조주 하나님이 얼마나 두려우신 분인데 그 하나님 앞에 나아가 자신이 잘 알지도 못하는 사람을 위해서 기도할 수는 없습니다.

"우리가 모든 일에 선하게 행하려 하므로 우리에게 선한 양심이 있는 줄을 확신하노니." 사도 바울이 기도를 부탁한 것은 상대도 믿고 자신도 믿었기 때문입니다. 여기서 바울은 자신을 위해 기도해주어도 좋은 이유가 "우리가 모든 일에 선하게 행하려" 하기 때문이고, 또 "우리에게 선한 양심이 있는 줄을 확신"하기 때문이라고 하였습니다. 다른 사람이 기도

해주어도 좋을 만큼 바른 양심을 가지고 바르게 살 것이므로 자신을 위해 기도해달라고 한 것입니다. 이것이 기도를 부탁하는 사람의 바른 자세입니다. 기도는 하나님께 나아가는 것이기 때문에 이런 조건이 충족되어야 합니다. 그래서 누군가 기도를 부탁한다면 그 기도가 응답되었을 때 무엇을 하려고 하는지 물어야 합니다. 당신이 나를 위해 기도해주면 내가 모든 일에, 즉 하나도 빼놓지 않고 항상 선하게 행하려 하므로 나를 믿고 기도해달라고 당당히 말할 수 있어야 기도를 부탁할 자격이 있는 것입니다.

거기에 더하여 조건이 하나 더 있는데 "선한 양심이 있는 줄을 확신" 해야 합니다. 선하게 행할 것이라고 약속했지만 그에게 선한 양심이 없다면 그렇게 할 수 있을지 의문입니다. 오염된 양심, 파괴적인 양심, 화인 맞은 양심을 가진 사람도 있습니다. 예수님을 믿지 않는 사람이 그런 것이 아니라 교회에 다니고 예수님을 믿는 사람 중에도 있다는 것입니다. 화인을 맞았다는 것은 마귀가 쏜 불화살을 맞았다는 의미입니다. 불화살은 마귀 그 자체를 말하는 것이고 그 불화살을 맞은 것은 양심에 마귀가 박혀 있다는 것입니다. 양심에 마귀가 박혀 있는 사람은 선한 행동을 하기가 불가능합니다. 그런 양심은 하나님이 허락하신 것이 아니므로 그런 사람을 위해 기도해줄 수는 없습니다.

사도 바울은 자신의 양심이 선하고, 그 선한 양심으로 모든 일에 선하게 행동하는 자신을 위해 기도해달라고 하였습니다. 사도 바울처럼 위대한 사람도 이렇게 자신을 고백하면서 간절하게 말하였습니다. 이것이 성도가 서로를 위해 기도해줄 때 필요한 전제 조건입니다. 어떤 주석에는

"선한 양심"을 남을 위한 양심이라고 해석하였습니다. 선한 양심의 기본인 선함은 하나님이 출발점입니다. 하나님을 닮으면 선한 양심을 가질 수 있습니다. 하나님을 닮아 선한 양심을 가졌는지 알려면 남을 위해 양심을 사용하는지를 보면 알 수 있습니다. 선한 양심의 기준이 바로 남을 위하는 마음으로 행동하느냐 아니면 자신의 이익을 위해 행동하느냐에 달려 있다는 것입니다. 내가 하는 일이 주님을 위하고 교회를 위하는 것인지, 아니면 나를 위한 것인지 냉정하게 생각해야 합니다. 이렇게 자신에게 성도와 교회와 하나님을 위해 충성하는 선한 양심이 있다고 당당하게 말할 수 있을 때 기도를 부탁하는 것입니다. 이 마음이 모든 성도에게 있어야 합니다.

기도할 때도 예의와 교양이 있어야 합니다. 최고 수준의 사역자인 사도 바울이 자신을 위한 기도를 요청했을 때 성도가 어떻게 기도할 것인지도 중요합니다. 유력한 목회자나 지도자를 위해 기도할 때는 예의와 교양을 갖추어어야 합니다. 하나님이 그가 얼마나 훌륭하게 사역을 감당하고 있는지를 보시고 하나님이 직접 복을 주시기를 기도해야 합니다. 성도는 기도만 할 뿐 주님이 직접 그분에게 복과 은혜를 내려주시도록 하는 것입니다. 목회자는 하나님이 그 사명을 주셨기 때문에 성도에게 복과 은혜를 내려달라고 기도할 수 있습니다. 그렇지만 성도는 목회자의 지도를 받아야 합니다. 사도 바울이 부탁한 기도도 "주의 나라를 위해 일하는 주의 종들에게 주께서 은혜를 내려주세요"라는 겸손한 기도였을 것입니다.

19절 "내가 더 속히 너희에게 돌아가기 위하여 너희가 기도하기를 더욱 원하노라." 사도 바울은 이 글을 받을 사람들이 누구인지 구체적으로 밝히지 않지만, 그들에게 언젠가 돌아가기를 원한다고 말하고 있습니다. 즉, 그들을 다시 만나고 싶어 하는 것입니다. 사람이 글을 쓸 때나 말을 할 때 다시는 만나지 않을 사람에게는 함부로 할 수 있습니다. 그러나 바울은 편지를 받은 사람들이 이 글을 읽고 나서 다시 만날 것을 언급합니다. 그들이 만나면 전에 받았던 편지에 대해 서로 이야기를 나눌 것입니다. 그러므로 누가 의문을 가져도 자신 있게 답변해줄 수 있도록 내용을 생각해서 정확하게 글을 썼을 것입니다.

앞에서 "우리를 위하여 기도하라"고 말했는데 그 기도의 내용이 바로 "내가 속히 너희에게 돌아가기 위하여" 기도하기를 바라는 것입니다. 즉, 복음을 전하는 동안 하나님이 도와주시기를 기도해달라는 것입니다. 그리고 귀한 사역자인 사도 바울이 속히 그들에게 갈 수 있도록 간절히 사모하고 바라는 기도를 해달라는 요청입니다. 사역자에게 은사를 내려주시기를 기도해달라거나 문제 해결을 위해 기도해달라는 것이 아니었습니다. 하나님의 종에 대해 자기 위치를 모르고 마음대로 기도할 수 없습니다. 사도 바울의 말씀을 생각하여 기도의 원리를 바로 알고, 특히 각자 위치에 맞게 교회와 사역자와 성도를 위해 기도해야 합니다.

예수 그리스도로 말미암아

20절 "양들의 큰 목자이신 우리 주 예수를 영원한 언약의 피로 죽은 자 가운데서 이끌어 내신 평강의 하나님이." 이 구절에서 주어는 "평강의 하나님"이므로 "평강의 하나님"이 무엇을 하셨는지에 대해 말하고자 하는 것으로 보입니다. "양들의 큰 목자"라고 한 것은 예수 그리스도가 곧 대제사장이심을 말하는 것입니다. 큰 목자가 있으면 작은 목자도 있을 것인데, 이 작은 목자는 제사장들을 말하는 것입니다. 제사장들은 24 반차에 따라 성전에서 하나님께 드리는 제사에 봉사했으므로 성전에 가지 않을 때는 자신이 사는 곳에서 백성에게 상담도 해주고 기도도 해주면서 여러 가지 일을 하였습니다. 제사장들은 이스라엘 전역에 흩어져 살았고 각 지역의 백성의 목자로서 그들을 인도했습니다.

큰 목자이신 대제사장 예수 그리스도는 보좌 오른편에 앉으셔서 하늘의 예배를 주관하시고 또 먼저 간 성도들은 제사장들로서 하늘의 예배에 동참하는 것입니다. 그래서 베드로는 "왕 같은 제사장"(벧전 2:9)이라고 하였는데, 왕의 신분도 유지되면서 제사장으로서 하늘에서 예배드릴 수 있는 신분인 사람을 가리킵니다. 구원받은 모든 사람이 다 왕 같은 제사장은 아니지만, 왕이면서 제사장인 훌륭한 신분의 성도들도 엄연히 있습니다. 왕이라면 당연히 제사드릴 수 있지만, 왕의 신분이 아니더라도 제사드릴 수 있는 사람은 많습니다. 하늘에서 예배드릴 때 동참하는 사람은 다 제사장이기 때문입니다. 예수님은 그 모든 제사장, 즉 작은 목자 중에서 큰 목자이신 대제사장이십니다.

"영원한 언약의 피"는 예수님이 십자가에서 돌아가신 것을 말합니다. 그때 흘리신 피는 백성의 죄를 용서해주시기 위함입니다. "죽은 자 가운데서 이끌어 내신" 것은 바로 예수님의 부활을 말합니다. 예수님이 언약의 피를 흘리고 죽으셨는데, 하나님이 거기서 끌어내셔서 다시 살리신 것입니다.

사도 바울은 성경에 대한 해박한 지식을 소유한 것이 확실합니다. "양들의 큰 목자", "영원한 언약의 피"라는 말은 이사야서에서 사용하고 있는 표현이기 때문입니다. 구약에서 목자 중의 목자는 모세입니다. 진정한 목자는 양을 보호하고 식생활을 해결해주며 구원의 길로 인도합니다. 모세는 이 사명을 잘 감당하였습니다. 이스라엘 백성이 홍해를 무사히 건널 수 있도록 주도적으로 일을 원만하게 진행하였습니다. 또한 광야에서 먹을 것과 마실 것을 공급하였습니다. 그가 하나님께 기도하였더니 하늘에서 만나가 내려왔고 반석에서 물이 솟아 나왔습니다. 여러 외적과 주변 나라들로부터 백성의 생명을 보호해주기도 하였습니다. 모세가 목숨을 바쳐 그 사명을 감당한 것입니다.

예수님도 마찬가지이십니다. 목숨을 바쳐서 인생을 죄 가운데에서 구원해주시고 생명을 주시며 필요를 채워주셨습니다. 다른 사람의 생명을 건지려고 자신의 생명을 바치는 것이 진정한 목자의 모습입니다. 모세는 그 시대의 이스라엘 백성을 구원하였지만 예수 그리스도는 모든 시대의 전 인류를 구원하셨습니다. 그리고 하나님을 믿는 사람에게 영원한 생명을 주시고 그들을 보좌까지 인도하십니다. 그 일을 "언약의 피", 즉 십자가에서 흘리신 피로 이루셨습니다. 그래서 성부 하나님이 예수님의 희생을 인정하시고 예수님을 다시 살리셔서 대제사장으로 하늘 보좌에 함께 앉게 하시고 생명책을 그의 손에 넘겨주신 것입니다. 예수님은 진정한 참 목자이시고 이 모든 일은 하나님이 주도하셨습니다.

21절 "모든 선한 일에." 이 말씀도 하나님이 하신 일입니다. "모든 선한 일"은 앞에서 설명하였는데 하나님이 하시는 모든 일이 선한 일입니다. "선"은 오직 하나님께 속한 것입니다. 이 세상 어떤 곳에도 어떤 사람에게도 선은 없습니다. 어떤 정당, 어떤 사상, 어떤 나라에서도 온전한 선을 발견할 수 없습니다. 선한 모습이 혹 발견되더라도 이는 완전한 선이 아니라 부족할 뿐입니다. 온전한 선은 하나님께만 있고 하나님에게서 선이 출발합니다. "모든 선한 일에"라고 한 것은 하나님을 닮아가는 것을 말합니다. 하나님이 주시는 것을 먹고, 하나님의 인도하심을 받으며, 하나님의 보호하심 속에 살아가는 하나님의 백성이라면 하나님을 닮는 것이 마땅합니다. 하나님을 닮아서 하나님이 행하시는 일, 하나님만 하실 수 있는 귀하고 선한 일을 본받아 따라가야 합니다. 이런 사람이 믿음이 좋은 사람입니다.

"너희를 온전하게 하사." 하나님의 마음은 우리를 온전하게 하시기를 원하십니다. 우리가 하나님의 일을 잘할 수 있도록 온전해지는 것이 우리를 향한 하나님의 목표입니다. 인간은 온전할 수 없지만 우리의 아버지는 하늘의 하나님이시고 그분이 선의 근원이시므로 하나님의 말씀을 잘 배우고 그것을 실천해서 최대한 온전하게 되어야 합니다. 그렇게 되기 위해 교회는 회원을 많이 모으는데, 다른 데 목표를 두지 말고 한 사람이라도 바로 세우는 일에 힘써야 합니다. 성도들을 가르치고 어떤 때는 명령하거나 훈계하며, 또 어떤 때는 모범을 보이면서 성도들이 하나님을 닮아가도록 최선을 다해야 합니다. 어떤 교회에 성도의 수는 많지만 하나님을 닮기 위해 노력하는 성도가 많지 않다면 그 교회의 존재 가치는 사라집니다. 하나님은 성도들이 온전해지는 것을 목표로 하시지만 그것은 불가능하고, 대신 최대한 닮아가고자 애쓰는 사람이 많아야 교회로서 의미가 있는 것입니다. 교회의 지도자부터 시작하여 모든 성도가 이 선한 일에 온전하게 되도록 힘써야 합니다. 윗물이 맑으면 아랫물도 맑고, 윗물이 더러우면 아랫물도 당연히 더럽습니다. 그래서 위에서부터 선한 일에 온전하도록 해야 합니다.

"자기 뜻을 행하게 하시고." 하나님이 성도를 택하시고 부르신 이유가 바로 하나님의 뜻을 행하게 하시려는 것이었습니다. 하나님이 성도들을 온전하게 만드셔야 실행에 옮길 수 있습니다. 우리가 구원받은 백성이 되고 주님의 양 떼가 된 것은 이 목적 때문이라는 것입니다. 우리는 끊임없이 하나님이 원하시는 것이 무엇인지 여쭙고 그대로 살아야 합니다. 주님의 뜻을 이룰 마음이 없어서 주님의 뜻을 여쭙지 않는 사람은 그의 믿음을 의심해보아야 합니다. 자기 목적을 위하여 하나님을 이용하는 듯한 행동이 교회 안에 있기 때문입니다.

"그 앞에 즐거운 것을 예수 그리스도로 말미암아 우리 가운데서 이루시기를 원하노라." 여기서 "즐거운 것"은 하나님이 즐거워하시는 것입니다. 하나님은 당신의 백성이 온전해지고 당신의 뜻을 실천하며 살아갈 때 즐거워하십니다. 예수 그리스도로 말미암아 그것이 이루어지게 하신다는 것입니다. 하나님이 성도들을 향하여 이런 계획을 갖고 계시는데 그것은 주님을 통해 이루어진다는 것입니다. 주님이 계시지 않는다면 성도들이 그렇게 할 수 없습니다. 목동, 즉 훌륭한 목사, 교사나 철학자, 학식이 높은 사람들이 가르친다고 해서 사람이 선한 일에 온전해지는 것이 아닙니다. 우리가 하나님의 뜻을 실천할 수 있는 것은 오직 예수 그리스도의 은혜 덕분입니다. 예수 그리스도가 역사하시므로 우리가 하나님 앞에 제사장으로 서서 예배드릴 수 있고, 장차 하늘나라에 가서 하늘 보좌 앞에서 예배드릴 수 있는 것입니다. 예수님이 하나님과 우리 가운데에 계셔서 중보해주셔야 가능합니다.

"영광이 그에게 세세무궁토록 있을지어다 아멘." 하나님께 영광이 세세 무궁토록 있어야 합니다. 성도의 소망이 오직 이것이어야 합니다. 하나님은 영광을 받으시기 마땅한 분입니다.

22절 "형제들아 내가 너희를 권하노니 권면의 말을 용납하라 내가 간단히 너희에게 썼느니라." 여기서 "형제들"은 택함받은 거룩한 성도들을 가리킵니다. 사도 바울은 지금까지 히브리서에 기록한 내용이 너희를 권하는 권면의 말이라고 말합니다. 그리고 그 말들을 "용납하라"고 부탁하고 있습니다. 권면의 말을 듣고 무시한다고 여기거나 기분 나쁘게 여기거나 과하다고 생각하지 말고 좋은 뜻으로 받아들여달라는 겸양의 태도를 보입니다. 그들이 이 말씀을 꼭 받아야 하기 때문입니다. 바울은 자신이 히브리서의 말씀을 간단하게 썼다고 말합니다.

23절 "우리 형제 디모데가 놓인 것을 너희가 알라 그가 속히 오면 내가 그와 함께 가서 너희를 보리라." 히브리서의 저자가 누구인지 우리는 정확하게 판단하지 못하지만 사도 바울로 보는 것은 이 구절이 근거가 됩니다(이상근). 특히 "우리 형제 디모데"라고 말하고 있는 것이 그 증거 중 하나입니다. 당시 초대교회에서 디모데를 "우리 형제"라고 말할 수 있는 인물이 많지 않기 때문입니다. 디모데는 첫 번째 목사로 세워진 존경받는 인물입니다. 위치나 능력이나 여러 부분에서 디모데를 능가하지 못하면 "우리 형제 디모데"라고 부를 수 없을 것입니다. 모든 면에서 권위가 떨어지는 사람이 이렇게 말한다면 그는 무례한 사람일 것입니다. 그래서 전체 내용을 보아도 사도 바울이 아니면 쓸 수 없는 수준이고 또 이렇게 말할 수 있는 사람은 거의 없을 것입니다. 문맥을 보면 사도 바울이 다른 서신서에서 많이 사용한 말을 이곳에서도 사용하고 있음을 알 수 있습니다.

사도 바울은 성도들을 만나기를 소원하고 있습니다. 그러나 혼자서 그들을 만나지 않고 디모데가 오면 함께 찾아가길 바란다고 말합니다. 디모데는 지금 감옥에서 놓인 상태입니다. 편지의 수신자들이 사도 바울의 권위 있는 이 편지를 받고 또 그와 디모데의 방문을 영광으로 생각하며 받아들일 수 있는 사람들이어야 이렇게 글을 쓸 수 있을 것입니다. 보고 싶지 않은 사람이 방문하겠다고 한다면 곤란할 것입니다. 이 편지를 받을 성도들은 사도 바울과 디모데의 방문을 반겨줄 사람들이라는 확신이 있고, 그동안 친분도 쌓았었기에 이렇게 말했을 것입니다.

24절 "너희를 인도하는 자들과 및 모든 성도들에게 문안하라." "인도하는 자들"은 17절에도 나오는 인도자들입니다. 인도자 전체가 성도 전체에게 인사합니다. 당시에는 성도들이 한 곳에 있지 못하고 여기저기 흩어져 살던 상황이었습니다. 그래서 지도자들이 자기 교회에 있을 때 성도들이 그들을 반갑게 맞이하는 것은 당연하고 다른 교회의 잘 아는 지도자나 성도들이 찾아와도 서로 반갑게 문안했습니다.

"이달리야에서 온 자들도 너희에게 문안하느니라." 여기서 "이달리야"는 지금의 이탈리아입니다. 이탈리아에서 온 사람들이 바울의 옆에 있었기에 그들이 바울의 편지로 너희에게 문안한다고 전해주는 것입니다. 지금 바울이 이탈리아에 있는 것이 아니라서 거기에서 온 사람들이 옆에 있다고 말하는 것입니다.

25절 "은혜가 너희 모든 사람에게 있을지어다." 사도 바울은 늘 편지의 마지막에 이렇게 말하였습니다. "은혜"는 하나님의 은혜입니다. 하나님이 그들에게 은혜를 베풀어주시기를 진심으로 바라는 대사도의 마음을 담고 있는 말입니다. 진정한 교회의 지도자라면 하나님이 성도들에게 은혜를 많이 내려주시기를 바랄 것입니다. 바울은 성도들이 이 땅에서도 영적으로나 육적으로나 은혜를 많이 받고, 저 하늘에서도 하나님 앞에 서서 제사장의 역할을 감당하길 바라는 마음을 가졌습니다. 그래서 모든 사람에게 은혜가 있기를 바란다고 말하면서 편지를 마무리합니다. 성도는 영적인 은혜, 건강의 은혜, 물질의 은혜, 화평의 은혜 등을 많이 받아야 합니다. 성도인 우리는 삶의 모든 면에 은혜가 넘쳐야 합니다. 또 장차 들어갈 하늘에는 대제사장이신 예수 그리스도가 계시므로 우리는 제사장으로서 하나님께 예배드리는 자리에 다 들어가야 합니다.

결론

구약 교회나 초대교회의 유대인들은 천사에 대해 환상을 품고 천사를 숭배하거나 높였습니다. 그러나 사도 바울은 히브리서를 통해 그 어떤 천사보다도 예수님이 비교할 수 없이 높으신 하나님의 아들이심을 분명하게 말합니다. 그리고 유대인들이 모세를 높이지만 그는 하나님 집에서 일하는 종에 불과하고 진정한 하나님 집의 주인은 예수 그리스도이심을 분명하게 말합니다. 여호수아도 이스라엘을 진정한 안식의 자리로 인도하지 못했습니다.

또 사도 바울은 유대인들에게 그들이 첫 번째 대제사장 아론을 그렇게 높이지만 그도 온전하지 않았다고 말합니다. 사실 그보다 먼저 제사장이 된 대제사장은 멜기세덱임을 밝힙니다. 아론은 멜기세덱보다 600여 년 후에(1440년대) 대제사장이 되었습니다. 이스라엘의 조상 아브라함에게 십일조를 받고 그를 축복한 멜기세덱은 성경에서 높다고 할 만큼 최고 수준의 제사장입니다. 욥을 생각하면 멜기세덱을 이해할 수 있습니다. 욥이 아브라함과 비슷한 시대에 살았지만 그는 유대인이 아닌 동방의 의인이었습니다. 유대인이 아니어도 존경을 받았고 의인 소리를 들었습니다. 하나님은 그를 귀하게 보시고 큰 복을 주셨습니다.

또 모세의 장인 이드로도 생각해볼 수 있습니다. 모세가 미디안 광야에서 40년 동안 생활할 때 제사장인 이드로의 집에서 살았습니다. 모세가 이드로의 집에서 그렇게 오래 살 수 있었던 것은 이드로가 이방신의 제사장이 아니라 하나님의 제사장이었기 때문입니다. 이드로의 하나님과 모세의 하나님이 다르지 않았던 것입니다. 모세가 이스라엘 백성을 인도하는 동안 이드로의 권고를 듣고 백성을 다스렸는데 만약 이드로가 이방신의 제사장이었다면 그의 말을 듣고 따르는 모든 것이 문제가 되었을 것입니다. 그러므로 이드로가 믿은 하나님과 모세가 믿은 하나님이 같은 분이기에 모세가 이드로의 충고를 받아들인 것입니다(출 18장). 이드로는 애굽에서 유대인과 같이 살지 않았고 가나안 지역에서 미디안 족속으로 살았습니다. 그러므로 꼭 유대인만 구원받았다고 볼 수 없습니다.

히브리서가 말하고자 하는 것은 유대인들이 자신들에게만 구원이 있는 것처럼 자부하지만 그렇지 않다는 것을 보여주는 것입니다. 유대인이 아니어도 이방 땅에도 훌륭한 사람이 많다는 것을 보여주려고 했습니다. 욥도 훌륭하고, 이드로도 훌륭하며, 멜기세덱도 훌륭합니다. 바울은 히브리서를 통해 예수 그리스도를 드러내면서 한편으로는 유대인들의 편협한 사고를 깨려는 의도가 있었습니다. 그리고 그 모든 이야기를 통해 예수 그리스도가 얼마나 위대한 분인지를 보여줍니다.

구약 시대에는 대제사장이 일 년에 한 차례 지성소에서 제사를 드렸고, 제사장들은 하루에도 수차례 제사를 지냈습니다. 1,400년 동안 끊임없이 수없이 많은 제사를 드렸습니다. 그러나 지금까지 레위 지파가 제사장으로서 하나님과 만나는 중요한 제사에 실패했기 때문에 새로운 제사장이 필요해진 것입니다. 실패의 원인은 대제사장들이 자신의 죄 문제도 해결하지 못하고 백성의 죄 문제를 온전히 해결해줄 수 없었다는 것이 주된 요인입니다. 대제사장이 온전한 속죄 제사를 드릴 수 없으므로 모형 대신 원형이신 예수 그리스도가 이 땅에 내려오신 것입니다. 레위 지파의 잘못된 제사로 인하여 백성의 기도와 회개와 헌신이 하나님께 올라가지 않았습니다. 또한 아무리 제사를 지내도 속죄가 되지 않아서 천국에 오는 영혼보다 지옥에 가는 영혼이 더 많았을 것입니다. 예수님이 온전히 제사드리는 것을 알려주시려고 이 땅에 내려오셨고, 예수님의 죽으심으로 그분을 구주로 믿는 사람은 거룩함을 얻게 되었습니다. 그래서 신약 시대는 짐승을 잡아 제사드리지 않습니다. 예수님이 이미 흘려주신 보혈로 죄가 용서될 것을 믿으면서 깊이 회개할 때 깨끗해지는 것입니다.

유대인들의 입장에서 그들이 드리던 제사가 폐하여졌다는 말은 그들이 지금까지 해온 모든 전통을 깨는 것이므로 받아들이기 힘들겠지만, 예수 그리스도가 그렇게 변경하신 것을 인정해야 합니다. 다른 지역 사람이 어떤 지역에 대해 비판하면 그 지역 사람들은 분노하겠지만, 자기 지역 사람이 비판하는 말은 덜 분노할 것입니다. 유대인인 사도 바울이 같은 유대인의 잘못을 지적한 것이므로 이는 진정성이 있는 비판이 됩니다. 그래서 하나님이 이방인을 위한 사도로 이방인을 세우지 않으시고 유대인을 그들의 사도로 세우신 것은 적절한 일이었음을 알 수 있습니다. 이방인을 세워 이방인들의 사도로 쓰셨다면 유대인들과 이방인들은 완전히 분리되었을 것입니다.

사도 바울은 마치 연구 논문처럼 예수님에 대해 집중하여 이 히브리서를 기록하였습니다. 하나님의 아들에 대해 이렇게 길게 기록한 다른 성경은 없습니다. 대신 요한복음에는 예수님이 당신 자신에 대해 해주신 많은 말씀이 기록되어 있습니다. 그래서 요한복음이 중요합니다. 그 외에는 예수 그리스도에 대해 깊이 있고 명확하게 설명한 기록이 없습니다. 히브리서는 구약성경을 오르내리면서 예수님에 대해 명확히 설명하고 있습니다. 이 글을 통해 우리가 믿는 예수님이 이렇게 정확하고 명확하며 빈틈없으신 존재이신 것을 알 수 있습니다. 그러나 영적인 것을 알지 못하면 정확히 깨달을 수 없습니다.

성경은 많은 내용이 생략되어 있고 오직 필요한 것만 요약된 책입니다. 그 속에 더 깊은 내용이 많이 있을 것이라고 짐작해야 합니다. 그래서 성경을 깊이 묵상하고 기도하여 그 속에 담긴 하나님의 뜻과 섭리를 구하여야 합니다. 그러나 각 사람의 영성의 깊이에 따라 성경의 깊은 내용을 깨닫는 것이 다 다를 것입니다. 예수님에 대해서 깊이 알면 알수록 기쁨이 넘치고 영적인 신비를 체험할 수 있습니다. 더 깊은 영적인 비밀을 알수록 영적 갈급함이 채워지고 영적으로 성장할 수 있기 때문입니다. 우리가 깊이 기도하고 은혜를 받아 바울이 쓴 것과 같은 글을 쓰지 못하더라도 그 내용은 이해할 수 있어야 합니다. 특히 히브리서는 예수 그리스도에 대해 증거하는 핵심적이고 중요한 성경이므로 이를 잘 이해하고 마음에 받아들인다면 우리의 신학적인 눈이 떠질 것입니다. 또한 성경의 지식과 하늘나라에 대한 지식 그리고 그리스도에 대한 지식이 상당히 높아질 것입니다. 히브리서를 잘 이해하면 성경 전체를 꿰뚫을 수 있습니다.

함께 읽으면 좋은 책

국내 저자

박윤선, 『성경주석 히브리서 공동서신』, 영음사, 1978.

이상근, 『신약주해 갈·히브리』, 총회교육부, 1973.

임덕규, 『신구약을 관통하는 그리스도』, CLC, 2010.

최낙재, 『영원한 안식과 주일』, 크리스챤다이제스트, 1997.

이병철, 『헬·한·영 대조 신약성경』, 한국성서연구원, 1986.

국외 저자

거쓰리, 『틴데일 신약주석 시리즈 15. 히브리서』, CLC, 2015.

게할더스 보스, 『히브리서의 교훈』, 정음출판사, 1984.

렌스키, 『주석성경 히브리서, 야고보서』, 백합출판사, 1976.

마틴 로이드 존스, 『히브리서 강해』, 복 있는 사람, 2018.

매튜 헨리, 『성경주석 시리즈 디모데·디도·빌레몬·히브리·야고보서』, 기독교문사, 1979.

아더 W. 핑크, 『믿음의 깊은 샘 히브리서 2』, 청교도 신앙사, 2014.

에릭 M. 힌, 필립 D. W. 크레이, 『교부들의 성경 주해 신약성경 XII 히브리서』, 분도출판사, 2015.

톰 라이트, 『모든 사람을 위한 히브리서』, IVP, 2015.

필립 샤프, 『교회사전집 1. 사도적 기독교』, 크리스챤다이제스트, 2004.

G. R. 비슬리-머리, 『예수와 하나님 나라』, 크리스챤다이제스트, 1991.

원서

Calvin John, *Calvin's New Testament Commentaries Hebrews and 1&2 Petter*, Eerdmans, 1963.

Green Jay, *The Interlinear HEBREW/GREEK/ENGLISH Bible* Ⅰ, Ⅱ, Ⅲ, AP&A, 1979.

Rahlfs Alfred, *SEPYUAGINTA*, Deutsche Bibelgesellschaft Stuttgart, 1935.

Whiston William, *JOSEPHUS*, Kregel Publications, 1960.